다도철학
(茶道哲學)

정영선
(鄭英善)

너럭바위

도 1 예자(禮字)와 다동(茶童). 47×61㎝ 조선말기, 한국차문화연구소 소장. 문자도(文字圖)로 추정된다. 예서(禮書)를 쓰는 노인과 동자의 눈매가 예리하며, 풍로·탕관·찻잔·부채 등에서 그림을 그린 당시의 다구 모양 및 간단한 다공(茶供)풍속을 알 수있다.

도2 연정(蓮亭) 계회도. 국립중앙박물관 소장.

도3 유생과 다동이 있는 향락 그림. 비단에 채색 32×59cm 조선말기.

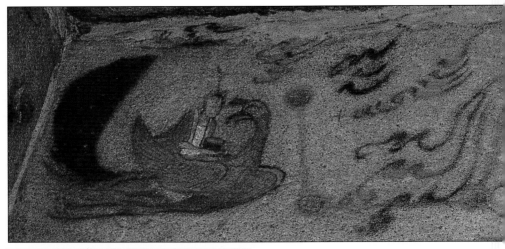

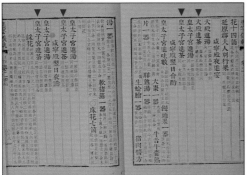

도4 고구려 고분 벽화의 천선도(天仙圖).
6세기후반, 중국 길림성 집안현 소재.
큰 새를 탄 동자 선인(仙人)이 피리부는
여선(女仙)에게 들고 가는 것은 다류로
추정됨.(『고구려 고분 벽화』한국방송공사)

도5 고종 51세(1902년) 때의 『진연의궤』
황제와 황태자에게 탕을 먼저 올리고
진다(進茶)하였다.

도6 신라 사선(四仙)이 차를 끓인 석지조. 8세기 추정. 개인소장.

도7 661년 무열왕릉의 비석 조각
　'中禮'는 '중례(中禮)' 혹은 '禮에맞다'
　의 뜻이다. 국립중앙박물관 소장.

도8 고구려 각저총(角抵塚, 중국 吉
　林省 集安市소재)의 벽화.
　5세기후반~6세기 초. 다과를
　차린 각상과 세 사람의 복장과
　손과 앉음새에서 당시의 예다
　문화를 볼 수 있다.

도 9 산신도. 가로65㎝, 20세기 초엽, 한국차문화연구소 소장.
민족의 시조신인 산신이 차를 좋아한다고 믿었음을 알 수 있는 그림이다.
호랑이의 눈매가 날카로운 듯 온유하며, 차 끓이는 흙화덕이 독특하다.

도10 추사 김정희(金正喜)가 쓴
　　　「명선」. 간송미술관소장.
　　　갓글에서 그는 초의가 차(茶)를
　　　보내주어 보답한다고 했다.

도11 상제 공다도. 19·20세기
　　　52×88cm 조선지에 채색. 그림
　　　가운데『玉皇上帝之位』라고
　　　쓰여 있다. 상제와 다동의 옷과
　　　신, 봉황등이 하늘나라임을
　　　나타낸다.

도12 '茶'자(字) 명문 헌다기.
　　　15세기후반,
　　　입지름 약 15~15.8cm.
　　　잔올 아래 뒷면에「茶」라는
　　　글자가 음각되어 있다.

도13 송광사의 영산회상도(靈山會上圖). 1725년(전체214×86.5) 견본 채색. 불전에 향로와 찻잔과 과품이 놓여져있다. (『조선불화』중앙일보 계간미술)

책머리의 글

숙원이던 우리 차(茶, 茗)의 대중화는 다시 이루어졌다. 뿐만 아니라 차문화(茶文化)는 세계 공유의 고급문화가 되었고, 카페인이 없는 꽃차나 기호약차도 '차(茶)', 혹은 'tea'라고 불리며 찻자리를 다채롭게 만들기도 한다.

전통문화로서 각국 다공(茶供)의 특성을 살펴볼 때, 중국은 음예(飮藝)다도, 일본은 무예(武藝)다도라면, 우리나라는 문예(文藝)다도로 특징지어진다. 중국이 차의 종류와 마실 거리에 관심을 두고, 일본은 행다의 기예에 치중하는 반면, 우리는 다공(茶供)의 철학성을 중시하는 특징이 있다.

혹자는, "차 한 잔 끓여 마시는 일이 무슨 그리 대단한 일인가?" 하고 의문을 가지기도 한다. 한 잔의 차는 단순한 음료이고, 사람살이의 정을 나눌 수 있는 매개체임은 다른 마실 거리와 마찬가지이다. 그런데 '고요한 자리의 한 잔 차'는, '물'과 '찻감'과 '인간의 마음(心)'이 어우러져 수양(修養)하게 하며, '귀인이나 신(神)에게 바치는 차'는 사람과 신명(神明)이 공통으로 지닌 령성(靈性)이 소통되는 매개체인 것이다. 즉, 차탕에는 '그 자리 그 사람의 마음(心)'을 중심으로, 우주와 사물(事物)의 본원(本源)이 투영될 수 있다는 점이 중시되지 않을 수 없다. 그리하여 선조들은 찻자리에서 힘을 얻어 천지(天地)의 진리가 인간세계에 구현되기 위해 노력해왔다. 따라서 차를 끓이고, 바치고, 마시는 곳은 상달(上達)을 위한 하학(下學)의 터로서 예사롭지가 않다.

다도(茶道)는 배워서 향수하는 문화(文化)이고, 그 문화의 뿌리는 인식이다. 다례(茶禮)·다구(茶具)·행다법(行茶法)·다회(茶會)·다실(茶室) 등 다도문화의 여러 양식은 본체(本體)가 되는 철학적 관념이 중시되지 않을 수 없다. '다도철학'은 '다도문화에 내재하는 형이상학적 관념체계'로서, '다도사상', '다도정신', '다공철학', '차 정신', '다도관(茶道觀)' 등으로도 일컬어진다.

동양 삼국에서도 다도철학은 우리나라가 가장 발달해왔으므로, 명실공히 '다도왕국(茶道王國)'이라 할 수 있다. 우리의 다도 역사는 가락국의 왕가 제사로 추정하면 1,800년이 넘고, 6·7세기에는 고구려·백제 그리고 신라 왕실과 귀족·승려들이 다공문화에 접한 확실한 사료들이 있다. 우리의 다공문화는 국가와 왕실의 의례와 예제(禮制)로서 중요했으며, 사대부의 유예(遊藝)문화이자 구도(求道)공부였고, 번민을 다스리는 생활문화였다. 그 속에는 우리의 홍익(弘益) 정서가 녹아 있고 고상한 풍류(風流)와 미의식(美意識)이 배어 있으며, 사상과 여러 종교를 소통하는 진리가 담겨 있다. 현대에도 고급 생활의례문화인 우리 다도는 한국문화의 정체성을 지니고 있다.

예나 이제나 '숨겨진 보물'은 바로 행동의 근원인 개인의 생각 자체이다. 차탕(茶湯)은 생각을 잘하게 하고 자아 혁신과 실천적 삶을 돕는 지상 최고의 음료이다. 다른 종류의 각성 기호음료는 위대한 이 땅의 작물이 아니며, 깊은 대화나 물(水) 공부 또는 근원적 사색을 할 시간과 자리가 만들어지기 어려우며, 의식을 끌어당기는 은은함과 담박한 향미(香味)가 없다. 술도 근심을 없애지만 그 근원을 다스리거나 방책의 힘을 얻기가 어렵고 나쁜 습관이 생기기 쉽다.

우리의 음다풍속이나 철학적 기반은 오랜 세월동안 크게 바뀌지 않고 계속 이어져 왔는데, 이 점 또한 한국다도의 특징이다. 1,300년

전에 이미 다도가 정신을 계발시키는 삶의 양식임을 인식하여 정신
문화로서 끊임없이 가꾸어왔다는 사실은, 미래지향적 한국 차문화(茶
文化)뿐만 아니라, 의·식·주·여가·의례 등 다른 전통문화에도 창
신(創新)의 좌표가 되리라고 생각된다.

이제 우리는 선조들의 문화철학을 따르고 창신하여 문화대국의 본
래 면모를 보일 때가 멀지 않은 것 같다. 그래서 본고에서는 과거의
사대주의나 정론적(定論的) 사관(史觀)을 버리고자 노력하였다.

이 책은 재판이 출간된 지 10년째 되어서야 개정판을 내게 되었다.
미거한 탓에 무척 긴 세월을 차(茶)와 예(禮)를 화두로 살아왔지만,
이제와 보니 평범한 진리를 깨우침에 지나지 않은 것 같다. 좀 더 다
듬지 못한 점이 염려스러우나, 후학들을 위한 성의로 썼음에 위로를
삼고자 한다. 개정판은 선조들의 다도 인식과, 이를 이은 이 시대의
다도철학, 그리고 세계 속의 한국 다공문화라는 세 부분으로 나누었
다. 내용과 용어를 정돈하면서 보충자료를 늘렸고, 예다문화(禮茶文化)
를 보태었으며 색인을 붙였다.

이 책이 만들어지기까지 유학(儒學) 전반과 예학(禮學)의 본(本)을
깨우치게 해준 안병주 교수님, 이광호 교수님, 이기동 교수님, 성태용
교수님께 깊이 감사드리며, 그간 예다 관련 자료를 찾아주고 성심의
고견(高見)을 주신 현학(賢學)과, 나의 가족과 친지에게 고마움의 정을
다시금 새기고자 한다.

이 책의 출간을 기다린 독자 여러분께도 깊이 감사를 드린다.

기축년 가을에 선릉역의 서실에서
우재(愚齋) 정영선(鄭英善) 쓰다.

12

█ 차 례 █

THE PHILOSOPHY OF *DADO* (the Way of Tea in Korea)
Written by
YOUNGSUN JUNG

[C o n t e n t s]

16

▓ 일러두기 ▓

1. 본문과 미주(尾註)의 기호는 다음과 같이 구분하였다.
   『   』 서적 이름.
   《   》 서책 속의 책. 큰 제목. 논문 제목.
   「   」 작은 제목, 시(詩)의 제목.
   (   ) 단어의 한자나 외국어의 표기, 유사어 혹은 간단한 설명.
2. 인용된 시나 글이 전문(全文)이거나 첫머리일 때는 제목을 기재하였으며,
   '상략(上略)'과 '하략(下略)'은 대부분 나타내지 않았다.
3. 한글 인명(人名)의 한자와 연대는 색인을 보고 찾을 수 있다.
4. 단어의 첫음이 'ㄴ'과 'ㄹ'일 경우, 고유명사와 고어 등의 발음에서 본래 발음
   을 그대로 쓰기도 하였다.
      예 : 녕주(寧州), 로엽(露葉), 래임(來臨)법회, 령성(靈性), 리(理).
5. '茶道'나 '茶供'의 '차(茶)'는, 진차(眞茶)인 '작설차' '명차(茗茶)' '다명(茶茗)'
   '명엽차(茗葉茶)' 뿐만 아니라, 찻자리에서 마시는 대용청차(代用淸茶)도 포
   함한다.
6. '茶'의 음(音)인 '차'와 '다'의 일반적 용례는 다음과 같다.
      옛날의 왕실과 선비와 불가의 문화권에서는 주로 '다'라 하였고, 서민 문화
   권에서는 '속음(俗音)'이라 하며 대개 '차'라 하였는데, 섞어 쓰는 경우도 흔
   했다. 오늘날도 고어(古語), 혹은 품격을 주는 경우에는 '다'라 하고, 실물로
   서의 찻감이나 찻물, 혹은 일상적 용어로는 흔히 '차'라 한다. 그리고 단어의
   발음이 거칠거나, '茶'가 반복되는 문장에서 변화를 주기 위하여, 또는 습관
   적·정서적 용례로서 '다'라 하기도 하고 '차'라 하기도 한다. 본 서책에서는
   책 이름과 소제목(詩 제목 포함), 왕실 용어, 불교 용어, 흔히 쓰이지 않는
   고어(古語)의 독음은 '다'로 하였다.
7. '차'와 '다'를 다르게 발음함으로써 그 뜻이 조금 다른 예는 다음과 같다.
      ○ 다관(차를 우리는 주자) / 차관(중국의 찻집)
      ○ 다담(茶談) / 차담(茶啖, 다과), 차담상
      ○ 茶道 : 다도(茶道, 한국 다도) / 차도(日本의 茶の湯)
      ○ 茶禮 : 다례(생자와 사자의 헌다례) / 차례(사가의 명절제사)

○ 茶飯食 : 다반식(다회의 정성 갖춘 식사) / 차반(간단한 식사의 겸손어)

○ 茶房 : 다방(다점, 고려·조선의 茶務 직책)

　　　　찻방(찻감과 다구를 보관하는 방)

○ 茶山 : 다산(정약용) / 차산(차가 나는 산)

○ 山茶 : 산다(동백나무) / 산차(산에서 나는 차)

○ 다시(茶時) / 차시(茶詩, 茶匙)

○ 茶藝 : 다예(한국 다예) / 차예(중국 차예)

○ 茶人 : 다인(先古 茶人) / 차인(현존하는 사람의 일반어)

○ 다호(茶壺, 찻감을 담는 단지) / 차호(중국의 茶罐)

8. '차'와 '다'를 비슷한 의미로서 혼용하는 경우는 다음과 같다.

○ 茶母 : 다모 / 차모

○ 茶文化 : 다문화(茶供·茶飮·茶道문화)

　　　　　차문화(찻감과 차탕 중심의 문화)

○ 茶生活 : 다생활(茶供·茶道생활) / 차생활(일상적 음다생활)

○ 茶店 : 다점(차탕을 사서 마시는 집) / 차점(찻감을 파는 집)

○ 茶學 : 다학(다공학, 다도학) / 차학(종다·제다학)

○ 茶會 : 다회(객관적 입장의 다회)

　　　　차회(주관적이거나 행해지고 있는 차회)

○ 茶椀 : 다완 / 차완

9. 참고서적은 번호 앞에 * 표를 해두었으며, 색인에서 인명의 호는 본명으로
찾을 수 있다.

제 1 장

다도문화에 나타난 유가사상(儒家思想)

Ⅰ. 유학과 다도문화

기록상으로 천사백 년이 넘는 음다속(飮茶俗)의 역사를 지닌 한국 다도문화(茶道文化)의 특징 중의 하나는, 유학을 공부한 선비계층이 음다풍속의 전통을 이어오면서 주도적 역할을 했다는 점이다. '선비' 의 뜻은, 글을 읽는 사람으로서 훌륭한 인품을 지니고 사회를 이끌어 갈 수 있는 지성인을 뜻하며, '先人'이라고도 쓴다.

선비문화와 다도(茶道)는 긴밀한 관계를 지녀왔는데, 그 이유는 다음과 같다.

첫째, 학인(學人)들이 공부할 때는 맑은 정신을 지녀야 하므로 나태나 혼미함을 없애는 각성제로서 차(茶)의 역할이 컸다.

둘째, 좋은 풍미(風味)의 차탕(茶湯)을 얻기 위해 물과 불과 차싹을 세밀히 다루며, 다사(茶事)에 정성을 들이고 찻물을 마심으로써 잡념이 버려지고 정신적 안정을 얻게 되므로 집중력과 사고의 폭을 증대시킬 수 있다.

셋째, 공부를 많이 하는 사람은 휴식도 필요한데, 마실 거리라는 것과 행다(行茶)로 인해 오관(五官)을 만족시키며 짧은 시간을 쉴 수 있다는 것이다. 즉, 싫증나지 않는 독특한 맛으로 목을 축이고, 향기로 코를 즐겁게 하며, 귀로는 물 끓는 소리를 듣고, 눈으로 찻물과 다구 등의 멋을 감상하며, 손과 입으로 따뜻한 감촉을 느끼게 된다.

넷째, 찻자리는 유학의 실천적 공부가 된다. 진지한 음다생활은 정좌(靜坐)하여 마음을 고요히 다스리며 성찰하게 하므로 심학(心學)의 실질적 공부방법이 되며, 손님을 위한 다공(茶供)은 예학(禮學)의 실천공부이다.

다섯째, 선비들의 다회풍속(茶會風俗)은 지성인들의 여가문화이므로 고아한 분위기와 다담(茶談)을 즐기며 시가(詩歌)·주악(奏樂)·서화(書畵) 등에서 예술적 감흥을 돕고 글을 쓸 소재가 되며, 서로 교유한다.

위와 같은 이유 등으로 우리나라는 유가(儒家) 다인(茶人)들이 많았고, 그들 중에는 대학자나 창의적 업적을 남긴 문학가, 예술가, 그리고 큰 덕을 지닌 사람이 적지 않았다.

'한국 유교(儒敎)'는 우리 역사와 더불어 면면이 이어져왔다. 여기서 유가(儒家)의 시원에 관해 잠시 살펴보면 다음과 같다.

유학은 공자(孔子, 孔丘, B.C. 552-479)의 학문으로 일컬어지나, 그 모태가 고대 사상과 한자(漢字)의 발생이므로, 이는 우리 민족과 유관하다는 설이 유력하다. 그 근거는, 유학이 은(殷, 商나라)의 선비인 은사(殷士)에서 나왔으며 그 전업이 예(禮)를 맡았고 이를 일컬어 '유(儒)'라고 했다는 학설이 인정받기 때문이다. 은나라는 동이계로서 난생건국설화를 지녔다. 또한 복희(伏羲)와 유가에서 받드는 순(舜)임금은 우리의 조상인 동이족(東夷族)이고,[1] 20세기 초에 발견되기 시작한 은허(殷墟, 은 왕조의 수도지역)의 갑골문자가 있으며, 하(夏)와 은 왕조의 지배층인 동이족의 상당수가 고조선(古朝鮮)으로 들어왔으므로[2] 기자문화(箕子文化)를 포함한 고대 유교문화도 유입되었을 것으로 본다.

사실상 우리나라는 공자시대에 이미 유가사상이 실천된 나라였다. 은의 혈통이면서 주(周)나라 문화를 수용한 공자는 『논어(論語)』에서, '군자의 나라'인 구이(九夷, 東夷를 포함한 九族)로 가고 싶다고 했는데, 뗏목을 타고 바다를 건너서 간다고 했으므로,[3] 그 나라는 화하계(華夏系)가 아니라 동이계(東夷系)인 고조선을 뜻한다. 우리 민족은 중국 유학이 형성될 당시에 이미 '홍익인간(弘益人間)'이라는 단군이념(檀君理念)이 있었다. 이는 성선적(性善的) 인식으로 평화롭게 어울리며 사는 문화이다. 한국 유학이 중국 춘추전국시대 이래로 여러 문물과 함께 도입된 것은 사실이나, 이로 인해 민족적 자존심이 손상되지는 않는다. 인류의 고대문명 발상지와 몇 백만 년 전의 원시적 인류문화 양상 등을 생각해보면, 특정 문화가 어떻게 진화되어 현재에 어떤 사상과 양상으로 자리 잡고 있는지가 중요하다. 오늘날 세계에서 유교문화의 뿌리를 지니고 생활하고 있는 나라는 우리나라가 유일하다는 점은 매우 중요하다. 우리의 유학은 오랜 세월동안 정치와 사회이념으로 자리잡아오면서 그 폐단도 작지 않았으나, 그토록 이 땅의 중심사상이 될 수 있었던 것은, 홍익(弘益)의 삶을 지향하며 진리를 사랑하고 세밀하게 공부하기 좋아하는 우리의 민족성과 부합된다는 점이 있다. 또한 불교나 도교가 개인의 정신적 자유 구현에 무게를 두는 데 반해, 유교는 사회 속에서의 자기실현을 중시하므로, '남'과 '선(善)'을 생각하는 인정(人情)의 문화에 적합하였던 것 같다.

유교가 공식적으로 우리나라에 들어온 역사를 보면, 고구려는 소수림왕 2년(372년)에 유교 교육기관인 태학(太學)이 설립되었고, 백제도 건국 초부터 유교를 수용하여 일본에 전파도 하였다. 신라에 유교가 보급되기 시작한 것은 6세기 초이다. 26대 진평왕 때의 승려

원광(圓光, 542~640)의 「세속오계」에는 '忠·孝·信'의 유교정신이 들어 있었고, 태종 무열왕인 김춘추(金春秋, 재위 654~661)가 유교정 치이념을 취하였으며, 신문왕은 682년에 국학을 세웠고, 경덕왕(재위 742~765)도 유교교육을 강화하였다.

신라는 가락국의 다공문화를 이어받아, 7세기 중반에는 차문화(茶 文化)가 상당히 성하여 헌공다의 기록까지 나타나 음다(飮茶) 계층 도 왕과 귀족과 승려, 선비층인 화랑과 학자, 그리고 백성들도 포함 되어 그 폭이 넓었다. [4] 신라의 이름난 유학자 다인(茶人)으로, 문묘 (文廟, 공자를 받드는 사당)에 배향된 설총(薛聰, ?~692~?)은 『삼국 사기』의 「화왕계(花王戒)」에서, 할미꽃을 빌어 신문왕(神文王, 재위 681~692)에게 말하기를, "차와 술로써 정신을 깨끗하게 하시며(茶酒 以淸神)"라고 충간하였다. 이 내용을 보면, 이미 7세기에 차(茶)를 술처럼 일상으로 마셨고, 음다생활로서 잡념이나 번민을 없애는 청 신의 수양을 했음을 알 수 있다. 설총은 당(唐)의 육우(陸羽, 733~ 804)보다 반세기 앞선 다인이다. 그리고 최치원(崔致遠, 857~893~?) 은 쓰기를, 차(茶)는 승려나 신선(神仙), 그리고 유생(儒生)이 몹시 귀히 여기고 좋아하는 음료로서 갈증을 없앨 뿐 아니라, 근심을 잊 게 해준다고 하였다.

고려의 유학은 11세기 초부터 크게 일어나 유학자와 문인들이 배 출되었고, 후기에 안향(安珦, 1243~1306)이 성리학을 들여와 새로운 학풍이 생겨났다.

고려시대는 우리 다도문화의 전성기였다. 차(茶)의 생산량도 무척 많았을 뿐 아니라, 문사다도(文士茶道)가 꽃을 피웠고 백성들의 음 다풍속도 성하였다. 초엽에는 왕실·귀족 중심이었는데 12세기 후반 에 무인집권 시대가 되자 그 양상이 달라져, 문인학사(文人學士)들주도의 음다풍속이 널리 퍼지게 되었고, 이후 조선 전기까지 선비다 풍이 크게 성하게 된다.

고려의 선비다도는 주로 시문(詩文)을 통해 성했음을 확인할 수 있는데, 중엽에 와서 문신이자 시인인 정지상(鄭知常, ?~1112~1135) 이 선도적 역할을 했다고 볼 수 있다. 북송의 소동파(蘇東坡)와 동시 대인이었던 그는 「백율사의 서쪽 누각(柏栗寺西樓)」이라는 시에서, "민자천 샘물로 차를 끓여 놓으니, 잔에는 구름 같은 다유(茶乳, 말차의 거품)가 떠 있구나.(試茶閔子泉 甌面發雲乳)"라는 글을 남겼다. 그리고 그와 같은 시대를 살았던 학자 다인 최윤의(崔允儀)가 있으며, 뒤이어 임춘(林椿)·김극기(金克己)·이인로(李仁老)·이규보(李奎報)·최자(崔滋) 등이 다인들이었다.

고려 말엽에 와서 유학은 경전 중심의 훈고학(訓詁學)을 벗어나 주희(朱喜)의 성리학(性理學)을 새로이 받아들이게 되는데, 이때 유학인들을 중심으로 음다풍속이 더욱 성하게 된다.

당시에 차에 관한 글을 남긴 대표적 학인들은, 이승휴(李承休)·안축(安軸)·이제현(李齊賢)·이곡(李穀)·이색(李穡)·원천석(元天錫)·한수(韓脩)·정몽주(鄭夢周)·김구용(金九容)·성석린(成石璘)·이숭인(李崇仁)·권근(權近)·길재(吉再) 등으로, 대부분 당대의 성리학자인 그들은 음다 문화권에서 중심적 역할을 했음이 확인된다. 당시의 대표적 유학자들 중에서 최충(崔冲)과 안향(安珦)만이 아직 차(茶)에 관한 글을 발견할 수 없을 뿐이다. 고려시대에는 일반적 인식으로도 유학을 공부하는 사람들은 즐겨 차를 마신다고 여겨졌다.『고려사』등을 보면, 왕이 국자감(國子監, 유학대학) 교육을 시찰할 때에 학당(學堂)의 학관과 학생들에게 차(茶)를 하사한 것도 몇 차례 볼 수 있다. [5]

고려 선비들의 다회풍속(茶會風俗)을 살펴보면, 차를 마시는 모임이나 찻자리를 흔히 '명석(茗席)', '다석(茶席)', '다연(茶筵)', '명연(茗筵)'이라고 하며 때로는 초대장을 보내어 예를 갖추었고, 훌륭한 명석에 참석함을 영광으로 여겼다. 그리고 손님의 자격이나 앉는 자리를 정하였으며, 다례(茶禮)도 규범과 절도가 있었고, 찻자리의 다담(茶談)이나 대화 내용을 중요시하였다. [6)]

조선시대에 오면 초엽에는 고려의 차 관련 사회제도와 선비다풍이 그대로 이어졌으나, 중엽에 이르러서 임진왜란, 양반제도, 과중한 차공납(茶貢納), 가난 등의 요인으로 전반적 음다풍속이 쇠퇴하게 된다. 그러나 공부하는 학인들 간에는 여전히 선대 유학자나 문인·승려들의 음다예속(飮茶禮俗)을 본받으면서 그 맥을 이어왔다.

조선시대에 선비 다도풍속이 특히 성했던 때는 전기의 서거정(徐居正)·김시습(金時習)이 중심이었던 때와, 후기에 와서 우리 다도문화를 중흥(中興)시킨 다산 정약용(丁若鏞) 시대이다. 그런데 후기의 음다풍속은 실학(實學)과 더불어 성하게 되었다는 점이 매우 주목할 만한 일이다. 실학을 중시한 많은 유학자들이 다도의 실용적 중요성을 인식하고 논리적 연구를 하여 이론적 다서를 썼으며, 중국 차문화도 소개하게 된다. 이러한 실학파 다인들을 들면, 이수광(李睟光)·김육(金堉)·박세당(朴世堂)·유형원(柳馨遠)·홍만선(洪萬選)·이익(李瀷)·이사질(李思質)·안정복(安鼎福)·홍대용(洪大容)·이긍익(李肯翊)·박지원(朴趾源)·이덕무(李德懋)·유득공(柳得恭)·박제가(朴齊家)·정약용(丁若鏞)·서유구(徐有榘)·김정희(金正喜)·이규경(李圭景)·최한기(崔漢綺)등으로, 실학자들 대부분이 차(茶)에 관한 글을 남겼다. 이때의 다회풍속도 고려의 문사다풍(文士茶風)과 상당히 비슷한 양상을 띤다.

  학인 다가(茶家)들은 선조나 스승이 쓴 다서(茶書)를 열심히 읽고 그 글을 본받았고 자신의 다도관(茶道觀)을 글로 나타내었다. 승려와 은사(隱士) 간의 교류도 많았으며, 다회나 차와 다구를 선물하는 등의 풍속으로 화가·역관 등의 중인(中人) 계급도 그 시대의 차문화권에 속하게 된다.

  그런데 당시의 선비다인들은 엄격한 계급사회의 양반이었음에도 불구하고, 그들 중 상당수는 손수 물을 길어 와서 불을 피워 차를 세밀히 끓이고 마시며 차(茶)의 성(性)을 탐구하는 가운데 인간 삶의 이치를 찾아내어, 다도(茶道)를 유학의 실행적 공부로 생각했다.

  우리나라는 학자다인이 어떤 나라보다도 많고, 유가사상적 다도문화가 유난히 발달한 나라이다. 중국은 우리보다 훨씬 앞서서 시인과 문사들 중심의 음다풍속이 일어났으나, 자신의 다도사상을 나타낸 유학자 다인은 드문 편이어서 주희(朱熹, 朱子, 1130~1200)가 대표적이며 차시 몇 편을 남긴 황종희(黃宗羲, 1610~1695)가 있는 정도이다. 차를 지극히 사랑한 주희는 그 맛을 리(理)로 설명하여 철학적 의미를 부여했고, 가례(家禮)에 차를 쓸 것을 강조했으며 차시를 여섯 편정도 남겼다. 중국의 다도정신으로 유가사상이 드러난 것으로는, 육우가 검덕(儉德)을 강조한 것과, 유정량(劉貞亮)이 언급한 「다선십덕(茶扇十德, 차의 열 가지 덕)」의 일부, 그리고 명나라의 장원(張源)이 쓴 『다록(茶錄)』에서 불의 세기를 조절할 때 문무(文武)의 중화(中和)가 다가(茶家)의 요지라고 한 데서 단편적으로 볼 수 있다. 청대에 들어오면 문인다풍이 쇠퇴하게 되며, 나쁜 식수를 대신하고 기름진 음식을 보완하는 일상음료로 발달하게 되므로 중국 차문화(茶文化)는 철학적 기반이 약한 편이다.

  일본의 다도문화는 15세기 초 귀족무사와 제후들의 호화로운 놀이와 예도(藝道)로 발달하기 시작하여, 15세기 후반부터는 무사(武士) 권력가와 그에게 봉직하는 '다두(茶頭, 茶道先生)'를 중심으로 권력화 하였고 불교철학적 바탕이 형성되었다. 18세기에 와서 산차(散茶, 엽차)를 끓여 마시는 문인풍의 음다풍속이 미미하게 나타나지만 학자다인의 기록은 없다. [7)]

그런데 중국은 차의 종류와 제다를 중시했으므로 전문이론서가 많은데, 우리나라는 차시(茶詩)가 유난히 많다. 다음(茶飮)을 즐기는 문사들이 대부분 차에 관한 시문을 남긴 것은 아니다. 다도는 기초지식이 없으면 글을 쓰기 어렵고 음다를 즐길 수 없고, 다른 다인들과 어울리기도 쉽지 않기 때문이다. 우리 조상들은 차의 종류나 효능이나 덕, 제다나 포다법 등에 관한 설명도 글짓기가 무척 어려운 시와 부(賦)나 송(頌) 등의 형식을 빌려 쓴 경우가 많은데, 그 이유는 다음과 같이 생각된다.

춘추시대의 시집인 『시경(詩經)』이 오경(五經 ; 시경·서경·주역·예기·춘추)의 하나인 경전이 되는 이유는, 그 시에 삿됨이 없고 지은이의 바르고 착한 마음을 바탕으로 하여, 인간의 아름다운 삶과 진리가 담겨 있기 때문이다. 그리고 시는 정치사상과 무관하게 자신의 사상과 생활철학과 현실 비판, 혹은 체면이 손상되는 자기 삶의 모습도 함축된 언어로 고상하게 표현할 수 있다. 또한 시는 평측이나 율격을 맞추려면 엄청난 독서량과 해박한 지식이 바탕이 되어 정서가 표현되어야 하므로, 학식과 예술적 재능이 그대로 드러나게 되므로 지성을 나타내는 공부가 된다. 그리고 당시에 시를 읽는 것은 바로 가곡(歌曲)을 노래 부르는 것이므로 자신뿐 아니라 남을 즐겁게 한다는 겸양의 의미도 있다. 그리고 정형시나 운율이라는 형식 속에 상징적 글자로써 진심을 토로할 수 있었다. 그런데 기록으로 남게 되는 시작품은 당대에 책으로 역어지는 것이 아니라 후세에 평가를 받아 남게 되므로 과장되거나 거짓되게 쓸 수가 없다. 때로는 제목이나 서문 혹은 주석을 상세히 서술하여 중요한 역사적 전거를 남기기도 한다.

차시(茶詩)에는 당대의 사람들이나 후인들이 차를 사랑하고 음다풍속이 성하기를 바라는 마음이 담긴 내용들이 적지 않으며, 한두 편을 남겼음에도 자신의 다도관이나 생활철학을 담은 것도 있다.

우리나라 10대 문사다인으로 차(茶)가 주제 혹은 부제인 시나 문장을 40편 이상 남긴 다인을 꼽아보면, 이규보, 이색, 서거정, 김시습, 임상원, 정약용, 신위(약 110편), 김정희, 홍현주(80여편)가 있고 장문의 「다부」를 쓴 이목이 있다. 중국에는 육유(陸游, 1125~1210)가 약 300편에 이르는 엄청난 분량의 다시를 지었고, 다음으로 소동파(蘇東坡)가 70편, 백거이(白居易) 50여 편, 매요신(梅堯臣)이 25편을 남긴 정도이며, 권력층 무사(武士) 중심의 차노유가 발달한 일본은 근세의 차시문이 몇 편 있는 정도이다. 그리고 독특하게도 우리나라는 유학을 공부한 여성이 쓴 차시가 이십여 수나 되어, 중국의 몇 편과는 비교할 수 없을 정도로 많다. 이미 고려시대에 주씨(周氏)가 남긴 「맑은 봄날(春晴)」이라는 글이 있고, 조선시대에 차시를 남긴 여성으로는, 다인 허균의 동생 허난설헌(許楚姬, 1563~1589), 허경란(許景蘭), 홍현주의 어머니 영수합 서씨(令壽閣 徐氏, 1753~1823)와 그의 딸 유한당 홍씨(洪原周), 홍현주의 부인 숙선옹주(淑善翁主), 그리고 교분이 남달랐던 부용(芙蓉, 雲楚)과 죽서 박씨(竹西 朴氏)와 금원(錦園, 1804~1847~?) 세 사람이 있다. 유교가 정치이념이던 조선시대에 여사(女士)들이 주옥같은 차시들을 남겼음은, 중국이나 일본과 달리 여성의 지성(知性)을 존중한 일면을 나타내며, 왕실 여성이 제주인 제전다례도 정착되어 예법이 성문화되었음은, 세계문화사에도 특기할 만한 일이다.

이와 같이 우리의 다도는 공부하는 선비들과 유학과 밀접한 관련을 지니어 왔다. 우리가 역사적으로 지극히 어려웠던 상황에서도 음다풍속이 명맥을 이어온 것은, 무엇보다도 문사들이 다도의 중요성을 인식하고 차에 관한 지식과 철학적 관념을 글로 남기어, 후학 다인들에게 전달하였기 때문이다.

다음에서 군자 수양의 다도사상, 다사(茶事)의 공부, 차(茶)의 덕(德) 등을 살펴봄으로써, 유교와 다공(茶供)은 어떤 관련을 지니어 왔으며 우리의 다도문화에는 어떠한 유가사상이 수용되어 뿌리내렸는지를 고찰하고자 한다.

Ⅱ. 군자(君子) 수양(修養)의 다도

유가사상을 다도에 접목시킨 대표적 인물은 고려의 목은(牧隱) 이
색(李穡)과 초의(艸衣) 장의순(張意恂, 1786~1866)과 추사(秋史) 김
정희(金正喜, 1786~1856)이다. 역사적으로 음다풍속이 성했던 계층을
살펴보면, 신라의 화랑다도, 고려 전기의 귀족다도, 고려 후기와 조선
전기와 말기의 문사다도, 그리고 전시대에 걸친 승속(僧俗)다도인데,
위의 세 사람은 문사다풍이 크게 성했던 때에 다도문화의 유가철학
적 기반을 마련한 것이다.

이색은 고려시대 다인 중에서 차(茶)에 관한 시(詩)·사(辭)·부
(賦)·설(說)·기(記) 등을 가장 많이 남기어 70여 편이 전해진다. 그
는 차를 잘 끓여 마시는 일을 성의(誠意)·정심(正心)·수신(修身)하
는 구체적 방법이라고 하여, 세계 최초로 군자 수양의 다도를 주창
하였다. [8] 그는 당대의 대성리학자일 뿐만 아니라, 문하에 다인들인
권근(權近)·김종직(金宗直)·변계량(卞季良) 등을 배출하여 다풍을
잇게 하고 조선 성리학의 주류를 이루게 하였다. 그가 지은 『목은집
(牧隱集)』은 조선시대 선비들의 귀감서였으므로, 그의 다도관(茶道
觀)은 후학들에게 적지 않은 영향을 주었다.

초의(艸衣) 장의순은 좋은 차와 정갈한 물로 분량을 알맞게 하여
차탕(茶湯)을 만드는 포법(泡法)은, 유가의 중도(中道)를 터득하게

한다고 여겼다. 승려인 그가 유가적 다도사상을 창안하게 된 것은
그의 스승 다산(茶山) 정약용(丁若鏞, 1762~1836)의 영향 때문이다.
초의는 24세(1809년)때 당시 48세인 다산 정약용의 문하에서 수학하
기 시작하여 유학(儒學)과 시도(詩道)와 다도(茶道)를 배웠고, 아름
다운 사제관계는 다산이 별세한 후에도 이어졌다. 장의순은『선문사
변만어(禪門四辨漫語)』『진묵대사유적고(震默大師遺蹟考)』와 같은
불교 서적도 저술하였으나, 시(詩) 144수와 문(文) 19편을 남길 정도
로 문장에 뛰어났고 유학에도 식견이 깊었다. 성리학자 홍석주(洪奭
周)는 그의 글을 평하기를, "내용이 어질고 곧고 잔잔하며 주자서(朱
子書)와 부합된 바가 많다."[9]고 하였다. 그런데 그의 중도사상이 불
교의 가르침에 어긋나는 것은 아니다. 불교의 수행법인 팔정도(八正
道)도 역시 포괄적 개념의 중도에 속하기 때문이다.

완당 김정희는 다도를 중화(中和)의 체득공부로 보았다. 그는 찻
자리에서 '집중(執中)'하는 것이 마침내 달도의 경지에 이르게 한다
는 글을 남겼다. 추사는 몸소 정좌(靜坐)와 선(禪)의 음다생활을 함
으로써 학문과 예술의 독창적 세계를 넓혔다.

1. 실행다도를 통한 수신(修身)

목은 이색(李穡, 1328~1396)은 다사(茶事)와 음다(飮茶)를 군자 되
는 수양의 실제 방법으로 보았다.

다음의 글에서 그는, 손수 차를 끓여 마시는 일을 성의(誠意)·정
심(正心)·수신(修身)하는 일로 생각했음을 알 수 있다.

「 차 마신 후 읊음 (茶後小詠)」

작은 병에 샘물을 길어,
깨어진 쇠솥에 노아차를 달이네.
귀뿌리가 갑자기 밝아지고,
코로는 향기를 맡네.
별안간 눈에 가리운 편견이 없어지니,
밖으로 보이는 데에 티끌이 없구나.
혀로 맛본 후 목으로 내려가니,
살과 뼈가 똑발라 비뚤어짐이 없도다.
마음은 한 뙈기 좁은 밭이지만,
밝고 깨끗하니 생각에 그릇됨이 없네.
어느 겨를에 천하 다스리는 일에 생각이 미치랴,
군자는 마땅히 집안을 바르게 해야 하리.

> 小瓶汲泉水,　破鐺烹露芽*.
> 耳根頓淸淨,　鼻觀通紫霞*.
> 俄然眼翳消,　外境無纖瑕.
> 舌辨喉下之,　肌骨正不頗.
> 靈台方寸地*,　皎皎思無邪*.
> 何暇及天下,　君子當正家. [10]

* 노아(露芽) : 차싹이 새벽이슬을 머금었을 때 딴 차로 감칠맛이 많은
  고급차를 말한다.
* 자하(紫霞) : 당시에는 발효차를 끓여서 마셨으므로 붉은 차탕에 김이
  나며 끓는 것을 자줏빛 노을(이내)에 비유했다.
* 영대방촌지(靈台方寸地) : 영대(靈台)는 지인(至人)의 심(心),
  혹은 심(心)의 뜻이며, 방촌지(方寸地)는 좁은 땅을 말하며 『대
  학』에 나온다. 직역하면 '마음은 사각의 좁은 땅이지만'이 된다.

　* 교교(皎皎) : 마음이 밝은 달처럼 희고 깨끗하다는 뜻.

　위의 글은 다음과 같이 요약된다.

　손수 물 길어옴 → 차를 끓임 → 귀와 코가 예민해짐 → 눈이 맑아져 사물을 바로 봄 → 찻물이 혀와 목을 거쳐 감 → 살과 뼈가 똑바름 → 마음이 밝고 깨끗함 → 착하고 바른 생각 → 집안을 바로 다스림 …… → 천하를 생각함.

　즉, 손수 차를 끓여 마시니 몸과 마음이 다스려져 수신 공부가 된다는 것인데, 이것은 유학(儒學)의 도(道)이자 군자(君子)가 추구하는 인격 수양의 길을 말한다.

　『대학(大學)』에는, "밝은 덕을 천하에 밝히려고 하는 자는 먼저 그 나라를 다스리고(古之欲明明德於天下者 先治其國), 그 나라를 다스리려고 하는 자는 먼저 그

도14 이색의 상. 견본채색 서울 목은영당

집안을 가지런히 하고(欲治其國者 先齊其家), 그 집안을 가지런히 하려고 하는 자는 먼저 그 몸을 가다듬고(先修其身), 자신의 몸을 다스리고자 하는 자는 먼저 그 마음을 바르게 하고(先正其心), 그 마음을 바르게 하고자 하는 자는 먼저 그 뜻을 정성스럽게 하고(先誠其意), 그 뜻을 정성스럽게 하고자 하는 자는 먼저 알아야 하고, (先致其知) 앎에 이르려면 사물에 부딪혀 깊이 연구해야 한다.(致知在格物)"라고 하였다. 단계별로 정리하면 격물·치지·성의·정심·수신·제가·치국·평천하로서 '대학의 8조목'이라 하는데, 이는 본래 정치적 덕성으로 요임금이 제창한 데서 나온 것이다.

윗글에서 맨 처음에 손수 작은 병에 샘물을 길어온다 함은, 곁에
길어둔 물이 없어서가 아니라 금방 떠 온 활수(活水)가 정갈하고 차
맛을 나쁘게 하지 않으므로 크지 않은 물병에 직접 떠왔음을 강조한
말이다. 이는 이색이 차 끓이는 일, 즉 다사(茶事)에 뜻을 정성되이
하고자 했음을 나타낸다. 따라서 '성의(誠意)'에 해당된다.

차를 마신 후에는 마음이 깨끗해지며 '사무사(思無邪)하다.'고 하
였는데, '사무사(思無邪)'라는 말은 『시경(詩經)』의 「노송(魯頌)」편에
나온다. 공자(孔子)는 말하기를, "시경의 시 300편은 한마디로 사무사

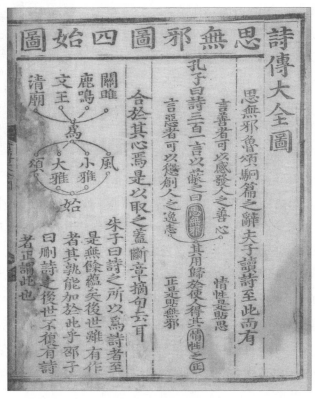

도15 「시전대전도」의 '思無邪'

이다.(詩三百 一言以蔽之曰思無邪)"[11]라고 하였다. 이에 대해 북송의 유학자 정호(程顥, 程子)는 사무사를 '성(誠)' 즉, 성의(誠意)라고 하였다. 『대학』에는 "성의, 즉 뜻을 정성되게 한다는 것은 스스로 속이지 말라는 것이다.(所謂誠意其意者 毋自欺也)"라고 했으므로 성의는 사무사와 비슷한 의미이다. 주희(朱熹)는 사무사를 '정성의 바름(情性之正)이며 악을 버리고 착한 마음을 지님'을 뜻한다고 했다. 이때의 정성은 성정(性情)과 같은 말로 인정과 성질을 말한다. 도15의 명(明)대 『시전대전(詩傳大全)』의 「사무사도(思無邪圖)」에도 '사(思)'를 '정성(情性)'으로 보고 '무사(無邪)'를 '정(正)'으로 보았다. 결국 사무사에는 성의와 정심이 함축되어 있음을 알 수 있다.

윗글에서 "어느 겨를에 천하에 미치겠는가?"라고 한 것은, 오직 수신(修身)하고 정가(正家)하기에 여념이 없으므로 치국과 평천하를 생각할 여유가 없다는 뜻이다. 목은은 다른 글에서, 천하를 다스리려면 특히 '성의(誠意)의 노력'이 중요하다고 하였다. 이러한 점은 회재 이언적이 "성(誠)은 달도의 밭이다.(誠以達道之所田)"라고 말한 내용과 통한다. 위의 글은 결국 다도로서 성의·정심·수신의 실천적 수양을 쌓아 유가의 이상적 인간인 군자가 될 수 있다는 의미이다.

그는 '무사(無邪)'의 다도정신을 중시하여 「점다(點茶)」라는 시에서도 "목구멍에 닿아서 오장의 열기를 다스리고, 뼈 속을 뚫고 들어가 삿된 기운을 몰아내네.(觸喉功五熱, 徹骨掃群邪)"[12]라 하였고, "다종을 보니 삿됨이 없네.(茶鍾照目便無邪)"라 썼다. 조선시대의 거유인 퇴계와 율곡도 '思無邪 毋不敬'을 평생의 좌우명으로 삼았으므로, 유학에서 마음의 삿됨을 확인하는 일은 매우 중요했다. 무사의 의미는 진(眞) 외에, 요사스럽지 않음, 혹은 자연 그대로의 순박함을 뜻하기도 한다. 조선 중기의 인봉(仁峰) 전승업(全承業, 1547~1596)

도『다창위(茶槍慰)』라는 부(賦)에서, "차를 마시니 요마를 쫓아내고, 마음이 트여 생각에 삿됨이 없네.(飮來駈妖魔 蕩蕩思無邪)"라 하여, 음다 후에 '사무사'하게 됨을 노래로써 썼다.

이색이 차를 끓여 마시며 수신하는 모습은 다음 글에서도 볼 수 있다. 그는 「방문한 세 집 모두 술을 내어오므로 취해서 돌아옴」이라는 제목의 글에서,

> 차를 끓이며 정좌하여 세 가지 반성을 돌이켜 보고,
> 술을 놓고 고상한 이야기하며 온갖 근심을 흩뜨리네.
> ― 烹茶靜坐追三省, 對酒高談散百憂. ― [13)]

라고 하였다. 위의 '정좌(靜坐)'란 '경(敬)'의 공부로서 유가 학문의 요체이다. 이는 바로 앉아서 마음을 고요히 가라앉힌 상태를 말하는데, 불가의 좌선을 본뜬 것으로 천리(天理)를 깨달음을 목적으로 한다. 정좌는 북송의 정호(程顥) 이래로 매우 중시된 것으로서, 정이(程頤)도 정좌한 사람을 볼 적마다 공부를 잘한다고 칭찬했다고 하며, 연평선생(延平先生) 이통(李侗, 1088~1158)은 그의 스승 나종언(羅從彦)으로부터 언제나 정좌에 대한 가르침을 받았다고 한다. [14)] 완당 김정희도 "정좌하는 곳에 차가 익어 향기가 난다."는 글을 남겼다. 이색은 '거경(居敬)'을 수양 방법으로 중시했으므로 찻자리의 정좌를 중시하였고, 반성하여 수신(修身)하는 다도를 실행하였음을 볼 수 있다.

위에서 세 가지 반성이라고 한 것은,『논어(論語)』에서 증참(曾參, 증삼)이 말한 내용과 연관이 있을 것으로 생각되나, [15)] 회재 이언적과 율곡 이이도 반성 항목을 각기 정하여서, 하늘 섬김, 마음 보존과 정성, 학문의 진전과 역행 등을 매일 점검하였으므로, '삼성'은 학인이 세 가지 계율로서 유학공부의 기본으로 여겨진 것이다. 위에

서 목은은 술자리와는 달리, 찻자리에서는 수양공부를 했음을 알 수 있다. 이와 같이 그가 일상 음다생활을 진지하게 해왔음은 그의 다른 글에서, "날마다 차를 마신다."고 굳이 기록을 남긴 것이나, "술에 취했으므로 차를 찾는다."든지, "손님이 올 때마다 차를 끓여 마신다."[16]는 글들을 써서 후세에 전한 것을 보면, 그는 다도를 무척 중시했으며 성실하게 실천하였음을 알 수 있다.

결국 이색의 다도정신은 유가의 수양(修養)이 핵심이다. 그는 명실공히 한국 다도정신의 창시자이고 세계 최초로 군자다도(君子茶道)를 주창하였다. 군자에 대해 『논어(論語)』에는, "군자란 공경하는 마음으로 자신을 닦고,(修己以敬) 자신을 닦아서 남을 편안하게 하며,(修己以安人) 자신을 닦아서 백성을 편안하게 한다.(修己以安百姓)"[17]고 하였다. '경(敬)'을 기초로 한 '수기(修己)', 즉 수신(修身)이 군자가 되는 수양의 근본이라는 것이다. 이색은 생각뿐만 아니라 손수 물을 떠와서 정성들여 차를 끓이는 일 자체도 성의로써 행하며 매우 중요시하여, 그는 명실 공히 한국의 다성(茶聖)이라 할 만하다.

목은 이색의 군자다풍(君子茶風)은 조선시대와 근세까지 여러 다인들의 귀감이 되었다. 김창협(金昌協, 1651~1708)은 일기에서, "술은 없으나 차가 있어 한 잔 마시고 책을 읽으니, 사무사에 가까웠다네.(無酒也有茶 一啜 讀我書 庶幾思無邪)"라고 하여, 사무사의 다도를 강조한 글이 있다.

2. 전다(煎茶)에서 터득하는 중도사상(中道思想)

조선 말엽의 승려인 초의 장의순은 다도를 유가의 중도(中道)를 체득하는 일로 생각하였다.

중도란, 중정(中正)・중용(中庸)을 포함하는 '中'사상을 말한다.

『황소(皇疏)』에서는 '中'을 '중화(中和)' 혹은 '중정(中正)의 도(道)'라 했고, '중도(中道)는 중정(中正)의 도(道)이다.'라고 했다. [18] 중도(中道)를 터득하여 행하는 것은 중화(中和)에 이름을 뜻하며, 이는 유가의 이상이다.

초의(艸衣) 의순(意恂, 1786~1866)은 차를 잘 끓이는 일을 인간의 윤리적 삶에 비유하여, 차를 우릴 때 '中'을 잘 가늠하는 것은 중도(中道)의 삶을 체득하는 길이라고 생각하였다. 그가 다도 공부의 길잡이로 쓴 다음의 『동다송(東茶頌)』[19] 제15절과 주를 보면 그의 다도사상이 나타나 있다. 이 글은 그가 칠언절구 시의 기본틀을 무시할 정도로 중시한 내용이고, 주를 상세히 달아서 자신의 다도관을 피력하였다.

차 속에는 현미함이 있어 오묘함을 드러내기 어려우니,
진과 정은 체와 신에서 분리되지 않아야 한다네.
체와 신이 비록 온전해도 오히려 中正을 잃을까 두려우나,
중정은 건과 영을 함께 지니는 데 지나지 않는다네.

— 中有玄微妙難顯, 眞精莫敎體神分.
　體神雖全猶恐過中正, 中正不過健靈併. [20] —

위의 '체(體)'와 '신(神)'에 대해 초의는 이 글의 원주(原註)에서 설명하기를, "茶는 물의 신이요, 물은 茶의 몸체이다.(茶者水之神 水者茶之體)"라고 하였다. '체(體)'는 우러난 찻물(茶湯)의 몸을 뜻하는 물이고, '신(神)'은 찻감의 찻기를 비유한 말이다. 진(眞)과 정(精)이 체와 신에서 분리되지 않는다 함은, 진수(眞水, 좋은 물)와 정차(精茶, 정성들이어 만든 차)라야 좋은 차탕을 얻을 수 있음을 뜻한

다. 그리고 진수와 정차라 하더라도 우릴 때에 '중정(中正)'을 지키는 것이 중요함을 그는 강조하였다. 즉, 중정을 잃지 않고 잘 우러난 차탕(茶湯)은 몸(體)이 건실하고 정신(神)이 신령스럽다고 하였다. 이 글의 구체적 내용을 의순은 원주를 달아 다음과 같이 설명하였다.

　　포법(泡法, 우리는 법) 편에 이르기를, "탕(湯)을 살펴서 순숙(純熟)이 되었으면 그 물을 들어 먼저 호(壺, 다관)에 조금 따라 부어 흔들어 냉기를 없애고, 물을 따라 비운 후에 찻잎을 넣는다. 차의 분량이 많고 적음을 잘 헤아려야 하는데 '中'을 지나쳐 '正'을 잃어서는 안 된다.(不可過中失正) 차가 많으면 맛이 쓰고 향기가 가라앉으며, 물이 많으면 맛이 없고 색이 멀겋다.……… 너무 일찍 거르면 다신(茶神)이 일어나지 않는다. 마시는 것은 너무 지체하면 안 되니 늦게 마시면 묘한 향기가 먼저 달아나 버린다."고 하였다.
　　총평해서 말하면, 차를 딸 때에는 그 오묘함을 다하고, 만들 때에는 그 정성을 다하며, 물은 진수를 얻어야 한다. 우릴 때는 그 '中'을 얻어서 체(體)와 신(神)이 조화를 이루고 건(健)과 영(靈)이 서로 어우러지게 한다. 여기에 이르면 다도는 다된 것이다.(評曰 采盡其妙 造盡其精 水得其眞. 泡得其中 體與神相和 健與靈相倂 至此而茶道盡矣.)

윗글의 '포법 편'이라 함은, 초의가 베껴 쓴 『다신전(茶神傳)』[21]의 원전인 『다록(茶錄)』에 나오는 「포법(泡法)」을 그대로 인용한 것이다. 이 책은 명나라의 장원(張源)이 1595년 경 쓴 책이다. 그런데 초의가 "총평해서 말한다.……… 다도를 다하는 것이다." 라고 한 글은 자신의 사상을 나타낸 내용이다.
　『동다송』 본문에 나오는 '중정(中正)'의 뜻은 '中인 正'으로, '중도(中道)'를 뜻한다. 초의는 주(註)에서 '泡得其中(포득기중)'이라 하여

'中'을 더 강조하였다.

『다록』에서 장원이 말한 바, '中을 지나쳐 正을 잃는다'고 함은, 다관에 넣는 마른 차의 분량이 알맞음을 뜻하므로 형이상학적 의미가 아니다. 또 그는 '다도(茶道)'를 설명하기를, "만들 때는 정성을 다하고 저장은 건조하게 하며 우릴 때는 깨끗하게 한다. 정성·건조·청결이면 다도는 다 된 것이다.(造時精 藏時燥 泡時潔 精燥潔 茶道盡矣)" 22) 라고 하여, 여기서도 다도는 차를 잘 다루는 실제적 방법을 뜻했다. 그런데 초의는 장원과 달리 총평하기를, 정차(精茶)와 진수(眞水)로써 차를 우리는 일에 '中'을 얻어야 한다고 강조하였다. 그리고 그는 차(茶)를 인격체로 보고 '건(健)'과 '영(靈)'을 창의적으로 덧붙여서 건강한 몸(물)과 신령스러운 기운(효능)이 서로 조화를 이루어야 된다고 했다. 그러한 상태에 도달하는 것이 다도가 다 된 것이라고 하며, '지차(至此)'와 '도(道)'를 연결시켰다. 따라서 그는 팽다법의 '中'을 인간의 삶과 연결시켜 도(道)로 가는 방법임을 뜻한 것이다. 그가 김정희의 동생 김명희(金命喜, 산천도인)에게 보낸 다음 글을 보면 이 내용이 보다 분명해진다.

「산천도인이 차를 받고 보낸 글에 받들어 화답함(奉和山泉道人 謝茶之作)」

예로부터 현인과 성인들은 모두 차를 좋아했나니,
차는 군자와 같아서 성품에 삿됨이 없다네.
깊은 곳에서 가볍고 부드러운 물을 길어 차를 끓이니,
진(眞)과 정(精)이 어울리어 수체(水體)와 다신(茶神)이 열리네. 23)
거친 것이 다 없어지고 정기가 들어오니,
대도(大道)를 얻어 이룸이 어찌 멀리요.

古來賢聖俱愛茶,　茶如君子性無邪.
深汲輕軟一試來,　眞精適和體神開.
麤穢除盡精氣入,　大道得成何遠哉.[24]

윗글 넷째 구절의 '진(眞)'은 진수(眞水)이고, '정(精)'은 정차(精茶) 이며, '체(體)'와 '신(神)'도 앞의 내용과 같다. 마지막의 '대도(大道)' 의 도(道)는 '얻어 이룬다' 하였으므로, 다법(茶法)이란 뜻이 아니라 달도(達道)의 삶을 사는 군자의 도를 뜻한다. 그리고 어울리어 열린 다든가, 정기(精氣)가 들어온다 함은, 도(道)에 이르는 과정의 표현이 다. 즉, 초의 의순은 차를 잘 끓이는 일이 삶의 '도(道)'를 터득하는 공부와 같다고 여긴 것이다.

여기서 의순이 다도의 요체라고 생각한 유가의 '中'사상과 '중정 (中正)'사상의 근원을 살펴보면, 순(舜)임금이 우(禹)임금에게 제위를 넘겨주면서 훈계한 내용에서 찾아진다. 즉, "인심은 위태롭고 도심은 은미하니, 오직 정일하여야 그 中을 잡을 수 있다.(人心惟危 道心惟 微 惟精惟一 允執厥中)"라고 한 것이다. 이 심법(心法)을 '도통(道 統, 도학계통)의 단서'라고 한다. 여기서 '집중(執中)'의 '中'은, 주희 (朱熹)가 말했듯이 '지나치거나 모자람이 없는 것(中者無過不及之 名也)'이고, '시중(時中 ; 때에 맞는 中, 상황적 中)'이며, 도심(道心) 이 발현했을 때의 '中'이다. 다산 정약용은 『심경밀험(心經密驗)』에 서 말하기를, "中은 모든 사물(事物)에 있는 지극히 정당한 도리 그 것이다."라고 하였다.

위의 『동다송』에서 강조한 의순의 '득중(得中)'이나 '중정(中正)'도, 차탕을 찻감과 물의 상황에 알맞게 잘 만드는 원리인 동시에, 인심 과 도심의 양단이 포섭된 윤리적 삶을 뜻한다. 다시 말해 차를 끓이 는 일 자체에서 '中'을 깨닫고 지키어 달도할 수 있다는 의미이다.

그런데 '中'이 굳건하면 달도의 경지인 '和'가 절로 따른다는 것이 유학사상이다. 앞에서 초의가 말한 바, '진(眞)'의 찻감과 '정(精)'의 좋은 물이 '어울린다'는 의미의 '화(和)'는, 도심(道心)의 화(和)와 상통한다. 음식의 조화로운 맛이 도(道)에 이르는 화(和)로 여긴 예로서, 주희는 차(茶)의 맛에서 인간 삶의 '화(和)'를 찾았다. 춘추전국시대의 안자(晏子)는 육류나 물고기를 끓일 때 양념과 간을 잘 맞춘 국물 맛을 '和'라고 했는데, 이 내용에 대해 정약용은 말하기를, "음식 맛을 안다는 것은, 지나치거나 모자람이 없는 맛을 아는 것이다. (知味者 知味之無過不及也)"라 하여, '시중(時中)'의 덕을 음식의 맛에 비유하여 설명하고자 했음을 볼 수 있다. 따라서 초의가 "좋은 차와 물이 잘 어우러져 대도를 얻어 이룰 수 있다." 함은, 좋은 재료로 훌륭한 차탕을 만들기 위해 정성들여 '中'에 힘을 쏟는 것이고, 이는 건전한 몸과 영명한 정신을 지닌 사람이 치우치지 않고 올바른 중도(中道)로써 사는 것과 같으며 마침내 달도할 수 있다고 여긴 것이다. 결국 그는 유학을 다도(茶道)에 적용하여, '中'이라는 이념은 팽다(烹茶)법의 진리인 동시에 중도의 삶을 살기 위한 수양공부라는 이론을 편 것이다.

초의는 '다도(茶道)'라는 용어를 다른 글에서 두 번 더 언급하였고, '다도'가 두려워할 만한 것이라고 한 글을 보더라도 '茶로서 道에 이름'을 자신의 다도철학으로 여겼음을 알 수 있다. 따라서 그의 평소의 음다생활도 무척 겸허하고 진중했으리라고 생각된다.

그가 남긴 『동다송(東茶頌)』 17절은 각 절마다 상세한 주석을 달아 차에 관해 종합적이고 전문적인 내용을 실었으므로, 멋진 시가(詩歌)인 동시에 이론적 다서(茶書)이다. 그는 그 외에 삼십 편 가량의 다시문을 남겼으며, 당시에 앞선 다법(茶法)이었던 우려 마시는 포법

(泡法)을 수용하여 널리 알렸다. 그는 차나무를 기르고 손수 제다하였는데, 그가 만든 엽차와 떡차는 맛이 유난히 뛰어나 당대에 문인 음다풍이 크게 성하는 데 촉매역할을 했다. 그는 당대의 저명한 선비들로부터 차 달이는 데 '박사(博士)'라는 명성을 얻었다.

3. 다석(茶席)에서 닦아지는 심(心)의 대본(大本)

학자이자 예술가인 추사(秋史) 김정희(金正喜, 1786~1856)와 의인인 한재 이목(李穆, 1471~1498)은 음다생활을 통해 마침내 도경(道境)에 이름을 중시하였다.

추사가 끽다생활을 구도(求道)의 길로 여긴 내용은, 막역한 다우(茶友)인 승려 초의에게 '명선(茗禪)'이라는 글을 써준 것이나, '팽다(烹茶)'를 한 해의 중요업적으로 여긴 점, 그리고 많은 차 관련 유묵 등에서 알 수 있다. 다음의 그가 쓴 묵적에서, 유자(儒者)인 추사는 명석(茗席; 찻자리)에서 천하의 대본(大本)을 공부하는 것을 중시했음을 알 수 있다.

> 靜坐處茶半香初,
> (정좌의 자리에 차가 익어 향기가 나고,)
> 妙用時水流花開.
> (묘용의 때에 물이 흐르고 꽃이 피어나네.) [25]

이 글은 '정좌처(靜坐處)'와 '묘용시(妙用時)', 그리고 '다반향초(茶半香初)'와 '수류화개(水流花開)'가 대우(對偶)를 이룬다.

앞에서 이색이 '정좌 삼성(靜坐三省)'의 생활다도를 실천한 것과 마찬가지로, 추사도 다석(茶席)과 정좌(靜坐)를 연결시켰다는 점은 매우 주목할 만하다. 그는 다른 묵적에서도, "한나절은 정좌하고 한 나절은 독서하네.(半日靜坐 半日讀書)"라고 쓸 정도로 정좌를 중시하였다.

유학에서 말하는 '정좌'란 마음을 평정하게 다스리어 마땅함을 굳게 지키는 것으로, 희로애락(喜怒哀樂)이 일어나기 전인 미발(未發)의 상태에서 도(道)의 체(體)인 중(中)을 구하여 체험하는 것을 뜻한다. [26] 여기서 도심(道心)의 미발과 이발(已發), 그리고 '中'과 달도(達道)의 개념을 좀 더 파악하기 위해 『중용(中庸)』을 보면, 다음과 같이 정의되어 있다.

> 희로애락이 나타나기 이전을 '中'이라 하고, 나타나서 모두 절도에 맞는 것을 '和'라 한다. '中'이라는 것은 천하만사의 커다란 근본이고, '和'라는 것은 천하의 모든 일에 통달하는 도(달도)이다. 중화가 극진하면 천지가 제자리를 잡고 만물이 자라난다.
> — 喜怒哀樂之未發 謂之中, 發而皆中節 謂之和. 中也者天下之大本, 和也者天下之達道. 致中和 天地位焉 萬物育焉. — [27]

『中庸』에서 '中'은 '心'의 체(體, 본체)이고 '화(和)'는 '心'의 용(用, 작용)으로서, [28] '체(體)'는 '정(靜)'이고 '용(用)'은 '동(動)'이다. 체와 용은 둘이 아니라 하나로서, 상태가 고요함과 움직임의 다른 모습으로 나타남을 뜻한다.

다산 정약용은 미발(未發)상태의 정좌를 설명하기를, "정좌(靜坐)라는 것은, '中'을 얻기 위해 항상 '中'을 생각하되, "마음에 일물(一物)이 전혀 없다.(程子說)"는 좌망(坐忘)이 아니라, 정좌(靜坐)에도 사량(思量)이 있어야 하는 것이다." [29]라고 하였다. 유학자인 추사의 정좌도 다산과 같이 '도(道)의 체(體)'인 '中'을 구하고 다스리는 '心'의 상태인 것이다. '中'에 대해 다산은 구체적으로 설명하기를, "中이란 '성(誠)'에 의해 이룩되는 것으로, 성의(誠意)를 통하여 도심(道心)과 인욕(人慾)의 투쟁을 관조하여 정심(正心)을 유지하는 것"[30] 이라고 하여, 실천적인 '中'을 중시했다. 따라서 '정좌처'는 도심의 '中'을 얻기 위해 공부하는 자리를 뜻한다.

'다반향초(茶半香初)'는 '정좌처(靜坐處)'를 자세히 설명한 것으로, 찻자리와 정좌가 유관함을 나타낸다.

'다반(茶半)'은 차가 끓어 막 익는 상태를 뜻한다. 추사와 동시대인 인 홍현주의 글에서, "낮잠에서 깨어나니 차가 익었더라.(午夢初醒 茶半熟)" 또는 "화로에 차가 한창 익으니, 바람 치는 바닷가의 해송 소리로 들리네.(爐中茶半熟 風濤聽海松)"라고 한 것을 보면, '다반 (茶半)' 다음에는 '숙(熟)'이 생략되었음을 알 수 있다. 여기서 '반 (半)'은 해가 떠 있는 시간의 절반인 포물선의 중앙에 해당되는 부분 으로, '한창'의 뜻으로 쓰여, 차를 더 끓일 필요가 없이 거의 익었음 을 뜻한다. '주반(酒半)'은 술이 매우 취한 상태를 말하고, '야반(夜 半)'과 '소반(宵半)'은 한밤중을 뜻한다. '향초(香初)'는 익는 차의 향 기가 전해져 오기 시작함을 뜻한다. 옛날에는 대개 물에 찻감을 넣 어 끓였으므로 '다반향초(茶半香初)'는 '차가 익어 향기가 나기 시작 함'을 말한다. 이는 동시에 깨우침의 문이 열림을 상징한다.

'다반'과 '향초'는 19세기 우리나라 문사다인들 간에 흔히 유행했던 단어였다. 110수 가량의 차시를 남긴 신위는, "향기가 나기 시작하고 차가 끓으니 비오는 소리가 나는구나.(香初茶半雨瀟瀟)"라고 하였 고, '다반향초', '香初―', '茗半―' 등으로 표현하기도 했으며,[31] 그가 『초의시고(草衣詩藁)』의 서문(序文)을 쓴 곳이 '다반향초지실(茶半 香初之室)'이라는 선원(禪院)이었다. 초의도 '향초다반'을 썼으며 당 대의 홍현주는 '茶半香初' 혹은 '茶半―, 香初―'를 다섯 번 썼고,[32]

승려로서 80편이 넘는 차시를 남긴 보정(寶鼎, 1861~1930)도, "다만 향초이니 흥이 다시 한가로이 생기네.(茶半香初興更悠)"라 했다.

'향초(香初)'의 향은 향불(香火)이 아니라 차의 향기라는 뜻임은, 추사의 제자인 이상적이, "싯귀를 찾는 것은 차탕에서 향기가 나는 징후가 있을 때이며,(尋詩茶畔香初侯) 손님을 맞고 싶은 것은 꽃이 피고 술이 익는 때라네.(款客花開酒熟時)"[33]라고 한 글에서도 알 수 있다.

뒷 구절의 '묘용시(妙用時)'는 '수류화개(水流花開)'로 변화되는 오묘한 때로서, 미발(未發)의 '中'이 이발(已發)하여 현상으로 나타나, 모두 절도에 맞아 '화(和)'에 이르는 때를 뜻한다.[34] 차가 익어 향기가 나는 자리와 묘용시 사이에는 의당 차탕을 마셨다는 의미가 생략된 것이다.

'수류화개(水流花開)'란 물이 흐르고 꽃이 피어난다는 뜻으로, 이는 『中庸』에서 보듯이 천지가 제자리를 잡고 만물이 자라는 자연 상태와 같은 '달도(達道)의 화(和)'를 말한다. 이는 도(道)가 드러난 현상인 도의 용(用)을 말한다. 율곡 이이도 '도(道)'를 본체(本體)와 묘용(妙用)의 체용(體用) 관계로 파악하고, 묘용을 '감이수통(感而遂通)'으로 표현하였다.[35] 감이수통(感而遂通)이란 자득하여 '화(和)'에 이른 '道'의 경지이다. 청평거사 이자현(李資玄, 1061~1125)은 도경(道境)에 대해 말하기를, "묘용에 종횡하니 그 즐거움이 끝이 없구나.(妙用縱橫 其樂無涯)"라 하였다. 그러므로 추사의 다도에 대한 철학적 관념은 '화(和)'에 이르기 위해, '도(道)'의 본체이자 '대본(大本)'인 '中'을 수양하고 체득함이라 할 수 있다. 즉, 그가 찻자리에서 정좌하는 의의는 수류화개의 달도임을 알 수 있다. 추사는 편지글에서도, "수류화개의 기틀이 묘하다.(水流花開之機妙)"라 하여, '화

(和)로 변하는 조짐을 중시하였다. 즉, 그는 '다반향초하여 수류화개를 체득함'이 그의 평소의 다도생활이고, 묘용시를 위해서는 정좌의 찻자리가 중요하다고 생각하여 위의 묵적을 남긴 것으로 짐작된다.

초의 의순과 완당 김정희가 다도에서 공통적으로 지향하는 바는 모두 유학의 '중(中)'이다. 그러나 초의는 행다(行茶)의 포법에서 '시중(時中)'을 행하였고, 추사는 찻자리에서 정좌하여 도(道)의 '체(體)'인 '中'의 심학공부를 했음이 차이가 난다.

김정희의 윗글은 다음과 같이 해석된다.

> 고요히 생각하며 앉아 있는 곳에 차는 익어 향기가 나니,
> 오묘하게도 도심(道心)이 드러나 물이 흐르고 꽃이 피어난다네.

요약하면, "고요히 차를 끓여 마시니 활연 관통하여 도경(道境)이 열리더라." 라는 말이다.

유학을 공부하는 사람의 달도 의지는『논어』에, "아침에 도를 깨달으면 저녁에 죽어도 괜찮다.(朝聞道夕死可矣)" 라는 말로 대변된다.

완당(阮堂) 김정희는 자기가 쓴 묵적을 차와 바꾸기가 예사였던 끽다가(喫茶家)였다. 그는 자신의 생활을 묘사하기를, "참선과 차 끓이는 일로 또 일 년이 지났다."고 할 정도로 성실한 자세로 다도에 임했음을 확인할 수 있다. 따라서 추사의 학문과 예술세계는 음다생활로 인해 더욱 깊어졌다고 보아도 무리가 없을 것이다. 그의 차시문이 40여 편이 넘으며, 차를 재촉하는 등, 차(茶) 관련 편지가 11점, 그리고 차를 사랑하여 남긴 그의 묵적이 17점 이상 전해진다.

김종직의 문인이고 도학자인 한재(寒齋) 이목(李穆, 1471~1498)도 다도를 통하여 도경(道境)에 이른다고 여겼다. 그가 쓴『다부(茶賦)』의 마지막 부분은 아래와 같다.

신령스러움이 기운을 움직여 묘경에 드니,
즐거움은 도모하지 않아도 절로 이른다네.
이것은 또한 내 마음의 차이거늘,
다시 무엇을 다른 데서 구할 필요가 있으리.

神動氣而入妙,　　　樂不圖而自至.
是亦吾心之茶,　　　又何必求乎彼也. [36)]

위에서 '오심지다(吾心之茶)'는, 실제의 차(茶)를 마시지 않더라도 마음속에는 차생활의 덕이 남아 도(道)의 묘경에 들고 또한 절로 즐거운 '화(和)'에 이름을 뜻한다. 이목은 '구도(求道)'의 공부를 했으며, "하늘의 도는 나의 도이니(天之道卽吾之道) 내 마음 안에는 천심이 있다.(吾心之內在天心)"고 하여, '천인합일(天人合一)'의 유가사상을 실현하였다.

한재는 또한 차를 현인(賢人)에 비유하였다. 그의 『다부』는 현존하는 한국의 전문다서로서 가장 오래되고 대표적인 서적이다.

Ⅲ. 다사(茶事)의 공부

'다사(茶事)'라는 말은 차를 다루는 여러 가지 일을 뜻하는데, 넓은 뜻으로는 종다(種茶, 차나무 기르기)와 제다부터 차 손님 접대일까지 뜻하나, 일반적 좁은 뜻으로는, 차를 끓이고 배분하고 마시는 일을 말한다. 다사는 '행다사(行茶事)'이며, 선인들은 '청사(淸事)', '아사(雅事)', '명사(茗事)'라고도 일컬었다.

옛 다인들은 대개 손수 차를 끓이는 것을 매우 중요시하였다. 고관이나 양반들도 그와 같이 한 이유는, 다도는 성의 · 정심 공부가 되고 다사는 이치를 궁구하여 아는 격물(格物)치지(致知)라고 생각했기 때문이다. 다사로 인한 공부거리의 내용은, 물과 불로 찻감을 끓이는 일에 우주자연의 근본적 이치가 있다는 것과, 차의 예민한 품성으로 인해 다사를 세밀하게 행해야 한다는 점이다.

다사는 같은 찻감을 가지고도 어떻게 끓이느냐에 따라 그 맛(味)이 아주 다르게 나타나는 어려움이 있다. 당나라 때도 차를 잘 끓이는 일은 쉽지가 않아, 육우(陸羽)는 「차의 아홉 가지 어려움」으로, 제다, 차 감별, 깨끗한 그릇, 불 때는 나무, 물, 단차 굽기, 가루내기, 달이기, 여름에도 마시기를 들었다. 따라서 우리의 선조다인들은 차를 잘 끓이는 실제의 방법과 원리를 연구하여 명확한 지식을 얻고자 하였으며 이를 즐겨 행하였다. 때로는 다동(茶童)이나 하인이 끓여 오기도 했으나, 그것에만 의존하지 않고 손수 세밀히 전다(煎茶)하고 열심히 일하였다. 즉, 좋은 물을 새로 길어오고, 불을 피워 차를 끓이면서 역(易)의 원리를 생각한다든가, 불길의 세기를 보며 끓는 물소리와 기포의 모양 등을 보면서 맛을 가늠하였다.

또한 선비들은 실제의 다사와 함께 이론적 다사공부도 열심히 하여 선대(先代)의 차시문(茶詩文)을 독파하였고, 중국 다서도 읽었다.

1. 다사(茶事)에서 해득되는 역(易)의 우주관

유학자 다인들은 차탕이 끓는 것을 보고 역(易)의 괘상(卦象)을 찾아내었다. 이는 선비다인들이 전다(煎茶)의 근본과 이치를 중시한 독특한 면이다.

'易'은 '日'과 '月'이 합해서 된 글자로서 음양을 나타낸다고 하고, '쉽다, 바뀐다'는 의미를 지니어, '변화의 쉬운 원리'라는 주장도 있다. 이는 '두루 周' 또는 '주(周)나라'의 역이라는 뜻에서 '주역(周易)'이라고도 한다.

역(易)은 우주만물의 본체인 태극(太極)이 있고, 이를 양(陽, 하늘, ―)과 음(陰, 땅, --)으로 나누어 인식하는 유학의 우주론적 철학이다. 음양은 사상(四象 : ⚌, ⚎, ⚍, ⚏)으로 세분되고, 이는 다시 팔괘(하늘 乾☰, 못 兌☱, 불 離☲, 우레 震☳, 바람 巽☴, 물 坎☵, 산 艮☶, 땅 坤☷)로 나눠진다. 다시 팔괘가 아래와 위에 두 개씩 짝 지워서 6개의 음양을 이루어 64괘를 만들고, 여기에 설명이 붙어서 『역경(易經)』이 되었다. 후대에 내려오면서 64괘는 괘사(卦辭)가 붙게 되고 각 괘마다 6개씩의 효사(爻辭)도 설명되어 있다. 『역경(易經)』은 『

중용』, 『대학』과 더불어 3대 유학
경전의 하나로서 매우 중시되어온
책이다. 괘사와 효사의 내용을 보
면, 인간의 삶은 우주의 자연현상
의 변화에서 가르침을 얻어야 한
다는 것과, '중정(中正)'을 얻으면
화(禍)를 피하고 길(吉)하다는 도
덕적 기본사상이 있으므로 삶의
길잡이가 된다. 즉, '易'은 천문(天
文)을 통하여 인문(人文)을 읽고
인문을 통하여 천문을 파악하는
경전인 것이다. 공자는 『역』을 꿰

도16 정몽주의 상. 『포은선생문집』
숙종 3년(1677) 발간 목판화

맨 가죽끈이 세 번이나 끊어지도록 읽었다고 전한다. [37]

우리나라 학자다인들 중에서 다사에서 역의 이치를 찾은 사람은
정몽주와 정약용이다. 포은(圃隱) 정몽주(鄭夢周, 1337~1392)가
쓴 도17의 「역을 읽음(讀易)」이라는 시는 다음과 같다.

「독역 (讀易, 二絕)」

돌솥에 차가 끓기 시작하니,
풍로에는 불이 빨갛구나.
감괘(坎卦, 물)와 리괘(離卦, 불)는 천지의 작용이니,
이것을 바라보니 뜻이 무궁하구나.
내 마음에 천지건곤을 품고서,
학문을 한 지 36년을 보내었네.
눈앞에 있는 역 이전의 자연을 보며,
복희씨를 회상하니 그 자취가 이미 펼쳐져 있네.

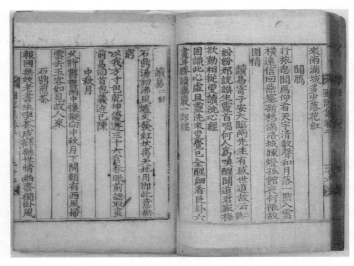

도17 정몽주의 다시(茶詩) 『포은선생문집』(丁巳 重刊本)

石鼎湯初沸, 風爐火發紅.

坎離天地用, 卽此意無窮.

以我方寸包乾坤, 優遊三十六宮春.

眼前認取畫前易*, 回首包羲迹已陳*.[38]

* 획전역(畫前易) : 주역 이전의 획선, 즉 자연을 뜻한다.
* 포희(包羲) : 팔괘(八卦)를 처음으로 만들었다는 복희씨를 말함.

여기서 주목해야 할 점은 우선 그 제목이다. 시의 내용은 차를 끓이는 것인데, 거기에 '역을 읽는다'는 제목을 붙인 것 자체가 음다생활 속에서 주역의 이치를 깨닫고 있음을 보이고 있다. 칠언시로 된 제2절에도 '눈앞(眼前)'이라 하여, 차가 끓는 것을 보면서 역의 팔괘를 생각했음을 알 수 있다.

위의 글에서 석정(石鼎)에 끓는 탕(湯)은 차탕(茶湯)을 뜻한다.[39] 고려와 조선시대에는 차(茶)를 흔히 '차탕(茶湯)'혹은 '湯'이라고 하였으며,[40] 포은은 차를 끓일 때 석정(돌솥)을 썼다. '감(坎)'은 감괘(☵)로서 물(水)을 뜻하며, '리(離)'는 리괘(☲)로서 불(火)을 뜻한다. 포은은 돌솥을 사이에 두고 아래의 불과 위의 물이 끓는 작용을 보고, 역(易)의 원리가 생각났으며 대자연의 이치가 오묘함을 깨달았다. 그는 「석정전다(石鼎煎茶)」라는 시에서, 돌솥의 솔바람소리에 세상일을 잊는다고 했다. 이 글은 그가 주역공부를 한 지 36년이 지났다고 했으므로 50대인 말년에 쓴 것 같다.

포은은 이색과 친분이 두터웠다. 병을 앓는다는 포은을 목은이 문병하러 가니, 포은은 꾀병이었고 차를 내어왔다는 글이 전한다.[41] 이색은 포은을 '동방이학(東方理學)의 조(祖)'라고 칭찬했다. 정몽주는 당시의 불교 폐해를 보고 유학의 진흥에 힘썼으며, 절의(節義)로 후세에 사표가 되었고 문묘에 배향되었다.

조선 말엽의 다산 정약용은 차를 끓이는 화덕을 정괘(鼎卦)에 비유하였다. 그의 시 모음집인 『다암시첩(茶盦詩帖)』에는 다음의 글이 있다.

> 흙벽돌로 쌓아 만든 작은 다조(차화덕)에,
> 이화(離火)손풍(巽風)괘의 형상이 있네.
> 차는 익는데 산동자는 졸고 있고,
> 간들거리는 연기는 오히려 무척 푸르네.

> 墍擊小茶竈, 離火巽風形.
> 茶熟山僮睡, 裊烟猶自靑.[42]

윗글에서 이화손풍의 형(形)이라고 함은, 불(火)을 뜻하는 리괘(離卦, ☲)와 바람(風 혹은 나무)을 뜻하는 손괘(巽卦, ☴)의 형태라는 뜻이다. 다산은 당대에 역경의 대가(大家)로서 혜장에게 역을 가르쳤으며, 우리 차문화의 중흥조로 꼽는다.

이와 같이 다사(茶事)에서 주역의 괘를 찾은 예들을 보면, 우리의 선조들이 다사를 단순히 기호음료를 만들어 마시는 일로 여기지 않고, 그 자체에서 우주철학적 이치를 공부했음을 잘 나타내 준다. 차를 사랑한 그들은 주역 등에 대한 깊은 이해가 바탕이 되어, 다사를 더욱 세밀히 궁구하고자 노력하였던 것이다.

차와 역(易)을 연관시킨 최초의 예는 당나라 육우가 쓴 『다경』의 「풍로(風爐)」조에서 볼 수 있다. [43] 차를 끓이는 풍로의 다리에 '坎上巽下離於中'(물의 감괘는 위, 바람의 손괘는 아래, 불의 이괘는 중간)이라고 썼다. 풍로의 솥 바치개에는 불의 '☲'(리괘)와 바람의 '☴'(손괘)와 물의 '☵'(감괘)를 새기고, 불·바람·물을 상징하는 꿩과 표범과 물고기 모양을 그리고 설명하기를, "바람은 불을 일으키고 불은 물을 익힐 수 있으므로 세 가지 괘를 갖추는 것이다."고 하였다. 육우는 다구에 역을 새긴 데 에 비해, 포은과 다산은 차를 마시고자 하여 실제로 찻물이 끓는 모습을 보고 역의 이치를 깨닫는 것으로, 이는 실제의 진지한 공부 자세라는 점에서 조금 다르다.

2. 다미(茶味)의 철학

다인들은 팽다(烹茶)하는 일뿐 아니라, 차탕의 향기와 맛을 진지하고 세밀하게 탐구하여 윤리적 삶과 연관시켰다.

⑴ 진(眞)의 맛과 천향(天香)

이색은 차가 지닌 본래의 맛을 '진(眞)'이라고 표현하였다. 그가 선사(禪師)로부터 차를 선물 받고 고마움을 다음과 같이 썼다.

같은 나이로 늙으니 더욱 친하고,　　　　　同甲老彌親,
영아차의 맛은 참됨 자체라오.　　　　　　靈芽味自眞. [44]

이 글의 '眞'은 일반적으로 쓰이는 감각적 진미(眞味), 즉 차의 참맛이라고 보기보다는, 바로 앞의 내용을 참작해서 생각해보면, 차의 본성을 '眞'으로 여긴 것으로 생각된다. '眞'이라는 말은 거짓이 아닌 참, 정성, 묘리(妙理), 자연의 도(道) 등으로 해석된다. 목은은 「점다(點茶)」라는 글에서도 차가 오장의 열기를 다스리고 뼈 속의 사기(邪氣)를 몰아낸다고 한 다음에,

이미 진(眞)의 맛이 오래감을 알고 있나니,　　已知眞味永,
다시 뿌옇게 보이는 눈을 닦는다네.　　　　更洗眼昏花. [45]

라고 하였다. 이 글의 앞에서 찻물이 삿됨(邪)을 쫓는다고 한 것은 마음을 '正'이나 '진(眞)'으로 회복시킨다는 뜻이므로, 다미의 '진(眞)'도 사람의 마음을 무사(無邪), 즉 참되게 한다는 뜻이다.

차의 맛을 감각적으로 나타낼 때, 일반적으로 '달다(甘)'는 표현이 제일 흔히 쓰였고, 제호(醍醐)나 감로(甘露)의 맛이라든가, 젖맛(乳), 쓴맛(苦)이라고 한 것이 대부분이다. 목은도 차의 맛을 '조금 단맛(微甘)' 혹은 '깔끔한 맛(姸)'이라고 감각적으로 표현한 글도 있다.

이색의 다풍(茶風)을 본받은 서거정도 차의 맛을 진(眞)의 맛이라고 하였다. 그가 쓴 「전다(煎茶)」라는 시에는, "신선한 물 길어와 세밀히 달이니(活水煎初細), 마른 창자가 또 진을 맛보는구나.(枯腸味更眞)" [46] 라고 하여, 찻물을 형이상의 '眞'과 동일시한 것을 볼 수 있다. 그리고 서거정과 절친했던 김시습도 차의 맛을, '道의 맛인 眞'이라고 하였다. 또 평생을 향 피우고 차 끓이는 일로 보냈다고 한 신위는, 차의 맛을 '정미(正味)'라고 하였는데, [47] '正'은 '眞'과 통한다.

위와 같은 다미(茶味)의 철학대로 차를 마실 때마다 '眞'을 생각하
게 되면, 그것은 바로 수신이 될 것이다.

차의 맛뿐만 아니라 향기도 철학적으로 감상했다. 서거정은 다음
글에서 차에서 천향(天香)을 맡는다고 하였다.

「 다조(茶竈) 」

금노아차를 가득 따서
물 가운데 화덕을 놓고,*
오로지 활화로 달이니
이내 천향을 감지한다네.

采采金露芽*   竈在水中央.
聊以活火煎   便覺聞天香.[48]

＊김시습이 말한 물 가운데 있는 반석(盤石)에서 차를 끓인 것 같다.
＊채채(采采) : 많이 캐는 모양, 무성한 모양.

서거정은 70편이 넘는 많은 다시문에서 차의 향기를 구체적으로
표현한 글이 없다. 그런데 그가 천향(天香)을 느꼈다 함은, 그윽한
차의 향기와 더불어 우주 진리를 깨달았음을 뜻하는 것으로 추측된
다. 위에서 '문천향(聞天香)'이라고 하여 '들을 聞'字를 쓴 것은, 귀로
소리를 듣듯이 향기를 더듬어 세밀히 맡음을 뜻한다.

인봉 전승업(全承業, 1547~1596)도『다창위(茶槍慰, 茶의 위로)』라
는 부(賦)에서, "온 몸에 천향(天香)이 감돌아, 외로운 고민은 이미
없어지고, 답답함이 사라졌네.(渾體天香 孤悶旣除 煩敲消亡)" 라 하
여 차의 '천향(天香)'을 시로써 나타내었다.

(2) 다미(茶味)의 '理(리)'를 주창한 주희

남송의 대성리학자 주희(朱熹, 朱子 ; 1130~1200)는 차의 맛에 '和'의 철학적 이치가 있다고 하며, 주역의 가인(家人)괘 효사로써 설명했다. 그 자세한 내용은 다음과 같다.

선생(주희)은 차를 마시고 말하기를, "단것을 먹고 나면 반드시 신맛이 남고 쓴 것은 도리어 단맛을 남긴다. 차는 본래 쓴 것이니 먹고 나면 달다."고 하였다. "이러한 이치는 무엇입니까?(此理如何)"라고 물으니 대답하기를, "이것은 하나의 도의 리이다.(是一個道理) 이것은 마치 근심과 고생에서 시작하지만 마침내 안일과 즐거움으로 끝맺게 되니, 리(理)이고 다음에 화(和)가 온다. 리(理)는 본래 천하에 지엄한 것이어서, 그것을 행하는 것이 각기 분수를 얻게 되면 和에 이른다.(行之各得其分則至和) 그리고 이것은 다음과 같다. '집안 남자가 가법을 지키느라 소리 지르고 뉘우치며 힘써 닦으면 길하고, 부인과 자식이 웃어대며 두려워함이 없으면 마침내 어려운 일을 당하게 되는 것이니 모두 이런 것이 도의 리이다.(家人嗃嗃 悔厲吉, 婦子嘻嘻 終吝, 都是此理)'"라고 하였다. [49]

주희가 차의 맛에서 터득한 진리는, 쓴맛 뒤에 단맛이 있는 것이 사람 사는 도리와 같다는 것이다. 그는 차의 맛에서 깨닫는 진리(이치)를 '도리(道理)'라는 말로 두 번이나 강조하였는데, 이는 바르게 사는 이치라는 뜻으로 쓰인 것이다.

주희는 차의 단맛을 '和'로 보았고, 이를 얻으려면 쓴맛을 느끼는 과정과 같이 힘쓰고 '分'에 맞아야 한다고 했다. 그가 음식의 맛을 '和'로 본 것은, 『시경(詩經)』에서, "또한 국물(羹)에 和가 있으니, 이미 경계하였고 평정되어 있도다."라고 한 내용과 상통하는 바가 있

다. 주희가 말한 차의 쓴맛은 『시경』의 '경계함'에 비유된다. 주희는
차를 진하게 마시기를 즐겼다고 하므로 차의 쓴맛을 당연하게 받아
들였던 것 같다.

　그는 차의 맛을 주역의 괘에 비유하여 다미의 철학적 의미를 새겼
다. 위의 맨 마지막에 언급한 '家人嗃嗃……終吝'의 글은 주역의
上괘가 손(巽, ☴, 風)이고, 下괘가 리(離, ☲, 火)인 가인괘(家人卦,
䷤) 구삼(九三)의 효사(爻辭)를 인용한 것이다.

　주희가 차의 맛에서 리(理)를 찾는 철학적 자세나 가례(家禮)에서
조상께 차를 올려야 함을 강조한 것을 보면, 일상생활에서도 차를
얼마나 진지하고 귀중하게 대하였나를 엿볼 수 있다. 주희는 젊어서
술을 끊고 차로써 덕을 쌓았다고 하며, 무이산에서 손수 차나무를
재배하고 만들었다. [50] 그의 다시는 「다조(茶竈)」, 「강왕곡수렴(康王
谷水廉)」, 「다판(茶坂)」, 「영다시(咏茶詩)」 등이 있다. [51]

Ⅳ. 차(茶)의 덕성(德性)

차(茶)는 인간에게 많은 이로움을 준다고 하여, 동아시아문화권에서는 오랫동안 그 덕을 칭송하였다. 다명(茶茗)이 지닌 덕을 유가에 한정하는 것은 무리가 있으나, 덕(德)이라는 유가의 오랜 통념이 있고 선비학인들이 쓴 글이 많으므로 이를 중심으로 서술하고자 한다.

유가에서 '德'이란 본래 '眞'에 '心'을 합한 글자이다. 이는 '경(敬)'이 외재사물과 중화(中和)의 관계를 이루게 하는 행위의 조절능력, 또는 '의리에 맞는 내면의 행위'를 뜻한다.[52] 바꿔 말해서, '心'에 응축된 '道'의 실천의지로 설명되어질 수 있다.

차(茶)의 덕은 차가 사람에게 선(善)을 베푸는 품성을 뜻한다. 이는 찻감과 물이 지니는 본래적인 '성(性)'으로 인한 것과, 그러한 품성의 차를 반복하여 끓여 마시는 생활 속에서 인간에게 생겨난 것이 있다. 이러한 사실들은 차(茶)를 단순한 먹거리로 보지 않고, 신령스러운 기운으로 큰 덕을 지닌 인격체로 생각한 것이다. 인류가 주식(主食)이 아닌 다명(茶茗)을 2천년 이상 계속 마셔온 것은 이러한 덕이 많았기 때문이다. 유가에서는 다사와 음다를 통해 인간이 얻는 덕을 흔히 언급하였다.

차의 덕을 나타내는 말을 살펴보면, 아름다운 인격을 갖추었다고 생각하여, 흔히 '가인(佳人)'이나 '군자(君子)'에 비유하였다. 이는 맹자가 말한 군자의 사덕(四德)인 '인(仁)·의(義)·예(禮)·지(智)'를 지녔다는 말이 된다.

이색의 아버지인 이곡은 차의 신공(神功)이 빠르다고 했고, 고려의 원천석(元天錫)은 차가 창자를 깨끗이 하고 잠을 쫓는 것 등의 '신공(神功)'을 직접적으로 기술하였다. 여성다인 영수합 서씨(令壽閤 徐氏, 1793~1865)는 "여러 해 동안 차(茶)를 끓였으니 신공(神功)이 있을 것"이라고 하여, [53] 생활 속의 다공(茶供)으로 신묘한 덕을 얻으리라고 믿었다.

우리나라에서 차의 덕(德)을 제일 먼저 언급한 사람은 신라의 설총(薛聰)으로, 당의 육우보다 반세기 앞선 사람이다. 그는 『삼국사기』에 기록된 「화왕계(花王戒)」에서 신문왕(神文王, 재위 681~692)에게 은유적으로 충간하기를, "차와 술로써 정신을 깨끗하게 하시며(茶酒以淸神)"라고 하였다. 이는 차와 술이 정신을 맑게 한다는 뜻이 아니라, 두 가지 다 잡념과 근심을 없애므로 마음과 정신을 깨끗하게 한다는 청덕을 언급한 것이다. 차의 덕을 언급한 글은, 우리나라가 7세기로 제일 빠르고 또한 많다. 신라 안압지에서 출토된 '茶' 자(字) 명문 토기 다완에 쓰여 있는 '언·정·영(言·貞·榮)'의 뜻도, "(차를 마시어) 말이 진실 되니 영화가 있다."는 차의 덕을 뜻한 것이고, 최치원이 차(茶)로써 근심을 잊게 되었다고 한 것도 차의 청덕에 든다.

정몽주 학통의 다인 이목(李穆, 1471~1498)은 차의 직접적인 효능으로 오공(五功)을 들고, 이어서 육덕(六德)을 들었다. [54] 『다부(茶賦)』에 적힌 다섯 가지 공은,

① 책을 볼 때 갈증을 없앤다.

② 울분을 풀어준다.

③ 손님과 주인의 정을 화합하게 한다.
④ 뱃속 기생충으로 인한 고통을 없앤다.
⑤ 취한 술을 깨게 한다.
라는 내용이고, 여섯 가지 덕은 다음과 같다.

나는 그 후에 차(茶)가 여섯 가지 덕도 있음을 알았다. 첫째로 요임금이나 순임금과 같은 덕이 있어 사람으로 하여금 오래 살게 하고(① 使人壽修), 둘째로 유부(兪附, 黃帝 때 명의)나 편작(扁鵲, 전국시대의 명의)과 같은 덕이 있어 병을 낫게 하고(② 使人病已), 셋째로 백이(伯夷)나 양진(揚震)과 같은 덕이 있어 기운을 맑게 하고(③ 使人氣淸), 넷째로 이로(二老 : 伯夷와 呂望)나 사호(四皓 : 東園公, 綺里季, 夏黃公, 角里先生)와 같은 덕이 있어 사람으로 하여금 마음을 편안하게 하고(④ 使人心逸), 다섯째는 황제나 노자와 같은 덕이 있어 사람으로 하여금 신선과 같게 하고(⑤ 使人仙), 여섯째는 주공이나 공자와 같은 덕이 있어 사람으로 하여금 예의롭게 한다.(⑥ 使人禮)

이 내용에서 이목은, 차가 신체적·정신적 유익함을 주고, 유가의 예(禮)의 덕과 신선의 덕을 지닌 것으로 보았다. 근세의 사학자 이능화(李能和, 1869~1945)는 차(茶)에 '청(淸)과 화(和)의 덕'이 있다고 하였다.

중국의 육우(陸羽, 733~804)는 『다경(茶經)』에서 "차의 성품은 검소하다.(茶性儉)"고 하여 검덕을 강조하였다. 당나라 말기의 유정량(劉貞亮)은 차가 일으키는 10가지 덕으로 '다선십덕(茶扇十德)'을 말했는데, 그 내용은 다음과 같다. [55]

① 우울함을 흩뜨린다. (以茶散鬱氣)
② 졸음을 쫓는다. (以茶驅睡氣)

③ 생기를 돋운다. (以茶養生氣)

④ 병기운을 쫓는다. (以茶驅病氣)

⑤ 예와 인을 기른다. (以茶樹禮仁)

⑥ 공경을 나타낸다. (以茶表敬意)

⑦ 맛이 있다. (以茶嘗滋味)

⑧ 몸을 튼튼하게 한다. (以茶養身體)

⑨ 도를 옳다고 여긴다. (以茶可道)

⑩ 고아한 뜻을 지니게 한다. (以茶可雅志)

그는 다명이 예와 인을 기른다든가, 도(道)나 높은 뜻을 따라 살게 한다고 한 점이 다도의 철학성을 나타낸다.

호가 옥천자인 당대(唐代)의 시인 노동(盧仝, 795?~835)은 '칠완다가(原題 : 走筆謝孟諫議寄新茶)'에서 여섯 잔의 차를 마시고 그 공덕을 다음과 같이 썼다.

　첫째 잔은 목구멍과 입술을 촉촉하게 하고,

　둘째 잔은 고민을 깨뜨리네.

　셋째 잔은 문장 솜씨 없음을 가려내어,

　오천 권의 문자가 생각나게 하네.

　넷째 잔은 가벼운 땀이 나게 하고,

　평소의 불평스럽던 일들이 모두 모공으로 흩어져 나가네.

　다섯째 잔은 살과 뼈를 맑게 하고,

　여섯째 잔은 신선(神仙)의 영혼과 통하게 하네.

　일곱째 잔은 마시지도 않았는데,

　양 겨드랑이에서 청풍이 솔솔 이는구나.

　봉래산은 어디에 있는고?

　나는 이 청풍을 타고 돌아가고 싶네.

一碗喉吻潤, 二碗破孤悶.
三碗搜枯腸, 惟有文字五千卷.
四碗發輕汗, 平生不平事盡向毛孔散.
五碗肌骨清, 六碗通仙靈.
七碗喫不得也, 唯覺兩腋習習清風生.
逢萊山在何處, 玉川子乘此清風欲歸去.

여기서는 차의 덕으로 글을 잘 쓰게 한다는 내용이 독특하다.

일본의 조우오우(紹鷗, 1502~1555)가 말했다고 전해지는 '차의 십덕(茶の十德)'은 다음과 같다. [56]

① 여러 부처가 보호하여 준다. (諸佛加護)

② 오장이 편안하다. (五臟調和)

③ 번뇌에서 자유롭다. (煩惱自在)

④ 부모를 효성으로 봉양한다. (孝養父母)

⑤ 수면이 조절된다. (睡眠自在)

⑥ 임종시 침착하다. (臨終不亂)

⑦ 재앙을 그치게 하고 목숨을 늘인다. (息災延命)

⑧ 하늘에서 보호한다. (諸天加護)

⑨ 마왕을 항복하게 한다. (天魔隨身)

⑩ 오래 산다. (壽命長延)

여기서는 차를 마시면 효(孝)를 행하고 부처와 하늘이 도와 재앙이 없어지며 임종의 대비가 되어 있다고 한 점이 독특하다.

다음에서 우리 선조들의 글 속에 있는 차(茶)의 덕 중에서, 유가적 청덕과 중용의 덕, 그리고 의(義)의 덕을 살펴보고자 한다.

1. 청덕(淸德)

우리나라는 7세기의 설총 이래로 차(茶)의 청덕(淸德)을 중요시하였다. 흔히 '청차(淸茶)'라 하였고 다공(茶供)을 '청공(淸供)' 또는 '청의(淸儀)', '청사(淸事)'라 하였고, 차나무를 '청인수(淸人樹, 사람을 맑게 하는 나무)'라 하였고, [57] 차는 사람의 기운(氣)을 맑게 한다고 인식되었다. 다실을 '청재(淸齋)'라 했고 차를 마시면 '청복(淸福)'을 받는다고 했다. 찻자리의 대화는 흔히 '청담(淸談)', '청화(淸話)'라고 하였으며 찻자리에는 '청담(淸淡)의 즐거움'이 있다고 하였다. 그리고 차의 향미를 '청향(淸香)', '청자(淸滋, 맑은 자미)', '청고(淸苦)의 맛'이라 하였으며 '청미(淸味)가 오래 가니', '청감(淸甘)의 맛을 받든다'라는 글들도 볼 수 있다. 고려시대 찻자리(茗席)의 손님 자격으로는 '청덕(淸德)과 영명(令名, 명예)을 갖춘 사람'이라고 하였고, [58] 다인의 생활을 '청정(淸淨)'한 생활과 연관시켰다.

청덕(淸德)은 심신을 맑게 하는 덕으로, 구체적으로는 세 가지 뜻을 지닌다. 즉, 차의 성분이 간이나 장을 깨끗하게 해주어 몸이 맑아지는 것, 그리고 마음의 잡념과 집착을 덜어내어 정신을 깨끗하게 지니는 것과, 욕심과 허영을 버리고 검박하게 사는 것이다.

다음에서 사람의 신체 건강을 도우는 청덕의 상세한 설명을 생략하고, 차(茶)가 청신하게 하며 검소의 덕을 지니게 한다는 것과, 세종황제가 매일 차를 즐겨 마셨다는 사실과 왕실의 다례도 청덕과 연관시켰다는 점, 그리고 유생(儒生)이 은일(隱逸)하여 끽다생활을 한 것은 청덕을 기르는 것이 주된 목적이었음을 살펴보고자 한다.

⑴ 청신(淸神)의 덕

정신을 맑게 하고 번민을 없애는 차의 덕은 다인들이 대개 경험하여 얻게 되는 덕목이다.

당(唐)의 육우(陸羽, 733~804)보다 반세기 앞선 다인인 설총(薛聰, ?~692~746~?)은, 「화왕계(花王戒)」에서 할미꽃을 빌어 신문왕(神文王, 재위 681~692)에게 말하기를, "차와 술로써 정신을 깨끗하게 하십시오.(茶酒以淸神)"라고 충간하였다. 이 내용은 이미 7세기에도 다공문화가 인간의 '신(神)'을 청(淸)하게 한다고 여긴 것이다. 즉, 차를 마시면 술을 마실 때처럼 잡념이나 번민을 다스려 없앨 수 있음을 뜻한 것이다.

조선 초의 이목은 차의 여섯 가지의 덕 중에 세 번째로, "백이(伯夷)나 양진(楊震, 후한의 청렴한 선비)과 같은 덕이 있어 '기(氣)'를 맑게 한다.(使人氣淸)"고 하여 차의 청덕을 받들었는데, 맑음의 기준을 '기(氣)'에 둔 점이 독특하다.

차는 청신하게 하여 절개를 지니게 한다고 인식되었다.

절개라 함은, 상황이 변하거나 어렵더라도 본래의 뜻을 굽히지 않고 끝까지 지니는 깨끗한 마음을 뜻하므로 이는 유가적 청덕이다.

향 피우고 차를 끓이는 데 일생을 보냈다고 한 신위는, 차와 눈(雪)이 모두 깨끗한 절개와 지조를 지녔다고 하였고,[59] 허균은 중국의 글을 인용하여, "좋은 차와 기묘한 먹은 성질이 굳세어 지조가 같다."[60]고 하였다. 구전되어 온 민요를 보면, "우물가에 물푸레나무, 절개 깊은 차나무"[61]라고 하여, 백성들도 차가 절개와 긴밀하다고 보았다.

남송의 유학자 주희(朱熹)는 말하기를, "강차는 백이숙제와 같다.

(江茶如伯夷叔齊)"고 하여, 차가 절개의 청덕을 지녔다고 보았다.
강차는 절강성과 강서성 지방에서 나는 송대의 거친 잎차로서, 오늘
날의 중국차와 같이 탕(湯)으로 마신다.

백이와 숙제 두 형제는 주나라 무왕의 은나라 침공을 반대했는데,
받아들여지지 않자 뜻을 굽히지 않고 수양산(首陽山)에 들어가 곤궁
하게 살다가 죽은 선비들이다. 공자는 백이에 관하여 말하기를, "백
이의 풍도(風度)를 들은 자들은 완악한 지아비가 청렴해지고, 나약한
지아비가 입지(立志)하게 된다."고 하여 청렴함과 지조를 강조했고,
맹자는 "백이는 성인 중에서도 맑은 사람이다.(伯夷聖之淸者也)"라
고 하여 청(淸)을 강조했다. 이에 대하여 주희는, '잡됨이 없는 것이
지극한 청(淸)'이라고 하며, "성인(聖人)의 청(淸)은 노력하여 얻어지
는 것이 아니라 힘쓰고 생각하지 않고서도 이른다."고 하였다. [62] 이
러한 글들을 참작하면, 주희는 강차(江茶)가 맑은 심성과 지조를 지
니어 깨끗한 행동을 하는 청덕(淸德)을 지닌 것으로 생각한 것이다.

도가사상을 섭렵했던 정희량도 술(酒)은 유하혜에 비유하였고, 차
(茶)를 백이에 비유하였다.

(2) 검덕(儉德)

조선시대의 선비다인들은 검소의 청덕을 중요하게 여기며 실천하
고자 했다.

검소(儉素)란 사치하거나 풍족하게 생활하지 않는다는 의미로서,
항시 가난해야 함을 뜻하는 것은 아니다. 유가에서는 의롭지 못한
부귀나 사치를 배격한다. 공자는 말하기를, "나라에 도(道)가 있을 때
빈천하게 사는 것은 부끄러운 일이고, 나라에 도가 없을 때 부귀를

얻는 것은 부끄러운 일”[63]이라고 하며, 정당한 부귀는 구하겠다고 했다. 또 한편 공자는 말하기를, “학문을 좋아하는 군자는, 먹는 데 배부름을 추구하지 않고 거처함에 편안함을 추구하지 않으며 ⋯⋯⋯”[64]라든지, “밥 한 그릇에 한 표주박의 마실 거리로 누추한 시골에 사는 것을 딴 사람들은 근심으로 견디어내지 못하는데, 안회(顔回)는 그 즐거움을 항상 지니니 어질구나.”[65]라고 하여, 공부하기를 좋아하면 풍족하지 못한 생활을 함이 자연스럽다고 보았으므로, 선비들은 부족한 생활에서 즐거운 마음을 갖고자 노력했다.

차의 품성 자체를 검소한 것으로 여겼는데, 이는 육우(陸羽, 727~803)[66]가 쓴 『다경(茶經)』에서 찾을 수 있다. 우리의 선조들도 흔히 읽었던 『다경(茶經)』에는, “차의 성질은 검박하다.(茶性儉)” “차는 행실이 정성되며 검소의 덕이 있는 사람이 마시기에 적당하다.(爲飮最宜 精行儉德之人)”라고 쓰여 있다.[67] 그 예를 인용하기를, 오흥(吳興)의 태수(太守)인 육납(陸納)은 손님을 맞아 오직 차와 과일만 내놓았는데, 조카는 진수성찬을 베풀었으므로, 손님이 간 후에 그는 자신의 검소함을 더럽혔다고 조카를 매질하였다고 한 이야기가 있으며, 또 성품이 검소한 환온(桓溫)은 “잔치에 차와 과일을 낼 뿐이었다.”고 기록하였다. 또한 차는 평소에도 검소한 생활을 하는 사람이 좋아하는 것으로 여기어, 안영(晏嬰)은 재상이었을 때도 오직 거친 밥과 구운 고기 3꼬치와 알 5개와 ‘명차(茗茶)’ 뿐이었다고 한 내용도 있다.[68] 이와 같이 차는 검소한 생활을 하는 사람이 좋아하는 먹거리이며, 손님을 간소하게 대접할 때에 차만 있으면 결례가 되지 않고 주인이 검덕을 지닌 것으로 인식되었다.

조선시대 다인들이 검소를 미덕으로 여겨 실천한 것은 위의 이유 외에도, 사람이란 근본적으로 ‘청(淸)’해야 사귈 수 있다는 것과 양반

제도나 정치부패 등으로 어찌할 수 없는 백성들의 가난을 공유하고
자 하는 뜻도 있었을 것이다. 그리고 풍족하지 못한 생활 속에서 자
연의 일부분인 인간 본래 모습을 깨우치게 된다는 점도 들 수 있고,
외형의 호화로운 생활은 공부하여 도를 얻는 즐거움에 미치지 못한
다고 확신했기 때문이기도 하였다.

(가) 청백리정신

우리나라는 청백리(淸白吏)들이 다도를 즐긴 경우가 적지 않았다.
청백리란 일반적으로 청렴한 관리를 말하며, 옛날에는 의정부 등의
2품 이상 당상관과 사헌부와 사간원의 높은 관리들이 추천하여 선정
하기도 했다. 높은 직책을 맡은 그들은 부를 탐하지 않고, 의연한 모
습으로 차를 끓여 마시는 생활 속에서 허욕을 버리고 즐거운 마음을
지녔다.

이와 같이 검박한 관리들의 음다생활 모습은 유학이 관학이었던
조선시대의 글에 많은데, 당시 벼슬을 하지 못했거나 정쟁이나 사화
를 입어 곤궁하게 산 선비들도 있었으나, 높은 벼슬을 지니고도 검
소하게 살면서 불편한 가운데 끽다를 즐기기도 했다. 이러한 경향은
굳이 유학 때문이라기보다는, 벼슬아치로서 백성들의 가난을 함께
견디며 작은 부(富)일지라도 나누어 가진다는 의미와 국가의 녹을
겸허하게 여기는 뜻이 있었을 것으로 짐작된다.

우리나라 다인들 중 다사(茶事)의 달인(達人)이었던 서거정(徐居
正, 1420~1488)은 청덕(淸德)을 지닌 대표적 다인이기도 하다. 그는
대사헌을 두 번 했고, 육조의 판서를 두루 지냈으며, 6대에 걸쳐 임
금을 모시는 등 45년간 조정의 높은 벼슬을 했음에도 불구하고 매우
검소하게 살았다. 40년간 초가집에서 살아온 그는, 아래와 같이 지붕

에 구멍이 났는데도 한가로이 글을 쓰며 음다하였음을 볼 수 있다.

> 비와 바람은 이미 지붕을 뚫었고,
> 시와 글씨는 부질없이 집에 가득하네. ………
> 조용히 가는 글씨를 쓰고,
> 한가롭게 게눈차를 끓인다네.

> 風雨已穿屋, 詩書空滿家. ………
> 靜寫蠅頭字*, 閑烹蟹眼茶. [69]

*승두자(蠅頭字) : 아주 작은 붓으로 쓰는 글.

그는 위와 같이 궁핍한 생활을 불편하게 여기지 않고, 혼자 앉아 책 읽고 차 달이는 일이 오히려 즐겁다고 하였다. 서거정의 검소함은 다구에도 나타나, 다리 부러진 쇠솥과 금이 간 찻잔을 쓴다고 하였는데, 이러한 경향은 이규보나 이색도 마찬가지였다. 세종 때 영의정까지 지낸 하연(河演, 1376~1453)은 친구로부터 철탕관을 선물 받고 차를 끓여 마시며, 자신의 가난한 집에서는 예기(禮器)와 같이 귀중하다고 했다. [70]

『용재총화』를 쓴 다인 성현(成俔, 1439~1504)은 청백리로 뽑혀 기록되었으며, 영의정을 세 번이나 지낸 홍섬(洪暹, 1504~1585)도 청백리로 뽑혔고 매우 가난하게 살았다. 그도 차를 좋아하여, 바위에서 딴 차싹으로 만든 단차(團茶)를 눈물(雪水)에 끓여 마셨다고 하는 글이 전해진다. [71] 차를 애음하였고 감찰의 다시 풍습과 채다론(採茶論)을 쓴 이수광(李睟光, 1563~1628)은 청빈한 선비로 유명하였다. [72] 실학의 선구자인 그는 세 임금을 내리 섬겼고, 대사헌·이조판서 등에 이르렀으나, 외가 5대조 정승이 비가 오면 우산을 쓰고 살았다는 '비우당(庇雨堂)'이라는 초가에서 살았다. 그는 초를 밝히지 않고 가

재에 칠이나 조각을 하지 않으며, 베옷을 입고 소박한 음식으로 검소하게 살았다고 전한다.

이와 같이 공무를 담당하는 높은 벼슬아치들이 청빈한 생활을 하며 차를 매우 사랑한 또 다른 이유는, 차를 마심으로써 공무를 보다 신중하고 사려 깊게 처리한다는 것과, 공(公)과 사(私)를 분명히 판단하기 위함이었다. 공무와 차의 긴밀한 관계는 조선 초 태종 때 서울의 각 관청이 모두 다시(茶時, 차 마시는 시간)를 행한 것에서도 알 수 있다. [73] 항상 다시(茶時)를 행한 후 공무를 했던 사헌부 감찰들은 스스로 검소함의 모범을 보이며, 청덕의 대표적 공무원임을 나타내었다. 이조판서를 지냈고 청백리로 뽑힌 이기(李墍, 1522~1604)는 『송와잡설(松窩雜說)』에서 다음과 같이 적고 있다.

> 감찰은 옛날의 전중어사이다. 백료들을 규찰하고 검색한다. 반드시 스스로 검박하게 처신해야, 탐욕을 부리고 함부로 분수없이 행동하는 자와 법에 어긋나는 자를 책망할 수 있다. 그래서 누추한 색의 더러운 옷에, 깨어진 안장의 수수한 말, 짧은 모자와 해어진 띠를 한 사람은 모두 전중임을 알았다. 고려조는 비록 알지 못하지만, 조선 170여 년 동안에 비록 귀족의 자제나 유명한 문사(文士)일지라도 만약 전중이 되면 그러한 복색을 하고 옛날의 규칙을 준수하여 조금도 변함이 없었다. [74]

이러한 풍속은 후대에 나라가 태평하고 사람의 마음이 사치해지자, 복색을 바꾸려는 청원에 따라 경솔하게 고쳐져서 화려해지게 되었다고 한다. 이기는 이에 대해 훌륭한 옛 풍습이 없어졌다고 한탄하였다.

(나) 안분지족(安分知足)

옛 선비다인들은 어려운 생활 속에서도 편안한 마음으로 자기 분수를 지키며 만족할 줄 알았다. 특히 정치적·경제적으로 핍박했던 조선시대 다인들의 글에서 자신의 처지를 긍정적으로 받아들였음을 볼 수 있다. 이러한 사상은 『중용(中庸)』에, "군자는 처한 자리에 바탕을 두어 적응하며 항상 자득(自得)한다."는 데 기초를 둔 것으로 생각된다. 안분지족은 도가의 '지족지지(知足知止)'와 통한다.

중인(中人)계급의 학자이자 시인이며 효성이 지극했던 장혼(張混, 1759~1828)은 차(茶)를 무척 좋아하였다. 그는 이웃의 작은 오두막집에서 연 '옥경산방다회(玉磬山房茶會)'에 참석하여,

　　즐겁기만 한데 무엇을 근심하리.
　　가난과 천함이 분수에 맞구나.
　　차를 몇 잔 마시고 나니,
　　가슴속 번민이 사라지네.

　　　樂哉何所憂, 貧賤周分內.
　　　飮茶一兩椀, 胸中破悶礙. [75)]

라고 하였다. 그는 「청렴한 선비의 갖춰야 할 물건 80개(淸供八十種)」를 들었는데, 그 중에는 중요한 책 이름, 기를 나무 등을 포함하여, '이름난 차(名茶)', '차솥(茶鼎)', '바구니 다구함(茶籯)' 등이 있었다. 또 「선비가 할 일 34가지(淸課三十四事)」에서는, 글쓰기와 거울보기, 정원을 가꾸는 여러 일들과 더불어, '차 달이기(煮茗)', '샘물 긷기'를 들어, 선비의 간소한 생활에도 다사(茶事)가 얼마나 큰 비중을 차지하였는가를 알 수 있다.

참판까지 지냈으나 검박했던 김정국(金正國, 1485~1541)도 친구에

게 보낸 편지에서, 한가롭고 구차하게 살면서 없어서는 안 될 것을 10가지 들었는데, 그것들은 책·거문고·신·베개·창·마루·다로(茶爐, 차 끓이는 화로)·지팡이와 나귀 한 마리와 벗 넷이었다. [76]

이러한 내용들을 볼 때, 선비가 아무리 검소하게 살아도 끽다(喫茶)생활은 빼놓을 수 없다고 여겼음을 알 수 있다. 아래 이형상(李衡祥, 1653~1733)의 시조에서도 그 예를 볼 수 있다.

> 닉집이 초려삼간(草廬三間) 세사(世事)는 바히업닉.
> 茶다리는 돌 탕관(湯罐)과 고기 잡는 낙디 흐나,
> 뒷뫼회 절노 는 고스리 긔分인가 흐노라. [77]

(내집이 초려삼간 세상일이라곤 전혀 없네. 차 달이는 돌탕관과 고기 잡는 낚싯대 하나. 뒷산에 절로 난 고사리 그것이 분수인가 하노라.)

이형상은 "새처럼 마시고 쪼아 먹는 것이 진정 나의 분수이니 차 달이는 즐거움은 끝이 없네.(飮啄眞吾分 淪茶樂未央)"라고도 하였다. 조태억(趙泰億, 1675~1728)은 "달빛 아래 차 달여 마시니 술보다 좋다네.(月中烹茶勝飮醇)", "소찬의 밥과 거친 차가 오히려 즐겁지만, 오랜 가난 견뎌온 늙은 처가 걱정되네.(淡飯粗茶猶自樂 長貧且任老妻愁)"라 쓴 글도 있다.

이와 같이 조선시대의 선비다인들은 차와 더불어 검박하게 삶으로써, 자연인으로서 분을 낮추어 자족할 줄 알았다. 그리고 화려하고 부귀한 생활이 주는 만족은 일시적이며 정신과 신체에 폐해를 줄 수 있으나, 끽다의 즐거움과 함께 호학하여 진리를 얻는 은근한 기쁨은 오래 지니게 되므로 월등히 가치 있고 차원 높은 것으로 인식하였다. 그래서 김시습은,

솥 속의 감미로운 명(茗, 茶)이 황금을 천하게 하고,
소나무 아래 띠집이 벼슬아치 붉은 관복의 술띠를 가치 없게 하네.
　— 鼎中甘茗黃金賤,　松下茅齋紫綬輕. [78] —

라고 하여, 명차가 어떠한 부(富)와 명리(名利)보다 높은 가치를 지녔다고 생각하였다. 또 사간(司諫)에 올랐던 심동귀(沈東龜, 1594~1660)는 한때 사직하고, 고향에 4년간 은거한 적이 있었는데, 그는 떡차를 눈 녹인 물로 진하게 달여 마시면서, "따뜻한 장막과 좋은 술로 사치와 호화를 부질없이 자랑마라." [79]고 하여, 끽다생활(喫茶生活)이야말로 행복하고 자랑스럽다고 생각하였다. 그런가 하면, 자하는 차를 마시는 일도 정사에서 물러난 자신의 분에 맞지 않는다고 생각하여, "끼니는 굶주림을 면할 뿐인데, 차를 병처럼 좋아하는 것이 부끄럽다네." 라고도 하였다.

　선비들의 다옥(茶屋)이나 다실은 공부방도 겸하며 작고 초가집인 경우가 많았다. 그 이유는 손님과 목소리를 높이지 않고 부드럽게 대화하려면 크지 않아야 썰렁하지 않고, 사람이 주인공이 되며, 흙벽 초가집이 여름의 고온다습과 겨울의 한냉 건조를 막아주기 때문이기도 했다. 차를 끓여 마시며 거처하는 집을 '소실(小室)', '소재(小齋)', '소려(小廬)', '소원(小院)', '소암(小菴)', '소루(小樓)', '두실(斗室)', '소헌(小軒)', '소방(小房)'이라 하였고, 기와집이 아닌 억새나 띠 혹은 짚을 엮어 만들었으므로, '초당(草堂)', '모옥(茅屋)', '모암(茅菴)', '초암(草庵)'이라 하였다.

　차 맛내기에 뛰어난 다인 허균은 지극히 작은 다실에서 청빈하게 사는 것을 이상으로 여기며 「누실명(陋室銘)」이라는 제목의 글을 썼는데, 그 방은 10홀(笏) 크기의 단칸방이다. [80] 그는 책을 갖춰 두고 차를 마시고 향을 피우며 지내면서 "남들은 누추하다고 하나 심신이

편안하다."고 했다. 그리고 '누추하다 함은 몸과 이름이 썩어 버림'
을 말하니, 군자를 지향하는 자신이 사는 방은 누추하지 않다고 하
였다. 서거정의 스승인 유방선(柳方善)도 자신의 차 마시는 서재이
름을 '누실(陋室)'이라 했다.

이와 같이 조선시대 선비다인들 중 상당수는 초라하게 살면서도,
차를 끓여 마시는 즐거움과 함께 청덕을 쌓고자 했음을 볼 수 있다.

(3) 세종의 청의(淸儀)

옛 다인들은 다사(茶事)를 '청사(淸事)'라 하고 다공을 '청공(淸
供)', 아름다운 찻자리의 경치를 '청치(淸致)'라고 하였듯이, 왕의 일
상적 다의를 '청의(淸儀)'라 하였다. 이는 '높고 맑은 다의(茶儀)'라는
뜻이다.

세종 때의 재상 하연(河演, 1376~1453)이 쓴 다음 글을 보면, 세종
(世宗, 재위 1418~1450)임금은 지방에 거둥할 때에도 신하와 차를
마시는 청의(淸儀)를 행했음을 볼 수 있다. 여기서는 세종황제가 명
차(茗茶)를 몹시 좋아했다는 사실을 중시하여 자세히 적고자 한다.

「 충청감사*에게 부침 (寄忠淸監司) 」

3월에 온양으로 가는 임금의 수레를 모실 때에,
날마다 차 마시고 이야기 나누며 청의를 받들었다네,
대흥*에서 감사께서 편지를 보내주시니,
왕께서 행궁*에서 만복하심을 자세히 알겠네.

三月溫陽○鳳駕時*,　茶談日日奉淸儀.
賴有大興傳信字,　○行宮萬福已詳知. [81]

*감사(監司) : 관찰사. 오늘날의 도지사.
*대흥(大興) : 온양이 가까운 충남 예산군에 있는 지명.
*행궁(行宮) : 임금이 거둥할 때에 머무는 별궁.
*호가(扈駕) : 임금이 타는 수레를 모시어 쫓음. 왕의 행차를 따름.
*한자 본문에 빈칸을 두 군데 둔 것은 존경의 뜻을 나타내는 것이며, 주로 왕과 연관되는 글 앞에 한 자를 띄운다.

이 글에서 왕은 온양에 적어도 두 번 다녀왔음을 알 수 있는데, 온양이라는 명칭은 세종이 붙인 이름이다. 위의 왕은 하연이 벼슬을 했던 세종이나 문종을 뜻하는데, 문종은 온양에 갔다 온 기록이 없으므로 위의 왕은 세종임이 확실하다. 세종은 15년 3월과 23년 3월에 풍질과 안질을 고치러 온천이 있는 온수현(溫水縣, 온양의 옛날 지명)에 다녀온 후, 23년(1441년) 4월 17일에 온수현을 승격시켜 온양군(溫陽郡)으로 바꾸었다. 왕은 다시 25년 3월에 안질을 고치러 세 번째 온양에 다녀오게 되는데, 위의 글은 이때 하연이 왕의 안부를 듣고

도18 하연의 『경재집』. 세종이 평소에 차를 즐겨 마셨음을 알 수 있다. 1826년刊 활자본

충청감사에게 쓴 글이다. 정몽주의 문인인 하연은 세종 즉위 때부터 예조참판·대사헌·우의정·좌의정을 거쳐 1449년에 영의정이 되었고, 문종 1년에 벼슬을 그만두게 된다. 윗글에서 청의를 받든 사람은 하연이므로 그가 차를 손수 끓여 세종에게 올린 것으로 추측된

다. 하연도 차를 몹시 좋아하여, 일곱 편의 다시가 남아 있다.

세종은 지방 행차 시에 매일 차를 마신 것으로 보아, 평소의 음다 생활은 얼마나 진지했을까를 짐작할 수 있다. 공부하기를 즐겼으며 백성을 사랑하여 한글을 창제하여 반포한 세종은 친히 『월인청강지곡』을 썼을 뿐 아니라, 많은 서적을 간행하게 하고 인쇄술을 발달시켰으며, 내정·외치·문화 등의 치적이 우리나라 역대 군주들 가운데 가장 크다. 세종은 세자였을 때에도 서연청에서 사신 접대다례를 행하였고, 왕이 되어 접대다례를 태평관과 여러 궁전, 경회루 등에서 40회 이상 행한 기록이 있다. 세종 때는 '주다례(晝茶禮)'가 새로이 제정되어, 왕실에서 삼년상을 지낼 동안 점심 제사에 밥을 올리지 않고 차만 간단히 올렸다. 그리고 상례의 노제 등 전의(奠儀)에 '뇌다(酹茶, 강신을 위해 차를 부음)'하는 의식이 정해져 행했으며, 사신 접견다례 형식도 만들었다.

조선을 세운 초기 왕가에 다공문화가 성한 데에는, 고려 말에 이성계가 지다방사(知茶房事)였고 [82] 태조·정종·태종도 모두 끽다가였다는 점, 그리고 이색 문하의 다인인 권근과 원천석이 왕권 확립에 공을 세웠고 이숭인과 정몽주의 사상과 생활철학도 본받고자 하였으므로 이들 선비다가들의 영향이 컸다.

(4) 유가적 은일(隱逸)의 다풍(茶風)

선비들 중에는 세상사를 벗어나 자연과 더불어 산림에 숨어 은일하여 사는 경우가 종종 있었다. 그뿐 아니라 그들은 관직에서 물러났거나 임의로 관직을 피하기도 했으며, 산림에 숨지 않더라도 일생 동안 벼슬할 생각을 하지 않고 공부만 하여 '산림처사(山林處士)'를 자처하였다. 이러한 때에 다음(茶飲)은 세속의 욕심을 버리고 생각을 잘하게 하므로 꼭 필요한 것으로 여기어, 선비들이 손님을 피하고 은거하여 다도를 즐기는 것을 '다은(茶隱)'이라고 하였다. 이는 도가의 영향도 있으나, 주로 청덕(淸德)을 기르고 안빈낙도(安貧樂道)하기 위함이었다.

유자(儒者)들의 이와 같은 은일적 다풍(茶風)은『논어』「태백(泰伯)」장에서, "천하에 道가 있으면 나아가 벼슬하고 道가 없으면 숨어야 한다.(天下有道則見 無道則隱)"고 한 공자사상과 더불어 선도(仙道)의 영향도 컸던 것 같다.

조선 초의 학자이자 벼슬이 영중추부사에 이르렀던 김수온(金守溫, 1409~1481)은 시의 서문에 쓰기를, "비록 많은 봉록이 있고 바쁜 사람이지만, 자연 속에서 차를 끓여 마시고 만물에 초연하여 적막한 도(道)와 함께 지내기를 즐긴다."[83]고 하였다. 이 내용은 공자가, "도(道)를 아는 자가 좋아하는 자만 못하고, 좋아하는 자가 즐거워하는 자만 못하다."고 한 호학 태도의 영향도 있었을 것으로 생각된다. 벼슬을 하지 않았으나 예학자(禮學者)였던 귀봉 송익필(宋翼弼, 1534~1599)은 차를 끓여 마시며 쓴 글에서 "산 속에 오래 사니 도심(道心)이 온전하다."고 했고,[84] 또한 양반임에도 불구하고 차(茶) 농사를 지으며, 다공생활로 맑게 살면서 선서(禪書)도 읽으며 지낸 선비도 있었다.[85] 실학자 이규경(李圭景, 1788~?)은 이덕무(李德懋)의 손자로, 평생토록 벼슬을 하지 않고 많은 책을 썼으며, 『도다변증설(荼茶辯證說)』을 남겼다.

우리나라는 역사적으로 많은 문신·학자들이 정치적 원인으로 유배당했거나, 자의 혹은 타의로 산림에 묻혀 은거생활을 한 경우가 종종 있었다. 고려의 귀족사회가 무너지고 무신(武臣)정권이 수립된 때와 조선 건국의 소용돌이, 그리고 조선의 전시대에 걸친 수많은 당쟁과 사화가 있었기 때문이다. 이러한 때에 현실에서 뜻을 얻지 못한 문사들은 은거하며 울분을 삭이고 근심을 잊기 위해 차를 끓여 마시고 글을 남겼다.

조선 중엽 허균이 쓴 『한정록』의 「한적(閒適)」조에는 산 속에서 한가하게 살며 차를 끓여 마시는 중국이야기가 많이 실려 있다. 그 중 축석림(祝石林)의 말을 인용하면, "(나이가 들면) 물외(物外)의 한가로움에 몸을 맡긴다. 조화와 맞서서 권한을 다투려 하지 말고, 심어둔 복은 자손에게 물려준 뒤에………, 차 따르고 향 피우는 데 위의를 갖추고 엄숙히 하며………" [86]라 하여, 나이 들어서 세속적 욕심을 떨치고 음다생활로써 위엄을 갖추는 것을 이상으로 여겼음을 볼 수 있다.

이와 같이 차(茶)는 사람으로 하여금 청덕을 지니게 한다고 일반적으로 인식되었다.

도19 추성부도(秋聲賦圖) 부분. 1805년 김홍도 그림 호암미술관 소장.
방 앞에 다조가 있고 연못과 학이 있다.

2. 중용(中庸)의 덕

초의 장의순은 차를 끓이는 일에서 유가적 중도를 터득한다고 여겼고, 추사 김정희는 정좌의 찻자리가 달도(達道)를 위해 집중(執中)의 공부를 하게 한다고 여겼다. 이러한 예들은 다사와 음다가 유가 심학(心學)의 기초공부인 '中'을 지키고 발현시키는 중용(中庸)의 덕을 지녔음을 뜻한다.

초의와 추사가 다사(茶事)나 명석(茗席)에서 '中'의 공부를 중시한 반면에, 남송의 이학자(理學者) 주희(朱熹, 1130~1200)는 건차(建茶)가 중용(中庸)의 덕을 지녔다고 하였다. 그는 건차와 강차에 대해 다음과 같이 말했다.

> 건차는 중용의 덕과 같고, 강차는 백이숙제와 같다.
> ─ 建茶如中庸之爲德, 江茶如伯夷叔齊. [87] ─

건차(建茶)란 공다(貢茶)의 주산지인 건주(建州)에서 나는 고급 단차(團茶)로서, 가루를 내어 유다(乳茶)로 마시는 진한 말차를 말하며, 강차는 오늘날의 엽차류이다. [88] 건차는 차나무의 어린 움싹을 따서 만들었으므로 부드럽고 감칠맛이 나며 각성효과가 뛰어나다. 건차가 중용의 덕과 같다고 함은, 건차가 집중(執中)하게 하는 덕을 지녔음을 말하고, 강차가 백이숙제와 같다고 함은, 청덕(淸德)을 지녔음을 말한다.

주희는 중용(中庸)의 뜻을 설명하기를, "치우치지 아니함을 '中'이라 하고 바뀌지 아니하는 것을 '庸'이라 한다. '中'은 천하의 바른 도이고 '庸'은 천하의 정한 이치이다." [89] 라고 했다. 따라서 탁하고 각성의 효능이 강한 건차는 '中'을 항상 굳게 지니어 실천하게 한다고 여긴 것 같다. 결국 주희는 찻감 자체를 중시하여, 종류에 따른 성(性)을 유가의 이상적인 인간성에 비유한 것이다. 주희(朱熹, 1130~1200)는 차를 받들고 사랑했을 뿐 아니라 손수 차를 길러 만들었다. 또한 차의 맛에 '화(和)'의 철리(哲理)가 있다는 다도관을 지녔고, 모든 가례제사에 헌다함을 원칙으로 삼았다.

3. 의(義)의 덕

차는 사람을 올바르게 행동하게 하는 덕을 지녔다고 인식되었다. 이는 찻자리의 무사(無邪) 인식과 호연지기 함양에서 생겨난 실천의 덕이다.

우리나라는 예로부터 의(義)를 매우 중요시했다. 다산은 "중(中)을 얻더라도 의(義)에 부합되지 않으면 중용(中庸)이 될 수 없다."[90]고 하여, '중용'의 기준을 의(義)에 두었고, 『논어』에는 "군자는 주장함도 그렇게 하지 않음도 없이 오로지 의(義)를 따른다." 라고 하였다.

(1) 신의(信義)의 함양

차(茶)는 의(義)의 덕을 지닌 것으로도 인식되었다. 의(義)는 실행을 기초로 한 정(正)이나 직(直), 혹은 정도(正道)의 실행을 뜻한다.

맹자는 말하기를, "호연지기(浩然之氣)는 집의(集義, 의를 쌓음)에서 생겨난다."고 하며, "호연지기(浩然之氣)란 그 기(氣)의 힘이 지극히 크고 강하여, 바름(直)으로써 잘 기르고 해침이 없으면 천지(天地) 사이에 꽉 차게 된다."고 하여, '직(直)'을 중시하였다.

다인 김종직의 제자인 이목(李穆)은 『다부(茶賦)』에서 아래와 같이 차를 마시면 호연지기가 길러진다고 적었다.

　차 석 잔을 마시고 나니, 병든 뼈가 깨어나고 머릿병이 나아, 마음은 공자께서 뜬구름에 뜻을 겨룸과 같고, 맹자께서 기운을 호연하게 기름과 같다.(鄒老養氣於浩然) 넉 잔을 마시니 웅호한 기운이 생기고 근심과 울분이 없어지매, 그 기운은 일찍이 공자께서 태산에 올라 천하를 작다 하심과 같으니 ‥‥‥‥ [91]

이목은 차를 마심으로써 바른 생각을 하게 되어, 의로운 마음이 쌓여 크고 강한 기(氣)의 힘이 생긴다고 본 것 같다.

다산 정약용은 강진 귀양살이가 끝나고 고향으로 돌아가게 되었을 때, 그와 제자들이 「다신계(茶信契)」를 만들었다. 그 글의 서두에서 "사람이 귀한 이유는 신의(信義)가 있기 때문이다." 라고 하였으므로, '다신계(茶信契)'의 뜻은 '茶로써 신의를 맺은 계'이다. 이는 차(茶)의 본성이 신의를 맺는 일과 유관함을 뜻한다. 다신계는 '다사(茶社)'라고도 칭하였으며 그가 별세한 후 100년 동안 이행되었다. 우리나라는 '동방예의지국(東方禮義之國)'이라는 별칭과 같이 절의(節義)로 이름난 사람이 많다. 그 중에는 차를 몹시 사랑한 사람이 적지 않아, 고려 말의 4은(四隱)인 이색(李穡)·정몽주(鄭夢周)·이숭인(李崇仁)·길재(吉再)가 있으며, 조선의 정극인(丁克仁)·성삼문(成三問)·김시습(金時習)·남효온(南孝溫)·정희량(鄭希良)·이목(李穆)·김상용(金尙容) 등과, 일본 강점기 때의 우국지사였던 김가진(金嘉鎭)·황현(黃玹)·한용운(韓龍雲)·곽종석(郭鍾錫) 등이 있다. 이들은 차생활을 통하여 생각을 다스리어 바르고 옳은 길을 외로이 걸으면서, 또한 위로받지 않았나 생각된다.

정치이념의 의로움뿐만 아니라, 당대의 학문을 거스르는 신학문을 용기 있게 연구한 학자 다인들로서 고려 말기 불교에 대치한 성리학자와 조선 말의 실학자들이 많았고, 금기시되었던 양명학을 연구하여 업적을 남긴 다인으로 최석정(崔錫鼎, 1646~1715), 이광사(李匡師, 1705~1777) 등도 있다.

차는 무인(武人)에게 호연지기와 힘과 지략을 주므로 전란으로 무예가 중요했던 시대에는 문무를 겸한 다인들이 있었다. 이러한 문무다가로는, 신라 통일 즈음의 화랑들과 최치원, 정몽주, 서산과 사명, 이순신, 신헌, 한말의 우국지사 등이 있다.

포은 정몽주(鄭夢周, 1337~1392)는 무예(武藝)를 겸한 다가로서, 유학의 진흥에 힘쓴 성리학자이다. 27세에는 여진족 토벌에 참여하였고, 41세에 큐우슈우(九州)에 가서 왜구 단속을 확약 받고 잡혀간 고려 백성 수백 명을 귀국시켰다. 그 후에도 조전원수(助戰元帥)가 되어 두 차례 더 왜구 토벌에 참전하였다. 그는 「석정전다(石鼎煎茶)」라는 불후의 차시를 남긴 문무다인이다. 사명대사는 왜구가 침입하매 49세 되던 해에 의병을 모집하여 서산대사의 휘하에서 활약하다가 승군을 통솔하여 평양을 회복하는 등 전공이 컸고, 동지중추부사(同知中樞府事)가 되었다. 61세에는 일본에 가서 도쿠가와 이에야스(德川家康)와 강화를 맺고 조선 포로 3500명을 찾아 데리고 왔다.

'무(武)'와 연관이 깊었던 제도로는 고려와 조선의 다방군사와 다모가 있었고, 조선 초에는 왕이 무술 연마나 군대의 사열을 할 때 왕에게 다상(茶床)을 바치는 제도가 있었다.

(2) 형벌(刑罰) 적용 시의 다공(茶供)

고려시대에는 왕이 중한 죄인의 처단을 결정하는 중형주대의(重刑奏對儀)에서 왕과 신하들은 절도 있게 차를 마시는 다례의(茶禮儀)

를 행하였다. 그뿐만 아니라 고려와 조선시대에 법을 다루는 사헌부에서는 관리들이 함께 모여 예의와 규범을 갖추고 차를 마시는 '다시(茶時)'가 오랫동안 행해졌다. 이러한 제도는 우리나라에만 있었던 독특한 공무 풍습이다.

이와 같이 죄와 법을 적용할 때 격식을 갖춰 차를 마신 이유는, 올바르고 치우치지 않는 엄정한 판단을 내리고자 함과, 불의에 굴하지 않는 힘을 얻음, 삼가고 신중한 공무 태도를 위함이었다. 이는 차가 '정(正)'과 '의(義)'덕과 청덕을 지닌 것이다.

다음에서 죄와 법을 다룰 때 행한 다례의 내용과 철학적 의미를 살펴보고자 한다.

(가) 중형주대(重刑奏對) 다의(茶儀)

『고려사』「흉례(凶禮)」에 있는 「중형주대의(重刑奏對儀)」를 보면, 왕이 중형을 결정해야 하는 문무고관회의에서 먼저 다공의식을 행한 후에 형벌을 정하였다. [92] 그 전문(全文)을 요약하면 다음과 같다.

① 왕이 앉고 신하들도 재배 후 앉는다.

② 다방참상원(茶房參上員)이 협호(夾戶, 별채)로부터 차를 들고 들어온다. 내시칠품원(內侍七品員)이 뚜껑을 연다. 집례(執禮)가 전(殿)의 앞 기둥 밖으로 올라와서 왕과 마주보고 절한 후 차를 권하고 놓은 뒤 전 아래로 내려온다. 다음에 원방(院房)의 8품 이하가 재추(宰樞, 문무 고관대작)에게 차를 드린다. 집례가 다시 전에 올라가 엎드려 차를 내어갈 것을 청한다. 붉은 붓과 먹을 든 주대원(奏對員, 임금의 물음에 대답하는 관원)이 들어와 아뢰기를, "단필(붉은 글을 쓰는 붓)로 참형(斬刑, 목을 베는 형벌)을 결정하시되 유인도(有人島)에 들어갈 자를 제외하소서." 라고 아뢴다.

③ 형이 결정된 후 왕과 재추에게 약(藥)을 권한다.

④ 신하들은 왕이 술과 과일을 하사한다는 분부를 전달받고 차례
　로 나간다.

왕과 신하들이 죄인을 사형시키느냐, 섬에 유배를 보낼 것이냐 하
는 중요한 결정을 앞에 두고 다례의식을 행한 것은, 차가 그러한 결
정에 매우 중요한 의미를 갖기 때문이었을 것이다.

이때는 팔관회에서 차를 마시기 전에 먹던 다식도 먹지 않았고,
임금이 하사한 차도 아니었다. 고관대작들이 당연히 마실 차를 하급
관리가 들고 와 진다하였으며, 모두 차를 마신 후에 왕은 사형이나
귀양을 결정하였다. 이러한 사실은 차가 기호음료로 쓰인 것이 아니
라, 어떤 철학적 의미가 담겨 있는 먹거리였음을 추측할 수 있다. 이
는 다음에 설명할 사헌부 다시(茶時)에서도 나타난다.

위에서 중형이 결정된 후에 왕과 재추에게 권한 '藥'은, 앞에서 마
신 진차(眞茶)와는 달리 인삼 등의 대용차로서, 중한 죄인의 형벌을
결정한 후에 긴장을 풀고 심신을 편하게 하기 위한 기호음료였던 것
같다.

(나) 사헌부의 다시(茶時)

고려시대부터 조선시대 고종 때까지 행해졌던 사헌부(司憲府)의
'다시(茶時)'는 공무로서 차를 마시는 시간이었다. 다시에서는 팔도
행정과 관리의 비행을 조사하여 잘못된 일은 임금에게 고하여 올리
는 일을 맡았다.

다시(茶時)란 '차를 마시는 시간'이라는 뜻인데, 사헌부에서는 죄와
벌을 다루는 대관이나 감찰(어사)들이 모여서 공무를 의논하기 전에
다례(茶禮)를 먼저 행하는 것을 말하는 것이다. 사헌부에 대하여 서
거정(徐居正, 1420~1488)은 다음과 같이 설명하였다.

사헌부의 직무는 임금께 아뢸 말씀을 의논하고 탄핵하며 모든 관리들을 다스리고 감시한다.……… 사헌부는 역대로 어사(御使)의 관직을 중히 여겼다. 때로는 형벌을 각오하고 임금의 지나친 행동을 저지하고, 장상(將相)이나 대신(大臣)뿐 아니라 왕실의 종척(宗戚)도 죄상을 들추고 법으로 규탄하였다. 뇌물을 탐하는 관리를 내쫓고, 곧은 자를 천거하고 굽은 자를 버리며, 탁한 것을 배격하고 맑은 것을 찬양한다.(激濁揚淸) 어사가 '정색(正色)'하고 조정에 서면 백료(百僚)가 떨고 두려워하였으며, 의롭지 못함을 보고 한탄하며 과감하게 곧은 말을 하는 기운을 길러왔다.(養慷慨敢言之氣) [93]

그리고 그는 「사헌부 제좌청 중신기(齊坐廳重新記)」에서 다시에 관해 다음과 같이 썼다.

부(府)의 청(廳)에서는 두 가지 일을 하였다. 그 하나는 다시(茶時)이며 또 하나는 제좌(齊坐)이다. 다시란 다례의 뜻을 취한 것이다.(茶時者取茶禮之義) 고려와 조선 초기에 대관(臺官)은 다만 임금에게 간언하는 책임만 맡았으며, 관청의 일반적인 서무는 다스리지 않아 하루에 한 번 모여 차 마시는 자리를 베풀고 헤어졌다.(日一會設茶而罷) 나라의 제도가 점차 갖추어지면서 대관도 재판을 겸하였으므로 하는 일이 더욱 번거로워졌다. 드디어 항상 출근해서 근무하는 곳이 되었지만 정식 관청은 아니었다. [94]

이 글에 의하면, 고려와 조선 초 사헌부의 대관(臺官)인 대사헌(大司憲)·집의(執義)·장령(掌令)·지평(持平)까지의 고위관료들은 모여서 다례를 행하고 임금께 간언하는 일이 중요 업무였는데, 하루에 한 번 모여 차를 마시는 일이 휴식이 아니라 업무로 여겼음을 알 수 있다. 『태종실록』을 보면, "각 관청에서 사헌부의 검사를 청할 때는 전날 다시(茶時)에 통보하라." [95]고 했으므로, 조선 초 다시에도 간단한 공무는 행하였던 것 같다. 성현(成俔, 1439~1504)의 『용재총화』를보면, "평상시에는 다시청(茶時廳)에 앉고, 제좌일에는 제좌청(齊坐廳)에 앉는다."고 하였으므로, '다시청'이라는 다실을 겸한 업무 처소가 정해져 있었음을 알 수 있다.

조선 초엽에는 간언하는 대관들이 주로 다시를 행하였고, 특별한 경우에 감찰들도 다시를 행하였다. 태종 때는 대관이 참석하지 못하여 방주감찰(房主監察)로 하여금 다시(茶時)를 대신 행하게 했다는 기록이 있다. [96]

정극인(丁克仁, 1401~1481)은 조선 초기 사헌부의 다시풍습을 다음과 같이 좀 더 자세히 서술하였다.

> 계원들이 다 모이지 않았거나 임금을 뵐 때가 되지 않았으면, 잠시 물러나 있기를 청하여 아뢰고 차(茶)를 끓여 시장기를 메웠다. 그러므로 감찰은 '茶時'라는 두 글자를 써서 임금께 아뢰었다.(點茶以療飢 故監察以茶時二字入啓) [97]

위에서 배가 고파서 점다(點茶)해 마셨다는 내용은, 다시에 과품도 곁들였기 때문이었던 것 같다. 이 글에서 지위가 높고 벼슬이 오래된 자를 '방주(房主)'라 하고 먼저 도착한 자를 '선생(先生)'이라 하여 존중한다 하였고, 대관과 감찰로 구성된 다시모임을 '총마계(驄馬契)'라 하였다.

조선 중엽부터 사헌부 '다시(茶時)'는 대관보다 감찰의 다시로 자리 잡게 된다. 실학의 선구자인 이수광(李晬光, 1563~1628)은 감찰다시를 설명하기를, "감찰들이 사헌부나 감독과 검열을 하는 관청에 모였다가 파하는 것을 다시라 일컬으니, 그것은 차를 마시고 파하는

것이다.(謂之茶時 其啜茶而罷也)"라고 하였다. 정약용이 쓴『흠흠
신서』를 보면, 감찰이 다시라는 패를 가지고 앞에서 인도하고 가면
비록 대관을 만나더라도 말에서 내리지 않는다고 했다.

이수광은 밤에 행했던 감찰의 '야다시(夜茶時)'도 있었음을 기록하
였다. 당시 얼마나 위엄을 갖추었나를 다음에서 알 수 있다.

> 옛 임금님 시대에는 신하들 중에 간사하고 외람되며 더럽고 탐하
> 는 자가 있으면, 여러 감찰이 밤에 야다시(夜茶時)를 열고 그 집 근
> 처에서 그 사람의 죄상을 따져 흰 널빤지에 써서 문 위에 걸고 가
> 시나무로 그 문을 단단히 봉한 뒤에 서명하고 간다. 이렇게 되면 그
> 사람은 세상에서 버림받아 갇히게 되는데, 이러한 일은 오래 전에
> 없어졌다. [98]

야다시는 왕에게 고하지 않고도 행할 수 있는 즉석판결로서, 형벌
로 다스리기에는 곤란한 경우에 행해졌으며 조선 전기의 다시풍습이
었다. 야다시에 관한 글은 이기(李墍)와 이익(李瀷)도 언급했는데,
한결같이 야다시의 좋은 풍습이 당시에 없어진 것을 개탄하였다.

조선 초 태종 때는 모든 관아가 다시를 행한 적도 있었고 다례도
엄하고 절도가 있었으나, 조선 후기가 되면 다시의 때와 장소를 소
홀히 하고 불참하는 등, 기강이 점차 해이해지고 다시의 본래 뜻을
조금씩 상실하게 된다. [99] 16세기에 사헌부가 아닌 곳에서 식사 후에
다시를 행하기도 하였고, [100] 17세기경에는 다시의 자리를 편리한 대
로 가까운 집으로 하여, 청에서 다례를 주관하지 않는 경우도 많았
다. 18세기에 이익이 쓴 글에 의하면, 당시에는 '성상소감찰다시(城上
所監察茶時)'란 말의 뜻을 제대로 아는 사람이 거의 없었다고 한다.
'성상소(城上所)'란 감찰 등이 대궐을 드나드는 백관을 살피기 위해

머무는 대궐문 위에 있는 집으로, 이익 이전에는 여기서도 다시를 행했음을 알 수 있다. 16세기 후반부터 감찰의 복장도 옛 풍습이 지켜지지 않고 나중에는 화려해졌다고 한다. 또 '야다시(夜茶時)'란 말도, "잠깐 사이에 남을 때려잡는다." 는 속어로 전락하고 말았으므로, 실학자 이익은 조선 초부터 내려오던 아름다운 야다시의 풍속을 다시 볼 수 없음을 개탄하였다. [101] 또 다시를 행하지 않는 예가 많았으므로 숙종 때는 다시를 엄격히 지키게 하고자, 대관 중 한 사람이 때때로 다시를 감독하는 '감다(監茶)'의 역할도 하였다. [102]

『조선왕조실록』에는 고종 19년에도 감찰다시가 행해졌음을 확인할 수 있다. 서거정은 고려시대에도 사헌부에 다시가 있었다고 앞에서 언급하였는데, 『고려사』에는 기록되어 있지 않다. 그 이유는 중형주대의식을 중시한 것과, 사헌부 관리들이 차를 마시고 공무를 집행하는 것을 너무도 당연시했기 때문이 아니었나 생각된다. 차가 흔했던 고려시대에는 관리들이 관청인 다방(茶房)에서 차를 마시는 일은 예사였다.

이러한 다시(茶時) 풍속의 변화와 사회상을 살펴볼 때, 나라의 법도와 기강이 해이해짐에 따라 관리나 지도층에서는 차를 소홀히 대하게 됨을 알 수 있다.

사헌부의 다시(茶時)에 관한 글을 쓴, 정극인·서거정·성현·이기·이수광 등은 대개 한때 사헌부 요직을 지낸 다가(茶家)들이었고 청백리들이었다. 우리나라 7대 문사다인에 속하는 서거정은 다사의 달인이었으며, 정극인은 자신의 호를 '다헌(茶軒, 차 끓이는 집)'과 '다각(茶角, 차 끓이는 사미)', 그리고 '근심이 없는 집'이라는 뜻의 '불우헌(不憂軒)'이라고 할 정도로 차를 사랑하였다. 실학의 선구자 이수광도 자연의 경관을 보면서 차를 끓여 마시기를 즐겼다.

위와 같이 관청의 업무로서 행해진 다시풍습은 세계에서 우리나라
에만 있었다.

(다) 사면다례

법을 적용할 때의 행다례(行茶禮)는, 죄를 벌할 때뿐만 아니라 죄
를 감할 때도 있었던 같다.

고려 고종 8년에는 왕이 의봉루(儀鳳樓)에 거동하여 죄를 사면하
는 의식을 베풀었는데, 의장대의 행렬에 행로·다담군사(行爐·茶擔
軍士, 휴대용 화로와 차짐을 든 군인) 4명이 있었던 것으로 보아,[103]
이때에도 다의(茶儀)가 있었음이 짐작된다.

중형주대의나 사헌부 다시(茶時), 사면의례 등에서 공무로서 다례
를 행한 것은, 단순히 기호음료를 마시기 위함이 아니라 차를 마시
는 일에 철학적 의미를 부여했기 때문이다. 앞에서 서거정이 사헌부
에 대해 설명한 것과, 성현이 말한 "사헌부의 모든 사무는 엄정(嚴
正)하고 신숙(愼肅)하다."는 내용 등을 참고하면, 죄를 다스리고 법
을 적용하는 일에서 다공을 중요시한 것은, '정(正)'과 실천의 '의
(義)', 그리고 '신숙(愼肅)'과 청덕 기르기였음을 짐작할 수 있다.

차를 '正(바름)'과 밀접하게 연관시킨 이유는, 차를 마시면 머리가
맑아져 올바른 사유를 하게 되고, 법을 적용하는 일도 삿되거나 치
우치지 않을 수 있다고 생각한 것이다.

법을 적용할 때 다례(茶禮)를 행한 또 다른 이유로는, 차를 마심으
로써 '의(義)'를 행동으로 옮기는 일이 중요했기 때문으로 생각된다.
앞에서 서거정이, "(사헌부의 어사는) 강개하고 용감한 말(言)의 기
운을 기른다."고 하였는데, 그러려면 의(義)가 쌓여서 탐관이나 오리
(汚吏), 그리고 잘못한 왕의 친척들을 과감하게 탄핵하고 불의를 물

리치며 '공(公)'과 '사(私)'를 구분하여 형벌을 내릴 수 있는 용기와 힘이 있어야 한다. 자신이 오히려 형벌을 받을지도 모를 일도 의연하게 행할 수 있는 용기, 즉 호연지기를 차에서 얻을 수 있었던 것 같다.

죄와 법을 다룰 때 다례(茶禮)를 행한 세 번째 이유로는 '신숙(愼肅, 삼가고 신중함)'하기 위함으로 생각된다. 즉, 매우 중대한 결정을 내리기 전에 정신이 흩뜨려지지 않고 보다 신중하고자 함이다. 이는 '정심(正心)' 이전의 '성의(誠意, 뜻을 성실히 함)'나 '재계(齋戒)'와 같은 것이다.

사헌부에서 다례(茶禮)를 중요시한 또 다른 이유로는, 관리들이 차의 '성(性)'을 따라 검소의 청덕(淸德)을 지니고자 함도 있었던 것 같다. 이수광의 다시(茶時)의 내용을 보면,

> 감찰은 백관(百官)을 살피고 검속하는 것이니, 반드시 스스로가 소박한 차림을 한 연후에 사람들의 탐하거나 법에 어긋나는 것을 독책할 수 있다. 그렇기 때문에 누추한 옷에 충충한 빛깔의 훈련되지 않은 말, 부서진 안장, 짧은 사모, 해진 띠를 착용하였으며, 비록 귀족이나 명사라도 옛 법을 지키고 조금도 변하지 않았다.

라고 하였다. 이로 미루어 당시의 감찰들은 탐오(貪汚)한 벼슬아치를 가려내고 청렴결백한 사람을 장려하고자 하였으므로, 자신부터 검소해야 함을 당연한 미덕으로 생각했던 것 같다.

총괄해보면, 고려시대부터 조선말까지 사법·입법·행정 공무원들은 음다가 공무를 잘하게 해준다고 확신하였음을 알 수 있다.

서거정은 '다시(茶時)란 다례(茶禮)의 뜻'이라고 하였는데, '茶禮'란 말은 간단한 종묘제사나 중국 사신을 맞아 정중하게 예를 다해 차를

올리는 의식에서 사용되기 시작했으므로, 다시도 의식다례처럼 시작
과 끝이 있고 삼가고 정성을 들였음을 뜻한다. 즉 법과 죄인을 다룸
에 있어 경솔하지 않고 신중하며, 성실하게 임하기 위해 차를 마시
는 예의를 행했던 것이다.

이와 같이 중요한 공무를 할 때 다의(茶儀)를 행한 것은, 중국이나
일본에서는 볼 수 없는 우리만의 독특한 문화로서, 우리 민족이 음
다를 얼마나 심오하고 진지한 일로 여겼나를 짐작할 수 있다.

선조다인들은 다공문화에서 유가의 사상과 덕목을 찾는 생각공부
에서 나아가, 다례(茶禮)라는 현실적 삶의 한 형태로서 실천함도 중
시하였다. 도가와 불가는 현실을 중시하지 않는 경향이 있음에 비해,
유학은 인간사회 속에서의 실행을 전제로 한 학문이기 때문이다. 역
사 기록으로 2천년에 가깝도록 유학의 장점을 그대로 간직하고 생활
화해온 우리나라는 때로는 권위적 체제 유지의 수단으로 쓰이기도
하였으나, 우리 민족에게 정신적 지주 역할을 해오면서 천(天)과 인
(人)의 합일(合一)을 세밀히 연구하는 문화를 이끌었다. 특히 생활의
례와 타종교에 스며들어 있는 유교적 관념은 미래의 한국 사회에 희
망을 주는 부분이기도 하다. 서구의 학자들은 아시아문화가 유교적
유산의 사회발전 기여 가능성을 탐색해 보지 않고, 너무 빨리 그것
을 포기하고 있다는 견해를 나타내기도 한다. [104] 이러한 경향은 다
도문화 저변에 있는 유교 철학적 인식도 마찬가지이다.

우리의 유교적 인식은 이제 교조적 성리학이나 모화사상의 옷을
벗고 이 땅의 신유학사상으로 또다시 태어나야 한다. 조선시대에는
독자적 한국 사상마저 중국 유학과 연관을 지어 나타내 보여야 하는
체제적 억압이 있었기 때문에, 겉으로 드러난 유학이론과 실제 생활
철학과는 거리가 있었음이 시(詩)와 향속에서 파악된다.

제 2 장

고선도(古仙道)의 다공문화

Ⅰ. 고선도(古仙道)사상과 다공(茶供)

역사 기록상으로 천 사백년에 가깝도록 이어온 우리의 차문화(茶文化)는 민족 정신적 원류를 고선도(古仙道)에 둔다.

선도(仙道)라 함은, 선인(仙人) 단군(檀君)을 주축으로 이 땅에 자리 잡은 민족 고유의 종교적 이념을 일컫는다. 전래의 선도는 고구려와 고려 이후로 오면서 도가사상이나 도교가 섞이게 되므로, '고선도'라 함은 이 땅을 중심으로 생겨난 선도의 원형을 일컫는 말이다. 이는 신라가 생기기 전의 유민 나라인 '조선(朝鮮)'을 '고조선'이라 함과 같은 용례이다.

고대국가의 임금을 선인(仙人)으로 여긴 것은 『삼국사기』의 《고구려본기》에 동천왕(東川王, 재위 227~248)이 평양을 옮긴다는 글에서,

평양은 본래 선인 왕검(임금)이 사는 곳이다.
— 平壤者 本仙人王儉之宅也. [1]—

라고 하였고, 『해동이적(海東異蹟)』에서 『삼한고기(三韓古記)』를 인용하여,

단군은 왕검(임금)이라 하였고 최초의 고대 선인이다.
— 檀君名王儉 古初神仙人也. [2]—

라고 하여, 단군 또는 단군조선의 임금을 '선인(仙人)'이라 하였다. 『삼국유사(三國遺事)』에 의하면, 천제(天帝, 하느님)인 환인(桓因)의 아들 환웅(桓雄)이 천부인(天符印) 세 개와 삼 천 명의 무리를 이끌고 태백산 신단수(神檀樹) 밑에 내려와, 곰이 마늘과 쑥을 먹고 몸이 바뀐 여자(熊女, 地母神)와 결혼하여 단군(檀君)을 낳았는데, 단군은 평양성에 도읍하여 '조선(朝鮮)'이라 하고 일천 오백년을 다스렸으며, 아사달에 돌아와 '산신(山神)'이 되었다고 했다. [3] 따라서 단군 임금은 하늘신(天神)의 후예로 인식되었고, 선인(仙人)을 숭배하는 사상인 선도(仙道)는 하늘 숭배를 근본으로 함을 알 수 있다. 한국의 선가서(仙家書)인 『청학집(靑鶴集)』[4]에는 환인(桓因, 天帝, 하느님)이 동방 선파(仙派)의 조종(祖宗)이며, 그 도맥이 환웅(桓雄, 天王), 단군(檀君), 문박씨(文朴氏), 영랑(永郎) 등으로 계승되어 내려왔다고 하였으므로, 선가(仙家)는 민족사상을 형성하고 이끌어온 중심이었음을 알 수 있다.

'선(仙)'은 오랜 역사를 거치면서 여러 가지 개념을 지니게 된다. 우선 '단군이나 영랑과 같은 지도자'이고, 고구려 고분벽화에서 볼 수 있는 '사후세계의 천선(天仙)'이었다. 그리고 '노장사상의 선인(仙人)'과 한국 '단학 도교의 신선', '속세를 벗어나 자연과 친화된 삶을 사는 사람', '도인' 등의 의미를 갖게 된다. 우리의 선도(仙道)사상은 오랜 역사를 거치면서 계층과 종교에 무관하게 습합되어왔다.

고선도사상은 지도자가 죽더라도 하늘나라에서 아름답게 사는 선인(仙人)이 된다고 여기어, 고구려 고분 벽화에는 하늘나라 신선(天仙)이 많이 그려져 있다. 또한 신라 불가에도 영향을 끼치어 미륵선인 사상이 나타났으며, 조선 불가의 차제사에서는 별세한 선왕(先王)이나 혼령도 '선령(仙靈)'이라 한 내용들을 볼 수 있다.

국조 단군 한배검

도20 국조 단군상. 20세기 초에도 일반가정에서 위의 액자 그대로 걸어두고 받들었다.
단군은 지역과 사상과 계층을 초월하여 민족의시조를 상징하는 구심점이었다.

고선도사상은 난생설화와도 연관을 지닌다. 고구려·백제·신라는
'조선(朝鮮)의 유민'이 세운 나라이고 주몽과 박혁거세는 난생설화를
지녔으며 온조도 주몽의 셋째 아들이다. 고려 의종은 옛 선도를 일
으키고 숭상할 것을 지시하며, "선풍을 준행하여 사람과 하늘이 모두
기뻐하게 하라."고 하였고, 고려인들은 천손족(天孫族)으로서의 선
민의식을 지녔다.

신라는 박혁거세(재위 B.C. 57~A.D. 4)로부터 소지왕(炤知王,
479~500)에 이르는 때에, '노자와 장자의 도를 배우지 않고도 도교
사상을 실천해낸 나라'[5]라고 하였는데, 이는 지리적 여건으로 대륙

과의 접촉이 가장 늦었으나 중국의 도가(道家)나 도교와는 무관하면서 이와 비슷한 고유의 선도(仙道)가 있었음을 나타낸다. 중국의 도교는 7세기에 종교 형식을 갖추고 우리나라에 들어왔고,[6] 신라는 738년에 당(唐)으로부터 『노자도덕경(老子道德經)』을 수입하였다.[7] 따라서 소지왕까지의 신라 고유의 종교라 함은, 유불도(儒佛道)가 들어오기 전에 있던 고유의 선도(仙道)를 말한다. 그런데 그 속에는 유·불·도에 못지않은 훌륭한 가르침이 이미 있었음을 다음 최치원(崔致遠, 857~894~?)의 「난랑비(鸞郎碑) 서문」에서 볼 수 있다.

　　우리나라에 현묘한 도(道)가 있으니 풍류라 이른다. 그 설교(종교의 가르침, 敎理)의 근원은 선사(仙史)에 자세하게 실려 있다. 진실로 여기에는 삼교(三敎, 불교 유교 도교)의 내용을 포함하고 있어, 많은 백성들을 교화해준다.

　　― 國有玄妙之道 曰風流. 設敎之源 備詳仙史. 實乃包含三敎 接化群生.[8] ―

윗글 첫머리의 '도(道)'는 뒤이은 '교(敎)'가 뜻하는 바의 종교이다. 여기에서 우리나라 고유 종교가 형성된 근원이 '선사(仙史)'에 기록되어 있다고 언급한 것은, 우리 고유의 도(道)이자 토착종교는 선도(仙道)임을 뜻한다. 신라는 고조선의 유민에 의해 건국되었고 5세기 말의 소지왕까지 선사(仙史)가 있었으며, 선도는 당시에 '풍류'라고 했고 그 가르침을 풍류교(風流敎)라고 했음을 알 수 있다. 선도는 6세기 초에 이르러 불교와 유교라는 새로운 사상이 들어와 조화를 이루면서 삼국통일의 정신적 기반을 마련한다. '고선도'는 '풍류도' 외에, '단군선도', '풍류선도', '풍월도(風月道)', '선교(仙敎)', '선풍(仙風)사상', '선가(仙家)사상'으로 불리기도 한다. 당시의 신선(神

仙)이나 선인(仙人)은 통치계급이며 종교적 지도자였고 제사장(제주)이었다.

도21 최치원(857~894~?) 초상 견본채색
　　　정읍 무성서원 소장

고선도의　다공문화(茶供文化)는 민족적 특성을 지닌 문화로서, 역사기록이 대체로 잘 보전된 신라에서 찾아볼 수 있다. 신라의 선인이자 초기 화랑인 사선(四仙 : 永郎·述郎·南郎·安祥)의 음다풍속은 고선도 차문화를 대표하게 된다. 그들은 명주(溟州, 강릉) 등의 신성한 곳에서 우리 민족만의 독특한 전다구(煎茶具)를 써서 차를 끓여 제사지내고 음미하였는데, 모두가 선인(仙人)이며 이들 중 영랑은 단군의 뒤를 잇는 선파(仙派)이다.

옛 선도 차문화의 흔적은 고구려 벽화의 선인진다(仙人進茶) 그림이나 산신(山神)탱화의 다동(茶童) 그림, 불가의 산신각 헌공다게 등에서도 엿볼 수 있다. 고려와 조선시대에 와서 선도사상은 불교와 유교 중시로 인해, 표면에 크게 드러나지 않으면서 혼용되거나 민간 신앙에 자리 잡았다.

오랜 역사와 함께 이 땅에 뿌리를 둔 선도사상의 특징은, 중국 한족(漢族)의 지배를 배격하는 주체사관이 선명하여, 한족 문화에 동화됨을 경계하고 자주적 문화를 건설하려는 경향이 강하다. 나아가 우리 한민족(韓民族)의 무한한 저력에 대한 믿음과, 미래에 우리 겨레가 세계를 영도하게 된다는 확신이 있다. [9] 이러한 면모는 다공문화사(茶供文化史)에서도 나타난다.

우리의 옛 선도 차문화(茶文化)는 다구와 다사(茶事)와 음다풍속이 중국과 비슷하지 않고 매우 창의적 개성을 지녔다. 그러한 바탕으로 인해, 고려와 조선시대에 중국의 차문화가 유입되는 과정에서도 민족문화적 특성을 잃지 않는 튼튼한 뿌리 역할을 하였고, 민족적 자긍심을 지니게 해주었다. 온 나라 백성들이 차 마시기를 즐겼던 고려시대에는 사선의 전다구(煎茶具)가 있는 강릉 한송정이 유명한 관광지였다. 당시에 우리 다도에 대한 자부심이 무척 컸음은 중국 송나라 사신이 쓴 『고려도경』에서도 볼 수 있다. 고려의 선비들은 선도 차문화의 중요성을 알고 그 원형과 맥을 찾고자 상당히 노력하였고, 그 내용을 기록으로 남김으로써 후세에 전하였다.

다음에서 고선도 차문화의 원형을 자세히 살펴보고, 후세에 오면서 어떤 형태로 전개되어 왔는지 고찰하고자 한다.

Ⅱ. 사선(四仙)과 화랑의 다공문화

1. 사선의 전다(煎茶) 유적지와 석지조(石池竈)

우리의 차문화에서 고선도(古仙道)사상을 중시하며, 민족 전통의 선가(仙家) 다풍(茶風)을 역사적 사실로 받아들이게 된 근거는, 신라의 '사선(四仙)'이 경포대와 한송정에서 '석지조(石池竈, 또는 石池茶竈)'라는 돌못화덕을 사용하여 차를 끓여 마셨다는 사실과 그 전다구(煎茶具)의 형태가 상세히 설명되어 있는 고려 학자들의 기록이 있기 때문이다. 12세기 말부터 14세기 중반에 걸쳐 김극기, 이인로, 안축, 이제현, 이곡 등의 학자들이 '기(記)'와 시문으로 상세히 적어 두어 현재까지 목판본 등으로 여러 책에 전해져 남아 있다.

6세기 인물로 추정되는 엘리트였던 사선(四仙)의 이름은, 영랑(永郎)·술랑(述郎)·남랑(南郎)·안상(安詳) [10]이다. 그들이 독특한 형태의 전다구를 써서 야외의 특정 장소에서 차를 끓여 신께 바치고 마신 음다풍속은 그와 비슷한 예를 다른 나라에서는 찾아볼 수 없다.

사선이 강릉의 경포대와 한송정에서 차를 끓여 마시던 석지다조(石池茶竈, 돌못차화덕)는 12세기 고려의 문인 음다속이 일어나면서 크게 관심을 가지게 되었고 매우 중요하게 인식되었다. 그 이유는, 우리 민족의 다도문화가 중국 불교와 더불어 전적으로 수입된 것이 아니라, 그 이전에 이미 민족 고유의 선도(仙道) 음다속(飮茶俗)이 있었다는 사실을 확인할 수 있었기 때문이다.

차나무가 우리나라 남쪽 지방에 일찍부터 있었을 가능성은, 가락국 거등왕(居登王, 재위 199~259)부터 구형왕(仇衡王, 재위 521~532)까지 지낸 가야국 종묘제사 음식에 '차(茶)'가 있었다는 내용에서 짐작할 수 있고, 선덕왕(재위 632~647) 때 음다문화가 있었다는 기록과 661년 문무왕 이후의 가야제사, 원효(元曉, 617~686)와 사포의 전북 부안의 음다생활, 그리고 자장(慈藏, ?~636~650~?)율사 제자의 통도사의 차나무 재배 등에서 확인할 수 있다. [11]

석지다조의 생김새는 도6와 같이 커다란 돌덩이 하나에 두 군데를 움푹 파서, 한쪽은 바람구멍이 있는 풍로이고, 다른 한쪽은 못처럼 물을 담아두게 만든 것이다.

⑴ 고려 중기의 사선 다조 기록

맨 처음 사선의 다조를 글로 남긴 사람은 김극기(金克己, 1148~1209)로서 「한송정(寒松亭)」이라는 시에서 아래와 같이 썼다.

> 여기가 사선이 자유로이 완상하던 곳,
> 지금도 남은 자취 참으로 기이하구나.
> 주대(酒臺)는 기울어 푸른 풀 속에 잠겼고,
> 다조는 내버려져 이끼 끼었네.

> 云是四仙縱賞地, 至今遺迹眞奇哉.
> 酒臺欹傾沒碧草, 茶竈今落荒蒼苔. [12]

이 글에서 김극기는 사선이 차 끓이던 화덕을 '다조(茶竈)'라 하였는데 다른 글에서는 '석조(石竈);'라고도 하였다. 풀 속에 묻혀 기울어진 것은 '주대(술 마시는 대석)'로 보았는데, 뒤의 이곡이 쓴 글을 참작할 때, 주대는 돌물통(석수조)이 뒤집혀진 것을 말하는 것으로 보인다. 김극기와 동시대 인물로서 학자이자 문신인 이인로(李仁老, 1152~1220)가 지은 『파한집』에도 한송정에서 사선이 차를 끓여 마셨음을 나타내는 다음의 설명이 있다.

> 금란굴(金蘭窟) 경계에 한송정이 있으니 옛날에 네 신선(四仙)이 노닐던 곳이다. 그들의 무리 삼천 명이 각기 나무 한 그루씩을 심었으니 지금에 이르러 푸름이 구름을 찌를 듯하며, 밑에는 다정(茶井)이 있다.
> ― 金蘭境有寒松亭 昔四仙所遊. 其徒三千 各種一株 至今蒼蒼然拂雲 下有茶井. ―

여기에 다조에 관한 내용은 없으나, 사선이 한송정에서 차를 끓여 마셨음을 짐작할 수 있는 샘물을 '다정(茶井, 차 끓이는 샘물)'이라고 언급하여, 사선과 한송정과 차의 연관성이 나타난다. 「파한집」에는 대각국사의 두 제자인 계응(戒膺)과 혜소(惠素)가 한송정의 사선에게 관해 쓴 시가 있다. [13)]

(2) 이제현의 기문(記文)에 나타난 석지조의 실체

김극기의 '사선석조'로부터 1세기가 더 지나서, 유학자 익재(益齋) 이제현(李齊賢, 1287~1367)은 석지조의 생김새를 자세히 설명한 글을 남겼다. 그 글은 승려 순암 조의선(趙義旋)이 1337년에 석지조를 발굴한 것을 경축하여 쓴 다음의 「묘련사 석지조기」이다.

> 삼장(三藏) 순암법사(順菴法師)가 천자의 분부를 받들어 금강산의 절에 불공을 드리고 그 길로 한송정을 유람하였다. 그 위에 석지

조(石池竈)가 있었으므로 주민에게 물으니, 대개 옛날 사람들이 차를 끓여 바치고 마시던 것인데, 어느 시대에 만든 것인지는 모른다고 하였다. 법사가 혼자서 생각하기를, 어릴 때 일찍이 묘련사(개성 삼현리의 절)에서 두 개의 돌덩이가 풀 속에 있는 것을 보았는데 그 형상을 생각하면 아마 이 물건인 것 같았다. 그리고 돌아와서 찾아 보니 과연 있었다.

그 중 하나는 네모난 돌덩이를 말(斗)과 같이 둥글게 다듬고 그 가운데를 절구처럼 파서 샘물을 담아두는 것이다. 아래에는 입(口)과 같이 구멍이 있으니 열어서 흐린 물을 내보내고 막아서 맑은 물을 담아두게 한 것이다. 다른 하나의 돌은 두 개의 오목한 데(凹)가 있는데 둥근 것은 불을 두는 곳이고 타원형은 그릇을 씻는 곳이다. 역시 구멍을 만들었는데 제법 커서 둥글게 판 오목한 데(凹)에 통하게 하여 바람이 들어오게 하였다. 합하여 이름 부르기를 '석지조'라 하였다.(其一則 有二凹 圓者所以厝火 橢者以滌器. 亦爲竅差大 以通凹之圓者 所以來風也. 合而名之 所謂石池竈也.)

이리하여 10명의 인부를 시켜 굴려다 처마 아래에 놓고 손님을 초청하여 차례로 벌여 앉아서, 백설 같은 샘물을 길어다 황금 같은 움싹차를 끓이면서 익재에게 법사가 말하였다. "옛날 최정안(崔靖安)*공이 쌍명기로회(雙明耆老會)를 열었는데, 그 곳이 지금 이 절의 북쪽 산으로 절에서 수백 보로 가까우니, 이것이 아마도 당시에 쓰던 물건 아닐까요? 목암(牧菴) 무외국사(無畏國師)*가 이 절에 거주하였으니, 삼암(三菴) 같은 이가 일찍이 자주 왕래하여 한 번 글로 평가하였다면 이 물건의 값이 반드시 3배는 되었을 것인데, 잡초에 매몰되고 말았습니다. 쌍명으로부터 지금까지는 약 2백년이 되는데, 처음으로 나를 위하여 석지조가 나타나서 여러분 앞에서 소용이 되게 되었으니, 기문을 써서 (이 물건의) 그 동안 불우했던 것을 위로하고, 내가 얻을 수 있게 된 것을 경축하여 주십시오." 가만히 생각하니 쌍명회합에 대하여는 이학사(李學士) 미수(眉叟)*라는 이가 있어 풀 한 포기, 나무 하나의 미세한 것에 이르기까지도, 그것이 담소거리가 될 말한 것이면 모두 시와 문에 적었는데, 지금 그 문집 중에서 찾아보아도 이것에 대해서는 한마디도 없으니 어찌된 일인가. 그 후에 호사가인 최태위(崔太尉, 최당) 형제가 이곳에 살았다는 말도 듣지 못하였다.

이 돌이 지조(池竈)로 만들어진 것은 쌍명회 이전의 일로서 저 한송정의 것과 어느 것이 먼저인지 모르겠다. 대체로 그것이 묻혀서 불우하게 있은 것은 오래되었으니, 어찌 삼암만 그러하리오. 미수도 역시 만나지 못하였던 것이다. 그러니 거의 3백 년 동안 파묻혀 있다가 하루아침에 나타난 것이다. 삼암과 미수도 만나지 못했던 것인데 법사의 만남이 있게 되었으니, 만나는 것도 이른바 운수라는 것이 그 사이에 있는 것 같다. 물건과 사람은 항상 서로 만나서 이름을 내게 되니, 가정(柯亭)*의 피리와 풍옥(豊獄)*의 칼은 옹(邕)과 환(煥)*을 기다린 뒤에야 이름이 나게 된 것이 확실하다. 두 사람의

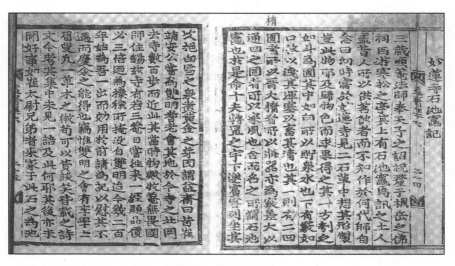

도22 묘련사 석지조기. 『익재집』 1693년간행. 목판본 21x32cm
　　「 묘련사 석지조기(妙蓮寺 石池竈記)」

감식안(鑑識眼)이 길이 후세에 탄복의 대상이 된 것은 두 물건 때문이었다.

법사는 벼슬하는 명문의 자손으로 머리를 깎아 중이 되기는 하였으나 원래가 부귀한 사람이었다. (중국에 건너가) 이제는 천자의 사신이 되어, 나라의 임금도 경애(敬愛)하기를 스승이나 벗처럼 하는데, 시인 묵객들과 함께 문장을 읊으며 노니니 그의 가슴속 도량을 볼 수 있도다. 장차 (두 돌덩이를) 보지 못한 후인들로 하여금 그 이름(석지조)만 듣고도 그 마음을 알게 하려는 것이니, 저 두 돌이야말로 아마도 '옹'과 '환'의 '피리'와 '칼'이 아니겠는가?

지원(至元) 3년 정축(丁丑) 추석.

익재 이모(李某)가 비(碑)를 씀. [14]

*묘련사(妙蓮寺) : 경기도 개성 삼현리에 있던 절.

*최정안(崔靖安) : 최당(崔讜, 1135~1211)의 시호가 정안임. 동생 최선(崔詵)과 함께 9인의 쌍명기로회를 만들었고 고려 의종 때 선가(仙家)로 지목됨.

*무외국사(無畏國師, ?~1308~1313~?) : 충렬왕 때 묘련사 주지를 지낸 정오(丁午). 순암 조의선이 그의 법을 이었다.

*이미수(李眉叟, 1152~1220) : 이인로의 자가 미수이고, 호는 쌍명재(雙明齋)이며, 해좌칠현의 한 사람이다. 그의 글에 사선과 한송정의 다정(茶井) 기록이 있으나 석지조는 못 본 것 같다.

* 柯亭 : 절강성(浙江省) 소흥현(蘇興縣)의 서남쪽에 있던 정자. '가정적(柯亭笛)'은 후한의 채옹이 회계(會稽)의 가정(柯亭)을 지나다가 지붕의 서까래로 쓰인 대나무가 피리를 만들면 기이한 소리가 날 것을 알아차리고 피리를 만드니 과연 그 소리가 절묘한 보기(寶器)가 되었다는 고사에서 나왔다.

* 豊獄(풍옥) : 풍성(豊城, 江西省 南昌縣의 남쪽의 城)의 옥

도23 익재 이제현의 상. 『익재집』
17세기 목판화

(獄)이다. 보검을 찾기 위해서 진나라의 뇌환(雷煥)이 풍성령(豊城令)으로 부임되어 감옥의 바닥을 깊이 팠더니 함 속에 보검 두 자루가 나왔다는 고사가 있다.

이 글에서 이제현은 '다조(茶竈)' 혹은 '석조(石竈)'로도 불렸던 사선의 전다구를 '석지조(石池竈)'라고 이름을 붙였다. 즉, 물통인 석지(石池)와 화덕인 석조가 함께 있는 '석지다조'라는 뜻이다. 사선이 경포대와 한송정에서 차를 끓인 석지다조는 야산임에도 불구하고 풍로와 물통이 항상 준비되어 있는 차 끓이는 간이부엌인 셈이다. 게다가 따로 돌수조도 마련되어 있었으니 깨끗한 물을 떠와서 가득 부어둘 수 있었으니 참으로 편리했을 것이다. 이것을 경치 좋은 곳에 놓아두었으니 비나 눈이 오면 물이 고여 있어, 누가 언제라도 와서 사용할 수 있게 하였다. 익재는 묘련사의 석지조가 세인의 무관심속에 방치된 것이 고려 초부터 삼백년 동안이라고 생각하였고, 만들어진 때는 사선이 쓰던 한송정 석지다조와 거의 같은 시기로 보았다. 윗글에서 이제현 등은 이인로가 석지조에 관해 쓴 글이 없다고 했으나, 앞에서 서술한 바와 같이, 한송정과 사선과 솔숲과 '다정(茶井)'을 언급하여 사선의 공다(供茶)풍속을 알고 있었음이 확실하다.

익제는 후세의 사람들이 석지조의 형태와 연원을 알지 못할까봐 걱정하여 위 기문을 쓴다고 하였는데, 다행히 이와 거의 같은 석지조가 남아 전해져, 오늘날 그 모양을 상세히 볼 수가 있다. 이 석지조는 서울에서 발견된 것으로, 연대가 천년 이상 된 것으로 추정된다. [15] 풍로어귀의 직경은 20㎝ 이내로 매우 작아 한 되들이 주자(注子)를 얹고 끓일 정도이고, 깊이는 약 11㎝로 얕아서 나뭇가지로는 불을 땔 수가 없고 숯을 쓰면 알맞게끔 만들어져 있다. 묘련사 석지조는 인부 10명이 굴려서 옮겼다고 했으므로, 서울의 석지조는 무게가 묘련사의 절반 정도로 추정되며, 돌못의 용량과 풍로의 크기도 묘련사 것보다 다소 작다. 물을 담는 석지 자리에 불을 땐 오랜 흔적이 있는 것은 후대에 내려오면서 사가(私家)에서 불 때는 데 마구 썼기 때문인 것 같다.

순암의선은 무외국통(無畏國統)에게서 법을 받고 북경에 가서 경(經)·율(律)·논(論)에 해박하여 삼장(三藏)법사의 칭호를 받았으며 개성의 묘련사를 중수하였다.

위의 「묘련사 석지조기」는 맨 끝의 글로 보아, 기념비를 만들기 위해 쓴 것이다. 그 날은 익재가 쉰 한 살 되던 해 추석으로, 몇몇 문인들도 초청하여 석지조 발굴 기념다회를 열었던 것이다. 이 기문은 『익재집』뿐만 아니라 『동문선』 제69권과 『신증동국여지승람』 제5권에도 전문(全文)이 적혀 있어, 후대에도 석지다조를 무척 중시했음을 알 수 있다.

(3) 이곡·이색과 안축 등의 석지다조 기록

목은 이색의 아버지인 이곡(李穀, 1298~1351)은 1349년에 동해안 지방을 여행하고 『동유기(東遊記)』를 썼는데, 그 내용에는 다음과 같이 강릉의 경포대와 한송정 두 군데에 사선이 차를 끓이던 석지다조가 있었다고 적고 있다.

　날이 아직 기울기 전에 경포대에 올랐다. 옛날에는 대에 집이 없었는데 요즈음 호사자(好事者)가 그 위에 정자를 지었다. 옛날 선인의 석조(石竈)가 있으니 대개 차를 달이는 도구이다.(盖煎茶具也) 동쪽에 사선비(四仙碑)*가 있었으나 호종단(胡宗旦)*이 물속에 넣어버리고 오직 귀부(龜趺, 거북모양의 비석 받침돌)가 남아 있을 뿐이었다. 한송정에서 송별연을 했다. 여기도 사선이 유람하던 곳인데, 고을 사람은 구경꾼들이 많은 것을 귀찮게 여겨 가옥을 헐어버렸고 소나무도 들불에 타버린 바 있다. 오직 서리 내리는 밤의 달이 맑을 뿐이었다. 그러나 석조(石竈) 석지(石池)와 두 개의 석정(石井)이 그 곁에 남아 있는데 역시 사선의 다구이다.(亦四仙茶具也) [16]

　*호종단(胡宗旦): 송나라에서 귀화한 사람으로, 고려 예종을 현혹하여 벼슬까지 하면서 우리나라 방방곡곡의 중요 민족문화 유산을 없애버렸다 함.

가까운 두 지역에 '전다구(煎茶具)'인 '석조' 즉, 다조(茶竈)가 있다고 하였고, 경포대 위 동쪽에 있던 사선비는 중국인 호종단이 없애버렸음도 확인하여 기록하였다. 석지는 물이 빠지는 구멍이 있는 돌 물통임을 익재의 글에서 짐작할 수 있다. 경포에 있는 경포대는 강릉시에서 동북으로 7㎞ 지점 언덕 위에 있는 누대로서, 1326년에 박숙(朴淑)이 창건하였고 1508년에 한급(韓汲)이 옮겨지었다. 이어서 가정(稼亭) 이곡은 위의 내용을 다음과 같이 시로 남겼다.

　「한송정 (寒松亭)」

　명승지에 뜻을 두고,
　일찍 옛 성문을 나섰네.

선인은 가고 소나무와 정자만 있고,
산에는 석조가 남아 있구나.
인정은 예나 지금이나 그대로인데,
삼라만상은 아침저녁 변하누나.
마침 여기 오지 않았더라면,
통하는 말을 근거 없다 여겼으리.

　　意專尋勝景,　早出故城門.
　　仙去松亭在,　山藏石竈存.
　　人情有今古,　物像自朝昏.
　　不是會來此,　聞言謂不根.

　위의 내용으로 추측컨대, 당시 사선의 석조에 관해서는 대개의 사람들이 알고 있었으며, 고려인들은 사선의 전다 유적지를 관광코스로 생각하였던 것 같다.

　이곡은 다음과 같이 누대에서 경포호수를 바라보며 사선의 석조에 실제로 차를 끓여 마셨다는 다음의 또 다른 시를 남겼다.

　경포에서 술을 싣고 밝은 달을 머리에 이고,
　석조에 차 달이니 자줏빛이내가 날리는구나.
　다만 스스로 호랑이보다 무서운 정치를 만나지 않는다면,
　주민은 원래 모두 신선들이리.

　　鏡浦載酒搖明月　石竈煎茶颺紫烟.
　　但自不逢苛政虎　州民元是一群仙.[17]

　가정은 이 시의 끝에 주를 달기를, "경포와 한송정에는 모두 옛 선인의 차 달이던 석조가 있다.(鏡浦及寒松亭 皆有古仙煎茶石竈)"고 또 한 번 강조하여 기록했다. 즉, 석지다조는 『동유기』에서도 쓰여

있듯이 당시에 한송정에만 있는 것이 아니라 경포대에도 있었던 것
이다. 따라서 묘련사와 합쳐서 세 개의 석지조가 있었음이 분명하다.

　이곡은 사선의 전다 유적지를 무척 사랑하고 중요시했으며, 이를
확인하여 여러 사람들에게 알리고자 노력했음을 알 수 있다.

　가정의 아들인 목은 이색도 스승이 발굴한 석지조에 관해 다음과
같이 썼다.

　　「 익재 선생의 '묘련사 조순암 석지조기' 뒤에 붙임 」
　　　— 題益齋先生妙蓮寺趙順菴石池竈記後 —

　　허정당에 거처하는 중년의 노인은,
　　마음이 맑아 사물이 절로 모습 드러내었네.
　　아이 적에 묘련사에서 놀았고,
　　나그네 되어 한송정에 들렀다네.
　　언뜻 보기에 신이 주신 것 같고,
　　오래 간직되었으니 땅의 영령이 감응하였네.
　　마음은 물에 잠긴 듯 담담하고,
　　입은 바람을 불러들인 듯 차구나.
　　피리는 가정(柯亭)에서 주인을 만났고,
　　칼은 풍옥에서 발견되어 바쳐졌다네.
　　옛날과 지금은 하나의 같은 자취이니,
　　천년의 세월에도 맑은 향기가 모인다네.

　　　虛淨堂中老, 心淸物自形*.
　　　兒戲妙蓮社, 客過寒松亭.
　　　乍見若神授, 久藏應地靈.
　　　心涵水淡淡, 口引風泠泠.
　　　笛向柯亭遇, 劍從豊獄呈.

古今同一轍, 千載揖清馨*. 18)

* '物'은 제목의 '석지조(石池竈)'를 말한다.
* 揖 : 읍할 읍, 모일 집. 여기서는 타동사로 쓰였다.

　이와 같이 익재 이제현과 가정 이곡이 한송정과 묘련사에서 사선의 석지다조를 확인하고 발굴한 것은, 이곡의 아들이자 이제현의 제자인 목은 이색이 그처럼 차를 사랑하게 된 데 적지 않은 영향을 주었다. 사선이 한송정에서 차를 끓였다는 고려조의 기록은 더 있다. 학자이자 문신 안축(安軸, 1287~1348)이 쓴 「한송정을 봄」이라는 시에서는,

　　사선이 일찍이 여기 모였을 때
　　따르는 무리는 맹상군(孟嘗君)*의 문전 같았다네.
　　‥‥‥‥
　　오직 차 달이던 샘이 있고,　　(惟有煮茶井)
　　옛 모양 그대로 석근이 있구나. (依然在石根) 19)

　*맹상군(孟嘗君) : 제나라 정승인 맹상군은 수천 명의 식객을 두었는데 그 중 두 사람의 도움으로 피살될 위기를 모면했다 함.

라고 하였다. 여기에서 '다정(茶井)'이 언급되었으므로 '석근(石根, 돌뿌리)'은 석지조를 뜻한다. 앞의 『동유기』에도 독립된 두 개의 우물이 있었음을 기록하였다. 이 글의 원주에는 당시 얼마 전에 소나무 숲이 산불에 다 타버렸다고 하였다. 공민왕 때 송인(宋因)의 글에서도, "경포대는 비어 있고 다조는 써늘하니,(鏡浦臺空茶竈冷) 다시 어디에서 봉래산 선인을 생각할 수 있으리.(更於何處擬蓬仙)" 20) 라고 하여, 당시에도 경포대에 다조가 있었음을 알 수 있다.

한송정의 사선 다조 발견은, 당시로부터 700년 전에 있었던 민족 고유의 다도를 찾아내었다는 의미로 인해, 고려의 선비다풍이 일어나는 데 촉매 역할을 했던 것으로 짐작된다. 사선 다조를 맨 처음 글로 쓴 김극기(金克己, 1148~1209)는 선비 차문화가 일어나던 시기에 주옥같은 차시(茶詩)들을 남겼고, '명석(茗席)'이라는 단어를 처음 썼다. 뒤이어 전다 유적에 관해 쓴 이인로·이제현·이곡·이색·안축 등도 모두 고려의 대표적 다인들이며, 석지조 기문을 쓴 이제현은 다가 이숭인과도 친분이 있었다.

(4) 조선시대의 석지다조 기록

음다 예속이 줄어든 조선시대에 오면 한송정과 사선의 석지다조에 관한 기록은 조금 드물어지면서 자세하지 않게 된다. 이는 중국을 숭상하던 모화사상과 연관이 깊은 것으로 생각된다. 조선 전기에 지어진 『신증동국여지승람』에는 다음의 기록들이 있다. [21]

「 석조(石竈) 석지(石池) 석정(石井) - 강릉고적조 - 」
모두 한송정 곁에 있으며, 사선이 기도하고 유예할 때의 다구이다.
― 俱在寒松亭傍, 四仙祈游之時茶具也. ―

「 한송정(寒松亭) 」

강릉부(江陵府) 동쪽 15리에 있다. 동쪽으로 큰 바다에 임했고 소나무가 울창하다. 정자 곁에 다천(茶泉) 석조(石竈) 석구(石臼)가 있는데, 곧 술랑(述郎) 선인무리(仙徒)들이 놀던 곳이다.

두 군데 모두 석조(돌화덕)와 돌로 만든 다천이 언급되어 있고, '석지' 또는 '석구'를 기록했으나 '석지조'가 있었는지는 불확실하다. 그리고 윗글에서는 사선이 차를 끓인 이유를 '기유(祈游)' 즉 제사와 유예로 보았다. 1615년부터 출간되기 시작한 『임영지(臨瀛誌)』에는 "한송정은 강릉부 동쪽 15리인데 석조·석지·석정이 있다. 세상에 전하기로는 신라 선인 영랑다구(永郎茶具)라 한다."고 하여, 위의 내용과 비슷하다.

그런데 15세기 서거정의 『동인시화(東人詩話)』에는, "경포대에는 옛 선인들의 유적이 있다. 산꼭대기에는 다조가 있다. 여기서 수십 리 떨어진 곳에 한송정이 있는데 정자에는 사선의 비석이 있다. 지금도 신선의 무리와 귀신의 벗들이 그 사이를 오간다."[22]고 하여, 사실 확인을 벗어나 다분히 설화적인 내용으로 썼음을 볼 수 있다. 구사맹(具思孟, 1531~1604)은 '한송정의 다천(茶泉)과 약조(藥竈)'라 하여 석지다조를 약조라고도 했다. 홍만종(洪萬宗, 1643~1725)이 쓴『해동이적(海東異蹟)』「四仙」조에는, "강릉에는 한송정이 있다. 정자의 주변에는 다천(茶泉)과 석조(石竈)와 석구(石臼)가 있는데 역시 사선이 연마하던 곳이다." 라고 하였다. '석조(石竈)'는 본래 바람구멍이 있는 화덕(풍로)을 뜻하나, '구멍 있는 석지(石池)'와는 혼동될 수 있어 석지조는 없었던 것 같다.

채제공의 아버지인 희암 채팽윤(蔡彭胤, 1669~1731)이 쓴「한송정에서 백사정까지(自寒松亭至白沙亭)」[23]라는 기문을 보면, 당시에 '한송사(寒松寺)에 길상전(吉祥殿)'이 있었고, 석지조는 없었으며, '석지(石池)'를 '구멍(穴) 있는 두꺼운 약솥(藥鼎)'으로 생각하였다. 그리고 '세 개의 다천(茶泉)'이 있었는데 두 개는 묻히어 잡초가 우거졌고, 하나는 물이 가득했으며 큰 가뭄에도 줄지 않고 큰물에도 넘치지 않는다고 적고 있는 것을 보면, 고려의 다천 모습은 당시에도 보존되었음을 추정할 수 있다. 또한 근방의 바닷가 모래 위에 돌로 된 사선비(四仙碑)가 쓰러져 있었다고 하였는데, 지금쯤 바다 속에 묻혀 있을 가능성도 있다. 정조 때 지은 『연려실기술』에는, "한송정은 경포대 남쪽 몇 리 되는 곳에 있다. 다천(茶泉)과 석조(石竈), 석구(石臼)가 있으며 사선이 놀던 곳이다."[24]라고 하여 거의 비슷한 내용이다.

이러한 내용들을 종합해보면, 조선시대에는 석지조가 없어졌으며, 사선의 행적도 설화로 여겼던 것 같다.

한송정은 한때 '녹두정(菉豆亭)'이라고도 불렸다. 이는 강릉부사 조하망(曺夏望)이 쓴 시에, "녹두밭이 말라서 갈라졌으니 수확은 절반이 될 것이네."라고 한 데서 연유된 것이라 하는데, 그 뒤의 부사(府使)인 윤종의(尹宗儀, 1805~1886)는 당시 한송정에 남아 있던 돌에 '신라선인영랑연단구(新羅仙人永郎鍊丹臼)'라고 새겼다고 한다.[25] 이 돌덩이는 현재도 남아 있는데 뒷면에는 '녹두정'이라고 새겨져 있다. 그런데 이 돌덩이를 자세히 보면, 직육면체로 파인데다가 속과 겉이 몹시 거칠어 있으므로, 약종류를 가는 '구(臼, 돌 확)'가 아니라 본래 비석을 세우던 대석이었음을 확인할 수 있다. 이는 사선비의 대석일 가능성이 크다.

근세에 오면 호암 문일평(文一平, 1888~1939)이 앞의 『동국여지승람』의 석조 · 석구 · 다천이 있다는 글을 인용하며 신라의 화랑들이 차를 마셨다고 했고, 고유섭(高裕燮, 1904~1944)은 『송도고적(松都古蹟)』에서 「묘련사 석지조기」를 설명하면서, 석지조를 '차를 바치고 마시기 위한 것(茗茶供飮)'이라고 썼다.

사선의 한송정 전다 유적은 고려의 대학자나 문인들이 당시에 남아 있던 책이나 사료를 충분히 참고하여 확신을 얻어 쓴 것이므로 석지조는 귀중한 유물임에 틀림없다.

2. 사선(四仙)의 실존 시대와 다공풍속

사선이 누구였는가에 대하여 고려의 이곡(1298~1351)은 『동유기』에서 '영랑(永郞) 술랑(述郞) 등'으로 말하였고, 다인 정추(鄭樞, 1333~1382)는 삼일포의 '안상(安詳)'을 기록하였다. [26] 홍만종(洪萬宗, 1643~1725)이 쓴 『해동이적(海東異蹟)』에는, "신라 사선은 술랑(述郞) 남랑(南郞) 영랑(永郞) 안상(安詳)으로 모두 영남인, 혹은 영동인이다." 라고 했다. 혹자는 이들을 전설로 보는 견해도 있으나 사선의 기록이 워낙 많고, 사선비(四仙碑)가 있었음이 확실하며, 호종단이라는 귀화 중국인이 의도적으로 비석을 물속에 빠뜨렸다는 고려의 기록으로 보아, 사선은 실존 인물이며 지도자 선인이었음을 알 수 있다.

사선의 생존 연대에 관하여는 조선시대 기록에 7세기말의 효소왕(재위 692~702)때의 인물로 보는 견해도 있으나, 다음의 근거로써 6세기 후반의 인물로 추정된다.

첫째, 사선(四仙)은 선인(仙人)들이고 화랑이 제도화되기 이전의 신선 행적이 있다.

진흥왕은 "신선(神仙)을 크게 숭상하여 아름다운 낭자를 가리어 원화(原花)로 삼고, 무리를 모이게 하여 선비를 뽑고 효제충신을 가르쳤다." [27]고 했으므로, 화랑의 전신(前身)은 '신선'이다. 최치원이 쓴 「난랑비 서문」은 진흥왕의 화랑제도를 설명하는 글에 연이어 나오며, 비석 서문에서 난랑(鸞郞)인 화랑의 설명이 없이 풍류도와 선사(仙史)를 썼다는 점도 이를 확증한다. 그리고 『삼국사기』에는 "신라 육촌(六村)도 조선의 유민이 산골짜기에 자리 잡은 것" [28]이라 했고, 조선(고조선)의 임금은 '선인(仙人)'이라고 했으며, 시조 박혁거세는 큰 알에서 태어났다는 설화가 있으므로 신라인은 고조선과 마찬가지로 선인을 숭배한 천손족으로서 자부심이 있었다. 진흥왕(眞興王, 재위 540~576)은 팔관회도 처음 개최하여 신선을 숭상하였고 나라 다스리는 큰 뜻으로 풍월도를 일으켰다. 6세기 말인 진평왕 9년(587년)에 신라의 대세(大世)가 배를 타고 서쪽 중국에 가서 '신선(神仙)'에게 배우겠다고 한 『삼국사기』의 내용에서, 신선은 범인의 몸을 벗어나 표현히 바람을 탄다는 내용이 있고, [29] 사선은 바다도 주유하였다고 하므로, 그들은 화랑보다 신선으로서의 행적이 강조된 것이다. 사선의 행적을 보면, 본격적인 전쟁 중이거나 낭도의 군사 훈련을 위한 지도자가 아니라, 신선으로서 모범을 보이고 국가의 정체성 확인 등의 이념적 교육을 하지 않았을까 추정된다.

둘째, 사선의 이름에 세 사람의 '郞'이 있으므로 화랑(花郞)제도와 연관을 지니나 불교적 색채가 전혀 없다.

신라의 화랑과 연관된 시대를 구분하면, ① 최치원이 말한 화랑 이전의 풍류선도기(風流仙道期) ② 진흥왕 때 원화(原花)가 있던 전후의 '원화랑기(原花郞期)'. 562년에 '화랑 사다함(斯多含)'이 가야지방을 평정한 기록이 있음. ③ 진흥왕이 화랑을 제도화한 576년(진흥왕 37년)부터 원광(圓光)법사가 중국에서 돌아온 600년(진평왕 22년)까지의 '화랑 진흥기' ④ 서기 600년부터 원광의 불교와 유교 교리가 담긴 '세속오계'를 화랑에게 교육하고 국력을 키워, 군사 지도자로서 태종무열왕(재위 654~661)의 삼국통일에 공헌했던 '화랑 전성기(國仙花郞期)' ⑤ 삼국이 통일된 이후 불교가 토착화되는 '승려화랑기'(미륵선화기)로 나눌 수 있다. 사선은 화랑도를 세속오계로써 교육시키기 이전에 화랑제도가 태동했을 때의 존경받던 지도자 선인으로 여겨진다.

셋째, 7세기 말과 이후의 인물들이 사선을 본뜨고자 했다.

『삼국유사』에는 효소왕 때(692년) 준영랑(俊永郎)의 낭도라는 '안상(安常, 安詳과 다름)'이 등장하고 경덕왕 때(756년) 흰 여우를 바쳤다는 '대영랑(大永郎)' 등이 『삼국유사』에 나타나는데, 이것은 당시에 안상과 영랑을 전설적 인물로 여겨, 후대에 그 덕을 잇고자 했기 때문이다.

넷째, 사선의 행적과 7세기말의 보천·효명의 행적이 크게 다르다.

사선과 두 태자가 모두 명주의 강릉지방을 근거로 주유하고 수진하였으나 태자들은 상원사의 문수보살에게 헌다하고 불공을 닦았다. 효명이 효소왕이 된 7세기 말에는 통일 이후에 불교와 미륵사상이 토착화된 때이므로 사선은 이때의 인물들이 아니다. 신라는 6세기 초에 불교를 공인했으나, 사선의 기록 어디를 보아도 불교적 색채가 없고 '선인(仙人)'이 강조되었다.

다섯째, 사선은 국선이라는 기록이 없으며 명주(강릉)가 신라 영토였을 때는, 전쟁으로 함흥까지 진출한 진흥왕 때인 6세기 중반부터이다. [30]

『삼국유사』에는 화랑제도가 고착화된 후 초대인 설원랑부터 화랑을 '국선(國仙)'이라고도 불렀는데, 『삼국사기』에는 15세에 화랑이 된 김유신(金庾信, 595~673)만 국선으로 기록되어 있다. 사선은 신라 영토의 확장으로 명승지였던 강릉(명주) 근방을 신성한 공부 장소로 여기지 않았나 생각된다. 신라 후대에도 국선 등이 명주의 금란(金蘭)을 유람한 기록이 있다. [31]

따라서 사선은 6세기 후반이나 말기의 화랑진흥기의 인물임이 확실하다. 그렇다면 그 시대에 다공풍습이 그와 같이 발달했을까 하는 생각을 할 수 있는데, 신라가 가야의 풍습을 이어 받았으므로 지극히 당연하다. 가락국은 2대 거등왕(199~259)부터 마지막 구형왕(仇衡王, ?~532)까지 종묘 세시제사에 차를 올린 제의풍속이 있었을 개연성이 크고, 선덕왕(재위 632~647) 때 차가 있었으며, 문무왕이 즉위 시(661년)에 가야의 헌다제사 풍속을 복원시켰다는 점은 중시되지 않을 수 없다.

사선의 기록이 자세하지 않은 이유는, '화랑세기'나 '풍류 선사(仙史)'와 같이 소멸되었거나, '산중의 書'로 전해졌기 때문일 것이다.

사선과 화랑들은 전다구(煎茶具)가 있던 경포와 한송정에서 무엇을 했을까를 다음에서 생각해 보고자 한다.

사서(史書)에 남아 전하는 것을 중심으로 신라의 음다 계층을 살펴보면, 왕에서 백성에 이르기까지 다공문화가 있었으나, 풍속을 이끈 지도자는 화랑과 승려들이다. 대표적 인물을 들면, 6세기말의 사선(四仙)과 7세기의 보천·효명 태자, 8세기의 화랑승인 충담(忠談, ?~765~?)과 월명(月明, ?~760~?), 낭도 출신인 원효(元曉, 617~686)가 있다. 이러한 다인들은 모두 당의 육우(陸羽, 727~803)나 조주(趙州, 778~897)보다 앞서거나 동시대의 사람들이다. 그리고 고려 태조가 차를 하사한 신라의 '군민(軍民)'도 화랑 낭도 계층으로, 이들도 차를 마시는 풍속이 있었음이 틀림없다. 당시의 차는 이 땅의 토산차였다. [32]

화랑 계층의 다공 목적과 풍속은 앞의 사선 기록들과 『삼국유사』에 나오는 '충담사'에서 추정할 수 있다. [33]

사선이 경포대와 한송정에서 차를 끓인 이유는, 이제현의 「묘련사 석지조기」에서 석지조의 용도를 '차를 바치고 마시는 것(供茗飮者)'라고 한 내용과, 『동국여지승람』에서 "사선이 기도하고 유람할 때의 다구이다.(四仙祈游之時茶具也)"이라는 내용에서 단서를 찾을 수 있다. 즉, 차를 끓여 누군가에게 바치고 기도한 후, 헌공한 차를 제의에 참석한 선인들이 마셨을 것임에 틀림없다. 진흥왕은 원화(原花)제도를 폐지하고 576년에 화랑제도를 만든 후 최초의 화랑인 설원랑(薛原郎)의 비석이 명주(강릉)에 세워진 것을 보면, 강릉 근방은 화랑의 성지(聖地)였음이 틀림없다.

사선이 차를 바친 대상은 민족의 시조(始祖)인 삼신(三神 : 환인·환웅·단군) [34]이거나 천신(天神)이었을 것으로 생각된다. 이를 방증하는 근거는 다음과 같다.

사선(四仙)은 네 '선인(仙人)'이고, 중심인물은 영랑이다. 영랑은 단군의 도를 전해 받은 문박씨(文朴氏)로부터 선도를 전해 받았다는 기록이 있고, [35] 그의 풍류선도적 삶이 후세에 회자되었다. 불교가 대중화되기 전에 선도에서 가장 높이 받든 신은 '선사(仙史)'의 맨 꼭대기에 있는 민족의 시조신인 단군이거나, 천신(天神)인 환인(하느님)이었을 것이다.

여기서 8세기의 승려이자 화랑인 충담이 삼짇날과 중양절에 미륵세존에게 차를 끓여 바친 사실을 참작할 필요가 있다. 당시의 미륵은, 승려와 화랑뿐 아니라 왕과 귀족·선비·백성들이 모두 숭앙했던 신이었으므로, 봄가을에 두 번 올린 이 제사는 불교와는 상관없는 '춘추제사(春秋祭祀)'로서, 조선말까지 이어진 민족과 마을의 수호신 제사였다.

『송사(宋史)』「고려전」에 우리의 제사풍습이 기록되기를,

나라 동쪽에 굴(穴)이 있는데 늘 10월 보름에 예신(濊神)을 맞이하여 제사지내는데 그것을 팔관재(八關齋)라고 부른다. [36]

고 했다. 여기서 '예신'이라 함은 고조선의 초기 국가를 건설한 예맥 (濊貊)족의 시조신이다. [37] 팔관재는 신라와 고려의 민족적 정체성을 강화하는 데 기여한 국가적 토속신 제사로서, 신라의 팔관회는 551년 진흥왕 때부터 행해지기 시작하였고, 고려 때는 음력 10월에 서경(평양)에서 제의와 잔치가 있었다. 위에서 '신을 맞아 와서 제사지낸다'는 점과 '팔관재'라는 점에서 시조신제사임에 틀림없다. 그리고 신을 모셔둔 장소가 '나라 동쪽의 굴 속'에 있다고 했는데, 이는 사선이 주유했던 강릉지방일 것으로 생각된다. 『해동이적』「사선」조에서 사선이 '사흘 동안 돌아오지 않은 곳'이라 하여 이름 붙여진 삼일포(三日浦)에는 남쪽 봉우리 위에 돌로 된 감실(龕室)이 있다고 했는데, 이를 '군(郡)의 남쪽 10리에 붉은 굴(穴)'이라 했다. 그 봉우리의 북쪽 바위 면에 붉은 글씨로 "영랑의 무리가 남석에 다녀감(永郞徒南石行)"이라고 쓰여 있었다고 했는데, [38] 감실은 웅천현의 '웅산신제' [39] 와 같이 단군의 신령을 모신 곳으로 추정된다. '삼일포'도 사선이 제사를 지내느라 사흘간 돌아오지 않아 낭도나 주민들이 걱정했고 받들던 사선이 중시한 곳이므로 붙여진 이름이 아닐까 생각된다.

『구당서(舊唐書)』의 「당회요(唐會要)」에, "신라는 즐겨 산신을 제사지낸다.(新羅好祭山神)"고 했고, 단군임금은 별세하여 산신이 되었다고 사서에 기록되어 있다. [40] 불교 유입 이전에 받든 신이 민족의 시조신이라는 것은, 사찰의 북쪽 산기슭에 산신각이 있어 자손(민족) 얻기를 기도하며 제전을 올린 데서도 추정된다. 일본 학자들도 사선은 한송정에서 시조신에게 헌다한 것으로 추정했다. [41]

한송정이 제사터였음을 방증하는 또 다른 근거는 두 개, 혹은 세 개의 우물이 있었다는 기록이다. 앞에서 이인로도 '다정'이라고 언급한 한송정에 있는 두 개의 우물에 대해서 권한공(權漢功, ?~1349)은

「한송정」이라는 시에서, '양안정(兩眼井, 양 눈 샘)'이라고 하였고 [42)]
조선 중기의 채팽윤은 두 개는 풀숲에 덮여 있고 모두 세 개하고 했
다. 한 곳에 돌우물이 세 개인 이유는 각기 용도를 구분하기 위함이
다. 예를 들면 하나는 정화수나 헌다용 물을 쓰기 위한 신성한 샘이
고, 다른 하나는 식용수일 것이고, 또 다른 하나는 손을 씻는 등 낭
도들의 허드레용 우물일 것이다. 산의 높은 곳이나 바위를 파서 만
든 인위적 우물 서너 개가 있는 유적은, 단순한 음료용 샘이 아니라
제사를 지내기 위한 의례용임이 통설이다.

영랑의 한송정 제전다례(祭奠茶禮) 의식은 단군시대로부터 전해
내려왔을 수도 있다. 조여적의 『청학집(靑鶴集)』에 의하면, 네 선인
중 우두머리인 영랑은 동방선파의 한 사람으로, 환인(하느님)이 조종
(祖宗)이고 그 도맥(道脈)이 환웅·단군을 거쳐 문박(文朴)이 계승하
여 그가 이어받았다고 했기 때문이다.

한편으로 사선 이후에도 화랑이나 다인들이 흔히 경포대와 한송정
에서 헌다도 하고 다석(茶席)도 마련했을 것으로 생각된다. 왜냐하면
충담처럼 간단한 다구와 다명(茶茗)만 준비해 가면, 경치 좋은 곳에
석지다조가 놓여 있고 비를 가리는 정자집도 있었기 때문이다. 헌공
다음(茶飮)을 몹시 좋아한 7세기의 보천·효명태자가 무리 이천 명
을 거느리고, 명주(溟州, 강릉) 일대를 유람했다는 내용도 이와 무관
하지 않은 것으로 생각된다.

청년 엘리트였던 사선과 화랑들이 한송정이나 우리나라의 명승지
인 강릉의 경포에서 차를 끓여 마신 것은, 제의뿐 아니라 유예하면
서 대자연의 진리를 공부하고 도의(道義)를 닦으며 심신을 수련하고
자 한 의도도 있었을 것으로 생각된다.

화랑들의 다풍을 유추해 보면, 그들은 야외용 다구를 지니고 다니

는 것이 기본이었을 것이다. 충담이 쓴 다구함은, 지고 다니는 '앵통(櫻筒, 벗나무 껍질로 만든 통) 혹은 궤(簣, 삼태기)'였다고 하여,[43] 상당히 상세히 설명하고자 했음을 짐작할 수 있다. 아마 그 속에는 차(茶), 탕관, 다완, 숯, 불 피우는 도구, 물 긷는 통 등이 있었을 것이다. 그리고 우리나라에서만 고집하여 쓴 찻잔표기인 '椀'도 그 원류는 이때에 쓴 야외용 나무찻잔이었을 가능성이 크다.

화랑들은 다사(茶事)에 매우 능숙하였으리라 생각된다. 경덕왕이 마신 차탕의 맛이 '氣味異常(기미이상, 맛이 범상치 않음)' 했다든가, '異香郁烈(이향욱열, 기이한 향기가 풍김)' 하였다고 표현했기 때문이다.

오늘날 사선의 전다 유적지인 한송정과 사선비는 새로 복원해서, 우리 다도 뿌리를 찾는 곳으로 성역화해야 후세들도 우리 차문화에 대해 긍지를 갖게 되고, 외국 차인들에게도 자랑거리가 될 것이다.

3. 고려에 이어진 선풍(仙風) 음다속

(1) 예종과 의종의 선풍 부활과 팔관회

고려의 예종(睿宗, 재위 1105~1122)과 의종(毅宗, 재위 1146~1170)은 선도사상을 중요시하여, 사선의 유적지를 소중히 하였고 화랑도 정신을 본뜨고자 노력하였다. 예종은 1116년에 명하였다.

사선의 유적지를 더욱 영예롭게 함이 마땅하다. 그리고 시행함에 잘못이 없도록 하라.(四仙之跡 所宜加榮依 而行之不敢失也)……… 국선(國仙, 화랑 중의 지도자)은 벼슬길이 아니므로 국선이 되고자

하지 않으니, 대관(大官)의 자손들로 하여금 국선을 하게 하라. [44]

이 내용에서 '사선의 유적지'란, 사선의 전다구(煎茶具)가 있던 한
송정과 경포대, 그리고 삼일포에 있는 사선비(四仙碑)와 최초의 화
랑 국선인 설원랑의 비석이 있는 명주(강릉)일대를 말하는 것이다.
예종은 불교와 유학을 융성시켰고 도교의 강화에도 힘썼으나, 전통
적 선도(仙道)를 특히 중시하여, 신라의 국선 풍습이 고려사회에 제
도화됨으로써 국가의 정신적 토대를 다지고자 했던 것이다. [45] 예종
은 흔히 차(茶)를 신하에게 예물로서 하사하였을 뿐 아니라 학생들
에게도 하사했고, 명신(名臣) 이자현(李資玄)과 함께 차탕(茶湯)을
나눈 기록이 있는 [46] 것을 보면, 사선의 유적과 함께 민족 고유의 다
공문화도 소중히 여겼음이 틀림없다.

예종은 팔관회도 중시하였다. 1168년에 내린 다음의 교서에서 신
라의 선풍(仙風)을 다시 일으키고자 노력하였음을 볼 수 있다.

　선풍(仙風)을 지키고 숭상하라. 옛날 신라에는 선풍이 크게 행해
　짐으로 말미암아 용천(龍天, 용신과 천신)이 기뻐했고 민물(民物)이
　안녕했다. 그런 까닭에 선조 때부터 선풍을 숭상한 지 오래이다. 근
　래에 양경(兩京, 개성과 평양)의 팔관회 날에 예전의 격식이 줄어들
　고 옛 풍속이 쇠퇴하였다. 지금부터 팔관회에서는 미리 양반으로 가
　산이 넉넉한 자를 골라 선가(仙家)로 정해 고풍(古風)을 준행하여
　사람과 하늘이 다 기뻐하게 하라. [47]

이 글을 보면 팔관회 날에는 선풍을 숭상하는 의식과 풍습이 매우
중요했음은 알 수 있다. 여기서 선풍(仙風)은 신라의 선도(仙道) 풍
습을 뜻하는 것이고, 선풍을 지키고 숭상하는 내용은 팔관회와 연관
시켜 미리 정해진 선가(仙家)로 하여금 준행하게 한다는 것이다. 고

려 조정의 축하 다의(茶儀) 중에서 팔관회의 다례를 가장 중히 여기고, 왕은 두 번이나 차를 마시는 격식이 있는 것은 고선도 차문화 때문으로 생각된다.

의종의 이러한 뜻에 따라 선가(仙家)로 지목된 사람으로 최당(崔讜, 1135~1211)이 있다. [48] 그는 64세에 관직에서 물러나 쌍명정(雙明亭)을 세우고, 쌍명기로회(雙明耆老會)를 결성하였다. 그들은 최당의 동생 최선(崔詵)과 장자목(張自牧)·고영중(高瑩中)·백광신(白光臣)·이준창(李俊昌)·현덕수(玄德秀)·이세장(李世長)·조통(趙通)으로 구성된 아홉 명의 명신거유(名臣巨儒)들로서 매월 음력 10일에 한 번씩 모여, 차를 마시고 시를 지으며 물외(物外)에 소요하는 모임을 열었다. [49] 당시에 이들을 '지상 선인(地上仙)'이라고 불렀다는 것과 선가(仙家)에 속해 있던 점으로 보아, 쌍명기로회는 중국 도가의 죽림칠현(竹林七賢)을 본뜬 것이 아니라 고선도의 풍속을 따른 것으로 생각된다. 그리고 앞에서 순암법사는 쌍명기로회에서 석지조에 차를 끓였을 것으로 추정하였는데, 이 사실도 기로회가 선도적 다풍(茶風)을 따랐으리라고 당시 사람들이 인식하고 있었음을 나타낸다. 고려 중엽인 12세기에 예종과 의종이 옛 선도(仙道)를 부활시키고자 한 것은, 그러한 정신으로 고려의 국력을 더욱 키워보자는 의도였던 것 같다. 다인 이인로(李仁老, 1152~12200)도『파한집』에서, "우리 조선은 봉래에 접하여 예로부터 신선의 나라이다." 라고 하여, 고려 선비들의 고선도에 대한 자부심도 컸음을 알 수 있다.

(2) 다방군사(茶房軍士) 제도

고려시대에 와서 화랑의 야외 음다속의 영향을 받아 만든 제도로

서 다방군사(茶房軍士)가 있다. 다방군사는 관청인 다방(茶房)에 소
속되어 조정과 왕실의 찻일을 맡아 하는 군인을 말하는데, 이는 우
리나라에만 있는 독특한 군사제도이다.

신라의 음다풍속에서 귀족이나 화랑들이 차를 끓여 마신 곳은, '다
연원(茶淵院)'과 같이 연못이 내려다보이는 멋진 다옥(茶屋)이나 [50]
절, 그리고 원효방 같은 암자가 있었으나, 산야도 포함된다. 사선이
면 강원도 강릉의 경포대와 한송정 야산에서 다례를 올린 것이나,
충담이 매년 두 번씩 다구함을 메고 경주 남산에 올라가 불을 피워
차를 끓여 미륵부처께 올린 사실과, 대궐의 누각에서 즉석으로 왕에
게 차를 끓여 올린 것 등도 그러한 예이다. 따라서 야외 운반용 다구
가 발달하였다.

다방군사의 주된 임무는 왕이나 태자가 궁궐 밖으로 행차할 때 차
를 끓이고 마실 때 쓰이는 도구를 운반하고 찻일을 하는 것이었는데,
채용할 때는 집안 내력과 재능과 용모를 심사하기도 했다. 총 인원
은 100명에서 수백 명이 되었다. [51]

왕이 거둥하는 수레에 앞장서는 의장행렬로서 다방군사가 대동된
경우는, 정월 보름과 연등회 때, 절에 갈 때와 팔관회 때, 그리고 평
양과 개성에 나랏일을 보살피러 갈 때와 돌아올 때 등이다. 이러한
때에 다방군사가 배치되는 곳은 주로 행로(行爐, 화로), 다담(茶擔,
차짐), 교상(絞床, 간이상), 수관자(水灌子, 물주자)를 나르는 의장으
로, 각기 두 명씩이며, 여기에 그냥 따르기만 하는 군사도 몇 명씩
있었다. 그런데 왕태자의 의장에는 왕의 행차와 달리, 행로·다담·
교상·수관자를 맡은 군사 외에도 특별히 푸른 옷(靑衣)을 입은 다
방(茶房)군사가 15명 따랐다. [52]

왕태자의 의장을 따르는 다방군사들은 신라의 낭도들을 상징한 것

으로 생각된다. 왕태자는 장차 보위를 이어갈 것이므로, 신라의 태자 보천과 효명이 낭도들을 이끌고 강릉 등지를 유오하였듯이 화랑의 정신과 행적을 따르기 위하여 상징적 낭도들을 이끌고 야외 음다풍속을 답습하게 하고자 한 의도로 보인다. 위의 행로군사와 다담군사 는 모자와 옷과 허리띠가 화려했고 의장의 중간에 서기도 했는데, 태자의 다방군사는 더 많은 인원이 같은 청의(靑衣)를 입어 눈에 띄 게 하고, 대열에서 뒤떨어진 점을 참작하면 일반 백성계층의 낭도를 뜻하는 것으로 짐작된다. 다방군사 제도는 앞의 국선(國仙)이나 선가 (仙家)와 마찬가지로 선풍(仙風)의 상징적 표현인 것으로 생각된다.

(3) 팔관회 다의(茶儀)

팔관회(八關會)는 원래 고대국가의 가을 풍년제가 발전된 것으로 그 기원은 신라 화랑이 천신(天神)께 보답하는 제사를 지내던 중요한 전례(典禮)였다. [53] 이것은 상고시대에 씨뿌리기와 가을걷이가 끝난 후 부락의 잔치를 겸하여 하늘과 조상에 제사 지내는 의식으로서, 부여의 영고(迎鼓), 동예의 무천(舞天), 고구려의 동맹(東盟), 백제의 교천(郊天) 등과 같은 것이다.

고려의 태조 왕건은 국초부터 팔관회를 중시하여 신라의 중동팔관회를 답습하여 행하였고, 제도나 사선악부(四仙樂部) 등의 행사내용도 신라를 그대로 따랐다고 했다.

태조가 「훈요 10조」에서 말했듯이, 팔관회는 천신(天神, 天靈)과 산신(山神)들과 용신(龍神)들을 섬기는 것으로 불교적인 색채가 없다. [54] 그리고 선풍 부활을 원했던 의종은 신라 선가(仙家)의 고풍을 팔관회에서 보임으로써 국가의 안녕을 빌었다. 이러한 사실은 팔관

회가 신라 전래의 토속신앙인 고선도(古仙道)를 따른 것으로 보아야
한다. 고려 말까지 거행되었던 팔관회는 이웃나라에서도 와서 축하
해 주었던 우리의 민족적 잔치였다. 그런데 팔관회에서는 그 의식의
일부로서 왕과 신하들이 차(茶)를 마시는 의례가 매우 중요시되었음
을 유의하지 않을 수 없다. 팔관회 하루 전날 행해진 소회일의 다례
에서 왕은 미리 차부터 마시고 의식을 집행하며, 본의식 중에 다식
을 먹고 또 차를 마시는 것이나, 왕이 신하들에게 차를 하사함을 알
린다든지, 많은 신하들이 다식을 먹고 차를 마신 것 등이 그러하다.
[55] 또 왕이 하사한 차를 받은 신하는, 태자·공작·후작·백작·추밀
관·시신(侍臣)들로서 귀족과 요직을 맡은 많은 사람들이며, 찻일을
맡아하는 관청인 다방(茶房)이 다른 부서와 달리 동서 양쪽 두 군데
에 장막을 설치한 것 등도 팔관회에서 왕과 신하들이 차를 마시는
일을 매우 중요한 의식으로 여겼음을 나타낸다. 또 팔관회 대회일에
도 소회일과 똑같이 왕과 신하들이 다식을 먹고 차를 마셨다.

그런데 불교국가인 고려에서 중요시해야 할 연등회에서는 왕과 신
하의 다례(茶禮) 의식이 소회일에는 없고, 당일인 대회일(大會日)에
만 팔관회의 대회일처럼 행해졌다. 따라서 왕과 신하가 차를 마시는
의식은 불교의 연등회보다는 민족잔치인 팔관회와 더 깊은 관련이
있음을 확인할 수 있다.

팔관회는 6세기 신라 진흥왕 때부터 행해졌고 왕건은 신라의 의전
풍습을 따른다고 했으므로, 팔관회 소회일과 대회일에 왕과 신하가
격식을 갖춰 차를 마신 것도 신라로부터 전해 내려온 오랜 풍습일
것으로 짐작된다.

(4) 해좌칠현(海左七賢)

고려의 선비다도가 성하기 시작하던 때에 중국의 죽림칠현(竹林七賢)이나 강좌칠현(江左七賢)에 비유하여, 해좌칠현(海左七賢, 해좌는 해동을 뜻함)으로 자처하는 문사들이 있었다. 그들은 끽다가인 임춘(林椿, ?~1145~1170~?)과 학자 이인로(李仁老, 1152~1220)를 포함하여, 이규보와 절친했던 오세재(吳世才), 조통(趙通)·황보항(皇甫抗)·함순(咸淳)·이담지(李湛之)였으며, 서로 의를 맺고 나이에 구애받지 않는 망년지우(忘年之友)가 되었다. 이들 중 조통은 '지상선(地上仙)'으로 불리는 쌍명기로회원이기도 하다. 그들은 권세를 버리고 은거하는 경향이 있었으므로 우리나라의 도가적 청담(淸談)의 풍(風)이 이로부터 성하기 시작하였다고 본다.

중국의 죽림칠현은 죽림에 모여 노장사상을 숭상하며 청담을 일삼던 위(魏)·진(晋)나라의 일곱 명의 선비들을 말한다. 그러나 고려의 해좌칠현은 단순히 중국 칠현의 도가풍을 흉내 낸 것이 아니라, 우리의 선가(仙家)문화를 숭상했던 것으로 생각된다.

다가 이인로는 앞에서 보았듯이, 한송정에서 사선이 차를 끓여 마신 다정(茶井)을 중시하여 소개하였고, 선가(仙家)였던 최당(崔讜, 1135~1211)과도 교유하여, 청자기와에 붉은 난간을 한 그의 쌍명정(雙明亭)에서 즐겁게 지냈다는 글이 전한다. 또한 그는 맨 처음 사선의 다조를 언급한 김극기(金克己, 1148~1209)와도 몹시 친했다.

임춘과 이인로가 활동하던 12세기에서 13세기 전반에는 선비들 간에 고유의 선도에 대한 관심이 고조되기 시작했을 뿐 아니라, 이규보(李奎報, 1168~1241)가 고구려 동명성왕에 대해 서사시를 쓴 데서도 보듯이 민족정신이 매우 중시된 사회풍조였다. 따라서 다공(茶供)

을 사랑한 해좌칠현의 다속(茶俗)도 노장사상보다는 우리의 옛 선도
사상에 바탕을 둔 것으로 추정된다. 당시의 다인들은 명석(茗席, 찻
자리)을 같이하고 좋은 차와 다구 등을 주고받은 글들을 많이 남겨
우리나라 선비다도가 일어나는 데 크게 기여하게 된다.

해좌칠현인 임춘은 여러 번 과거에 실패하고, 정중부의 난에 겨우
목숨을 건져 은둔생활을 하였다. 그는 '다창(茶槍, 차싹의 순)', '자순
(紫筍)', '점다삼매수(點茶三昧手)', '수액(水厄, 茶를 너무 많이 마
심)' 등의 용어를 처음으로 썼으며, 당시 선비와 백성들이 차를 사
마시던 다점(茶店)에서 망형(忘形)하여 낮잠을 잤다는 글을 남겼다.
이인로도 잠시 승려생활을 한 적이 있었으며, 「절의 차맷돌(僧院茶
磨)」이라는 글을 남겼다.

Ⅲ. 불가와 민간의 선도(仙道) 차문화

1. 불가(佛家)의 산신(山神) 헌공다례

우리나라의 사찰에는 대부분 북쪽에 산신각이 있다.

불가(佛家)에서는 민족의 시조신인 산신(山神)에게 차를 올렸다.

우리의 시조임금은 단군(檀君, 檀儉)으로 천왕(天王)인 환웅(桓雄)의 아들이고, 환웅은 천제(天帝, 하느님)인 환인(桓因)의 아들이라고 했다. 따라서 우리 민족의 시조신(始祖神)은 하나의 신인 환인이거나 단군임금이거나, 세 신인 환인·환웅·단군의 삼신(三神)이다. 삼신(三神)은 삼성(三聖)이라고도 하며, [56] 환인과 환웅은 '천신(天神)' 혹은 '천왕(天王)'이라고도 한다. 그런데 민족의 시조신은 오랜 세월 동안 불교나 민간신앙과 접합하여 오는 동안에 그 이름이 바뀌어, '산신(山神)', '산왕(山王)' 혹은 마을의 수호신인 '서낭신', 고갯마루 당집(神堂)에 모셔진 '백산신(白山神)' [57] 등의 여러 가지 이름으로 표현되어왔다. 그 명칭이 주로 산과 관련되는 것은 '仙'은 '人十山'이고 『삼국유사』에 단군임금은 선인(仙人)이고 죽어서 산신이 되었다고 했으며, 하늘님(天神)의 뜻을 받기 위해서는 하늘과 가까운 산에서 제사지내는 지도자라는 상징적 의미가 있기 때문이다.

산신(山神)이나 삼신(三神)이 우리 민족의 국토인 산을 수호하는 시조신(始祖神)임을 알 수 있는 근거는 불가와 민간신앙에서 볼 수 있다.

그런데 본래 불교에서는 산신이나 삼신이 없다. 선인 단군은 나중에(별세하여) 백악산(白岳山) 아사달에 들어가서 산신이 되었다는 내용이 있고, 단군임금은 신시(神市)에서 내려와 정식으로 나라의 임금이 되어 1908세를 살고 산신(山神)이 되었다 [58]고 한 글들이 있으므로, 산신은 단군을 뜻한다. 그리고 산신각을 불가에서는 오래 전부터 '산신당(山神堂)', '산왕단(山王壇)', '삼신각(三神閣)'이라고 해왔음은 상식이다. 그리고 '삼성각(三聖閣)'이라고도 하였는데, 삼성(三聖)은 삼신인 환인·환웅·단군을 뜻한다. 이를 노자·공자·안회를 의미한다고도 하나, 공자와 제자인 안회가 나란히 있을 수는 없다. 그리고 신중단에 모시는 '산왕중(山王衆, 여러 산왕)'다게와 '천선신(天仙神)'다게가 있는 것을 보면, 삼성은 전래의 산신을 뜻함을 알 수 있다. 황해도 구월산에는 옛날부터 '삼성사(三聖祠 혹은 三聖堂)'라는 사당이 있어 환인·환웅·단군을 '삼성(三聖)' 혹은 '삼신(三神)'으로 모시고 제사를 지내던 민간풍습이 내려오고 있었다. [59] '산신각'을 '삼신각'이라고도 부른다는 사실은 산신(山神)이 곧 삼신(三神)임을 의미한다. 이는 하나의 신이 셋이고 세 신이 하나의 신임을 뜻하는 우리의 독특한 신명상통(神明相通)사상이다. 삼신각은 '삼성각(三聖閣)'이라고도 하였다.

절의 산신각에서는 민족의 시조인 산신에게 후손을 낳게 해달라고 빌었다. 이 내용을 민간신앙에서 좀 더 살펴보면, 1931년에 조선총독부가 만든 『朝鮮の年中行事』에 다음과 같은 내용이 있다.

유명한 산, 오래된 나무아래, 혹은 삼신당(三神堂) 등에서 아기를 소원하여 기원하는 일은 조선의 전국 어디에서나 고대부터 내려오는 풍속이다. 충청북도 진천(鎭川)지방에는 3월 3일부터 4월 8일까지 아이가 없는 여자들이 무녀를 따라 담(潭)이라는 곳에 가서, 그 곳에 있는 삼신당(三神堂)과 동서용왕당(東西龍王堂)에서 아이를 낳게 해달라고 빈다. 옛날에 매년 이 무렵이면 인근부락에서 아이를 소원하는 여자들이 끊임없이 밀려왔을 뿐 아니라, 구경꾼들도 또한 대거 운집하여 대단히 활기를 띠었는데, 이러한 풍속은 지금은 점차 사라지고 있다. 산꼭대기나 나무아래서 또는 삼신당 등에서 신(神)을 모시는 풍속의 시작은 무엇에서 연유한 것일까? 단군이 태백산 위의 신단수 아래에서 탄생했다는 고사가 있듯이, 고대에는 단(壇)을 산상(山上)의 나무아래 모시고 큰제사(大祭)를 올렸는데, 이것이 전래되어 산 위의 나무아래에서 제사를 지내는 풍속으로 된 것이다. 또 삼신당에 비는 것도 단군 3세를 모시는 유풍이다. 삼신당이란 조선민족의 국조(國祖)가 되는 환인천제(天帝)·환웅천왕(天王)·단군의 3세대를 모시는 장소로 곳곳에 삼신당(三神堂)이 존재한다. [60]

위의 산신당은 사찰과 민간에서 산신을 모신 집이다. 우리 민족이 될 아기를 원하여 비는 신은, 한민족의 시조신인 단국산신이어야 함에 이론의 여지가 없다. 따라서 산신각은 불교가 이 땅에 정착할 당시에 그 이전부터 모셔왔던 토착 종교를 배격하지 않고 자연스럽게 수용한 표상이며, 산신은 그 전에 받들던 민족의 수호신을 뜻한다. 한편 산신각의 산신은 '독각불(獨覺佛)'이라고도 불리는데, 독각이란 부처님이 없는 세상에 나서 가르침 없이 깨달은 것을 말하므로, 산신은 불교 유입 이전에 가장 높이 받들던 신이었음이 확실시된다.

절의 산신각제사는 앞의 대웅전에 부처를 모셔두었으므로 정제(正祭)로 지내지 않고 다과로써 차례제사 형식을 취할 수밖에 없다. 『범음집』「당산천왕단작법(當山天王壇作法)」을 보면, 다음과 같이 '산왕(山王)'들에게 차를 올려 게송(偈頌)을 받들고 제의를 행했다.

우리 이제 감로다를	今將甘露茶
산왕들께 바칩니다.	奉獻山王衆
간절히 비오니	鑑察虔懇心
부디 드시옵소서.	願垂哀納受 [61]

위의 '산왕단(山王壇)'은 불가에서 '산신각(山神閣)'과 같이 쓰이
는 말이므로 [62] '산왕'은 산신이다. 여기에서 차를 올리는 대상이 여
러 산왕(山王衆)이라 하였는데, 이것은 삼신(三神, 환인·환웅·단
군)을 뜻한다. 그 근거는 다음과 같다.

도24 『李朝のやきもの』에 '단군도'라고 설명한 그림 (小松正衞 著, 106쪽, 保育社, 1982).
    동자가 차를 끓이고 시녀가 단군산신에게 올릴 그릇류를 쟁반에 받쳐 들고 있다.

위의 '산왕'이 나오는 다게의 소제목은 「천왕단작법(天王壇作法)」
으로, '천왕(天王)', 즉 '하늘의 왕'이라는 단어로 제목을 표현했다. 그

런데 그 속의 '진령게(振鈴偈)'에는, 방울을 흔들어 여러 천산왕(天山
王)을 부른다고 했고, 이어지는 다게에서는 여러 산왕에게 감로차를
바친다고 했다. 따라서 하늘의 왕(天王), 하늘과 산의 왕(天山王), 산
의 왕(山王)은 모두 불가에서 거의 동일시되는 신들임을 알 수 있다.
그러므로 천왕은 하늘의 왕인 환인, 천산왕은 하늘과 땅의 왕인 환
웅이며 산왕, 즉 산신(山神)은 땅의 왕인 단군의 다른 표현인 것이
다. 산신은 삼신인 이유도 여기서 밝혀진다. 그리고 당산제(堂山祭)
가 산신이나 삼신께 올리는 제사라는 사실도 「당산천왕단작법」이라
는 제목에서 확실히 드러난다. 이와 같이 불가에서 민족의 시조신에
게 헌다하고 산신각을 지어 차를 받들어 올린 것은, 불교가 정착하
기 전에 선인(仙人)들이 민족의 시조신에게 제사지내던 풍습을 불가
에서 이어받는 것이 당연하다고 생각한 것 같다. 또한 당시 산신을
섬기던 민간대중이 절의 산신각에 와서도 소원을 빌고 제사를 지낼
수 있게 배려한 것으로 짐작된다. 이는 불교가 이미 외래종교가 아
닌 민족종교로서 자리를 굳혔음을 뜻한다.

도9과 같이 산신탱화에 다동(茶童)이 차를 끓이거나 찻잔이 놓여
있는 그림들이 사찰의 산신각에 모셔져 있다. 근세에 그려진 탱화는
이전의 그림을 모사하거나 기억하여 그렸을 것으로 생각된다.

2. 불가 다공의 신선사상

불가에서는 산신과 성황신에게 차를 올리고 게송을 받든 것 외에,
선인(仙人)과 관련된 선도(仙道) 차문화의 흔적을 볼 수 있다. 다게
를 받든 대상이 '선령(仙靈, 신선)', '천선신(天仙神)', '천선중(天仙

衆)' 등일 뿐만 아니라 좋은 차, 좋은 과일, 좋은 꽃을 '선다(仙茶)', '선과(仙果)', '선화(仙花)'라 하여, [63] 불가의 좋은 공양물을 '선(仙)'과 연결시켰다. 이와 같은 불가의 선도문화는 그 근원이 도교가 아니라, 불교 이전에 있던 고선도(古仙道)의 맥임은 문화의 역사적 흐름으로 보아 의심의 여지가 없다. 즉, 불교와 고선도가 융합되어 남아 있는 흔적이라고 볼 수 있다.

다음은 불가에서 재(齋)를 지낼 때 천선신(天仙神)께 차를 올리며 부르는 노래이다.

청정한 다약은   清淨名茶藥,
병과 혼미 없애나니,   能除病昏沉.
천선신께 비옵니다.   惟冀天仙神,
부디 받아주소서.   願垂哀納受. [64]

'천선신'은 하늘의 신선을 뜻한다. 이 다게는 1721년에 개판(開板) 된 『범음집』의 「천선단작법(天仙壇作法)」 등에 흔히 나온다. 천선이 차를 좋아한다는 인식은 19세기에도 이어져, 의순도 "하늘의 신선과 혼령이 모두 사랑하고 귀하게 여기니(天仙人鬼俱愛重)"라 하였다. 또 선령(仙靈)에게 헌다하며 고뇌를 없애달라는 다게를 받들었다.

이와 같이 『범음집』에는 천선신, 천선중(天仙衆), 혹은 선령에게 차를 바친 다게가 10편이나 있는데, 일본강점기에 발행된 『석문의범』 에서는 앞의 산신다게와 마찬가지로 한 편도 볼 수 없다. 선도문화 (仙道文化)는 단군사상(檀君思想)이 바탕이 되므로, 출판이 통제 받 던 당시에 민족문화가 애초에 없었던 것으로 인식하게 하려는 의도 가 있었다는 느낌이 든다.

3. 민간의 서낭신제사

'성황신'은 본래 마을의 터를 지켜주는 '서낭신'을 문자화한 것으로 시조신인 삼신, 또는 산신의 다른 표현이다. 이는 흔히 쓰이는 '잡동 사니'를 '雜同散異'라고 표기한 것과 같은 용례이다. 한 때는 사대주 의로 인해 중국에서 도시의 수호신으로 받들던 성황신(城隍神)을 끌어들여 도성(都城)을 지켜주는 신으로 여겼고, 남대문 밖에서 춘 추제사를 지내던 풍습이 있었다.

백성들의 신인 서낭신은 '산왕신(山王神)'이 변화된 말이라고도 한다. 발음이 비슷하기도 하거니와 서낭신은 마을을 지켜주는 수호 신이므로, 결국 국토와 나라와 민족을 지켜주는 산왕신인 것이다.

도25 서낭신을 모시던 당집인 서낭당.
강원도 정선.

마을의 안녕을 위했던 동신제 (洞神祭)는 백설기 등의 제물 을 놓고 새끼에 종이와 솔가지 등을 끼우는 점 등이 서낭당제 사와 매우 흡사하다. 그리고 당 집이나 제단이 큰 나무 밑인 이 유는 환웅이 처음 태백산 꼭대 기 신단수(神檀樹) 아래로 내 려왔다는 건국설화를 따르기 때 문으로 생각된다. 서기 85년에 산신(山神)에게 제사지낸 내용 은 평남 용강에 있는 점제현 신 사비(神祠碑)에 있다.

정조 때 이긍익이 쓴 『연려실

기술』에는 천신 제물에 생것으로 된 수산물과 함께 '작설'이 있었다. 민가에서는 봄가을에 새로 난 먹거리를 올려놓고 지내는 춘추 천신(薦新)제사가 있는데, 이때 제물을 요리하지 않고 생것을 그대로 올리는 풍습은 절(寺)의 산신각 제사와 같다. 일 년에 두 번 봄가을에 지내는 춘추제사는 대개 사회적 의례로서, 그 대상은 조물주인 천신이나 시조신, 혹은 마을이나 가정의 수호신이다.

불가에서는 마을의 서낭신 제사를 절에서 편안하게 지낼 수 있게 한 「성황단작법(城隍壇作法)」,[65]의 다게(茶偈)가 있다. 이는 앞의 「당산천왕단 작법」에서 '산왕' 대신에 '성황(城隍)'으로 바꾸어 놓았다. 『범음집』에 그려져 있는 성황단(城隍壇)의 위치는 불상을 모신 상단을 향해 볼 때 상석인 오른쪽(동쪽)에 있다.

그런데 1721년에 간행된 『범음집』에는 산신(山神)과 서낭신에게 차를 올리며 게송을 받든 것을 여러 차례 볼 수 있는데, 일본 강점기인 1935년에 발행된 『석문의범』에는 다게의 종류가 더 많이 수록되어 있음에도 불구하고, 그러한 예를 찾아볼 수가 없다. 이는 성황단이나 당집 등도 미신이라고 하여 거의 없애버렸던 당시의 민족문화 말살정책의 영향이 컸던 것으로 생각된다.

산신(山神)이 차를 좋아한다는 인식과 일반백성들이 산신께 제사 다례를 지냈음을 알 수 있는 자료로는, 조선시대의 민요와 산신 탱화에서 볼 수 있다. 산신(山神)제사에 차를 썼음을 알 수 있는 또 다른 것으로, 조선시대 왕실에서 원소(園所, 왕실의 산소) 제사를 '별다례(別茶禮)'라고 하여 반드시 산신제를 함께 지냈으며, 실제로 작설차를 올렸다는 사실이다.

4. 고구려 벽화의 진다도(進茶圖)

중국 길림성 집안(集安)현에 있는 6세기 후반의 고구려 무덤(5회분 4호묘) 벽화에는, 도4와 같이 공작을 탄 동자 선인이 대접 모양의 검은 그릇을 두 손에 받쳐 들고 피리 부는 여선(女仙)에게 가는 그림이 있다. [66] 동자가 그릇을 두 손으로 받쳐 든 모습으로 보아 매우 귀중한 것을 가져가는 것 같고 그릇 속은 붉은 색이다. 이 그림은 선인진다도(仙人進茶圖)로 짐작되는데, 그 근거는 다음과 같다.

하늘나라에서 피리를 불고 있는 여선(女仙)이 좋아할 단품(單品) 먹거리로서 차(茶) 이외에 술이나 약이나 과자 등 다른 것을 생각하는 것은 무리이다. 음악예능을 하는 신선이라는 점과 여선(女仙)이라는 점, 그리고 어린 동자신선이 받들고 간다는 점이 그 근거가 된다. 다완이 검은 것은 새를 타고 가므로 옻칠을 한 가벼운 목기그릇이기 때문인 것 같으며, 다완 속이 붉은 이유는 고대의 칠기류 목기는 대개 붉은 주칠이 되어 있다는 점과 당시의 차는 주로 발효차였으므로 붉은 차탕이었다는 점의 두 가지를 생각할 수 있다. 고구려의 옛 고분에서 고급 떡차가 발견된 것을 보면, [67] 고구려 풍속에 차(茶)는 사자(死者)가 좋아하는 귀중한 것으로 여겼다는 점은 확실하다. 동자가 들고 가는 그릇의 모양은 신라와 고려의 다완과 그 형태가 비슷하다. 그리고 고구려는 불법을 믿지 않고 도교만 높인 때가 많았다.

이 벽화는 하늘 숭배사상과 사람이 죽으면 선인(仙人)이 된다는 선도적 배경에서 그려진 것으로 생각된다. 선인(仙人) 단군을 중심으로 하는 선도사상은 신라뿐 아니라 백제와 고구려도 마찬가지로 지녔으며, 오히려 신라보다 앞섰다고 볼 수 있다. 고구려의 도교는 영류왕 7년(624년)에 종교 형식을 가지고 받아들여졌는데, 이 묘는 6세

기 후반에 만들어졌고, 장례풍습이나 묘의 축조 등은 새로운 외래신
앙을 받아들여 따르기가 매우 어려우므로 도교의 영향권에서 그려진
것으로 볼 수는 없다. 그리고 앞에서 선풍(仙風)을 고취시켰던 고려
의종이 정한 연등회와 팔관회의 의장을 보면, 큰 깃발 두 개에 구름
을 타고 피리를 부는 신선을 그린 것이 있는데 [68] 이 벽화의 피리 부
는 신선과 상당히 비슷하다. 이 그림에 보이는 북두칠성은 다른 벽
화에도 선인 주변에 그려진 것이 더러 있어, 이를 중시하던 우리 특
유의 민간신앙을 볼 수 있다.

5. 웅천다완(熊川茶椀)

세계적 명품으로 인정받는 '웅천다완(熊川茶椀)'은 조선 초기부터
중기까지 만들어진 중대형(中大型) 다완이다. 웅천(熊川)은 도26에서
보듯이 차(茶)가 많이 생산되는 경남 창녕과 김해 사이에 있는 곳으
로, 좋은 다완이 나는 곳으로 유명하다.

웅천에서는 민족의 시조신을 춘추제사로 지내는 풍습이 오랫동안
계속되었음이 『동국여지승람』「웅천현(熊川縣) 웅산신당(熊山神堂)」
조에 다음과 같이 씌어 있다.

토착인이 매년 4월과 10월에 웅산(熊山)사당에서 산신(山神)을 모
시고 산을 내려와서 북을 울리며 잔치를 벌인다. 원근사람들이 와서
다투어 제사를 지낸다.

여기서 웅산에 모신 산신은 그 마을 백성들이 잘 살기를 바라는
수호신인데, 그 마을에 살지 않는 사람들도 다투어 제사지낸다고 했

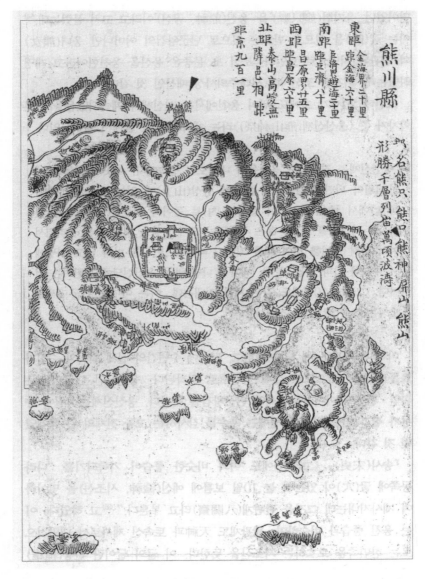

도26 웅천현 지도. 18세기. 『海東지도』 서울대 규장각 소장. 오른편에 웅지(熊只)·웅신(熊神)·웅산(熊山)이 쓰여 있고, 그림에 웅산암과 관사(현재 진해시 성내동 도의사)가 표시됨.

으므로, 산신은 여러 마을에서 모두 추앙하는 민족적 인물로 시조신으로 볼 수밖에 없다. '웅천'은 신라시대에도 있었던 지명으로, 경덕왕이 당시의 지명이었던 '웅지현(熊只縣)'을 '웅신(熊神, 곰신)'이라고 고쳐 불렀는데, 이는 곰(熊)을 신으로 받드는 사상에서 나온 것으로, 단군의 어머니인 '웅녀(熊女)'와 연관된 지명으로 보인다. 조선 초 문종은 웅신을 웅천현이라고 개명하였다. 그런데 20세기 초에도 위의 웅천에서는 춘추산신제가 계속되었음을 일본 학자가 쓴 「웅산신제(熊山神祭)」라는 제목의 다음 글에서 알 수 있다.

　웅산신제는 경상남도 웅천읍에 내려오는 풍속이다. 이곳 사람들은 매년 4월이 되면 길일을 택해 산상(山上)에 있는 웅산신당(熊山神堂)에서 신을 맞이하여 읍내(邑內)로 들어가 하산식(下山式)을 한다. 이 제사를 지낼 때 많은 사람들이 모여서 북을 치고 종을 울리면서 여러 가지 놀이를 하며 제를 지내기 때문에, 먼 길을 마다 않고 사방에서 무수한 인파가 몰려든다. 제가 끝나면 신(神)을 웅산신당에 봉환하는 것이다. 그리고 10월에도 같은 제를 지내는데, 이는 아마도 단군 3세를 모시는 유풍(遺風)일 것이다. [69]

이 책은 1930년에 탈고했고, 당시에 수년간의 실제 답사와 수집자료를 기초로 썼으므로 실제 풍습이다. 웅산신인 '단군 3세'라 함은 환인 · 환웅 · 단군을 뜻한다. 웅산신제는 4월에 농사가 잘 되기를 빌고 10월에는 추수를 감사하는 고을 전체의 춘추제사이자 큰 축제였다. 웅산신을 모셔와 제사지내는 풍습은 조선시대까지 계속되었다 한다.

부락의 산이나 언덕에서 수호신에게 지내는 당산제(堂山祭)도 다게 제목인 「당산천왕단작법」에서 보듯이 '산왕(山王)' 즉 단군산신에게 올리는 제의이다.

웅천다완(熊川茶碗) [70]은 주문품이 아닌 토산품의 웅천읍 다완으로, 웅산신제사와의 관련성을 배제할 수 없음은 도24와 같은 '단군도'의 차를 끓이는 모습에서 추정할 수 있다. 웅산은 '곰메신산'이라 하고 웅산암은 '곰바위'라고도 불렸다. 도26의 웅천현 객사는 현재 진해시 성내동 도의사가 있는 자리이다. 산신에게 올리는 웅천 제사가 봄가을에 두 번 지내는 것과, 마을의 수호신 제사라는 점은, 도당제(都堂祭)나 서낭제, 그리고 생(生)작설을 올리는 천신제사와 민간의 봄가을 천신굿 등과 거의 같다.

이상과 같이 고선도 다공문화는 6세기경부터 있어 왔던 우리의 문화로서, 때로는 외래문화에 눌리어 감춰지고 사대주의 역사가나 정치가에 의해 무시를 당하면서도 고려의 학자들에 의해 규명되어, 선비다도를 성하게 하는 데 적지 않은 영향을 주었다. 또 불가에서는 일찍이 선도(仙道)를 수용하여 차를 매체로 융합되었다.

우리 역사에 까마득한 고대국가 때부터 통치계급에 속하는 선인들이 나라와 민족의 시조에게 차를 올려 제사지내고 다도로써 수양하고 품행을 닦았으며, 천년이 넘도록 단군이나 삼신(三神)을 위한 제전다례(祭奠茶禮)를 이어져 행해왔다는 사실은, 우리 다도문화의 저력을 보여주는 동시에 미래에도 민족적 유대가 돈독히 이어져 한국문화가 창달될 수 있음을 확신하게 한다.

오늘날 삼신이나 단군을 받드는 마음이 종교적 아집이 되면 이는 참된 숭앙이 되기 어렵다. [71]

제 3 장

불가(佛家)의 다도문화

Ⅰ. 불교(佛敎)와 다도

불교와 차(茶)는 오래 전부터 매우 밀접한 관련을 지니어 왔다.

신라와 고려시대에는 불교로 인해 음다풍습이 더욱 성하였다. 조선시대 중기에는 다도문화가 쇠퇴하게 되는데, 그 원인 중의 하나로 억불정책을 빼놓을 수 없다. 불교가 억압되어 귀족과 백성들이 사찰과 멀어짐에 따라 절은 재정이 나빠지고 주변의 차밭 관리와 차 생산도 어려워져 음다 인구도 줄어들게 되었다. 그뿐만 아니라 고려시대에 차를 생산했던 다소(茶所)는 관리되지 않은 채, 차세(茶稅)는 사찰 주변의 차밭을 중심으로 중과되었으므로 차를 기피하게 되고 생산 면적도 점차 줄어들 수밖에 없었다. 따라서 차 농사를 짓지 않는 선비들이 차를 구하기가 어려웠고, 승려들도 차 양식이 풍족하지 못했다. 그런 중에도 근세까지 우리 다도문화의 맥을 이어옴에 있어서, 불가(佛家)는 유가 못지않게 커다란 공헌을 하였고, 중요한 자리를 지켜왔다.

조선 초 태종 때는 한때 차를 마시지 말라는 금차탕(禁茶湯)의 명령이 시행되었음에도 불구하고, 절에서는 왕실의 제사에 차를 올리고 다게를 지어 바쳤고 17세기 『석문가례초』나 18세기 『범음집』을 보면, 불가 다의례가 상당히 다양하게 발달되어 있었음을 볼 수 있다. 조선 말기에는 승려들이 거친 발효차를 마구 만들어 끓여 마시

는 등 사찰의 차문화가 전반적으로 피폐하였는데, 그런 중에도 차가 나는 지방에서는 불전에 차탕을 올렸음이 20세기 초에 쓴 『석문의범(釋門儀範)』이나 『朝鮮の茶と禪』에 나타나 있으며, 승려들의 글에서도 차를 손수 끓여 여러 부처님들에게 바친다고 하였다. 그런데 우리나라의 불전 헌공다례 의식은 중국의 영향을 받지 않은 예법이라는 점이 매우 독특하다.

불교와 차가 긴밀한 연관을 가지게 되는 이유는 다음과 같다.

차의 효능은 불가에서 교리공부를 하거나 선 수행 시에 잠을 쫓고 각성시키는 데 매우 중요하였기 때문이다. 중국에서는 오래 전부터 승려들이 차를 즐겨 마시는 이유로 세 가지 덕(德)이 있기 때문이라고 여겨졌는데, 그것은 좌선할 때 잠을 자지 않고 밤을 새울 수 있고, 배가 부를 때 소화를 돕고 각성효과가 있으며, 불발(不發) [1]하게 한다는 것으로, 특히 각성효과를 중시했다.

그뿐만 아니라 차는 술을 못 마시는 승려들의 기호음료였다. '승려의 오계(五戒)'나 '사미의 십계(十戒)' 중에는 술을 마시지 않는 것(不飮酒)이 포함되므로, [2] 승려들끼리 혹은 속가의 손님을 맞았을 때 차는 술을 대신하는 음료로서 매우 요긴하다. 따라서 돌아가신 승려의 제사를 지낼 때도 술 대신 차탕을 영가에게 올렸고 '삼헌'을 하였다. 또한 차탕(茶湯)은 부처나 천지신명(天地神明)이 매우 좋아한다고 믿어, 중요한 불전 공양물로 오랫동안 자리 잡아왔다. 이는 공경의 표시이자 불법을 따르겠다는 수행이었다. 불가에서 차를 중요시하는 또 다른 이유는, 차를 끓여 마시는 일과 참선(參禪)은 마음 상태와 분위기가 비슷하다는 것이다.

차와 불교에 관한 최초의 기록은 서한(西漢, B.C.206~24)의 승려들이 차나무를 재배했다는 내용이 있다. [3] 우리나라에 차와 불교가 연

관련 내용은 7세기에 나타난다. 원효(元曉, 617~686)와 그를 모시는 사포(蛇包)는 낭떠러지의 굴속 암자인 원효방에서 수행하였는데, 바위틈에서 젖같이 단 샘물이 나와 늘 차를 달여 마셨다고 하였고, [4] 신문왕의 아들인 보천과 효명태자가 오대산 상원사에서 문수보살에게 수십 년 동안 매일 헌공다례를 행했다고 했다. 그리고 조일화향(租日火香, ?~650~?)의 통도사 차나무 재배 기록이 있다. 8세기에는 화랑승 충담이 미륵부처에게 춘추다례를 행했으며, 그 후로 많은 승려·문사들의 글에서, 승려들의 헌공다의와 끽다생활은 지극히 자연스러운 일상사로 여겼음을 확인할 수 있다.

1. 우리나라 불가(佛家) 다도문화의 특색

우리나라 불가의 다도문화는 신라의 불교 수용과 더불어 더욱 성해지게 되었다. 따라서 공다의례(供茶儀禮)와 음다속은 당나라나 송나라의 『선원청규(禪苑淸規)』의 영향이 컸을 것으로 생각되나, 그 구체적 내용은 아직 확인된 바가 없다. 오히려 7세기부터 수진(修眞) 불공다례와 미륵선화 기록들이 나타난다. 1338년에 완성되었고 유가의 영향도 받은 동양덕휘(東陽德輝)의 『칙수백장청규(勅修百丈淸規)』에는 왕실 제사와 선승의 제사, 그리고 승려의 상례의 다비식에서 차탕을 올린 기록이 있다. 그러나 그 전인 11세기에 대각국사 의천의 차제사 기록이 많으며, 청규에는 다게나 '茶禮' 용어, 혹은 5공양의 차는 나타나지 않는다. 현대에 대만에서 '10공양' 중의 차를 뜻하는 '춘선예(春先藥)'나 작설차를 바친다는 기록이 드물게 있다.

조선시대의 불교 사료에 의하면, 우리는 중국과 상당히 다른 독자적인 다례문화가 형성되어 있었음을 확인할 수 있다.

1659년에 간행된 우리나라 불가의 가례를 적은『석문가례초(釋門家禮抄)』에서 저자인 진일(眞一)은 말하기를, 당시 행해진 우리 불가의 상례 및 제사와 복식 등이 중국 책과는 다르다고 했다. 그리고 그가 참고한『선원청규』,『오삼집』,『석씨요람』등도 당시 우리 동방의 예의와는 맞지 않는다고 말한 점으로 미루어, 우리는 중국과 매우 다른 불가의 의례풍습이 있었음을 알 수 있다. 15세기에 발간된 것으로 추정되는 조선판『증수선교시식의문(增修禪教施食儀文)』에는 영가를 위한 다의(茶儀)가 하단(下段)에서 행해지고 다게도 바쳐졌다. 또한 1568년에 인쇄된 조선판『자기산보문(仔蘷刪補文)』, 각성(覺性, 1575~1660)이 쓴『석문상의초(釋門喪儀抄)』, 1721년 간행된 지환(智還)의『범음집(梵音集)』, 그리고 1935년 간행된『석문의범(釋門儀範)』등을 보면, 중국에서는 볼 수 없는 독특한 다게와 다례의식이 줄기차게 행해져 왔으며, 그 철학적 바탕도 중국과는 사뭇 다름을 확인할 수 있다. 이러한 점은 고선도(古仙道)를 불교에 접목한 신라의 불교 다도문화에서부터 확인된다.

우리나라 불가(佛家) 다도문화의 특색은 다음의 다섯 가지를 꼽을 수 있다.

첫째, 민족적 주체의식이 강하였다.

우리나라에 불교가 전래될 당시의 기록이 비교적 많이 남아 있는 신라를 중심으로 고찰해 보면, 527년에 불교를 수용한 것은 이미 선도(仙道)라는 우리 고유의 종교와 가야의 유교문화에 접목하는 형식으로 융합되었으므로, 불교가 민족정신을 변화시킨 것은 아니었다. 즉, 초기 화랑인 사선(四仙)들이 천신께 제사지내고 차를 마시어 심신을 단련하던 음다풍습은, 충담의 명절 춘추다례와 같은 독특한 형식으로 나타나게 된 것이다. 대부분의 사찰에는 민족의 시조를 모시는 산신각(山神閣)이 대웅전의 북쪽에 있고, 또한 헌다하였다. 불전의 단(壇)에는 상석(上席)인 동편에 당산단(當山壇)과 성황단(城隍壇)이 마련되어 있고, 산왕(山王)과 성황신에게 감로차(甘露茶)를 바치는 다게도 흔히 바쳐졌다. 18세기의 『범음집』에는 대신(大神)께 차를 올리는 다게가 있는데, 대신이란 불가의 신이 아니라, 조물주, 혹은 천신이나 지신, 또는 민속의 신을 말한다. 대신(大神)에게 받드는 다게는, 산신이나 서낭신 다게와 마찬가지로, 민족사상이 고취되므로 일제강점기에 발행된 방대한 불교 의식집인 『석문의범』에는 나오지 않는다.

둘째, 우리나라 불가에서는 중국이나 일본에 비해 유달리 차를 귀중하고 신성한 물건으로 여겼고 그 역사가 오래된다.

7·8세기 신라의 문수보살과 미륵세존에게 헌다한 상세한 기록들이 있었을 뿐 아니라, 월명(月明)이 본 미륵상 앞에 놓인 품차(品茶)가 있다. 고려시대의 유물로 '회암사 다기'라고 쓰인 헌다용 청동 찻잔이 있으며, 청자 연꽃무늬 헌다기가 많이 남아 전해진다. 그리고 10세기의 성종은 부처에게 공덕재 다례를 직접 행하였다. 충남 덕산에 있는 고려의 탑 속에서는 구리 불상과 금니 불경첩, 그리고 사리자(부처님의 제자), 채색 향나무, 진귀한 구슬 등과 함께 사각 승설차(勝雪茶) 네 덩이가 발견되어 [5] 차를 부처와 함께 받들어 모실 정도로 귀중하고 신성한 것으로 생각하였다.

우리나라 불교의식에서 '5공양(五供養)'은 일반적으로 '향·화·등·다·과(香·花·燈·茶·果)'로서 [6] 공양물에 차가 빠진 경우가 거의 없다. 17세기 『범음집』에는 위의 「5공양(五供養)」에 쌀(米)을 추가로 넣어 6가지를 올리기도 하였으나, [7] 이 중 가장 중요한 것은 향과 차였다. 여러 영가(靈駕)에게 음식을 보시하는 사회적 의례인 「화엄시식(華嚴施食)」에서는 공양물이 '香·茶·米·法'으로서 꽃과 등과 과일이 빠지기도 하였고, 간단한 영가제사인 상용영반(常用靈飯)에도 향·등·차·밥만을 올리기도 하여, 차는 필수 공양물이었다. 영산법회나 수륙대회 등의 집회 장소에는 공양물을 중시하여 향·화·등·다·과와 좋은 음식을 미리 마련해 두어야 한다고 기록했으며, 이 중 중요한 음식은 차와 과일이었다. [8] 19세기에 오면 공양물에 밥이 들어가게 되는데, 범해는 5공양(五供養)을 '香·花·燈·茶·飯'이라 하여 과일 대신 밥을 넣었고, 또 '6법공양(六法供養)'이라 하여, 여섯 가지 공양 바치는 것을 법(法)과 같이 중시하게 되었다. [9] 20세기 초의 『석문의범』에는 공양물에 꽃이 빠지고 쌀이 공양된 기록들이 나오며, 떡이나 탕(湯)도 올렸다. [10] 쌀이나 밥을 추가로 올린 것은 당시에 워낙 가난했기 때문이 아닌가 생각된다. 근세 중국의 경우에는 '5공양(五供養)'이라고 하면, 도향(塗香)·화만(華鬘)·소향(燒香)·음식(飮食)·등명(燈明)으로 차가 포함되지 않고, [11] 10공양에는 차가 들어 있다.

셋째, 불가의 헌다제의는 유교가 혼용된 다례이다.

충담이 삼진날과 중구일에 미륵부처에게 헌다한 것은, 가야국 종묘의 절사(節祀) 풍속이 이어진 것으로 보아야 한다. 고려와 조선조의 승려나 일반 불자의 제례뿐만 아니라, 상례와 다비식에도 유교식이 가미된 제사다례를 지냈다. 길례(吉禮)로서 별세한 승려의 헌다제사 기록은 고려 초로 거슬러 올라간다. 대각국사(大覺國師) 의천(義天, 1055~1101)이 원효 등의 승려들과 발해의 문왕(文王)과 선왕(宣王)의 제사에 시식(時食)과 차를 올린 제문(祭文)들이 남아 있어 [12] 유교의 영향을 확인할 수 있다. 대각국사의 제자인 혜소(慧素, ?~

1101~1125~?)가 쓴 이자현(李資玄, 1061~1125)을 위한 제문에서도 다(茶) · 과(果) · 반찬 등을 올렸다. 고려 말 원감(圓鑑) 충지(冲止, 1226~92)가 승주군의 정혜사(定慧寺) 개찰 시조인 혜소국사(慧炤國師) 정현(鼎賢, ?~996~1054~)에게 속가의 명절인 설날에 영가제사를 올린 내용이 있고, 오랜 친구이자 동료였던 최선사(崔禪師)를 위한 제문을 지어 발우의 밥 한 그릇과 '석 잔의 엄다(釅茶)'를 올렸다.[13] 또 「대령의(對靈儀, 천도재)」때도, "제물을 올리기 전에 석 잔의 차를 바친다."고 하여 삼헌을 했다. 그리고 '사명일(四名日)'의 속절에 지냈다거나 시식(時食)을 올렸다는 점도 유교의 영향을 받은 것이다. 16세기에 발간된 조선판 『자기산보문(仔夔刪補文)』을 보면, 왕과 왕후의 제사다례에서 차탕(茶湯)으로 초헌 · 아헌 · 종헌하는 내용이 있는데, 이는 조선 초에 왕실의 소사(小祀)를 절에서 유교식으로 행했다는 것과, 차(茶)로써 제사지냈음을 알 수 있는 자료이다. 18세기의 『범음집(梵音集)』에는, 고승의 사리를 옮길 때 다게를 받든 후에, "제자가 다례(茶禮)를 행하고자 하면 제물을 바치고 (차탕으로) 삼헌을 하며 절을 한다."[14]라든가, 「대둔사 비각 다례(茶禮) 축문(祝文)」, 또는 '춘추다례' 등에서 '다례'라는 단어를 불가에서도 소사인 작은 제사라는 뜻으로 썼다.

넷째, 재(齋, 祭儀)를 지내는 의식다례와 함께 다게(茶偈)가 발달했다.

'다게(茶偈)'는 제의에서 영가에게 헌좌(獻座)한 후에 차를 바친 후 부르는 노래로서 '헌다게'라고도 한다. 대개 오언 · 칠언 · 구언으로 된 정형시이며 네 구절로 되어 있고 긴 음률의 범패나 염불로써 불린다. 그 내용은 부처나 신명, 영혼 앞에 차나 명(茗) 혹은 다약(茶藥)을 바친다고 고하고 차의 공덕을 찬미하며, 드시기를 간절히 바라는 마음과 함께 영혼이 평온하게 계시기를 기도하는 의미이다.

다게가 5언과 7언의 형식을 갖추며 많이 나타난 때는 15·6세기로서, 중국 책과 내용이 상당히 다른『(조선판) 증수선교시식의문』과『(조선판) 자기산보문(仔夔刪補文)』에서 9종이 있다.

도32의 다게는『자기산보문』10권에 있는 '헌다게(獻茶偈)'로서 모두 '달도중(達道衆, 도인들)'에게 바치는 것이다. 이 책은 태조부터 예종까지의 왕과 왕후의 영혼을 천도하는 법회 의식을 기록하였고, 뒤의 간기(刊記)에는 1568년에 발간된 것으로 되어 있으나, 예종(재위, 1450~1469)까지 모셨으므로 이 다게는 15세기의 풍습일 것으로 생각된다. 1969년 발간된『미륵성전』에도 용화대법회 때 받드는 다게가 새로이 기록되어 있으므로, 우리 기록상으로 400여 년 동안 30종가량 [15]의 다게를 지어 받들어왔다.

유독 우리나라에서만 발달한 다게의 시원은, 고려 말 조선 초에 승려의 제사를 지내면서 차를 바칠 때 읊던 축문(祝文)이자 수어(垂語, 공경의 말)가 발전하여 생겨난 것이다. 고요한 절에서 돌아가신 스승에게 간단한 소사(小祀)를 지내는데, 너무 쓸쓸하므로 축문(祝文)을 겸하여 신을 즐겁게 하기 위한 시의 음률을 넣어서 귀한 차(茶)를 올림을 알린 풍습이 생겨난 것이다.『칙수백장청규』에는 제사에 차를 올리는 내용은 있으나 다게는 하나도 없다. 현대에 나타난 중국 불교의식의 헌다게는 한국과는 다른 양식으로 몇 개 있을 뿐이며, 일본에는 없다. [16] 중국과 일본은 승려가 쓴 일반적 시를 '다게'라고 한 것이 몇 점 있다.

다섯째, 우리나라 승려들은 유학자 못지않게 차에 관한 많은 시를 남기어, 그 분량이 중국과도 비교할 수가 없을 정도로 많다. 중국과 일본에 승려들의 차시는 수량이 매우 적다. 신라와 고려 때의 승려는 귀족층의 지성인이었고 유학을 공부한 후 출가한 경우도 많았으며, 조선시대에는 선승(禪僧)들이었음에도 유학 등 학문을 깊이 닦고 경전 공부도 열심히 하여, 유학자들과의 교유에 조금도 손색이 없는 다인들이 무척 많았다. 차시가 남아 전하는 승려들을 열거하면, 신라의 지장(地藏, 780~803)이 있고, 고려시대에는, 의천(義天, 1055~1101, 大覺國師)·요일(寥一)·혜심(慧心, 眞覺國師, 無衣子)·천인(天因, 靜明國師)·천책(天頙, 眞靜國師)과, 23수의 많은 차시를 남긴 충지(沖止, 圓鑑)와 경한(景閑, 白雲)·보우(普愚, 太古)·혜근(慧勤, 懶翁)·충휘(沖徽, 雲谷)·혜일(慧日)·이화(已和, 涵虛) 등이 있다. 또 조선시대에는, 지엄(智儼, 碧松)·보우(普雨, 虛應)·휴정(休靜, 西山대사, 淸虛)·일선(一禪, 精觀)·부휴(浮休, 金善修)·사명(四溟대사, 惟政)·태능(太能, 逍遙)·편양(鞭羊, 張彦機 1581~1644)·해안(海眼)·도안(道安, 月渚)·백곡(白谷, 처능 1617~1680)·해원(海原, 涵月)·유일(有一, 蓮潭)·지환(智還)·긍선(亘璇, 白坡)·혜장(惠藏), 그리고『동다송』과 이십 여 수의 다시를 남긴 초의(草衣)와 범해(梵海), 그리고 70여 수의 가장 많은 차시를 남긴 승려 다인 보정(寶鼎, 茶松)이 있으며, 정호(鼎鎬, 映湖)·경봉(鏡峰) 등이 있다.

위와 같은 특징 외에도 우리나라는 다풍과 차 용어도 이웃나라와 상당히 다르다. 중국의 사찰다례를 살펴보면, 부처나 사자(死者)를 위한 의식보다는 실리를 위주로 하여 승려와 대중들이 차를 마시는 의례를 중시하여 왔다. 즉,『칙수백장청규』에는 주지·고사(절 업무의 총감독)·당두(當頭)·수좌(首座)·시자 등, 절에서 소임을 맡은 사람이 교체될 때나 회의를 할 때에 차탕(茶湯)을 전점(煎點, 차를 끓임)하며 마시는 접대다례 등이 상세히 기록되어 있다. [17] 그리고 승려들의 사교활동으로서 다연(茶宴)도 베풀어졌고, 승려의 공로를 표창할 때 절에서 성대한 다례를 거행하기도 하였다. [18] 중국은 14세기의 단편적 기록에서 불공할 때와 제사를 지낼 때 다공을 행한다는 내용이 있으나, [19] 상당기간 이어진 흔적이 없다. 우리나라 불가의 일상 음다풍습은 시(詩) 이외의 글로 남아 전해진 것이 드물고, 단지『사미율의(沙彌律儀, 사미가 지킬 일)』에서, "차를 마실 때 한 손으로 읍을 해서는 안 된다.(두 손으로 마신다.)" 든지, "여럿이 모인 자리에서 차를 다 마신 뒤에 밤늦게까지 앉아 잡담하지 마라." 등의 단편적 기록이 있을 뿐이다.

차 용어를 보면, 차 마실 준비가 되어 승려들을 소집할 때는 '다고(茶鼓, 차북)'를 울렸고, 다수(茶水)를 보시하는 책임을 진 사람을 '시다승(施茶僧)'이라 했는데, 우리 문헌에는 이러한 용어를 찾을 수 없다. 중국과 일본에서는 차를 끓이는 승려나 책임자를 '다두(茶頭)'라고 하였으나, 우리는 '다각(茶角)'이라는 말이 쓰여 중국과는 달리, [20] '절에서 차를 끓이는 비구'라는 뜻으로 쓰였다. 또『칙수백장청규』에 보이는 것으로 차탕을 점다할 때 길게 치는 '다판(茶版)'도 고려와 조선시대의 우리 문헌에는 보이지 않는다.

일본의 다도는 불교의 영향이 무척 컸고, 승려들은 대중에게 다도를 전파시키려고 몹시 노력하였다. 일본의 다도가 귀족들의 사치적 놀이에서 탈피하여, 다기(茶技)로써 정신세계를 추구하는 다도를 공들여 만든 것은 16세기 불교의 선종(禪宗) 영향 때문이었다. [21] 센리큐(千利休, 1522-1591)가 정한 '4규(四規)', 즉 '화경청적(和敬淸寂)'도 선종(禪宗)의 불교사상을 기초로 한 것이다. 사규의 '규'는 불교의『청규(淸規)』를 본뜬 것이고, 화경청적은 바람직한 다회 분위기이자 다도의 목표로서 불경(佛經)의 '화경(和敬)'과 '청적(淸寂)'을 옮겨 쓴 말이다. [22] 다실 방안 벽에 거는 장식물로 마치 화두처럼 묵적(墨蹟)을 걸어두는 풍습이 있는데, 이것도 선종(禪宗)에서 유래된 것이며, [23] 말차(末茶) 끓이는 행위나 다구까지도 선종의 관점에서 해석한다. 또 다실에 들어가기 전에 손님이 손을 씻는 것도 불교적 해석으로서 속세의 먼지를 털고 부정을 씻기 위함이라고 한다. 이와 같은 일본다도는 불교 신앙의 현실화와 국민의 문화인식을 높이는 데 크게 기여하였다.

2. 승속 다풍(茶風)의 청정함

유가나 도가와 마찬가지로 불가에서도 차(茶)는 사람을 청정(淸淨)하게 하는 덕을 지닌 것으로 보았다. 불가의 청정은 번뇌에서 벗어나 마음이 깨끗함과 검소한 생활을 뜻한다.

차를 마시어 몸과 마음과 정신이 맑고 깨끗해진다는 글은 선비들 못지않게 많은 승려들이 언급하였다. 흔히 "차를 마시며 속세의 잡념을 떨친다."라든가, "차의 맛이 세속의 티끌을 벗어나게 한다."고 하였고, '청다(淸茶)'라 하였다. 다각(茶角)이 공양할 차를 마련할 때 비는 축원문 맨 끝에도, '청정다각 모인비구(淸淨茶角 某人比丘)'라고 하여, 차를 끓일 때도 심신의 청정을 매우 중시하였다. 그리고 차의 약효가 사람을 청정하게 한다고 여겨, 다게에는 '청정명다약(淸淨名茶藥)'이라 하였고 병들어 혼침함을 없앤다고 했다.

차를 사랑하는 승려들은 심신뿐만 아니라, 실제의 생활도 청정하여 무척 검박하게 살았다. 그들은 다도를 통하여 그러한 삶을 확인하였고, 그 자체에 담담하게 만족한다는 글들을 많이 썼다. 고려의 진각 혜심은 '입술 깨진 찻잔과 다리 부러진 솥'을 썼으며, 원감 충지 (冲止)는 「산에서 살다(山居)」라는 글에서, "배가 고파 나물밥 먹고 자순차 마시는 가난한 삶에 즐거움이 넉넉하다."고 하였다. 많은 저 서를 남긴 연담 유일(有一, 1720~1797)은, "한 벌 옷과 한 바리의 밥과 한 잔의 차가 족하도다."[24]고 하였으며, 손수 차나무를 심고 차꽃을 좋아했다.

초의 의순의 제자인 범해(梵海, 1820~1896)는, 「다가(茶歌)」「초의 다(草衣茶)」「다약설(茶藥說)」 등을 남긴 다인으로서, 다음과 같이 검소한 다도를 즐기었다.

「다구에 뜻을 새김 (茶具銘)」

내 생활 맑고 한가하여,
두어 말 작설차 있다네.
일그러진 화로 놓고,
문무화를 피웠네.
오지탕관은 오른쪽에 놓고,
찻잔은 왼쪽에 두었네.
오직 차를 끓여 마시는 것이 나의 일이니,
무엇이 나를 유혹하리.

生涯淸間,　數斗茶芽.
設苦窳爐,　載文武火.
瓦罐列右,　瓷盌在左.
惟茶是務,　何物誘我.[25]

이와 같이 그는 다구를 사랑하며 차를 끓여 마시는 것으로 만족하 면서 청한하게 지냈음을 볼 수 있다.

일본의 다도에서도 불가의 청정을 중요시한다. 검소함은 부처의 가르침을 본받아, 비가 안 샐 정도의 소박하고 좁은 다실에서 불완전의 미(美)가 있는 다구를 즐겨 쓰며, 부족함에서 아름다움을 추구하였다. 이것은 선종(禪宗)의 영향을 받은 '와비(侘)'의 미의식(美意識)으로 발전하였다. 또한 다실을 본채와 별도로 짓거나 혹은 잇대어 짓되 공간을 세속과 분리시켜 청정한 곳으로 여겼다. 그리고 다실(數寄室)과 정원(露地)에서는 오직 주인과 손님과 차가 있을 뿐, 세속의 위엄이나 직위는 인정하지 않음을 원칙으로 여겼다. [26]

Ⅱ. 다도는 성불(成佛)의 길

우리나라 불가의 차에 관한 기록은, 불도를 닦고 성불하기 위해 헌다하거나 음다로써 수양함을 나타낸 것이 대부분으로, 부처에게 헌공다례를 행한 신라 보천(寶川)태자로부터 조선말까지 이어져왔다. 헌공한 고귀한 찻물(茶湯)을 의식이 끝난 후 불자가 마시는 것은 불법을 따르고 수행하겠다는 의지를 뜻한다. 승려나 불자가 차를 마시면 오도(悟道) 공부에 도움이 된다는 인식은 우리 다도의 역사와 더불어 있어온 오랜 관념이었다.

다음에서 생활다도가 성불의 길임을 나타내는 구체적 내용으로, 다선일여(茶禪一如)사상, 다사(茶事)의 삼매경(三昧境), 음다는 수행 공부라는 것 등을 들었다.

1. 다선일여(茶禪一如)

다선일여의 뜻은, 다도와 참선이 둘이 아닌 하나라는 것이다. 즉, 차를 끓이고 마시는 일 도중이나 그 후에 참선하게 됨을 뜻한다.

한국 불교의 선사상은 신라 말에 인도인 달마의 조사선(祖師禪)이 전해져, 보조(普照, 804~880)·지눌(知訥)·서산(西山)·유정(惟政)을 이어오면서 한국 선(禪)으로 점차 정착하게 되었다. 선가(禪家)의 다도 역시 주체성이 있었음은, 사명 유정(惟政)이 스승 서산과 지내며 쓴 글에, "점다하고 나에게 불교의 구절을 가르치니(點茶示我門句), 인도에서 전한 선과는 격이 다름을 알겠네.(知是西來格外禪)"라 한 내용에서 볼 수 있다.

'선(禪)'이란 선정(禪定)을 일컫는 것으로, 정려(靜慮), 즉 고요히 생각한다는 뜻이다. 이는 마음을 다스리어 잡념을 일으키지 않고 무아 정적한 가운데서 진실한 자기의 참모습으로 돌아가는 것이다. 즉, 선종에서는 '불립문자 교외별전(不立文字 敎外別傳)'이라 하여, 법은 마음으로 전해지지 따로 언어나 문자로써 방법을 내세우지 않는다는 것이 선이다. 선의 궁극적 목적은 정각(正覺)을 이루어서 오도(悟道) 하는 것으로 '직지인심 견성성불(直指人心 見性成佛)'이라 하여, 분별심을 떠난 절대적 주체로서의 심(心)을 지닌 자아의 본래 모습을 보고, 자기마음이 곧 부처임을 아는 성불(成佛)이다. 따라서 소승불교나 대승불교를 망라하여 선정(禪定)은 실천적 수행방법이 된다. [27] 그러나 선은 가만히 앉아서 수행하는 것만을 뜻하는 것은 아니라, 사위의(四威儀)인 행주좌와(行住坐臥), 즉 다니는 것, 머무르는 것, 앉는 것, 눕는 것 등 일상의 동작 가운데서 정려하는 것도 포함한다.

우리 다도문화의 철학적 바탕에는 선사상이 상당히 깊게 뿌리를 내리어 왔다. 특히 선비들의 음다풍습이 크게 성했던 시기에 선다도가 강조되면서 유불(儒佛) 교류가 활발하여, 선비와 승려들이 찻자리를 같이 하고 다시문을 주고받으며 상통하였다.

(1) 차(茶)와 선(禪)의 연관성

차(茶)와 선의 직접적 연관성을 알 수 있는 우리의 앞선 사료는 신라 최치원의 글에서 볼 수 있다. 그가 햇차를 받고 감사하며 쓰기를, "선옹(禪翁)에게 드리지 않는다면 바로 한가롭게 우객(羽客)을 맞아야 할 고급차를 받게 되어 감사하다."고 했으므로, 9세기에도 차(茶)는 선(禪)하는 사람이 우선적으로 필요로 하는 음료로 자리잡았음을 알 수 있다.

고려 후기에 무신난이 일어나면서 전기의 귀족적 다풍이 쇠퇴하고 선비 다도문화의 전성기가 되는데, 이때 이규보는 다선일여(茶禪一如) 사상을 주창하게 되고, 불가에서는 고려 중기에 조주(趙州)의 '끽다거(喫茶去)' 일화와 함께 선다풍(禪

도27 서산대사 휴정(休靜, 1520~1604)

茶風)이 승속에 자리 잡게 된다. 조선 말엽 다도문화의 중흥기를 맞았을 때도 선비다인들은 승려들과 교류를 하면서, 차와 선을 연관시켜 생활화한 것을 볼 수 있다.

선을 하는 장소에는 흔히 다명(茶茗)이 있었음이 기록에 전해진다. 승려나 선비들이 '선실(禪室)', '선사(禪舍)', '선방(禪房)' 등에서 음다함은 예사였고, '선탑(禪榻)'이나 선방을 '다연(茶烟, 차 연기, 차이내)' 혹은 '다로(茶爐)'와 연결시킨 글을 많이 남겼다. 탑(榻)이란 밥도 먹고 잠도 자는 평상을 말하므로 선탑은 좌선하기 위해 만든 평상이다. 조선 중기 문신인 이정귀(李廷龜)의 글에는, "다연이 생겨나는 곳은 바로 선방이라네.(茶烟生處是禪扉)"[28)라고 하여, 음다풍속이 쇠퇴했던 때에도 참선하는 곳에는 차가 있음이 일반적 관념으로 자리 잡았음을 볼 수 있다.

불가에서 차와 선을 중히 여긴 대표적 인물은 서산 휴정(休靜,

1520~1604)이다. 임진왜란이 일어나자 73세임에도 전국의 승병을
규합하여 서울 수복에 공을 세웠던 그는, 승려의 일로는 차 끓여 마
시는 일과 염불과 참선임을 강조하였다. 그는 교종도 중시하여 '교
(敎)'를 선(禪)의 과정으로 보았다.

승속의 선다풍은 조선말까지 줄기차게 이어져, 초의 의순이 쓴『
동다송』을 보면, 당시에 화개의 칠불선원에서 스님들이 좌선공부를
하기 위해 강발효 자홍차(紫紅茶)를 몹시 진하게 끓여 마셨음을 확
인할 수 있다. 차나무가 무성하게 자라는 지리산의 칠불선원은 '동국
(東國) 제일의 선원(禪院)'으로 이름났고, 본사인 쌍계사에는 선종
(禪宗) 제6조 혜능(慧能, 638~713)의 탑이 있다.

근세의 호암 문일평도 선에 드는 음다생활에 대해 말하기를, "승
려에게 차는 술과 약을 대신하며 수도할 때 수마를 쫓아내고 정신을
깨끗하게 한다. 그뿐만 아니라 밝은 창과 깨끗한 책상에서, 산 속의
소나무 물결 이는 소리와 함께 탑(평상) 위의 차향(茶香)이 끓어오를
때, 좌선(坐禪)의 그윽하고 깊고 절묘함을 일층 더 도와준다."[29]고
하였다.

이러한 내용들을 볼 때, 차와 불교는 선(禪)을 통해서 더욱 긴밀하
게 되었고, 다도의 사상적 근간에는 불교의 선사상이 크게 자리 잡
게 됨을 짐작할 수 있다. 다명(茶茗)이 선(禪)과 밀접한 관계를 이어
오게 된 이유는 다음의 세 가지로 집약된다.

첫째, 차의 카페인으로 인한 각성효과는 참선할 때 의식을 맑게
깨어 있게 해준다. 특히 좌선(坐禪, 가부좌하여 두 엄지손가락 끝을
맞대어 배꼽 아래 두고 눈을 반쯤 뜨고 숨은 코로 천천히 쉼)할 때
는 졸음이 오기 쉬운데, 음다는 나태함과 잠을 쫓고 의식을 집중하
는 데 도움이 된다.

둘째, 다도와 참선의 궁극적 목적이 둘 다 삶의 진리인 도(道)를 깨우치기 위함이며, 그 과정도 다도의 유교적 정좌(靜坐)나 도교적 심재(心齋)와 비슷하다. 따라서 마음상태와 분위기가 생각을 잘하기 위함에 초점을 두게 된다.

셋째, 차를 끓이고 마시는 다사(茶事)의 과정이 행주좌와(行住坐臥)의 행선(行禪)이 된다. 또한 차를 끓일 때 조화로운 맛을 내기 위해 다사에 몰두하는 가운데 속세의 망상이나 집착을 떨치게 된다.

따라서 차를 마신 후에는 선 수행에서 얻어지는 것과 같이 정견(正見)을 갖게 되고, 의식(意識)에 하나의 전기(轉機)가 마련되기도 하여, 자신과 큰 진리에 대한 깨달음을 얻을 수 있음을 우리의 오랜 다도문화사에서 확인할 수 있다.

(2) 다선일여(茶禪一如)의 주장

근세의 사학자 이능화(李能和, 1869~1945)는 『조선불교통사』에서 다음과 같이 차와 선(禪)이 같다고 하였다.

> 풀(草) 중에 난(蘭)은 은일(隱逸)이고, 茶는 현성(賢聖) 즉 선(禪) 이다. 그것은 깊고 오묘한 도(道)를 지니고 있고, 청화(淸和)의 덕(德)이 있기 때문이다.⋯⋯⋯ 차(茶)는 하나의 도(道)이므로 마침내 선(禪)에 속하게 되었다. [30]

즉, 차(茶)는 선이고 도이며 다도는 선 수행과 같다는 것이다.

고려의 문신 이규보(李奎報, 1168~1241)는, 차를 마시는 일을 참선하는 것과 같다고 하였다. 그가 귀한 차를 선물 받고 쓴 시의 내용은 다음과 같다.

이 차의 품질이 뛰어난데 어이 시가 없으리.
하물며 평소에 지독히 좋아하던 것임에랴.
....

어느 날 초암에서 참선하며 지내면서,
두어 권 심오한 책 펼치고 깊은 뜻 나누리.
비록 늙었지만 여전히 샘물 길어 와서,
한 잔의 차는 바로 참선의 시작이라네.

　　此茶品絶可無詩，　況復平生所酷嗜.
　　.........
　　草庵他日印禪居，　數卷玄書討深旨.
　　雖老猶堪手汲泉，　一甌卽是參禪始. [31]

윗글 마지막의 '一甌卽是參禪始(일구즉시참선시)'를 다시 풀이하
면, "차를 끓여 한 잔 마시니 이는 바로 참선하게 된다네."라는 뜻이
다. 이는 차와 선은 같다는 다선일여(茶禪一如)를 표현한 것이다. 이
규보는 손수 차 끓이기를 즐겼고 그러한 자신의 솜씨를 삼매경에 비
유한 것을 참작하면, 물을 긷는 일로부터 전체 다사(茶事)도 참선으
로 여겼음이 짐작된다.

이규보의 윗글을 두고 일본의 학자들은, "다선일미(茶禪一味)의
주장은 한국이 일본보다 3세기 빠르다."고 하여, 우리 다도의 불교
철학적 바탕이 일본보다 훨씬 앞섰음을 인정하였다. [32] 일본 최초의
차와 선에 관한 문헌으로는 15 · 6세기에 다이규우(大休宗休)가 쓴
어록인 「견도록(見挑錄)」에서 볼 수 있는데, 그 내용은 "차는 또한
선의 맛이라 할 수 있어 속세의 때를 피할 수 있다.(茶兼禪味可能避
俗塵來)"라 한 것이다.

중국의 다선일미에 관한 최초의 자료는 송대(宋代)의 선승 원오

(圓悟) 극근(克勤)이 일본인 제자에게 '茶禪一味'라는 글을 써준 것이다. [33] 중국에서는 다선일미를 뒷받침하는 근거로, 선비나 선사들의 음다 생활이 세속을 벗어난 선경(仙境)에 들어가게 한다는 것과 조주(趙州)의 끽다거(喫茶去)를 든다. 또 근래에는 불가의 다례나 다연(茶宴), 그리고 음다(飮茶)의 숭상과 절의 명차(名茶) 생산 등, 차와 불교의 관계가 차와 선(禪)의 연관성으로 이어져 다선일미(茶禪一味)의 증거로 보기도 한다. [34]

다선일미는 차와 선이 하나의 맛이라는 뜻으로, 다도일여(茶道一如)와 비슷하며 그보다 좁은 의미로도 쓰인다.

조선 전기에 다선일미를 언급한 승려는 허응 보우(普雨, 1515~1565)로서, 그는 돌아가신 왕과 왕후와 공주의 영혼들에게 각기 청다(淸茶)를 올리며 바친 게송에, "차는 선과 같은 맛을 지녔으니,(茶含一味禪) 영혼께 드시기를 권하옵니다.(勸靈嘗一嘗)"라고 하여, 형이하학적 찻물이 형이상학적 선(禪)의 맛을 지녔다는 다선일미(茶禪一味)의 경지를 영혼에게도 전하고자 했다. 영혼도 차(茶)를 마시고 이승의 고뇌를 벗어나 편안하기를 기원한 것이다.

차와 선이 같다는 글은 조선 말엽 다도 중흥기를 맞아 많이 나타난다. 추사 김정희의 명필 도10의 '명선(茗禪)'은 다선일여(茶禪一如)의 축약된 표현으로, "茗(茶)은 禪이라네."라는 말이다. 그 말의 의미를 좀 더 분석해보면, "차를 끓여 마시는 일은 참선하는 일이라네." 혹은 "차를 마신 후 선에 드네."이다. '명선'은 추사의 유가적 달도(達道)를 나타낸 '정좌처다반향초 묘용시수류화개'와도 상통한다.

'명선'의 갓글을 보면, "초의가 직접 만든 차를 보내왔는데 중국 몽산(夢山)의 꼭대기에서 나는 노아(露芽, 이슬 맞은 차싹)차보다 못하지 않다. 이 글을 써서 보답하는 바, 백석산(白石山) 신군비(神君碑)

의 의미로 쓴다. 병거사(病居士)의 예서"라고 적혀 있다. 병거사는
유마거사(維摩居士)로서, 그는 자신의 병든 모습에서 해탈의 실상을
보여주었으며, 세속에 있으면서 보살행업을 열심히 닦아 불제자들도
그에 미칠 수 없었다고 한다. 여기서 추사는 자신을 병거사에 비유
하고 승려 초의에게 자신도 불도를 수행하는 사람이라는 의미를 전
한 것으로 생각된다. 또한 추사가 언급한 '신군비'는, 신군(神君)이
구름과 비를 일으키며 백성을 이롭게 하므로 그 공덕을 찬양하여 후
한(後漢)때 세운 전액(篆額) 비석이다. 즉 추사는 초의 의순이 몽정
노아차 만큼 잘 만든 차를 보내준 공덕을 신군의 공덕과 같이 여겨,
비석에 새기듯 '茗禪'이라는 글에 싣는다는 뜻이다. 한편 다산의 제
자인 황상(黃裳, 1788~1863?)이 쓴 『치원유고(巵園遺稿)』의 「걸명시
(乞茗詩)」를 보면, 추사는 초의에게 '명선(茗禪)'이라는 호를 주었음
도 확인된다.

자하 신위도 다음과 같이 다선일여(茶禪一如)의 다도생활을 체득
하였다.

> 수레소리가 조용해져서 미끄러운 진흙이 바다로 느껴지듯,
> 차맛이 달큰하게 감돌아 졸리운 듯하니 이것이 바로 선이구나.
> ─ 車音入滑泥爲海, 茶味回恬睡是禪. [35] ─

그는 아마도 차를 마신 후에 마음이 평정해져서, 선(禪)에 몰입했
을 때와 같은 편안한 상태가 되었던 것 같다. 그는 또한, "달큼한 차
와 흰죽은 시와 선을 돕는다네.(茶甘粥白供詩禪)"라고도 하였다.

정조의 부마인 홍현주(洪顯周, 1793~1865)도 초의를 만나 지은 다
음 글에서,

> 시를 읊조리고 차를 마시는 것 모두 선의 맛이니,

나도 인간세상에 사는 머리 긴 중이로세.
 — 吟詩啜茗皆禪味, 我亦人間有髮僧. [36] —

라고 하여, 명(茗, 茶)의 맛은 선의 맛이라 하였다. 즉, 다도는 '재가
(在家)의 선(禪)'이라 할 만하다.

　근세에 일상으로 차를 끓여 마셨고 70여 년간 일기를 써서 남긴
경봉(鏡峰, 1892~1982)스님도 '다선(茶禪)'과 '다선일미(茶禪一味)'라
는 묵적을 남겼다.

　다선일여의 경지에 관해 조선 초 이화(已和, 1376~1433)는 다음과
같이 혼자의 찻자리에서 선정(禪定)에 든 기쁨을 누린다고 했다.

　「 산 속에 사는 맛 (山中味) 」

산은 깊고 골이 가파르니 오는 이 없고,
해가 지니 쓸쓸하여 세상 인연과 단절되었구나.
낮이면 한가로이 산봉우리로 움직이는 구름을 보고,
밤이 되면 멍하니 하늘에 뜬 달을 본다네.
화로에는 다연으로 향기가 진하고,
당상에는 향로의 옥색 이내가 전서를 그리네.
인간 세상 번잡한 일 꿈에도 없으니,
단지 선열에 들며 앉아 세월 보낸다네.

　　山深谷密無人到,　盡日廖廖*絶世緣.
　　晝日閑看雲出岫,　夜乘空見月當天.
　　爐間馥郁茶烟氣,　堂上氤氳玉篆煙.
　　不夢人間喧櫌事,　但將禪悅坐經年. [37]

*廖廖(요요) : 쓸쓸하고 고요함.

윗글은 적막한 대자연 속에서 차를 끓여 마시며 세월 가는 줄 모
르고 선(禪)의 법희(法喜)에 있는 모습을 나타내었다.

매월당 김시습은 일본 승려 '준(俊)'을 만나 차를 달여 마시며 "선
의 경지와 나그네의 회포가 아담하니, 밤새도록 연어로 이야기해도
무방하리라.(禪境旅情俱雅淡, 不妨軟語徹淸宵)" [38]라 하였으며, 광
화문 편액을 썼던 정학교(丁學敎, 1832~1914)는,

> 신묘한 때에 물이 흐르며 꽃이 피어나니,
> 좌선하는 자리에는 차가 끓고 향기가 일어나네.
> ― 妙用時水流花開, 燕坐處茶半香初*. [39] ―

> *연좌(燕坐) : 좌선(坐禪)과 같은 말이다.

라 하여, 완당 김정희의 글을 본뜨면서 정좌의 찻자리를 참선하는
자리로 바꾸었다.

(3) 조주다(趙州茶)

당나라의 선승(禪僧)인 종심(從諗, 778~897)은 조주(趙州) 지방의
관음사(觀音寺)에 살았으므로 조주라고 불렸는데, '喫茶去(끽다거,
차 한 잔 마시게)'라는 말로 선승들을 깨우치게 한 것으로 널리 알려
져 있다. 우리나라 승가(僧家)에도 그 영향이 적지 않아, 13세기에
고려의 혜심과 각운을 중심으로 조주다풍이 일어나고 조주다는 곧
선다(禪茶)의 의미로 쓰게 되었다.『지월록(指月錄)』에 기록된 조주
다의 내용은 다음과 같다.

한 승려가 조주에 도착하였다. 종심선사가 묻기를, "여기에 처음
왔는가 아니면 온 적이 있는가?" 하고 물으니, "온 적이 있다." 하였

다. 스승이 "차 한 잔 마시게.(喫茶去)"라고 하였다. 또 물으니 다른
승려는 "온 적이 없다." 하였다. 스승이 "차 한 잔 마시게." 하였다.
　뒤에 원주(院主)가 묻기를, "왜 온 적이 있다고 해도 차를 마시라
하고, 온 적이 없다 하여도 차를 마시라 하였습니까?" 스승이 원주
를 부르니 원주가 대답했다. 스승은 "차 한 잔 마시게." 하였다. [40)]

　다른 지방에 사는 승려가 관음사까지 와서 종심선사를 만난 것은
아마도 가르침을 얻고자 함이었을 것이다. 전에 관음사에 온 적이
있다는 승려나 처음 왔다는 스님에게 모두 '끽다거'라고만 하니, 절
의 일을 감독하는 원주가 생각하기를, 먼 길을 온 승려들에게 설법
은 하지 않고 "여기 온 적이 있는가?" 라고 묻기만 하고, 더구나 대
답이 어떻든 간에 차를 마시라는 말만 하니 그 이유가 궁금해서 묻
지 않을 수 없었다. 이에 선사는 또 '끽다거'라고만 한 것이다.
　조주의 '끽다거'는 "차 한 잔 마시고 스스로 생각해 보게나." 라는
의미일 수 있고, 또한 조주가 화두(話頭)로써 한 말로 볼 수도 있다.
그러나 차(茶)를 아는 조주는, 차를 마신 후 맑은 정신으로 스스로
생각하고 깨우쳐 정견(正見)을 지니는 것을 중시한 것으로 짐작된다.
말로 설명하는 것을 들어서 아는 것은, 사고의 깊이가 얕을 뿐 아니
라, 다른 일에 부딪쳤을 때 또 들어서 배워야 하기 때문이다.
　근래 중국에서는 조주의 끽다거를 두고, 차를 마시고 참선하면 오
도(悟道, 도를 깨우침)하게 된다는 다선일미(茶禪一味)라는 설과,
조주종심이 평소에 차를 지나치게 좋아하여 그냥 내뱉은 말에 불과
할 뿐이지, 다선일미를 주장한다고 볼 수 없다는 견해가 있다. [41)] 또
조주다는 선문(禪門)의 공안(公案)으로, 귀납 추리적 사고에 의한
선이 아니라 일상생활 중의 선을 강조하는 것으로 보기도 한다. [42)]
　우리나라는 조주의 '끽다거'를 '끽다화두'라고도 하며 중요시하였

도28 무의자 혜심(1178~1234).
승주 송광사 소장

고, '차 마시고 깨우쳐라.'라고 일관되게 해석하였다. 승려들뿐 아니라 선비들도 그러하여, 조주를 '조로(趙老)' 혹은 '조씨(趙氏)'라고도 하였으며, 조주의 선다(禪茶)라는 뜻으로, '조주다', '조주선', '조로풍(趙老風)', '조주다풍(趙州茶風)'이라고 하였다.

조주다가 언급된 것은 고려 중엽으로, 진각국사 혜심(眞覺國師 慧諶, 1178~1234)은 「차 끓이는 샘물(茶泉)」이라는 글에서, "(차를 끓여 마신 후에) 상쾌함이란 쉽게 얻어지기 어려우니, 몸소 조주선을 시행해 보네.(快便不易得 親提趙老禪)"[43]라고 하여, 차를 마시고 선을 수행하는 것을 '조주선'이라 했다. 이 글의 '쾌(快)'는 집착을 떨쳐 마음이 편안하고 즐거움을 뜻하므로, 참선 후의 경지로 본 것 같다.

조선 중엽의 서산대사 휴정(休靜, 1520~1604)은, "승려가 일생 하는 일은 차를 달여 조주에게 바치는 것(衲子一生業 烹煎獻趙州)"이라고 하였다. 이는 평소에 정성들여 차를 끓여, 마음으로 조주스님께 바치고 그 차를 다시 마셔, 선지를 깨닫는 일이 중요함을 뜻한다. 휴정은 차를 마시고 선을 공부함이 스님이 일생 동안 해야 하는 중요한 일임을 강조한 것이다. 그는 또한 "깊은 산 속에서 사람을 만나면 차를 권한다네." 라는 글을 써서 음다풍속을 널리 권장했음을 추측할 수 있다. 그리고 그의 제자 해안(海眼)은, "밑 없는 발우에 조주다가 있다."[44]고 선(禪)적 표현을 했다.

서산대사에게서 선지(禪旨)를 깨달은 태능 소요(太能逍遙, 156
2~1649)는 다음과 같이 조주다를 읊었다.

「 조주다를 읊음 (詠趙州茶) 」

삼등급 다완이 눈동자를 맑게 바꾸니,
몇 사람이 그 말씀 깨달았던고.
형편과 때에 따라 끝없이 교화하니,
후대의 자손들 바로 알게 하네.

　　三等茶甌換眼晴,　　幾人言下入門庭.
　　應機隨手用無盡*,　　後代兒孫直使明. 45)

*응기(應機) : 좋은 기회에 응하여 행함.
*수수(隨手) : 닥치는 대로.

윗글 첫째 줄의 '삼등급 다완'은 썩 좋지 않은 찻잔을 뜻하며, 눈동
자를 바꾼다 함은 조주다를 마시고 깨우쳐서 눈빛이 달라짐을 뜻한
다. 그는 뒤이어 또 쓰기를, 끽다거 풍습이 당시까지 전해온다고 하
였다. 완당 김정희의 다음 글에서도, 조주다가 수행으로 깨닫게 하는
차라는 뜻임을 알 수 있다.

「 초의선사를 머무르게 함 (留草衣禪) 」

눈앞의 흰 잔에 조주다를 마시고,
손안에는 수행의 꽃을 쥐고 있네.
할! 소리에 법을 깨달아 점차 감화되니,
봄바람에 어디멘들 산가가 아니리.

　　眼前白喫趙州茶,　　手裏牢拈梵志華*.

喝後耳門飮箇漸. 春風何處不山家*. [46]

*범지(梵志)는 '정행(淨行)'이며, 華는 花의 古字이다.
*춘풍(春風)은 道를 뜻하며, 山家는 스님이 거처하는 곳이다.

초의도 '조주다'를 마신다고 했으며, 그는 『다신전(茶神傳)』을 쓴 동기를 밝히기를, "승당에 조주풍이 있으나, 다도를 알지 못해 외람되이 베껴 쓴다."고 하여, 당시 절의 음다풍습을 조주와 연관시켰다. 범해의 「다가(茶歌)」라는 제목의 글에서도, "선가(禪家)의 전해온 풍습은 조주 이야기라네.(禪家遺風趙老話)"라고 하여, 조선말에도 끽다거를 선가의 풍습으로 여겼다.

영가제사를 지낼 때도 조주의 선차(禪茶)를 강조하였다. 득통 이화(已和, 1376~1433)는 별세한 옥봉(玉峰)에게 향과 차와 밥을 올리며 말하기를, "이 차 한 잔에 나의 옛정을 담았습니다. 여기에는 조주의 선풍이 있으니 그대께서는 맛보소서." [47]라고 하였고, 다게(茶偈)와 「다각(茶角) 축원문」에도 조주가 언급되어, '조주는 항상 수천 명에게 권했다네.' 혹은 '조주 다약(茶藥)' 또는 '조주 청다(淸茶)'라는 글을 써서 차가 깨우침을 준다는 의미로 쓰였다.

이와 같이 우리나라 다인들은 조주의 '끽다거'를 인식하기를, "차를 마시고 참선하여 스스로 깨우쳐라."는 진지한 뜻으로 새겼다.

2. 다사(茶事)의 삼매경(三昧境)

다사(茶事)에서 차탕의 풍미를 내는 데 몰두하여 익숙한 솜씨를 불가에서는 흔히 '삼매의 솜씨(三昧手)'라 하였다.

'삼매'란 본래 불교용어인 'samadhi'를 일컫는 말로, 오직 한 가지

일에만 마음을 모아 망상에서 벗어나는 일심(一心)의 경지이다. 이러한 삼매에 '수(手)' 자를 붙여, '한 가지 일에 몰두하여 행하는 솜씨', 즉 '차 끓이는 달관된 솜씨'의 뜻으로 쓰였다. 당시에 실제로 물을 떠와서 불 피우고 물을 잘 끓이고 알맞은 분량의 차를 넣고 시간을 맞추어, 적당한 농도의 차탕을 만들려면 몰두하지 않을 수 없다. 이는 도가의 심재(心齋)와 전일(專一)을 통한 망아(忘我)의 다도경(茶道境)과 같다.

고려의 문신인 이연종(李衍宗)은 절에서 명전(茗戰, 차맛 시합)하는 것을 보고 적은 글에,

> 사미는 자신의 차 끓이는 삼매의 솜씨에 스스로 즐거워하며,
> 눈 같은 다유(茶乳)를 쉬지 않고 찻잔에 점다하였네.
> ― 沙彌自快三昧手, 雪乳飜甌點不已. [48] ―

라고 하였다. 절에서 차를 엄청나게 많이 생산·소비하였던 당시에 차 시합에 참석한 사미였으니, 그의 말차 끓이는 솜씨는 스스로도 쾌적한 삼매경이었으리라는 것이 짐작된다.

'다선일여(茶禪一如)'를 주창한 이규보는 차 끓이는 일도 역시 삼매의 솜씨였다. 그는 무쇠로 만든 주자(注子)탕관을 선물 받고 건계차(建溪茶)를 손수 끓이며 쓴 글에, "삼매의 솜씨가 이미 익었으니, (三昧手已熱) 노동의 일곱 잔 차의 맛에 어찌 비교가 되랴.(七勤味何並)" [49]라 하여, 칠완다(七椀茶)로 유명한 당의 노동(盧仝)보다 자신의 차 끓이는 삼매의 솜씨가 더 나으리라고 자부했다. 그는 또 다른 글에서도, "차 끓이는 삼매의 솜씨 덕분에, 반잔의 눈빛 찻물은 답답하고 타는 속을 씻어주네.(賴有點茶三昧手 半甌雪液洗煩煎)" [50]라 하였고, 자신의 차 끓이는 솜씨를 스님에게 자랑할 정도였다. 이규보와 친하였던 임춘(林春, 1145~1170)이 겸스님(謙上人)의 방장에

서 쓴 글을 보면, 스님이 임춘에게 "점다삼매수(點茶三昧手)를 자랑했다."고 하였고, 임춘 자신은 "다시 점다삼매수를 공부한다네.(更學點茶三昧手)"라고 썼다.[51] 조선 말엽 승려 초의도 "(차 달이는) 삼매의 솜씨에 기이한 향기가 피어나네.(三昧手中上奇芬)"라고 하여, 차 끓이는 고도의 솜씨를 '삼매수'로 표현하였으며, 근세의 김윤식(金允植, 1835~1922)도, "(차를 마시고 나니) 시상이 떠오르고 혀에 단맛이 감돌아,……… 분분한 세상일 많고 많지만, 고요한 선심으로 삼매에 드네.(寂寂禪心入昧三)"[52]라고 하여, 차를 마신 후 번뇌를 떨치고 한마음으로 선의 삼매(三昧)에 들었음을 볼 수 있다.

제다의 솜씨도 삼매로 표현하여, 초의의 차를 받은 추사 김정희는 "차 꾸러미를 보매 과연 훌륭하게 만들었으니 차 삼매에 도달했음을 알겠소이다.(有能透到茶三昧耶)"라고 감사의 편지를 썼다.

이와 같이 승려나 불교의 영향을 받은 문사다인들이 다사(茶事)가 삼매의 경지라는 것은 다사(茶事) 자체도 수행으로 보는 것이다.

다사(茶事) 자체를 수행 단계로 보는 것은 일본도 마찬가지이다. 일본의 다도정신을 최초로 수립한 무라다주꼬우(村田珠光, 1433~1502)는, "다사란 일미청정(一味淸淨)이고 법희선열(法喜禪悅)과 같다."[53]고 하였다. 그리고 근래 일본에서는 '점다술(點茶術)'로써 다선일미를 수행한다고도 하며, 그것은 아랫배에 힘을 주고 무념무상의 상태에서 점다하는 것을 말한다고 한다.[54]

3. 음다(飮茶)는 불가의 수행공부

승려들이 차를 끓여 마시는 목적은 기호음료나 접대 때문도 있겠으나, 공부나 수행(修行)이 중요하였다.

이규보는, "스님의 품격이 높은 것
은 오직 명(茗)을 마시기 때문이네.
(僧格所自高　唯是茗飮耳)"라고 하
여, 승려가 음다로써 고매해진다고 인
식하였다. 사명대사 유정(惟政, 154
4~1610)의 다음 글에서도 그와 같은
내용이 있다.

도29 사명대사 유정(惟政, 1544~1610).
견본채색. 동국대 박물관

「 지호선백에게 줌 (贈知湖禪伯) 」

조계종*을 이은 오랜 후손
가는 곳마다 사슴과 벗을 삼네.
사람들아 헛되이 세월 보낸다고 말하지 마오.
차를 달이고 그 여가에 구름 본다네.

　　係出曹溪百代孫,　行裝隨處鹿爲羣.
　　傍人莫道*盧消日,　煮茗餘閑看白雲.[55]

＊조계종(曹溪宗) : 우리나라 선종의 총칭. 불일 보조국사가 창설함.
＊막도(莫道) : 여기서 '道'는 '말하다'의 뜻이다.

사명당은 차 달이는 일이 헛된 일이 아닌 공부로 여겼음을 알 수
있다. 그가 다른 글에서, "낮이면 차 마시고 밤이면 잠잔다."고 한
것도 차를 기호음료로 그냥 마신 것이 아님을 나타낸다.
사명의 스승 서산 휴정도 '승려의 일생 업(業)은 차 달여 조주에
게 바치는 것'이라 하였고, 손님이 오면 차를 권함을 글로 썼다.
추사의 동생 김명희(金命喜)는 초의에게 준 다음의 글에서 차를
마시고 난 후에 바라밀(波羅蜜)에 든다고 하였다. 바라밀(波羅蜜)은

이상경(理想境)인 피안에 이르기 위한 수행방편으로, 선(禪)의 수행도 포함된다.

> 늙은 스님은 차싹 따기를 부처님 고르듯 하며,
> 일창일기(두 낱의 차싹)만을 따는 엄한 규칙을 지킨다오.
> (차를)덖어 말리는 일은 더욱 잘하여 부처의 깨달은 경계이니,
> 향기와 맛을 따라 바라밀에 든다오.

> 老僧選茶如選佛,　一槍一旗嚴持律.
> 尤工炒焙得圓通,　從香味入波羅蜜. ⁵⁶⁾

초의는 윗글에 대해 다음과 같이 답하면서, 다도가 바라밀인 근거는 생각의 집착을 떨치게 하기 때문으로 보았다.

> 영산으로 가져가 여러 부처님께 바치고자
> 차를 끓이면서 다시금 범율[*]에 대해 세밀히 생각해보네.
> 알가(茶)의 참모습은 오묘한 근원에 이르게 하나니
> 오묘한 근원은 집착이 없는 바라밀이라네.
> (대반야경에 이르기를 모든 법에 대해 집착하는 바가 없으므로 바라밀이라 한다.)

> 持歸靈山獻諸佛,　煎點更細考梵律.
> 閼伽(梵語閼伽華言茶)[*]眞體窮妙源,　妙源無着波羅蜜.
> (大般若經云 於一切法 無所執着 故名波羅蜜.) ⁵⁷⁾

＊범율 : 우주 만물의 근본법칙.
＊범어알가화언다(梵語閼伽華言茶) : 범어 알가란 중국말로 茶이다.

즉, 초의는 다도를 사람의 욕심이나 번뇌를 없애주는 수행방편으로서 참선 과정과 같은 것으로 본 것이다. 위에서 초의가 차를 끓이

는 과정에서 우주의 근본법칙을 생각하였다 함은, 다사 자체도 선
(禪)으로 보았음을 뜻한다.

　　다인 추사 김정희는 불교에 심취하였고 다도생활을 통하여 선 수
행을 하였다. 그가 초의에게 준 묵적 '명선(茗禪)'은 그의 실천적 다
도관을 잘 나타내준다.

　　김정희의 제자인 우선(藕船) 이상적(李尙迪, 1803~1865)은 찻물방
울이 바로 부처라고 하며 중생을 제도한다고 하였는데, 이는 음다(飮
茶)가 오도(悟道) 공부임을 뜻한다. 그 전문을 옮기면 다음과 같다.

　　　「 차를 따르며 (挹茶) 」

　　작은 잔에 차를 따르니,
　　수많은 거품은 얼마나 피어나는지.
　　둥근 빛은 구슬처럼 흩어져,
　　하나하나 구슬은 모두 부처님이시네.
　　떠 있다가 금방 사라지지만,
　　천억의 몸체는 황홀하구나.
　　이와 같이 손과 눈을 열고,
　　이처럼 모발 형상도 분별하는구나.
　　깨닫는 곳에서 모두 머리를 끄덕이고,
　　참선할 때에 함께 망념을 떨치네.
　　누가 스승이며 누가 중생인가,
　　나도 없고 사물도 또한 없네.
　　망망한 항하의 [58] 모래 같은 중생들을,
　　제도하기 위해 뗏목 부르지 않아도 된다네. [59]
　　차거품 꽃은 순식간의 환상이 되고,
　　공(空)과 색(色)은 조각달에 잠겼구나.

삼생(三生)이 월계꽃에 그림자 지니,

좌망하여 한동안 오뚝 앉아 있네.

온갖 인연은 참된 것이 아니니,

어찌 좋아하고 어찌 소리치리.

육우는 다경으로 등불을 전했고,

노동은 차시를 남겨 바리때를 주었다네.

小盌挹茶水,	千漚何蕩發.
圓光散如珠,	一珠一尊佛.
浮生彈指頃,	千億身怳惚.
如是開手眼,	如是分毛髮.
悟處齊點頭*,	參時同竪拂*.
誰師而誰衆,	無我亦無物.
茫茫恆河沙,	普渡非喚筏.
泡花幻一噓,	空色湛片月*.
三生金粟影*,	坐忘何兀兀.
萬緣了非眞,	焉喜焉足喝.
經傳陸羽燈,	詩呪玉川鉢*. [60]

*점두(點頭) : 승낙하거나 옳다고 머리를 끄덕거림.

*수불(竪拂) : '불자(佛子)'과 같은 말로, 먼지떨이(총채)를 말한다. 이
것은 팔미(八迷) 망진(妄塵)을 떨어뜨리는 것을 뜻한다.

*공(空)은 평등·무차별한 진리세계이고, 색(色)은 온갖 물질과 현상을
뜻한다.

*금속(金粟) : 월계화(月季花)나 국화를 형용하는 말이다.

*옥천(玉川) : 당의 시인 노동(盧仝)의 호가 옥천자(玉川子)이다. 그
는 일곱 잔 차를 마시며 차의 효능과 덕을 시로 썼다. [61]

이 글의 부처(佛)라 함은, 석가모니를 포함하여 대도(大道)를 깨달

은 보살들을 모두 포함한다. 은송당 이상적이 찻물을 부처라고 한 것은, 차가 중생을 깨닫게 하여 제도한다고 여겼기 때문이다. 그는 차를 마시고 나서 망념을 없애고 참선하며 수행하면서, 자신의 현재와 전생 후생을 보고 망물아(忘物我) 경지에서 좌망하였다. 마지막 구절에 있는 등(燈)은 부처의 지혜를 뜻하고, 바리때는 불가에서 스승이 제자에게 전수하는 의발(衣鉢)을 뜻한다. 따라서 육우의 『다경(茶經)』과 노동의 시로 인해 후세의 다인들이 차를 더 잘 알고 즐겨 마시게 된다고 생각한 것이다.

　　구전되어 근세까지 전해온 아래의 농요를 보면, 일반 백성들도 선원의 스님들이 작설차를 마시면 깨우치고 도통한다고 생각했음을 알 수 있다.

　　　　칠불 밑에 자란 작설,　아침마다 군불 숯불
　　　　이리저리 긁어모아,　무쇠솥을 올려놓고
　　　　곡우 작설 숨을 죽여,　………
　　　　봉지봉지 담아 놓고,　아자방*에 스님네요
　　　　한 잔 먹고 깨치소서.　두 잔 먹고 도통하소.
　　　　석 잔 먹고 신선되소.　자나깨나 정진하소. [62]

　　지리산 칠불선원은 차 산지일 뿐 아니라 예로부터 승려들이 참선 수행하는 곳으로 유명했다.

　　승려나 불자들이 차를 마시지 않고도 깨달아 오도(悟道)할 수 있겠으나 그것은 무척 더디고 범인에게 재미가 없으며 어렵다. 깨달음의 진전을 방해하는 요소로는, 탐욕·증오·무기력·근심·회의 등으로, 이는 현실에 집착이 있기 때문인데, [63] 차를 끓여 마시는 과정은 이러한 요소를 줄이고 생각의 폭과 깊이를 늘이는 데 크게 기여할 수 있다.

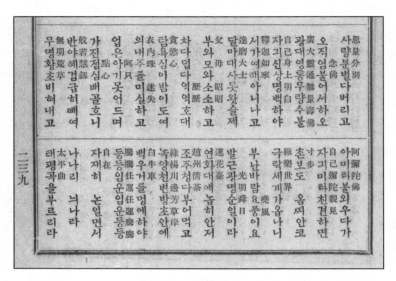

도30 회심곡(回心曲). 『석문의범(釋門儀範)』(安錫淵, 1935). 불도를 깨친 후 청차를 마신다는
내용이다. 『명연집(明衍集)』에도 언문으로 「회심가곡」이 기록되어 있다.

깨우쳐 오도한 자리에는 항상 차가 있다고 여겼음을 도30의 불교
가곡(歌曲) 「회심곡(回心曲)」에서 볼 수 있다. 회심이란 삿된 마음을
돌려서 바르고 착한 길로 들어서는 '돌이마음'을 말한다.

탐욕심에 눈이 어두워 옷이나 귀중한 것도 잃어버리고, 업고 있는
아이도 얻지 못하며, 점심밥을 지니고도 굶고 배고파하네. 지혜의
반야칼을 급히 빼내어 번뇌의 잡초를 베어 버리고, 아미타불을 외우
다가 참된 자기를 보고 불성(佛性)을 깨닫게 되면, 한 발짝도 옮기
지 않고 극락세계에 가게 된 것이네. 그 곳은 요임금과 순임금이 덕
을 베푸는 태평세상과 같으니 연꽃대에 높이 앉아 청차(淸茶)를 부
어 마시고, 푸른 버들과 아름다운 풀이 있는 개천과 언덕에서 흰 소
가 끄는 수레를 타고, 자유로이 노닐면서 태평가를 부를 것이네.

이와 같이 살아 있는 부처가 되어서도 행복한 가운데 차를 즐기는 일은 무척 자연스럽게 생각하였다.

차를 마시면 부처가 될 수 있다고 본 것은 일본도 마찬가지여서 다도의 대가 쥬꼬우(珠光)는 말하기를, "다삼매(茶三昧)에 들어가서 자신의 마음을 파악하고 대자연에 순응함으로써 자신이 부처가 됨을 깨달아 안다." [64]고 하였다.

Ⅲ. 불가(佛家)의 제전다례(祭奠茶禮)

우리나라 불가의 평소다공은 혼자의 명상차이거나 손님 접대인데 흔히 행해졌다는 기록 외에 자세한 내용이 드물고, 사찰 내의 다공 의식 행사 기록도 거의 없는데 반해, 제전다례(祭奠茶禮)가 발달하였다. 불가의 제전다례는, 승려나 일반 불자가 모두 받드는 불보살·삼보·고승·산신 등에게 차를 바치는 헌공다례와 예경다의(禮敬茶儀), 그리고 특정 개인 영가를 위해 올리는 재다례(齋茶禮)와 재다의(齋茶儀)로 나누인다.

이러한 제전다례(祭奠茶禮) 풍습은 승가뿐만 아니라 왕실에서 속가에 이르기까지 행해져 왔다.

조선시대 다게(茶偈)에서 헌공 대상을 살펴보면, 여러 불보살·삼보(三寶)·명왕(明王)·증명(證明)·금강신(金剛神)·천룡8부(天龍八部)·삼신(三神)·용왕(龍王)·천선(天仙)·성현(聖賢)·고혼(孤魂)·저승사자들이었고, 상단(上壇, 중앙단)·중단(동쪽단)·하단(서쪽단과 기타)에 바쳐졌다.

불가의 일반 영가를 위한 소사(小祀)인 재다례는 고려·조선시대에 별세한 고승(高僧) 대덕들과 승려 부모의 제사에서 행해졌다.

1. 예경헌공 다의(茶儀)의 역사적 개괄

불가에서 차를 헌공한 것은 우리의 다도 역사와 더불어 오랜 풍습으로, 그 목적은 불도를 닦아 성불함과 기복(祈福), 그리고 영가의 천도를 위함이었다. 그런데 우리나라 역사에는 석가모니부처가 아닌 문수보살과 미륵세존에게 헌다한 내용들이 먼저 기록되어 있음이 매우 독특하다.

최초의 불가 헌다에 관한 기록은 『삼국유사』 「대산오만진신(臺山五萬眞身)」에 적혀 있는 7세기 보천과 효명 태자가 수진(修眞)하며 헌공다례를 행한 내용으로, 그 내용은 다음과 같다.

「 대산오만진신(臺山五萬眞身) 」

산중(山中)의 고전(古傳)으로 이 산(오대산)이 저명하여, 진성(眞聖)이 거처한 것은 자장(慈藏, ?~636~650~?)법사로부터 비롯된다고 여겨진다.………자장이 신라에 돌아와, 정신대왕(淨神大王, 神文王)의 태자 보천(寶川)과 효명(孝明)이 각기 천 명의 무리(낭도)를 거느리고 명주(溟洲, 강릉)에 와서 하룻밤을 자고, 다음날 성오평(省烏坪)에 이르러 유람하다가 두 형제는 속세를 떠나기로 약속하여 갑자기 오대산 속에 숨어버렸다.

두 태자는 청련(靑蓮, 푸른 연꽃)이 핀 곳에 육백 보 거리를 두고 각기 암자를 짓고 열심히 업(業)을 닦았다. 그들은 <u>매일 새벽 인시(寅時, 4시 전후)면, 상원(上院, 상원사, 眞如院)에 36종의 형상으로 나타나는 문수대성(文殊大聖)에게 동중(洞中)의 물을 길어다가 차를 달여 헌공하였고(煎茶獻供)</u>, 밤이 되도록 각기 암자에서 도(道)를 닦았다.……… 보천은 오대산 신성굴(神聖窟)에 돌아와서 또 50년 동안 수진(修眞)하였더니, 도리천(忉利天)*의 신(神)이 삼시(三

時)에 설법을 듣고 정거천(淨居天)˙의 무리가 차를 달여 바쳤다.(烹茶供獻) 그리고 보천은 40명의 성인(聖人)이 열 자(十尺) 상공을 날아 늘 호위하는 가운데 공부에 정진하였다. 문수보살은 가끔 보천의 이마에 물을 부어서 성불의 예언을 확인하였다. [65)]

　* 도리천(忉利天) : 수미산 꼭대기에 있는 하늘나라.
　* 정거천(淨居天) : 불가 성인(聖人)이 거주하는 다섯 하늘나라.

이 글의 중요한 부분은 보천이 50년 동안 정성을 다해 문수보살에게 차를 끓여 바치고 수진(修眞)하였더니, 하늘나라 신들이 보천을 스승으로 모셨고, 또 하늘나라 성인(聖人)들이 보천에게 차를 헌공하였다는 것이다. 그리고 보천은 왕위를 동생에게 넘겨주고 일심으로 수행하여 성불하였음을 뜻하는 내용이다.

보천은 부처가 되기 위해 정진한 구체적 내용으로, 매일 첫 새벽에 굴속의 좋은 물을 길어다가 지혜를 밝히는 문수보살에게 차를 끓여 바친 것으로, 이는 불자 수행에 헌다가 매우 중요함을 나타낸 것이다. 그런데 매일 지성으로 바친 그 귀한 차는 당연히 다시 태자가 마셨을 것이므로, 그들은 끽다가였고 그로 인해 더 정진하고 열심히 공부했을 것이다.

『삼국유사』에는 위의 내용에 이어 「명주 오대산 보질도(寶叱徒) 태자 전기」라는 제목으로 '고기(古記)' 그대로 기록해두어 역사적 사실의 중요성을 확인하게 하였다. [66)] 뒤편의 글에서 '보천'을 '정신(淨神)태자 보질도(寶叱徒)'라 하여 인물을 강조한 점이 조금 다르다.

당시에 음다가 생활화되어 있었음은, 가야 종묘제사에 차를 제수로 올린 사실과 『삼국사기』에 선덕왕(재위, 632~647) 때 차(茶)가 있었다는 내용, 7세기 말 설총의 「화왕계」에서도 알 수 있다. 그리고 645년에 자장이 창건한 통도사는 고려시대의 기록에 유일하게 절에

차를 바치던 다소(茶所)가 있었으며, 자장의 제자 조일(祖日)은 그 차밭을 관리하였다. [67)]

두 태자는 모두 신라 신문왕(神文王, 재위 681~692)의 아들이며, 보천의 동생 효명은 효소왕(孝昭王, 재위 692~702)이다. 그 근거는 다음과 같다.

일연(一然)이 쓴 협주를 보면, "성덕왕(聖德王)의 형 이름이 '이공(理恭)' 혹은 '홍(洪)'이며 또한 신문왕의 아들이라 한다."는 대목이 중요하다. 이는 오늘날의 정사(正史)에서도 32대 효소왕의 이름이 '이공(理恭)', '이홍(理洪)'이며 33대 성덕왕은 효소왕의 동복제(同腹弟)이다. [68)] 그리고 일연은 '효명(孝明)'이 '효조(孝照)' 혹은 '소(昭)'의 와전인 듯하다고 했는데, 이는 '효소(孝昭)'의 와전이 확실하다. '명(明)'과 '소(昭)'는 필사에서 서로 잘못 써질 수 있고, [69)] '밝을 明'과 '밝은 昭'는 동일한 의미이다. 따라서 보천과 효명은 이복형제이고 둘 다 신문왕의 아들임이 확실하며 7세기 말의 인물들이다.

조선 중기의 다가 채팽윤(1669~1731)은 오대산 월정사에 가서 신라의 보천(정신태자)과 효명태자의 우통수 전다 유적을 찾은 글이 전한다.

문수보살이 차탕을 좋아했다는 인식은, 석굴암 본존불의 왼쪽(향하여 오른쪽) 벽에 새겨져 있는 문수보살이 오른손에 찻잔을 들고 있는 것에서도 볼 수 있다. 문수(文殊)는 지혜의 보살로 석가모니가 교화하는 일을 돕는 보살이다. 그런데 문수보살을 '신선불(神仙佛)'이라고도 하였고 명주(강릉) 사선(四仙)의 유적지에 문수당(文殊堂)이 있었다는 사실을 참작하면, 당시의 문수보살은 화랑이나 전통적 개념의 선인(仙人)의 화신으로 내세워진 것이다.

신라인들은 고선도에 불교가 접목된 미륵(彌勒)신앙을 지니어, 미륵보살에게 차를 올리는 일도 중시하였다. 충담이 봄가을에 두 번

생의사(生義寺)의 석조 미륵세존에게 여러 해 헌다한 기록이나, 월
명이 미륵을 받들어 괴변을 물리친 후 왕이 하사한 차와 염주가 벽
화의 미륵상 앞에 놓여 있었던 일, 그리고 미륵수기를 받은 진표율
사가 창건한 법주사에 신라의 대형 돌 찻잔이 있다는 사실 등에서
그러한 염원을 알 수 있다.

근세까지 미륵보살은 차를 좋아한다고 믿었음을 다음의 「미륵성전
다게」에서 볼 수 있다.

> 청정하고 향미 있는 이 공양을,　　　　以此淸淨香雲味,
> 용화수 대법회에 봉헌합니다.　　　　　奉獻龍華＊大法會.
> 공양주의 정성을 굽어보고 살피사,　　監察齋者虔懇誠,
> 자비로써 받으시고 부디 드시옵소서.　願垂慈悲哀納受.[70]

＊용화(龍華) : 미륵이 성불한 후 중생을 제도하는 법회.

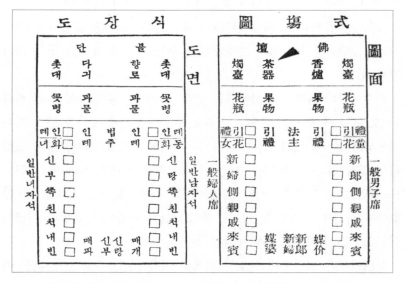

도31 사찰 결혼식장의 예경다의에서 다기의 위치를 알 수 있다(『佛子必覽』 1932년).

미륵은 도솔천에 올라가 있으면서 중생을 권도하다가, 수십 억 년 후 세상에 나타나 용화나무 아래에서 성도하여 세 차례의 법회에서 중생을 제도한다고 인식되었다.

불가 예경의식의 헌다는 승려가 예배할 때 차를 올리는 일은 15세기에도 일반적이었음을 다음 김시습의 글에서 볼 수 있다.

> 승려는 다병을 가져와 손수 차를 달여,
> 서방극락부처에게 예배한다네.
> ― 上人携瓶自煎茶, 禮拜西方極樂佛*. 71) ―

예배 시의 다게는 증명(證明)다게와 삼보(三寶)다게, 그리고 영산법회다게가 받들어졌다.

초의 의순도 "(차를) 영산으로 가져가 부처님께 바치고자"라고 한 글이 있다. 불가에서 산신에게도 흔히 예경의 차를 올렸음은 앞의 고선도 다공문화에서 고찰하였다.

고혼(孤魂)을 위해 수륙재를 지낼 때 용왕(龍王)에게 차를 올렸다. 이는 신라와 고려의 해전(海戰)에서 전사한 병사들을 위령하는 제의에서 있었던 풍습으로 추정된다. 『법음집』의 「다각(茶角) 축원문」을 보면, '용궁(龍宮)에 가득 차 있는 설산(雪山)의 향유(香乳, 末茶의 茶乳)'라는 내용이 있어, 용신이 차를 좋아한다고 믿었음을 알 수 있다. 연담 유일(有一, 1720~1799)의 『임하록(林下錄)』에는, 절 부근의 개천을 고치는 불사(佛事)를 하면서 익사자를 위로하며, 시방 3세와 삼보, 천룡8부 등의 신들에게 향화와 등촉과 떡과 밥과 차와 과일을 올려 제사지낸다는 소(疏)가 전한다. 『범음집』에는 당산단(當山壇)에서 행하는 재의례 때 산왕(山王)에 이어 여러 용왕에게도 감로다를 올리고 비는 다게가 있다.

우리 이제 감로다를,	今將甘露茶,
용왕들께 올립니다.	奉獻龍王衆.
간절히 비오니,	鑑察虔懇心,
부디 드시옵소서.	願垂哀納受.

당산이란 토지나 부락의 수호신이 있다는 산이나 언덕을 말하므로, 당산단에서 용왕에게 헌다함은 마을 수호의 뜻이 있다. 여기서도 불교와 토착신앙이 결부된 모습을 발견할 수 있다.

불자 대중을 대신하여 승려가 불공을 드릴 때도 차공양(茶供養)을 하였다. 불자들이 불공을 하는 목적은 수진 외에 영험을 기대하거나 현세의 복과 소원을 빌기 위함이다. 이러한 공덕신앙은 불교가 수용되던 당시부터 있어왔으며,[72] 시대를 막론하고 왕실에서 민가에까지 폭넓게 자리 잡고 있었다. 고려 초의 성종은 연단차(硏團茶)를 손수 맷돌에 갈아 말차로 만들어 공덕재를 지냈다. 이는 현세와 미래에 나라와 백성의 안녕을 비는 재로서, 광종(재위 949~975) 때부터 있어 왔다.

고려의 귀족 대부도 사찰에서 손수 헌다하는 일이 예사로웠다. 정승인 최정안(崔精安)이 이웃에 있는 왕륜사의 금불상을 존경하여 출퇴근할 때마다 예배(禮拜)를 하였는데, 이따금 손수 차를 끓여 공양을 하여 영험을 얻었다는 이규보의 기록이 있다.[73]

2. 승속(僧俗)의 영가 재다례(齋茶禮)

불가의 제사는 술을 올리지 못하므로 차를 올리는 일이 지극히 당연했다. 공다(供茶)의 대상은 돌아가신 승려와 일반 불자이며 밥(靈

飯)을 올리는 중사(中祀)와 무반(無飯) 소사(小祀)가 있고, 중사 이후에 다과상을 따로 올리는 제의도 있다. 조선조 사찰의 소사(小祀)는 '다례(茶禮)' 혹은 '재(齋)'라고도 불린다.

(1) 선승(先僧)의 제사다례

우리나라의 승속에서 별세한 승려의 제사 때 다례를 올린 역사 기록은 고려 초로 거슬러 올라간다. 대각국사 의천(義天, 1055~1101)이 원효 등의 승려들과 발해왕(渤海王)의 제사를 올린 기록이 여러 차례 나오는데, 대개 술과 밥은 올리지 않고, 차(茶)와 과일을 올렸으며 때로는 시절음식 등을 올리기도 했다. [74] 이규보가 종의선로(鐘義禪老)에게 올리는 제문에도 "삼가 차(茶)와 과일을 선사의 영전에 올리나니" [75]라 하여, 이미 고려시대 승속의 제사에서 헌다는 예사였음을 알 수 있다. 이러한 점은 조선시대에 와서, 불가뿐만 아니라 왕실의 간단한 제사에도 영향을 주게 된다.

승려의 제사를 소사다례로 지낸 경우는, 기제사나 명절제사와 같은 일반 제사를 지낼 때, 상례 때, 고승의 사리를 옮길 때, 그리고 탑 앞에서 다례를 올릴 때 등이다. 원감 충지(冲止, 1226~1292)가 혜소(慧炤, 鼎賢)에게 올린 제문을 보면, 한동안 못 지내던 제사를 정월 초하루에 지낸다고 고하며, "삼가 향과 차(茶)와 기타 음식을 영전에 올리나니" [76]라고 하여, 설날에 제사다례를 지낸 글을 볼 수 있다. 그리고 조선시대에 와서 함허 이화(已和, 1376~1433)는 별세한 고승 옥봉(玉峰)에게 향과 차와 밥을 바치고 수어(垂語, 공경의 말씀)하기를, "이 차 한 잔은 저의 옛정을 나타냅니다. 차는 조주의 위엄을 지녔으니 한번 드셔 보시기 바랍니다." 라고 하였고, 또한 진산화상(珍山和尙)에게도 향과 차를 바치며 수어하며 영혼이 기쁜 마음으로 계시기를 기원하였다.

『석문의범』에는 타계한 큰스님에게 재식(齋食)을 올리는 종사영반 (宗師靈飯) 의식에서, "지혜로운 스님에게 절하며 권하노니, 남전의 달놀이를 하시옵소서.(愍懃奉勸禪陀客 薦取南泉玩月華)"[77]라고 하였다.

불가의 상례 시에도 흔히 다례를 올렸다. 벽암 각성(覺性, 1575~ 1660)이 지은 『석문상의초(釋門喪儀抄)』나 진일의 『석문가례초』를 보면, 존경하는 스승이나 큰스님이 세상을 떠나면 가까이 지내던 승려들이 모여, '香·花·果' 혹은 시식(時食)을 차(茶)와 올려 제사지내었다. 그런데 '소사'(小師, 가르침을 받은 지 10년이 안 되는 스승) 의 제문에는 유독 차를 올린다는 내용이 빠져 있는 것을 보면, 습관적이거나 형식적이 아니라, 성경을 다할 때 헌다했음을 알 수 있다.

상례에서 다비(茶毗)를 할 때에도 실제로 헌다의가 있었다. '다비' 란 범어로 화장(火葬)을 뜻하는 'Jhápita'의 음역이지만, '茶' 자를 쓰게 된 것은 차와 연관이 있기 때문으로 여겨진다. 다비의식에서 목욕을 시키고 옷을 입힌 후와, '정좌(正坐, 바로 눕히거나 앉힘)'의 순서에서 차와 제물을 올린 후에 다음의 다게를 받들었다.

조주스님 맑은 차를 영령께 올리나니,　　趙州淸茶進靈座*.
마음에서 우러난 작은 정성이옵니다.　　聊表冲情一片心.
드시옵고 삼계가 꿈임을 깨달으사,　　俯飲覺知三界*夢,
마음 편히 부처님 나라 곧 바로 이르소서.　安心直到法王城.[78]

* 영좌(靈座) : 혼령을 모시어 놓는 자리.
* 삼계(三界) : 욕계(欲界, 식욕·음욕·수면욕), 색계(色界, 미묘한 형체의 세계), 무색계(無色界, 정신세계).

이어서 읊은 제문은 다음과 같다.

　유세차 모년월일, 모등은 삼가 다유를 제수로 올려 돌아가신 큰스
님의 영전에 감히 명백히 고하나니 ⋯⋯⋯
　― 維歲次 某年月日, 某等 謹以茶乳之奠 敢昭告于先和尙之
靈 ⋯⋯⋯ ―

　여기서 유교 제문의 형식을 볼 수 있다. 다비의식의 아홉 번째 순
서인 「입감편(入龕篇)」에서 시신을 감(관)에 넣은 후의 제문에도,
"삼가 약식(藥食)과 다유(茶乳)를 제수로 올려 ⋯⋯⋯ "[79]라고 하여
고급차를 올렸다. 그리고 보례(普禮, 모든 성현에게 拜禮함)와 노제
(路祭, 발인할 때 문 앞에서 지내는 제사) 때도 제전다례를 올렸다.
　그런데 현대에 발간된 불교의식집에는, 노제문(路祭文)에 향과 차
(茶)와 과일을 제물로 올린다고 해놓고, 덧붙여 주를 달아 '숭늉을
올림'[80]이라고 쓰여 있다. 이는 유가 예서를 본뜬 것이다.
　중국의 다비식에 다례를 올린 경우는 『칙수백장청규』「망승(亡僧)
」조에서 볼 수 있다. 그 내용을 보면, "승려가 세상을 떠나면 삼시(아
침·점심·저녁)에 차탕(茶湯)을 올리고 향을 피운다."고 했고, "관
과 뼈를 옮길 때 차탕을 올린다."고 하여 우리의 풍습과는 조금 다
르다.
　고승의 사리를 옮길 때도 다례를 올렸다.
　『범음집』에서 고승의 사리를 옮길 때에 차를 올리고 다게를 받드
는 순서는, 행보게(行步偈)와 등상게(登床偈), 그리고 헌좌게(獻座
偈)에 이어서 다게를 받든다고 했다. 이 글의 주에는, "혹시 제자 등
이 제물을 바치고자 하면 제물을 진열하고 초헌한 후 제문을 읽는다.
재배한 후 아헌과 종헌을 하고 절을 각기 세 번 한 후 마하반야바라
밀을 낭송한다."[81]고 하였다. 이 내용을 보면, 사리를 부도에 넣기

전에 술 대신 차로써 유교식의 제사를 지냈음이 확인된다.

탑 앞에서도 제사다례를 지내었다. 부처의 사리를 옮길 때 보탑(寶塔)에 다게를 받들었으며, 추사가 육조탑에 헌다한 것과, 초의가 쓴 대둔사(大芚寺, 대흥사)의 「탑원(塔院, 담이 둘러진 탑) 다례제문(茶禮祭文)」에서도 헌다하였음을 볼 수 있다. [82]

사리를 옮길 때나 탑에 받드는 다게는 "今將甘露茶, 奉獻塔婆前. 鑑察虔懇心, 願垂哀納受." [83]이다.

그 외에 비석을 세울 때도 차제사를 지냈으며, 비각(碑閣, 비석을 덮은 집)과 영각(影閣, 고승의 초상을 모신 곳)에서 다례를 올렸다. 아암 혜장(兒奄 惠藏, 1772~1811)이 남긴 「대둔사 비각 다례 축문」에 의하면, 대둔사(大芚寺)의 여러 대사(大師)의 비각에 제사 지내면서, "꽃과 과일과 떡과 차를 올리니 흠향하십시오." [84]라고 했다. 대흥사의 서산대사 영각에서는 대흥사에서 나는 차(茶)로 봄가을 두 번 지내는 '춘추다례(春秋茶禮)'를 올렸는데, 이는 천신제사에 해당된다. 이때 시주를 권유한 모연소(募緣疏)가 전한다. [85]

(2) 일반 불자의 재다례(齋茶禮)

승려가 아닌 불자(佛子 ; 중생, 신도)의 넋을 극락으로 인도하고 명복을 비는 재(齋)를 지낼 때도 헌다하였다.

고려 대각국사의 제자인 혜소(慧素, ?~1101~1125~?)가 쓴 다인(茶人) 이자현(李資玄)을 위한 제문에는, "삼가 차와 과일과 안주와 반찬 등을 올려 공(公)에게 경건히 고하나니"라고 한 내용이 있다.

부모의 제사에도 승려가 흔히 소사(小祀)인 다례를 올렸다. 고려의 최해(崔瀣, 1287~1340)가 쓴 제문을 보면, 돌아가신 어머니의 복을 빌기 위해 절에 가서 차와 과일과 시절음식을 올린다고 했다. [86]

조선 중기에 쓰인 『석문상의초(釋門喪儀抄)』에는 승려 부모의 상례
시에 발인 전 영결식에서 '남승(男僧) 모(某)'라고 하며 차와 과일 등
을 올렸고, [87] 『석문가례초』에서도 부모제문(祭父母文)에 차와 과일
등을 올린 것을 볼 수 있다. 생육신의 한 사람인 남효온(南孝溫,
1454~1492)은 절에서 부모의 기제사를 지내면서 차를 올렸고, 정관
일선(一禪, 1533~1608)은 아버지 제사에 밥과 차를 올렸다. 이러한
점은 고려시대 불가에서도 효사상을 실천한 우리나라의 독특한 문화
이다. 허백 명조(明照)는 '윤참판'을 애도하여 곡하며 술 대신에 '로
엽청차(露葉淸茶)'를 삼헌으로 올린 기록이 있다.

왕실은 절에서 다례를 올리기도 하였다.

16세기에 발간된 『자기산보문』에는, 도32와 같이 태조부터 세종과
8대 예종에 이르기까지 왕과 왕후의 영가(靈駕, 영혼) 래임(來臨,
왕림) 법회(法會)를 연 기록이 있다. 이때 조선팔도의 명산에 있는
도인들에게 차를 올리며 다게(茶偈)를 받들었고, 각 왕과 왕후의 영
가법회를 알린 후, 삼보(佛·法·僧)의 예불을 하고 나서 제물을 올
리고 '차탕삼헌(茶湯三獻)'을 한 후 풍류악(風流樂)이 있었다. 이
책의 내용에는 조선 초기의 사찰에서 왕실의 불자제사에 술 대신 차
탕을 썼고, 유교식으로 삼헌(초헌·아헌·종헌)을 했으며, 길례(吉
禮)로서의 주악(奏樂)도 있었음이 나타난다.

죽은 사람의 넋을 극락세계로 인도하는 재를 지낼 때 영혼을 부르
는 대령(對靈)의식 순서는, 향을 피우고 등불을 켠 후 먼저 헌다하
고 그 다음에 괸 음식들을 올렸다. [88]

다의에서 부처가 마실 다기를 놓는 자리는 도31와 같이 불단(佛
壇) 바로 앞줄이며, 부처의 오른쪽(향하여 왼쪽) 무릎 앞이다. 그리
고 재나 의식이 끝난 후에는 헌공했던 귀한 차탕을 승려나 불자들이

도32 『자기산보문』. 1568년刊 목판본 불가 제사에 차탕으로 초헌·아헌·종헌을 하였다.

마시는 것은 당연한 일이었다. 서산대사의 심법을 받은 일선 정관(靜觀)은, "재 지낸 뒤 남은 차 한 잔에, 아침저녁 풍월이 더불어 있네.(齋餘茶一椀 風月共朝昏)"라 썼다.

3. 헌수와 헌다

불교의식에서는 술을 쓰지 않으므로 물과 차탕을 올렸다.

그러나 근세에는 차가 귀하여 다게를 바치면서 차탕 대신에 물을 올리는 풍습도 생겨나게 되었다.

조선 말엽 『동다송(東茶頌)』을 저술한 초의(艸衣)는 불전의 공양물은 정수(淨水)가 아니라 '茶'임을 분명히 명시하였다. 그는 김명희에게 보내는 글에서, "영산의 여러 부처에게 바치고자, 차를 끓이며 다시 범율을 세밀히 생각하네. 알가의 참모습은 묘한 근원에 있으며,

묘한 근원은 집착함이 없는 바라밀이라네."라고 하며 주석을 달기를, "범어 알가란 중국말로 茶이다.(梵語閼伽華言茶)" 라고 하여 [89] 당시의 '알가' 개념이 '공덕수(功德水)'가 아님을 나타내었다. 초의와 절친했던 신헌의 글을 보면, 부왕사(扶旺寺)의 불전에 '공다수(空茶水)'를 놓았다고 하였는데, [90] 공다수란 찻물이 아닌 물을 말하는 것으로 생각되므로, 19세기에도 일부 절에서는 물을 올리는 풍습이 있었음을 알 수 있다. 그러나 그것은 정식(正式)이 아니라 가난하고 차가 귀했던 시절의 대체풍습에 속한다.

이른 새벽 예불에 정화수를 떠서 올릴 때는 헌수게를 함이 합리적이다. 『석문의범』에는 다음과 같이 물을 바치는 헌수게(偈)가 있다.

「 헌수게 (獻水偈) 」

우리 이제 감로수를,	今將甘露水,
삼보전에 올립니다.	奉獻三寶前.
물리치지 마시고,	不捨大慈悲,
부디 드시옵소서.	願垂哀納受. [91]

이 게송은 영혼을 깨끗이 목욕시키는 재를 올릴 때 받드는 게로서, '감로수'라 함은 정화수를 말하며 '감로다(甘露茶)'와는 다르다.

한편 물과 차의 효능을 동일시했기 때문에 차 대신 물을 올렸다고도 볼 수 있는데, 그 근거는 다음의 「걸수게(乞水偈, 물을 구걸하는 게송)」 뒷 구절에서 찾을 수 있다.

비나니 병에 감로수를 내리시어,	願賜瓶中甘露水,
열과 고뇌 없애고 청량하소서.	消除熱惱獲淸涼. [92]

여기서 감로수도 차와 같이 고뇌를 없앤다고 본 것이 차와 물을 동일시하게 되지 않았나 생각된다.

「삼보소(三寶疏)」를 보면 물이 감로·제호가 되기를 바라는 내용
이 있는데, 이때에는 꽃과 차(茶)와 과일도 진열한다고 했으므로 [93]
물과 차는 엄연히 구분되어 있었다. 감로·제호는 찻물이 아니라 좋
은 물을 뜻한 것임이 확인된다. 또 '香·花·燈·茶·菓'의 5공양과
함께 물과 음식을 더 올린 경우도 있었다. [94]

20세기 초까지의 불교의식 책에는, "특별한 경우에 찻물(茶水) 혹
은 차탕(茶湯)이 없으면 다게를 받들지 않는다."고 기록되어 있고,
물을 올리고 다게를 바치라는 말은 없다. 『범음집』에서는 욕불(浴佛,
불상에 향수를 뿌리는 일)의식 때에, "차탕이 있으면 다게를 외고 없
으면 그만둔다."고 하였고, 『석문의범』의 「관음예문예(觀音禮文禮)」
에는, "각 전(殿)의 예식에 만약 찻물(茶水)이 없으면 즉시 보례게
(普禮偈)를 행하고 이어 보례 진언(眞言)을 다음과 같이 한다." [95]고
하여, 차가 없으면 다게를 노래하지 않는 것을 원칙으로 생각했음을
확인할 수 있다.

귀한 손님에게 항시 차를 대접하는 요즈음에도 예배 시에 물을 올
려놓고, "아금청정수,(我今淸淨水) 변위감로다.(變爲甘露茶) 봉헌삼
보전,(奉獻三寶前) 원수애납수.(願垂哀納受)"라는 다게를 받드는데,
이는 아름다운 풍습이라고 볼 수 없다. 이 글의 해설을 "일심청정수,
감로다 삼아서, 삼보전께 올리오니, 자비로서 거두소서."라고 낭송하
기도 한다. [96] 이 다게는 18세기 초에 엮어진 『범음집』에는 나타나지
않고, 19세기 초엽의 백파 긍선(亘璇)이 쓴 『작법귀감』에서 증명전
(證明前)에 올리는 다게로 나타나기 시작한다. 이를 부처의 가피력
(加被力)으로 맹물을 감로차로 만들어서 드십사 하는 의미로 볼 수
도 있겠으나, 그렇다면 불도를 닦는 수행도, 삼보 공경도 가피력으로
할 수 있다는 말이 된다. 이는 정성이 없는 행동이며 '대강'이 통하지

않는 현대생활에도 맞지 않고, 일상의 손님에게도 생수 대접과 차 대접은 차이가 있다.

첫 새벽 예경의식에서는 정화수를 올릴 수도 있겠으나 이때는 헌수게를 바쳐야 알맞다. 가능하면 맹물 대신 따뜻한 황차라도 올리고 다게를 바친 후, 음복례로서 차탕을 나누어 마신다면 천년이 넘는 불교 전통을 잇게 되고 정진공부가 더 잘되지 않을까 생각된다.

민속에는 첫새벽에 맑은 정화수를 떠놓고 천지신명께 비는 풍습이 있었으나, 절에 가서 부처님께 인사하면서 맹물을 드시라고 하는 경우와 따뜻한 차탕과 과품을 드시라고 하는 경우는 사뭇 그 의미가 다르다. 우리는 7세기에 보천태자가 부처에게 매일 새벽 차를 끓여 올려 성불했다고 전하고, 육우와 같은 시대를 산 8세기의 충담스님이 해마다 춘추로 미륵부처에게 헌공다례를 올린 풍속은 불가뿐만 아니라 우리 민족 전체의 아름다운 문화유산이다.

오늘날에는 차를 쉽게 살 수 있고 차 끓이는 방법도 매우 간단하므로, 상례나 다비식, 승려의 제사에도 영가를 위한 헌다의가 있어야 하고, 예배 볼 때나 공양할 때도 신명에게 차탕을 바치고 다게를 소리 내어 받들며, 예배가 끝난 후 퇴공차(退供茶)를 법도 있게 나누어 음복하는 풍습이 자리 잡으면, 다도문화의 저변확대에 더욱 기여하게 될 것으로 생각된다. 불가에서는 전통의례문화의 연구도 매진하여, 한국 불교의식의 독창성을 계승·발전시켜 아름다운 불가의 다의(茶儀)가 더욱 성해지리라 생각된다.

제 4 장

도가사상 및 도교와 다도문화

1. 도가사상과 도교(道敎)와 다도

　도가사상(道家思想)이란 기원전 4세기경의 인물들인 노자(老子)와 장자(莊子) 및 열자(列子)를 주축으로 하는 사상이다.

　도가사상과는 달리 도교(道敎)는, 의식과 교리를 갖춘 다신(多神) 종교의 하나로서 내세의 피안사상(彼岸思想)이 희박하고 불로장생(不老長生)이나 개인 행복이라는 현세의 이익을 추구하므로, 그 이론적 논리의 보강이 필요하게 되어 도중에 도가의 노장사상(老莊思想)을 끌어오게 되었다. [1] 도교는 도가철학과 함께 신선(神仙)사상, 풍수지리(風水地理), 음양(陰陽)·오행(五行)사상 등과 함께 의학(醫學), 연금술(鍊金術)·복서(卜筮), 재초(齋醮, 복을 비는 의식) 등의 여러 가지가 바탕이 된다. 우리나라 도교는 중국과 같이 종교로서의 교단이 형성되지 않고, 한때 수련도교에 가까운 단학(丹學)도교로서 발전하였다.

　도가사상이나 도교는 다도와 관련을 갖게 되는데, 그 이유를 살펴보면, 차의 성분이 양생(養生)에 이롭다는 것과, 차를 마시면 번뇌와 근심이 사라져 몸과 마음이 자유롭고 편안하다는 점, 그리고 다사(茶事)는 득도(得道)를 위해 심신을 수련하는 과정이 된다는 것이다.

　양생(養生)하여 장생(長生)함, 즉 몸을 건강히 하여 오래 사는 것은 도가와 도교의 공통된 이상이다. 그런데 양생의 방법과 목표는 도가와 도교에 조금 차이가 있다. 도가(道家)는 현실세계 속에서 어떠한 사물이나 사건에 의해서 동요되거나 속박 당하지 않을 수 있는 정신력을 길러, 자유롭게 살아감으로써 양생하고자 함을 중시하는데 반해, 도교(道敎)는 도가의 이러한 견해와 더불어, 현세에서 몸(身)과 마음(心)을 단련하는 단약(丹藥) 등의 구체적 방법도 써서 불로장생(不老長生)하는 신선(神仙)이 되는 것을 목표로 삼는다.

우리나라의 유자(儒者)들은 대부분 단군조선 때부터 내려온 고선도(古仙道)뿐만 아니라 도가사상에 대해 긍정적이어서, 노자의 『도덕경(道德經)』과 장자의 『남화경(南華經)』도 널리 읽었다. 그 이유를 생각해보면, 규범주의적인 유교사회의 틀과 정치적 갈등에서 벗어나, 도가의 무위자연(無爲自然)사상에서 인간 본성을 찾고 내욕(內欲)이 없게 하여 생활 속에서 정신적 편안함을 찾기 위함이었던 것 같다. 이러한 인식은 선도(仙道)로서 혼융되어 이미 한국사상으로 자리 잡았다.

김시습(金時習, 1435~1493)을 중심으로 한때 성했던 단학도교는 유자(儒者)의 신분을 지켜온 사람들이 주축이었고 단군신선사상도 흡수하였으므로, 한국 특유의 선도(仙道) 수련 도맥을 형성했다. 이를 구분하자면 조선시대의 해동단학파(海東丹學派)라고 할 수 있다. 조선 초기 유학계(儒學界)의 4대 학파 중의 하나인 청담파(淸談派)는 도가적 풍(風)을 좋아해서 시정속사(時政俗事)를 떠나 흔히 동대문 밖 죽림에 모여 고담준론으로 소일하였다고 한다. [2] 이들 7인 중 남효온(南孝溫)과 홍유손(洪裕孫)은 특히 차를 좋아했고 김시습과도 친했다. 김종직의 문인인 홍유손은 김시습으로부터 천둔검법연마결(天遁劍法鍊磨訣)을 전수 받았고 과부 박씨 묘관(妙觀)에게 전수하였다고 전해진다. [3] 임진왜란 이후 17세기경에는 단학이 이론화되고,

수련 도교(해동단학)가 우리의 민족 고유의 사상임이 강조되었다.

　매월당은 인간의 '氣'와 '心'을 중심으로 한 한국의 단학(丹學)에 관심을 기울였다. 그가 쓴 「용호(龍虎)」에 있는 수련 내용을 참작해 보면, 몸을 평정(平正)하게 하고 단전(丹田)을 기준으로 일호일흡(一呼一吸)을 잘하여 원기(元氣)를 훔쳐내어 단(丹)을 이룩한다고 했다.

　'丹'이란 불로불사(不老不死)의 선약(仙藥)의 의미와, 생명을 뜻하는 붉은 색과, 기운의 원천인 마음과 단전(丹田)을 뜻한다. 단학파는 두 부류가 있었는데, 금단(金丹)이라는 선단약을 연조하는 외단(外丹) 유파와, 수련을 통해 자기 몸에 본래 성(性)으로서의 내단(內丹)을 이룩하는 파이다. 우리나라의 수련도교는 외단법도 시행해 보았으나 실패로 인정했고, 내단 중에서 호흡법을 중시한 것이 특색이다.

　도교나 도가의 양생에는 명차(茗茶)가 크게 도움을 준다. 다도는 정신을 편안하게 하는 동시에 차(茶)에 실질적 약효가 있기 때문이다. 차의 성분이 신체에 유익함은 오늘날 과학적으로도 밝혀졌지만, 옛날에도 차를 약으로 쓰는 일은 보편적이어서 『산림경제(山林經濟)』나 의학서적에 많은 기록이 남아 전한다. 인체를 자연 그대로 보존함을 중시하는 허준의 『동의보감(東醫寶鑑)』에도 차의 성질과 효능에 대해 상세히 쓰여 있다.

　도가사상을 체득한 다인들은 다도를 득도(得道)의 수련과정이라고도 생각하였다. 그들은 다도를 통하여 잡념을 떨쳐 마음을 깨끗이 하고 뜻을 온전히 하여, 자신과 사물을 잊고 도(道)와 하나가 됨으로써 참된 정신적 자유와 즐거움을 얻었다.

2. 다도에 나타난 도가사상

우리의 다도는 도가의 노장(老莊)사상과도 밀접한 관련을 지니어
왔다. 그런데 도가사상은 유가의 선비문화뿐만 아니라 불가의 승속
(僧俗)에도 스며들었고, 고선도나 단학과도 연관을 지니므로, 다도문
화에서 독립적 사상으로 드러내기에는 미흡한 점이 있다. 따라서 노
자와 장자의 사상을 대체로 많이 함축하고 있는 다인과 글을 살펴보
고, 차(茶)와 도(道)는 하나라는 다도일여(茶道一如)사상과 다사(茶
事)는 득도의 수련과정과 같다고 여긴 점, 그리고 도가적 신선사상을
고찰하고자 한다.

(1) 다도일여(茶道一如)

다도일여(茶道一如)는 차와 도(道)가 같다는 뜻으로, 주로 차의 맛
과 다경(茶境)을 중심으로 나타난다.

고려 중엽의 문신이자 문장가인 이규보(李奎報, 1168~1241)는 다
음 글에서 보듯이, 차의 맛을 도(道)의 맛과 같다고 하여 다도일미
(茶道一味)를 주창하였다.

> 한자(韓子)*의 쌍조(雙鳥)*이야기는 듣기가 싫고,
> 장자(莊子)의 이충설(二蟲設)*이 몹시 좋다네.
> 타오르는 불에 끓인 향차(香茶)는 진실로 도(道)의 맛이고,
> 흰 구름과 밝은 달은 바로 집의 풍경이라네.
> 생공(生公)*의 설법은 예리하며 날카롭고,
> 열자(列子)는 바람을 타고 다녀 육신이 해탈했네.
> 그대를 만나 망형(忘形)하고 애오라지 뜻을 얻었으니,
> 그날은 방덕공(龐德公)*에게 부끄럽지 않았다오.

厭聞韓子題雙鳥,　深喜莊生說二蟲.
活火香茶眞道味,　白雲明月是家風.
生師演法機鋒說,　禦寇乘冷骨肉融.
邂逅忘形聊得意,　不慙當日老龐公.　[4]

* 한자(韓子) : 당나라의 문인이자 유학자인 한유(韓愈).
* 쌍조(雙鳥) : 쌍조란 한자가 쓴 「쌍조시(雙鳥詩)」에서 뜻이 깊
  은 두 충신을 비유한 것이다.
* 이충설(二蟲設) : 『장자(莊子)』「소요유(逍遙遊)」에 조그만 매
  미와 비둘기가 구만리를 올라 나는 큰 붕새를 비웃는다는 이
  야기에서 나온 말.
* 생공(生公) : 양(梁)의 고승 도생(道生, ?~434). 돌을 모아 청중으로
  삼고 강연하니 돌이 끄덕거렸다 함.
* 방덕공(龐德公) : 후한(後漢) 때의 사람으로 부부가 농사를 지으며
  은거하였는데, 그는 벼슬을 마다하고 소박하게 사는 편안함을 자손들에
  게도 물려주겠다고 하였다.

윗글에서 '활화향차(活火香茶)'라 함은, '생기 있는 불로 잘 끓인
향기로운 차'를 뜻한다. '활화향차진도미(活火香茶眞道味)'는 '백운
명월시가풍(白雲明月是家風)'과 대우(대구)를 이루어, "잘 끓인 향차
는 진실로 도의 맛과 같다."는 뜻이다. 요약하면 '차는 도와 같은
맛', 즉 '다도일미(茶道一味)'라는 것이다.

이 글은 유·불·도에 능통한 이규보가 스님과의 뜻 깊은 만남을
쓴 내용이지만, 위의 도(道)는 도가의 도를 말한다. 본문의 내용에서
언급한 장자와 열자가 도가의 사상가이고 방덕공도 도가적 은둔자이
며, 망형(忘形)하여 뜻을 얻었다는 내용도 도가의 득도한 경지를 뜻
하기 때문이다.

도가(道家)의 '道'란 우주 만물을 존재하게 하고 변화하게 하는 모

체(母體)와 같은 섭리를 말한다. 이규보는 도(道)에 관해 쓰기를, "도(道)는 본래 희미한 데 자리 잡고 있어서 맞이하고 따라가나 나타나지 않는다.(道固宅於希夷 迎隨不見)"고 하였는데, [5] 이는 노자가, "道란 황홀하여 종잡을 수가 없다." 라든가, "혼돈상태로 이루어져 있으며 아무 소리도 없고 아무 형체도 없다." 라고 한 내용과 비슷하다. [6] 그는 또 다른 글에서, "원래 道의 경지란 오히려 자신의 몸을 버리는(잊는) 것이니(從來道境尙遺身)"[7]라 했으므로, 道는 오관으로 알 수는 없으나 도경(道境)은 망형(忘形)의 경지라고 생각하였음을 알 수 있다.

이규보는 다른 글에서 좋은 차의 맛을, '어린애 젖 냄새가 나는 부드러운 맛(孺)' 또는 '강한 향기의 단맛(甘)'이라고 표현하였다. 이와 달리 그가 '도미(道味)'라 한 것은 향기로운 차의 맛이 득도한 경지의 조화로움이나 오묘한 정신적 자유로움과 같다고 생각한 것 같다. 즉, 위에서 그는 다도경(茶道境)을 중시하였다.

이규보는 차의 맛뿐 아니라 차탕 자체를 '도(道)'라고 여기기도 했음이 다음 글에서는 드러난다.

> 헛된 명예는 모두 허령한 마음밖에 던져지니,
> 오묘한 도(道)는 오히려 눈앞에 있구나.
> 돌솥의 차는 끓어 향기로운 흰 젖이 뜨고,
> 벽돌 화로에 피는 불은 저녁놀같이 붉구나.
> 인간사의 영광과 욕됨을 대략 알았으니,
> 이제부터 호수와 산을 유랑하는 늙은이가 되리라.

> 浮名總落心虛外,　妙道猶存目擊中.
> 石鼎煎茶香乳白,　塼爐撥火晚霞紅.
> 人間榮辱粗嘗了,　從此湖山作浪翁. [8]

윗글 둘째 구절에서 눈앞에 있다는 '묘한 道'도 도가적 도를 뜻한다. 불가나 유가에서는 道가 묘하다는 말을 거의 쓰지 않는다. 그리고 나쁜 평판을 마음에 두지 않는다 함은, 『장자(莊子)』의 「소요유(逍遙遊)」에서, 세상 사람의 칭찬과 비난에 얽매이지 않은 송영자(宋榮子)를 두고 썼던 말로 짐작되며, 허심(虛心)이 된다는 말이나 유랑자가 되겠다고 한 것도 도가사상에서 나온 말이다.

둘째 구절의 '목격(目擊)'은 직접 자기 눈으로 보는 것을 말하는데, 그 대상은 바로 다음 구절의 끓는 말차를 말한다. 즉, '오묘한 도는 눈앞에 끓는 말차에 있다네.' 라는 뜻이며, 이것은 다시 '오묘한 도는 바로 찻물에서 찾을 수 있다네.' 의 뜻이 된다. 따라서 이 글은 차와 도는 같다는 그의 다도일여(茶道一如)사상을 다시 한 번 나타낸 것이다. 유자(儒者)인 이규보는 불교에도 심취하여, 다른 글에서는 선다도(禪茶道)도 수행한 것으로 보아, 다도를 구도(求道)방법이라고 생각한 것 같다. 그의 다도일여사상은 후학들에게 영향을 주어, 조선 중기의 승려 백암 성총(性聰)은 「정토의 찬양(淨土讚)」에서, "活火香茶眞道味, 靑宵白月是家風.(파란 하늘 흰 구름은 집의 풍경일세)"라고 하였다.

목은 이색도 차탕에서 느낀 도(道)의 맛을 강조한 다음 글이 있다.

「 송광사의 부목화상이 왜구를 피해 영대사에 가서 차를 보내주시니 받들어 사례함 (奉謝松廣夫目和尙避倭靈臺寺寄茶) 」

봉화가 하늘가에서 전쟁의 잔재를 나타내니,	烽火天涯吹戰塵,
풀숲 깊은 곳에 피하여 몸을 감추었네.	薜蘿深處却藏身.
응당 속박과 해탈은 원래 둘이 아니리니,	秖應縛脫元無二,
늙은 나는 유연해져 도의 진미를 알겠네.	老我悠然味道眞.

　* 마지막 구절의 '味'는 타동사로 쓰였다. 이 글에서 도(道)의 진
미로 여긴 것은, 제목에서 나타내는 바의 다미(茶味)를 뜻한다.

　'유연(悠然)'은 『장자(莊子)』에도 나오는 단어로서 미끄러지듯 자
유로운 마음을 말한다.

　우리나라는 이웃나라에 비해 다도에 미친 도가사상의 영향이 크
며, 유일하게 다도일미를 주창하였다. 여기서 우리 다도문화의 심오
함을 엿볼 수 있다.

(2) 다사(茶事)를 통한 득도(得道)

　다도는 장자(莊子)의 체험적 구도(求道) 방법과 비슷하며, 마침내
도를 얻게 한다고 여겨졌다. [9]

　장자는 인간이 노력하여 수양하면 현실세계에서 도(道)를 얻을 수
있다고 보았다. 그는 도(道)를 설명하기를, "천지만물을 성립·유지·
전개하게 하는 지극한 원리", 즉 '지도(至道)'라는 의미로 설명하였다.
그 외에도 '도리(道理, 사물·사건들이 준거해야 할 규율)', '德(道의
실천이 內心에 응집된 것)', '방법', '길' 등으로 설명하였다. 그는 또
말하기를, "형체를 형체되게 하는 주체는 형체로 드러나지 않는다.
(形形之不形)"고 하면서, 도(道)가 감각기관과 마음의 대상이 될 수
는 없으나, 인간은 도를 얻어서 태어났으므로, 자신 속에 간직하고
있는 도를 스스로 잘 돌이키기만 하면 그것이 드러나, 입도(入道) 혹
은 득도(得道)할 수 있다고 전제하였다. 장자는 이성적 사고에 그치
지 않고 현실에서 직접 구하고 체험하고자 하는 실천적 철학자였으
므로, 도를 체득하고 드러내는 인간의 실제 행위와 노력을 중시하였
다. 따라서 현실적 만족을 얻지 못하던 고려와 조선시대의 유학인들

간에 장자는 흔히 회자되었다.

장자는 득도하기 위한 방법을 제시하였는데, 그것은 심재(心齋)·
전일(專一)·좌망(坐忘)의 세 가지로 요약된다. [10]

심재(心齋)는 몸과 마음을 재계(齋戒)하여 정심(靜心, 고요한 마
음)을 지니는 것으로, 마음을 씻어내고(洗心) 정신을 깨끗이 하고 지
식을 버리어 허(虛)하게 하는 것이다. 전일(專一)은 마음을 온전히
하고 뜻(志)을 하나의 대상에만 집중하는 것을 말한다. 좌망(坐忘)은
'부단한 노력으로 일체의 물아(物我)·시비(是非)·차별(差別)을 잊
고 형(形)을 떠남으로써 대통(大通)과 함께 하는 것'[11]이라고 하였
다. 대통과 함께 한다함은 도(道)와 합일하는 것이다.

심재와 전일과 좌망의 경지는 도가뿐만 아니라 유학이나 불학(佛
學), 토속신앙 등에도 있는 수도(修道)나 명상의 요소이다. 여기에서
는 선조들이 다도생활을 도가적 수도(修道)와 득도 과정으로 보고
글을 남긴 것을 중심으로 좀 더 자세히 살펴보고자 한다.

(가) 심재(心齋)

심재(心齋)란 심(心)의 재계(齋戒)란 뜻으로 제사의식을 앞둔 사
람이 몸을 깨끗이 씻고 행동거지를 삼가며 마음을 잘 간수하는 것과
같이, 심(心)을 깨끗이 하되 궁극적으로 허령(虛靈)하게 하는 것을
뜻한다. [12] 마음을 비워 허령하게 한다고 함은, 습관적인 삶 속에서
마음이 외물에 대한 지(知)와 욕(欲)으로 때가 끼고 녹이 슬었으므
로, 그러한 지식과 욕망을 버리어 정신을 맑고 깨끗이 하라는 것이
다. 노자(老子)는 말하기를, 道를 체득하고자 할 때에는 "마음을 깨
끗이 씻어내어 깊이 관찰하여 흠이 없도록 해야 한다.……… 마음을
극도로 허(虛)하게 하고 청정(淸靜, 맑고 고요하게 함)을 독실히 지

켜라." [13]라고 했다. 득도를 위해 '청허(淸虛)로써 스스로 지킴'은 도
가사상에서 매우 중시한다.

그런데 도가적 지식을 지닌 문사다인들은, 다도를 마음의 허령청
정(虛靈淸靜)을 위해 노력하는 심재(心齋)로 생각하였다. 이와 같이
여긴 근거를 살펴보면, 각성효과로 인해 머리가 맑아진다는 점과, 다
사로써 마음을 다스려 헛된 욕심이나 잡념을 확인하고 떨칠 수 있으
므로 마음이 비워지게 된다는 점, 그리고 차탕의 물과 차의 성분 자
체가 실제로 더러움을 씻어내는 작용이 있다는 점이다. 이러한 관념
은 유가나 불가에도 있으나, 도가에서는 차가 사람을 허(虛)하게 하
거나 청(淸)하게 하여 양생과 불로장생을 돕는다는 의미에서 더 중
요시하였다.

찻물의 씻어내는 현상적 작용은 물과 찻기 때문이다. 물은 더러운
것을 씻는다. 우리의 세시풍속에도 물은 세속의 더러움을 씻는다고
생각하여, 섣달그믐에 물로 한 해를 씻는 습속이 있었고, 정초에 떡
국을 먹었다. 그리고 명의 진계유(陣繼儒)가, "물은 사람의 마음을
비게 한다.(水令人空)" [14]고 하였듯이, 물은 보는 것만으로도 마음이
청허해짐을 느낄 수 있다. 차의 성분도 역시 씻어내는 역할을 한다.
고려시대에도 흔히 차가 창자를 씻는다고 한 바와 같이, 차는 지방
을 분해하는 세척력이 있고 해독작용을 하며 냄새도 없애므로, 실제
로 몸을 깨끗이 하는 역할이 크다. 그뿐만 아니라 물을 다루는 찻일
을 순리에 따라 하는 것도 잡념을 없애고 마음을 편안하게 하는 일
이다.

따라서 득도하고자 재계하는 마음이 되어 속세의 때를 씻고 허령
청정해지는 자리에는 흔히 차가 있었고, '씻을 세(洗)' 자를 즐겨 쓴
글들을 보게 된다. 이규보는 천화사(天和寺) 시냇가에서 녹태전차를

마시고 놀며 쓴 글에서, "반 잔의 눈(雪) 같은 찻물은 답답하고 타는 마음을 씻어주네.(半甌雪液洗煩煎)"라 하였고, 또, "(차가) 마음의 티끌을 없애 물같이 맑게 한다."고 하였다. 김시습도 시냇물 속의 차를 끓여 마시는 너럭바위(盤石)에 누워서, "흐르는 물을 베개 삼고 고인을 사모하니, 세속의 더러움을 씻을 수 있네."[15]라고 했으며, 또 월산대군 이정(李婷, 1454~1488)은, "차 한 잔을 마시며, 현묘한 이야기로 속세의 망상을 씻는다.(談玄洗塵想)"고 하였다. 또한 승려 도안(道安)도 "마음을 씻으며 차를 혼자 따른다.(洗心茶自酌)"고 했고, "마음을 씻으며 애오라지 또 용차를 끓이네.(洗心聊復試龍茶)"라 했다.[16] 그런가 하면 이색은 "다향이 자리에 가득하니 마음이 텅 비어지네.(茶香滿座小窓虛)"[17]라고 하여, 차의 향기만으로도 마음을 비울 수 있는 대인(大人)이었음을 볼 수 있다.

이와 같이 진지한 음다생활은 세속으로 인한 몸과 마음과 생각에서 때를 없애고 비게 하므로 심재하는 것과 같다. 심재는 전일이나 좌망의 기초가 된다.

　(나) 전일(專一)

　전일(專一)은 마음(心)을 온전하게 하여 잡념이 끼어들지 못하게 하면서, 뜻(志)을 하나의 생각이나 일에 집중시키는 전심일지(專心一志)를 뜻한다.[18] 이는 심재의 다음 단계로서, 오로지 몰두하는 일에 힘씀을 뜻한다.

　장자는 매미를 잘 잡는 노인의 예를 들어, 마음을 쓰되 분산시키지 않아 매미와 사람의 구분이 없어져야 된다고 했고, 80살의 대장장이 노인의 솜씨를 예로 들어, 외물의 자극에 동요되지 않고 전일하여 그 일에 끊임없는 수련을 쌓으면, 그 결과 오묘한 쓰임새를 발휘하고 도(道)를 지닐 수 있게 된다고 했다.¹⁹⁾ 이와 같이 전일하면 자연히 망형(忘形) 혹은 망물아(忘物我) 상태가 되어 자신과 사물을 잊게 되고, 마침내 좌망(坐忘)하여 도가적 득도에 이르게 된다.

장자의 전일 과정은 다도에서도 터득될 수 있다. 차를 끓이는 일은 차(茶)의 예민한 성질로 인해, 마음의 정성과 일의 집중의 결과가 거짓 없이 그대로 드러난다. 즉, 차 한 잔은 장자의 견해로 볼 때 하나의 작품이다. 따라서 차를 잘 끓이려면 마음을 분산시키지 않고 다사에 정신을 집중하여 전일하지 않을 수 없다. 이는 유가에서 다사(茶事)를 공부로 여긴 것이나, 불교에서 '전다(煎茶) 삼매수(三昧手, 삼매의 솜씨)'라고 한 것에서도 볼 수 있다. 그와 같이 다사에만 몰두하게 되면, 망념도 끼어들지 않게 되고 자신의 존재도 잊어버리게 된다. 전일은 행동의 수련과 함께 뜻(정신)도 힘써 닦아야 심재와 궤를 같이 하게 된다.

그런데 다사(茶事)의 전일이 도가에서 추구하는 바의 구속 아닌 자유가 되려면, 차의 본래 품성과 종류에 따른 성(性)을 알고, 그것을 온전하고 충분히 드러내는 일과, 부단히 찻일을 수련하는 것을 중시해야 한다. 반복해서 진지하게 행하다보면 찻일이 번거롭지 않고 편안하게 느껴지며, 차의 맛도 담담해진다.

(다) 좌망(坐忘)의 다도경(茶道境)

장자(莊子)의 좌망(坐忘)은, 단정히 앉아 일체의 물아(物我, 사물과 자신), 시비(是非, 옳고 그름), 차별(差別)을 잊고, 또한 인의(仁義)와 예악(禮樂)마저도 잊은 정신상황을 말한다. 이는 수양공부인 심재(心齋)와 전일(專一)을 바탕으로 이루어지는 궁극적인 경지로서 道의 경지가 됨을 뜻한다.²⁰⁾

좌망의 상태는 흔히 망형(忘形)이라 하였고, 망물아(忘物我)·망명(忘名)·망리(忘利)·망기(忘機)한다고도 하였다. 망형(忘形)이란 자기의 몸이나 외물을 잊는 것으로, 보고 듣는다는 의식조차 없는 상태이다. 그러나 그냥 멍하니 앉아 있는 것이 아니라, 장자가 말했듯이 뜻을 기르기 위함인 것이다. [21] 이러한 경지는 도가뿐 아니라 유가의 정좌(靜坐)나 불가의 참선에서도 흔히 찾아볼 수 있는데, 글 쓰는 이의 취향과 상황에 따라 그 표현이 조금씩 다르게 나타난다.

좌망의 다도경(茶道境)에 관한 내용을 살펴보면 다음과 같다.

이규보는 차탕의 맛이 도(道)의 맛과 같다고 한 글에서, "망형(忘形)하고 득의(得意)했다."고 썼다. 문하에 서거정을 배출한 다인 유방선(柳方善, 1388~1443)도 벼슬을 사양하고 벽지에 은거하면서, 망형(忘形)을 깨달으며 차를 끓여 마셨다고 하였다. [22] 이규보는 대자연 속에서 지내면서 망기하여 새와 함께 산다고 했으며, 유학자 김구용(金九容, 1338~1384)도, "차 끓는 소리 들으며 망기하여 앉았다네.(煮茶聲裏坐忘機)" [23] 라고 한 글이 있다. 망기(忘機)는 『장자』에 나오는 망아의 경지를 나타낸 말로서 기심(機心, 기회에 따라 움직이는 마음)을 버렸다는 뜻이다.

매월당 김시습(金時習, 1435~1493)의 다음 글을 보면, 혼자서 망물아(忘物我)의 다도경(茶道境)에 있음을 볼 수 있다.

> 마음이 물처럼 맑으니,
> 자유자재하여 막히고 걸림이 없네.
> 바로 이것은 사물과 나를 잊는 경지이니,
> 혼자서 잔에 차를 따라 마시니 좋구나.

> 心地淨如水*, 儵然無礙隔*.
> 正是忘物我, 茗椀宜自酌. [24]

*심지(心地) : 마음이 일체 만법을 내는 것이 마치 땅이 풀이나 나무
등을 내는 것과 같으므로 마음을 심지라고도 한다.
*유연(脩然) : 사물에 얽매이지 않는 모양.

이 글에서 마음이 물처럼 맑다 함은, 욕망이나 잡념이 일어나지
않는 마음의 상태를 뜻한다. 그리고 마음과 물의 공통점을 이색의
차시와 마찬가지로 '유연(脩然)'으로 나타내었다. 매월당은 다도를 통
해 사물과 자신을 잊는 물아양망(物我兩忘)을 즐겼던 것 같다.

『사소절』을 쓴 아정(雅亭) 이덕무(李德懋, 1741~1793)는 음다 후
좌망의 신선 경지를 다음과 같이 나타내었다.

「 관헌의 다음 (觀軒茗飮) 」

그대와 인연되어 청옥 서안에서,
차를 마시며 오랜 동안 이야기하네.
여뀌 풀숲에는 벌레들이 시끄럽고,
매미는 나무에서 서늘하게 울어대네.
가을의 서재는 한가하기만 하고,
비 갠 뒤 발에는 따스한 햇볕이 드네.
홀연히 방외에서 노니는 듯,
몸이 담담해져 절로 망형한다네.

倚君靑玉案,　茗飮話俱長.
蓼剰繁蟲鬧,　蟬專一樹凉.
秋齋聊暇日,　晴箔暖新陽.
忽若遊方外,　形骸澹自忘.　[25)]

다가(茶家) 이덕무는 다른 글에서, "석양에 죽을 하루살이가 낮에
죽은 놈 슬퍼한다."는 글을 남겨, 삶에 초연한 모습을 볼 수 있다.

이와 같이 다음(茶飮)은 득도를 위한 몸과 마음의 수련과정이 되어 도경에 이를 수 있게 한다고 여겼다.

(3) 다선(茶仙)의 희구

'차(茶)'를 흔히 '선차(仙茶)', '선품(仙品)' 혹은 '선자(仙子 ; 仙人)', '신선이 좋아하는 것'이라 하였고, 차인을 '다선(茶仙)'이라 한 것은 음다로써 신선의 삶과 덕을 본받고자 함이다.

'선(仙)'이라고 함은, '선인(仙人)' 또는 '신선(神仙)'으로서 ① 단군선도(檀君仙道)의 지도자 선인(仙人) ② 현세를 떠나 하늘나라에 사는 천선(天仙) ③ 도교의 도사(道士, 神人, 至人) ④ 이상적 자유를 실현한 지선(地仙) ⑤ 속세를 떠나 맑고 깨끗하게 살아가는 처사(處士, 풍류인) 등의 의미를 지닌다. 즉, '선인(仙人)'은 단군선인, 하늘나라 선인, 도교적 선인, 도인, 탈속의 선인으로 구분된다. 김시습은 신선을 정의하기를, '신선이란 양성복기(養性服氣)하고 용호(龍虎)를 수련해서 늙음을 물리치는 사람'[26]이라고 하여 현실의 이상적 인간형으로 보았고, 보통사람도 수련하면 신선이 될 수 있다고 보았다.

다인들은 찻물을 끓이고 마시며 선인(仙人)이 되기를 희구하였고, 자연 속에 묻혀 근심 없이 소박하게 사는 다가(茶家)의 모습은 신선(神仙)으로 인식되어, '다선(茶仙)'이라 하였다. 이는 고선도의 맥락 이외에 중국 도가의 영향을 받아 차(茶)가 양생을 도와 아름답게 늙게 한다는 인식이다.

고려의 대각국사 의천(義天, 1055~1101)은 차를 마시니 몸이 가벼워지고 뼈가 상쾌해지게 하므로 '선품(仙品)'이라 하였고, 진정 천책(天頙, 1206~?)은 "청풍이 겨드랑이에서 풀무질하니, 동안(童顏)을 지닐 수 있으리라." 하여 노동(盧仝, 약 795~835)의 시를 인용하여 신선이 됨을 뜻했다. 목은 이색도 노동의 '칠완차'를 언급하였는데 이는 신선다풍(神仙茶風)의 표현으로, 당나라 노동이 삼백 편의 단차를 선물 받고 쓴 시 「맹간의가 부쳐 준 햇차에 감사하여 급히 답함(主筆謝孟諫議寄新茶)」에서 유래된 것이다. 즉, 여섯 잔의 차를 마시고 나서 일곱 번째 차를 마시지 않았는데, "겨드랑이에서 청풍이 일어난다.(唯覺兩腋習習淸風生)"고 한 내용을 인용한 것이다. 이 글은 선비다풍이 일어난 고려 후기부터 조선시대에 걸쳐서 '옥천자', '노동차', '칠완차(七椀茶)', '겨드랑이의 청풍' 등으로 표현되며, 신선 같은 삶을 지향하는 유(儒)·불(佛)의 다인들 간에 자주 언급되었다.

노동의 시에 나오는 '봉래산(蓬萊山)'은 중국의 동쪽 바다 가운데 있다는 상상 속의 산으로 신선이 살고 불로초가 있다고 하였는데, 우리 선인들은 그 산이 바로 여름에는 '봉래산'이라 부르는 '금강산'을 지칭한 것으로 여겼다. 고려시대의 기록에도 우리나라 4대 명산은 묘향산, 구월산, 봉래산, 방장산이라 하였고, 도은 이숭인은 차를 마시고 봉래산 신선이 된 것 같다고 했으며, 고려 말의 송인(宋因)은 '四仙'을 '봉래산 선인'이라 한 것을 보면, 봉래산은 금강산이라고 함에 무리가 없다.

다선(茶仙)이 되기를 희구한 문사의 글은 도가사상의 영향이 크며, 사상적 견고함이 강조된 조선시대에 많이 나타난다.

조선 초의 문신인 변계량(卞季良, 1369~1430)은, "산의 샘물로 타오르는 불에 향차를 달여 한 잔 마시니 신선이 될 것 같네.(香茶活火煮山泉 一椀才傾骨欲仙)"라고 하였고, 이목(李穆, 1471~1498)은 『다부(茶賦)』에 쓰기를, "차는 사람을 신선이 되게 하니 황제나 노자와 같은 덕이 있다.(使人仙有黃帝老子之德焉)", "차 두 잔을 마시고 나니 상쾌한 혼은 신선이 되고자 하네." 라 하여, 끽다 습속은 영혼을 다스려 신선되게 한다고 여겼다. 조선말 박영보가 쓴 『남다(南茶)』에는, "옛날에는 차를 마시고 신선(神仙)이 되었다. 그렇지 않은 경우라도 청정한 현사(賢士)가 되지 못한 일은 없다." 라고 하여, 다음(茶飮)은 사람을 '선인(仙人)'되게 한다고 여긴 것이다.

허암(虛庵) 정희량(鄭希良, 1469~1502~?)은 김시습의 도맥을 이어 내단(內丹)의 요점을 전수받았다고 전하는데,[27] 강직한 문관이었던 그가 쓴 다음의 「밤중에 차를 달임(夜坐煎茶)」이라는 시에서는, 끽다로써 신선처럼 사는 자신을 나타내었다.

> 큰 표주박을 기울여 눈빛 차를 마시니,
> 간담이 밝게 확 트이어 신선과 통하네.
> 천천히 혼돈한 감각기관이 깨어나고,
> 홀로 신령스런 말을 몰아 앞서서 노니네.
> 돌아보니 예전의 마음은 자갈밭이었고,
> 요사스럽고 속된 생각이 한량없었네.
> 마음의 근원이 저절로 호연해짐을 깨닫게 되니,
> 만물을 초월하여 하늘나라에서 노니는구나.
> 점차 아름답고 묘한 경지에 이르러,
> 손뼉 치고 읊조리니 굴원(屈原)이 쓴 이소편 시라네.
> 내 들으니, 천상계의 진인은 맑고 깨끗함을 좋아하여,
> 이슬 기운을 마시어 더러운 곳이 없고 병이 낫는다네.
> 노을로 밥을 짓고 옥식(玉食)을 하여 오래도록 살며,
> 뱃속이 씻기고 털이 없어져 아이 얼굴처럼 맑다네.
> 나는 속세에 살면서 이와 같으니,
> 어찌 야위고 파리한 선비들과 오래 살기를 다투리.
> 그대는 노동이 단차(團茶) 삼백 편 얻은 것을 알지 않는가,

도덕경(道德經) 오천 자는 부질없는 문자라네.

大瓢一傾氷雪光,　肝膽炯徹通神仙.
徐徐鑿破混沌竅,　獨御神馬遊衆先.
回看向來硛磽地,　妖魔俗念俱茫然.
但覺心源浩自運,　揮斥物外逍遙天.
漸窮佳境到妙處,　拍手浪吟離騷篇.
吾聞上界眞人*好淸淨,　噓吸沆瀣糞穢痊.
餐霞服*玉可延年,　洗髓伐毛童顔鮮.
我自世間有如此,　豈與枯槁*爭長年.
君不見盧仝飢三百片,　文字汗漫空五千.²⁸⁾

* 진인(眞人) : 道人 혹은 仙人을 뜻한다.
* 服은 복용한다는 뜻이며, 玉은 玉食(좋은 음식)을 줄인 말이다. 옥을 먹으면 얼굴이 맑아진다고도 전한다.
* 고고(枯槁) : 고고지사(枯槁之士), 즉 야윈 선비를 뜻한다.

정희량은 윗글에서 도가적 상상의 신선이나 노자(老子)의 오천 자로 된 『도덕경(老子)』을 무시하고, 찻자리에서 자신이 느낀 신선세계를 상세히 표현하였다. 즉, 현세의 신선인 자신은 차를 끓여 마시니 오관이 탁 트이고 마음의 근원이 깨끗해져서, 병이 없고 어린아이와 같은 모습을 지닐 수 있다고 여긴 것 같다.

순의(殉義) 다인인 김상용(金尙容, 1561~1637)이 쓴 다음 글에서도 다선의 경지를 볼 수 있다.

「 동짓달에 눈물로 차를 끓임 (至月雪水煎茶) 」

산 동자는 눈을 맞으며 새로 샘물을 길어와,
돌솥에 용단차를 활화로 달인다네.

216

가는 솔바람소리 토하니 향기는 다원(茶院)에 가득하고,
한 잔 차의 풍치는 하늘을 나는 신선 같네.

山童帶雪汲新泉,　　石鼎龍團活火煎.
細瀉松聲香滿院,　　一甌風致爽登仙. [29]

근세의 한문학자 무정(茂亭) 정만조(鄭萬朝, 1859~1936)는 한때 세속을 떠나 살며 신선이기를 희망한 글을 남겼다. 「은거한 선비(隱士)」라는 글에서, "소나무 창은 차 끓이는 연기로 자욱이 막혀 있네.(松窓深鎖煮茶煙) 아마도 유인(幽人)은 신선이 아닐까.(難道幽人不是仙)"라고 하며, 산 속에서 차와 더불어 허심(虛心)으로 해(年)를 보내었다.

일반적 관념으로도 음다생활을 하는 사람은 도통한 신선이라고 여겼음을 『편지글(尺牘)』 예문(例文)인 「궤다(饋茶, 차를 드림)」의 다음 내용에서 볼 수 있다.

당신은 다선(茶仙) 아니십니까? 지금 드리는 이른 봄의 몇 잎사귀는 소위 작설로서 3월의 곡우를 지나지 않은 것입니다. 그대에게 보내오니 받으시어 좋은 물에 끓여 석 잔을 마시면 도(道)를 통할 수 있을 것입니다. [30]

여기서 '다선'은 '도(道)'를 통할 수 있는 사람으로 여긴 것이다.

당나라의 육우는 『다경(茶經)』에서, "차를 오래 먹으면 신선이 된다."고 하였으며, 또 "차는 몸을 가볍게 하고 뼈를 바꾼다.(苦茶輕身換骨)", "한나라의 선인(仙人)인 단구자(丹丘子)와 황산군(黃山君)도 차를 마셨다."고 하였다. 그리고 오대(五代)의 모문석(毛文錫)이 쓴 『다보(茶譜)』에는, "몽정차(蒙頂茶) 세 냥을 끓여 마시면 뼈를 바꾸고 네 냥이면 바로 지상의 신선이 된다."고 하였다. 이와 같이 끽다

(喫茶)생활과 도가의 신선은 중국에서
도 오래 전부터 긴밀하게 생각하였다.

1869년에 간행된 조선시대 부녀자의
생활지침서인 『규합총서(閨閤叢書)』에는
『다경(茶經)』에 나오는 차 파는 '할머니
(老姥)'를 적었는데, 「여선(女仙)」이라고
소제목을 짓고 설명하기를, "다고(茶姑,
다할머니), 미다비거(賣茶飛去), 차를 풀
고 느라가다(차를 팔고 날아가다)." 라 하
였다. [31] 『다경』의 내용을 적어보면 다음
과 같다.

도33 '이선대다' 풍수도. 『기문(奇門)』
필사본 18.5x21cm 두 신선이 마주
앉아 차를 마시는 형상이다.

진(晋)나라 때 장에서 차를 파는 할
머니가 있었는데, 새벽에 차 한 그릇을
가져와서 저녁까지 많은 잔의 차를 끓
이지 않고 팔았으며, 번 돈은 가난한 사람에게 나누어주었다. 이를
이상히 여겨 마을 법관이 옥안에 가두었으나, 밤이 되자 할머니는
찻그릇을 가지고 옥의 창 사이로 날아 나갔다. [32]

이는 차할머니 신선을, 『장자』에서 보듯이 날아다닐 수 있는 사람
으로 생각한 것이다. 아마 당시의 부녀자들도 차(茶)와 신선이 관련
이 깊은 것으로 여겼던 것 같다.

차를 마시면 어린아이 같은 얼굴을 지닌 신선이 될 수 있다고 함
도 노장사상의 영향이 크다.

진정국사 천책(天頙, 1206~?)이 차를 끓여 마시면서, "어찌 반드시
신령스런 약을 마셔야만 동안을 지닐 수 있으리오.(何須飮靈藥 然
後駐童顔)" 라고 한 것이나, 초의 의순은 『동다송』에서 말하기를,

"(차를 마시면) 도로 아이가 되고 마른나무에 싹이 나는 신비한 영험이 빨라서, 팔십에 노인의 얼굴이 예쁜 복숭아처럼 분홍색이라네."라 한 데서 볼 수 있다.

노자는 도(道)를 체득한 행동에 대해 말하기를, "기운이 온전하고 유연하여 영아와 비슷하다.(專氣致柔 能嬰兒乎)"[33]고 하였고, 『장자(莊子)』의 「대종사(大宗師)」편에서도, 도를 얻으면 나이가 많아도 영아 같은 얼굴을 함을 암시한 것을 볼 수 있다. 도인을 영아와 같이 본 이유는, 어린아이는 인위적인 것이 없고 자연으로부터 받은 본래의 성(性)을 온전히 보존하여 순진하고 건강한 마음이 얼굴에서 드러나는데, 도인도 자신을 닦는 노력으로 이와 유사해지기 때문인 것으로 생각된다.

신선은 세속을 벗어나 자연 속에서 도(道)와 함께 살기 위해 은일(隱逸)함을 당연하게 생각하여, 다도와 신선과 은일이 밀접함을 나타낸 글들이 많다. 이는 인적이 드문 곳에서 신선과 같이 사는 것이 장생(長生)에 도움을 준다는 도가사상의 영향을 받은 것이다. 도가의 이상적인 삶으로 여기는 은거생활에서 차를 끓여 마시는 일은, 외로움과 근심을 덜어주고 양생을 도울 뿐만 아니라, 자연과의 일체감 속에서 도(道)를 체득하는 데 크게 도움이 되었다. 이러한 인식으로 다도문화에는 도가의 신선사상 속에 은일사상과 자연동화사상이 내재되게 되었다.

도가적 은일사상은 노자가 처음 제창한 '숨어 있는 군자(隱君子)'라는 말에서도 알 수 있듯이, 사회를 떠나 사람이 없는 자연 속에서 사는 것을 도(道)라 여기는 사상이다. 『장자(莊子)』에서도, "홀로 천지정신과 함께 왕래한다.", "세상사를 대해서 홀로 자연 속에서 자유로이 살아야 한다.", "사람이 없는 들에서 놀아라." 라고 한 글들을

볼 수 있다. [34)]

은일한 사람들의 자연동화사상은 『노자』에서, "사람은 땅을 따르고 땅은 하늘을 따르며 하늘은 도를 따르며 도는 자연을 따른다.(人法地 地法天 天法道 道法自然)"고 한 내용에서 알 수 있듯이, 사람과 자연과 도를 큰 의미의 하나로 보므로, 도를 터득하고자 하는 다인들은 자연과 더불어 지내며 자연과 일체가 되는 공부를 하고자 노력하였다. 중국에서도 당나라 이후 차가 보급됨과 더불어 산림에 묻혀 은일하여 차를 즐기는 사람이 늘어났으므로, 은일과 차는 밀접한 관계가 있는 것으로 본다.

은일이 사람을 오래 살게 한다고 여긴 노장사상의 근거를 살펴보면, 정치제도나 규범 등의 외인적(外因的) 세사(世事)를 피해 정신적 자유로움 속에서 살아야 한다는 것과, '무용지용(無用之用, 쓸모없는 것이 쓸모 있음)'의 두 가지로 집약된다.

은일하면 사회규범이나 법 등으로부터 제약을 받지 않을 뿐만 아니라 현상계의 사물, 인간의 희로애락과 욕망, 예(禮)와 인의(仁義) 등에 구속받거나 의존하지 않아도 된다. 따라서 정신적 억압이나 심리적 상처를 받지 않고, 자연으로부터 받은 인간 본래의 성(性)을 잘 보존하게 되므로 장생할 수 있게 된다는 것이다. 도가에서 궁극적으로 추구하는 철학정신은 절대자유를 얻는 것이며, 은일도 이러한 바탕을 근거로 한다. '무용지용'이라는 것은 잘 생기고 멋진 나무는 일찍 베이고 꺾이어 죽게 되나, 오히려 쓸모없어 무용인 듯한 나무나 사람은 해침을 당하지 않고 타고난 그대로 오래 살면서, 나중에는 아름다운 고목의 모습을 보여주고 나무 그늘을 만들어 주는 등 쓰임새(用)가 있다는 뜻이다. [35)] 따라서 사람도 쓸모없는 나무와 같이 눈에 띄지 않게 살면서 장생해야 한다는 것이다.

문신이었던 다인 송강(松江) 정철(鄭澈, 1536~1593)은 탈속하여 만족스러운 생애를 사는 다선(茶仙)의 모습을 그렸다.

「이경빈에게 보임 (示李敬賓)」

작은 집은 귤나무로 둘러져 있고,
명차는 옥 같은 샘물에 끓여지네.
생애가 이와 같이 만족스러우니,
그대는 바로 산골의 신선이로세.

小屋圍金橘, 名茶煮玉川.
生涯此亦足, 君是峽中仙. [36]

이 글은 두메에 살면서 다도를 즐기며 사는 이경빈의 모습을 나타낸 것이다.

그러나 인간이 혼자서 완전히 은일하여 살기는 현실적으로 불가능하다. 우선 의식주(衣食住)의 생활 자체가 엄청난 구속이다. 따라서 엄밀한 의미의 은일은 있을 수 없고, 일시적인 것이거나 권세를 버리고 현실 참여를 하지 않는 둔세(遁世)이거나, 혹은 생각만 은일한다든지, 뜻이 같은 사람들과 교유하면서 자연과 도(道)를 사랑하며 사는 것을 뜻한다고 보아야 한다.

현대의 시정(市井)이나 초야에서 선인이나 도인을 찾기는 무척 어려운 일이다. 그러나 찻자리를 편안하고 즐겁게 이끈다든지, 겉보기에 평범하나 스스로 자유롭고 유연하여 조화를 잘 이루며, 때로는 물결과 같이 주변까지 바꾸는 사람이 바로 그들이 아닐까 생각된다.

3. 도교 제단의 다례

조선시대에는 중국 도교의 풍습을 본떠 제사를 맡아보던 관청인 소격서(昭格署)가 있었는데, 여기서 명성(明星, 金星, 샛별)에게 지내는 초제(醮祭)에도 차(茶)를 올렸다. 제물로는 여러 가지 과일, 인절미, 차탕(茶湯), 술로써, [37] 밥이 제상에 올라가지 않았으므로, 조선시대의 종묘다례나 명절다례와 같은 간략한 제사다례이다.

도교다례를 지낼 때에 쓰는 다완(茶碗)에 대해 자세한 기록이 있어, 도교 제단에서 차를 얼마나 중요시했나 짐작할 수 있다. 즉, 『박물요람(博物要覽)』에는, "작은 구(甌)안에 '茶' 자를 청화로 새겨 구운 것은 도교의 제사에 쓰이는 단잔(壇盞)이다." 라고 하였다. [38] 이 잔의 굽 밑에는 '앙(仰, 임금님의 분부 앙)' 자가 새겨져 있으므로, 국가적 행사의 도교의식에 쓴 찻잔임을 알 수 있다.

소격서가 관리하는 삼청전(三淸殿)에는 도교의 하느님인 옥황상제, 노자인 태상노군(太上老君), 부처인 보화천존, 신장(神將) 등을 남자의 형상으로 모셨고, 태일전(太一殿)에서는 여자상(女子像)인 북두의 일곱 성군을 제사지냈으며, 그리고 안팎의 여러 제

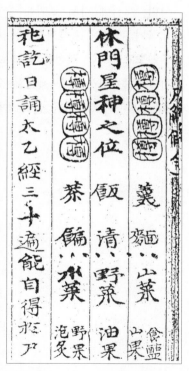

도34 휴문의 차제사 진설도. 제물로 밥·국과 함께 차가 놓여 있다.

단에는 용왕, 저승의 10대왕 등이 있었다고 한다. 차를 언제 올렸는
지 알 수는 없으나, 제사 지낼 대상 신이 많을 때는 간단히 지내어
야 하므로 소사(小祀)인 다례를 올렸을 것으로 짐작된다. 소격서는
고려시대부터 있던 개성의 소격전이 그 전신으로, 세조 12년(1466)
에 소격서(昭格署)로 개칭되었다가 임진왜란 이후에 폐지되었다. [39]
조선시대 소격서에서 주관하여 지내던 강화도 마니산 꼭대기의 참성
단(塹城壇) 초제는 국가적 행사였다.

중국에서는 도교의 궁관(宮觀)이 밀집되어 있는 지역이 차 산지로
도 유명하며, 도사(道士)들은 차를 재배하고 일상에서 차를 즐겨 마
시며, 제사에 바쳐 요귀를 쫓기도 한다. [40]

국가 관청인 소격서뿐 아니라, 민간 도교의 제물로도 차가 쓰였다.
수련도교에서는 신선들의 불로장생약인 단약(丹藥)을 얻기 위해서 먼
저 드리는 제사에서, 제물로 오과(五菓)·떡·포(脯) 등과 함께 '세차
(細茶)', 즉 고급차를 신명에게 올렸다. [41]

제 5 장

민속(民俗)의 다도문화

1. 민속다도(民俗茶道)의 범주

우리의 다도문화는 사대부 계층과 백성들 모두가 누려온 민속문화
였다.

'민속(民俗)'이란 민간의 풍속이나 습관을 말한다. '民'의 옛날 의미
는, 왕실이나 귀족과 선비층(士族)을 제외한 농업·공업·상업에 종
사하는 상민(常民)이나 서인(庶人)을 말한다. 민속문화는 왕실·귀족
문화와 달리, 외래문화의 영향을 직접 받지 않은 생활 자체로서 오
랫동안 이어져왔으므로 민족성을 나타낸다. 그러나 오늘날의 민속은
국민들 대부분의 생활풍습을 뜻하므로 문화적 폭이 넓다.

민속문화로서 다도는 '民'의 문화가 많지 않으며 주로 선비·승려
문화이지만, 식생활과 생활의례와 연관이 있으므로 계층의 구분 없
이 향수되는 기저문화가 상당히 차지한다. 구체적으로는 차 농사나
물 긷기, 불 피우기 등의 부엌일과, 도자기나 목기 등의 그릇과 공부
방과 관련되고, 동자나 하인 등의 계급과 직결되며 제사나 속신(俗
信)이나 종교와도 관련이 되기 때문에 일반적 생활·의례문화인 부
분이 많다. 그리고 음다풍속(飮茶風俗)은 사람들과 어울리며 먹고
마시고 노닐고 대화하고 생각하는 문화이다. 따라서 양반이나 승려
들의 음다생활도 민속다도의 연구대상이 될 수 있다. 즉, 넓은 의미
의 민속다도는 선비층이나 중인(中人)이나 종교인들의 문화도 포함
될 수밖에 없다. 이 글에서는 조정 다의(茶儀)와 왕실 귀족들의 다례
와 앞에서 기록한 선비·승려들의 음다풍속은 제외되었다. 민속문화
에 있는 복합적 종교철학 중에서 앞서 언급된 바의 다도사상을 제외

한 속신(俗信)이나 생활철학을 살펴보고자 한다.

우리나라는 예로부터 차나무를 기르고 마른차를 만드는 일은 일반 백성들이 담당하였다. 그들은 좋은 차를 나라에 공납하거나 상전에게 바치고 거친 차를 주로 끽음하였는데, 그들 스스로 그러한 생활상이나 풍속을 글로 남긴 경우가 매우 드물다. 그 이유는 반상계급 구분이 오랫동안 유지되었고, 공부를 하지 못하게 했으며 평소에 글을 남기지 않았기 때문이다. 단지 선비들의 글이나 일부 역사기록, 그리고 조선 후기의 한글 책이나 구전민요 등에서 그 편린을 추정하게 된다.

사서(史書)에 일반백성과 연관되어 차(茶)가 나타나는 것은, 신라 경순왕 때 '군민(軍民)'들이 차를 하사 받은 내용이 있고, 고려시대에는 백성들이 왕으로부터 차를 하사 받은 예가 자주 있었으며, 다점(茶店)에서는 '일반백성(民庶)'들도 차를 자유로이 거래한 내용이 있다. 그리고 조선시대에 나타난 민속다풍은, 불교문화와 민요 등에서 볼 수 있는데, 여러 신들이 차를 좋아한다고 믿고 헌공한 예와, 차가 약이라는 것과, 벽사 부적으로 쓴 것, 그리고 다 산지의 백성들에게는 기호를 겸한 수양음료이기도 한 것 등이다.

일반백성들은 사대부들의 정신적 문화를 존경하였고 함께 살기도 했으므로, 선비문화의 영향을 받았으며 불교의 영향도 적지 않았다. 선비들이 차나무를 '서초괴(瑞草魁, 상서로운 식물 중의 괴수)' [1] 혹은 '왕손초(王孫草, 풀 중에서 왕손)'라 하였으므로, 백성들도 차를 신성시하고 숭배하였으며, 차를 끓여 신(神)에게 바쳐 복을 빌면 소원이 이루어지리라 믿었다. 이와 같이 차를 숭배한 원인을 살펴보면, ①차는 삿됨을 쫓는다는 믿음 ② 차에 신기(神氣)가 있다는 생각 ③ 차의 약효 ④ 신(神)이 매우 좋아하는 먹거리 ⑤ 복을 준다는 믿음

등으로 생각된다.

일반적으로 '茶' 자를 읽을 때나 말할 때 궁중과 사대부가와 사찰의 용어는 '다'라 하여, '다례(茶禮)', '다반(茶飯)', '다종(茶鍾)', '다홍(茶紅)' 등으로 쓴 반면에, 민간적 용어로는 속음(俗音)이라 하여, '차례(茶禮)', '개차반(개茶飯)', '찻종(茶鍾)', '차약(茶藥)' 등으로 일컬어졌으며 때로는 섞어 썼다.

다음에서는 일부 양반층도 포함된 백성들의 문화로서 차를 마시는 풍속과 신께 바치는 의례, 그리고 다도풍속의 중심이 되는 인식 등을 살펴보고자 한다.

2. 백성들의 음다풍속

(1) 약이며 기호음료이자 수양음료

민간에서는 작설차를 약으로 흔히 썼는데, 두통약·뱃병약·소화제·해독제 등으로서, 평소에 차를 마시지 않는 집에도 처마 밑이나 뒷방에 떡차를 매달아 두어 비상약으로 썼다.

차(茶)가 일반 서민들의 기호음료로서 자리 잡은 것은 그 역사가 매우 오래된다. 『고려사』에 의하면, 고려 태조 왕건이 931년에 신라의 경순왕과 백관들에게는 비단류를 선물하고, 군민(軍民)에게는 차와 모자, 승려에게는 차와 향을 하사하였는데,[2] 당시 승려에게 차는 기호음료이자 수양음료였으므로, 군민(군인인 백성들, 軍士)에게 준 차도 약용이 아닌 기호음료의 용도임을 짐작할 수 있다. 또 고려시대에 일반 백성들이 흔히 드나들며 차를 사 마시던 '다점(茶店)'이 있었다는 기록은 차가 서민들의 기호음료로 대중화되었음을 뜻한다. 이때가 고려 초인 1002년으로, 지금으로부터 천 년 전이 된다. 그리고 고려의 왕은, 나이가 많거나 유공자인 집안의 남녀 민간인에게 차를 하사하는 일은 흔히 있었다.

차문화가 쇠퇴한 조선시대에도 일반 백성들은 차를 평상시의 기호음료로도 여겼다. 이와 같은 민요 구절들을 들어보면, "여보소 작설 한 잔 하는 재미 들어보소, 우리 사람은 서로 인연 따른 재미로 사네." 또는, "엄살 많은 시애비는, 작설 올려 효도하고" 라든가, "동지섣달 긴긴 밤에, 작설 없어 못 살겠네." 라고 노래하였다. 그리고, "문수동에 문수동자, 화개동천 차객들아, 쌍계사에 대중들아, 이 차 한 잔 들으소서." [3]라고 하여, 차가 나는 지방에서는 작설차가 대중들의 기호음료이기도 했음을 짐작할 수 있다.

차는 백성들의 수양음료이기도 하였다. 이러한 내용의 민요로는, "작설 한 잔 마시면서, 내 간장을 달래보세.", "에헤야 대헤야 우리 인생, 작설로 풀어보세." [4] 라든지, 남해의 속담에, "속찜질은 해수(海水)가 제격이고, 마음 찜질은 금산차가 제일이다." 라는 것 등이 있어, 백성들도 차를 마시며 마음을 다스렸음을 알 수 있다. 또 스님이 차를 마시면 깨우치고 도통한다는 민요도 정신을 다스리는 차의 효능을 확신한 것이다. 그런데 일반 백성들은 차의 각성효과를 그리 중시하지 않았던 것 같다. 그러한 예를 민요에서 보면, "잘못 먹어 보챈 애기, 작설 먹여 잠을 재고" 라든가, "혼자 사는 청산이는, 밤늦도록 작설 먹고, 근심 없이 잠을 잔다." 라고 하여, 잠을 안 오게 하는 차의 효능은 무시되었던 듯하다. 그 이유를 생각해 보면, 백성들은 어린 세작(細作)을 먹지 않고 대개 각성효과가 적은 거친 차(왕작)를 발효시켜 먹었기 때문인 것 같다.

그러나 공부하는 선비들에게는 차가 꼭 필요하며 사랑 받는 것이라고 인식하였다. 경남 밀양군 표충사 계곡에서는 다음의 민요가 전해왔다.

새는 새는 낡(나무)에 자고 / 우리 님은 어디 잘고,
새 혀 닮은 작설 잎은 / 선비 품에 잠을 자네. [5]

또 근세의 다른 민요에서도, "정자집 선비님은, 작설나무 밭에 논다." 라고 하여, 공부하는 선비와 차는 매우 밀접하다고 생각하였다. 이러한 예는 민화풍의 공부하는 선비그림에, 화덕 위에 다관을 놓고 부채질하는 다동(茶僮)이 가까이 있는 데서도 볼 수 있다.

(2) 유두날의 음다속

우리의 민속에 유두날 놀이로 차를 마시고 차떡을 먹는 풍속이 있었다. 다음은 경남 하동군 화개장터에서 채집한 민요이다.

「 차약 먹는 유두놀음 」

육월이라 유두날에 / 작설떡을 차려심더.
화개장에 오신 장사 / 차약 먹는 유두놀음,
벌리보세 에헤라 / 에헤라 상사디야. [6]

유두는 신라 때부터 전해오는 유월 보름의 여름 명절이다. 이 날은 불길한 것을 씻기 위해 동쪽으로 흐르는 물에 머리를 감는다든지, 액을 막기 위한 술자리를 마련하는 풍습이 조선시대에도 전해왔다고 한다. [7] 따라서 유두날에 차를 마시거나 작설떡을 먹는 놀이는 단오와 마찬가지로 병을 막고 벽사하는 풍습이었던 것 같다. 더구나 이

날은 한여름인 것을 생각하면, 차를 마셔 배탈이나 설사를 미리 막는 역할도 했을 것으로 추측된다.

위의 유두 작설떡에 관해서는 다음과 같이 생각된다. 18세기의 『동국세시기』에는, 유두날에 떡을 먹는 것은 단오의 풍습이 옮겨왔다고 하였는데, 이 책의 단옷날 풍습을 보면, 쑥을 이겨 쌀가루와 섞어 수레바퀴 모양으로 만든 녹색 떡을 먹는다고 했다. [8] 이 떡이 녹색이라는 것과 수레바퀴 모양이라는 것은, 엽전 모양의 단차(團茶)가 변형된 것으로 생각된다. 이러한 대체풍습은 제상이나 회갑연상에 올리는 다식이 말차 유다(乳茶, 乳團茶를 갈아 점다한 것)의 원형인 단차와 모양이 비슷한 것에서도 볼 수 있다.

위의 글에서 장날에 물건 파는 장사들이 차를 먹는 것을 놀음이라고 하였는데, 투다(鬪茶, 차내기)였는지 단순히 차를 마셨는지 짐작되지 않는다.

3. 기복(祈福)의 헌다

차(茶)는 신에게 현실의 복을 비는 중요한 제물이었다. 그 이유는, 다수(茶水, 찻물, 茶湯)가 복을 내려줄 수 있는 절대자인 신들이 매우 좋아하는 먹거리라고 믿었기 때문이다.

그리고 제물로 차만 올린 경우도 적지 않았는데, 이는 다른 제물이 없어도 차를 올리면 전능한 신이 인간의 염원을 잘 들어준다고 믿었던 것 같다. 우리 풍습에 할머니들이 정화수(井華水, 이른 새벽에 길은 물)를 올리고 천지신명에게 비는 경우는 있었으나, 술만 한 잔 올리고 복을 비는 경우는 거의 없는 것을 보면 제례에 술과 차를 올리는 의미가 사뭇 다른 점이 있다.

다음 민요는 아이가 잘 자라 장원급제하기를 빈다는 내용이다.

「 좀티 없이 자라나서 」

둥개둥개 두둥개야 / 금자동아 은자동아
천리금천 내 새끼야 / 자장암에 금개동아*
영축산의* 차약일세 / 좀티 없이 자라나서
한양 가서 장원급제 / 이 낭자의 소원일세.
비나이다 비나이다 / 부처님전 비나이다. [9]

*금개동아 : 자장암의 금개구리를 어린아이와 동격화 시키면서
운율에 맞추었다.
*영축산 : 통도사가 있는 양산군 영취산(靈鷲山)의 사투리.

낭자(浪子)의 뜻은 자신을 낮춰 부르는 천박한 사람이므로, 이 노
래를 부른 사람은 주인집(양반집) 자제를 돌보는 사람인 것 같다.
다음에서 일반 백성들이 전능한 신들에게 복을 빌며 헌다한 내용
을 살펴보기로 한다.

⑴ 상제(上帝)에게 헌다

옥황상제도 차를 애음하였다고 믿었다. 옥황상제는 하늘나라의 서
울인 백옥경(白玉京, 天宮)에 산다고 여긴다. 도11의 민화는 가운데
에 '옥황상제의 신위(玉皇上帝之位)' 라고 씌어 있는데, 이는 도교의
옥황상제를 의미할 수도 있으나 우리나라에서는 민간신앙의 대상으
로서 받들어진 '하느님'이다. 조선시대에는 민간도교가 없었고 도교
초제(醮祭)를 맡아보던 관청인 소격서가 있었는데, 삼청전 안뜎에 모
셔진 많은 신상(神像)들은 이와 같은 민화풍이 아니었을 것이다. 그

리고 일반적으로 '상제(上帝)'는 경천(敬天)의 대상으로서 천제(天帝), 혹은 조물주나 환인(桓因)으로 오랫동안 인식되어왔다. 중종 6년(1511년)의 기록에는 한반도의 성역이었던 마니산 제단에도 옥황상제의 위(位)가 마련되어 있었고, [10] 다산 정약용도 상제를 하느님으로 자주 언급하였다. 이 그림은 동자 선인이 상제에게 차를 드리는 공다도(供茶圖)이다.

「상제공다도」에서 동자가 들고 있는 잔을 찻물을 담은 다종으로 보는 근거는 다음과 같다. 동자가 주자를 들고 있는 점으로 보아 마실 거리임이 분명한데, 하늘나라의 옥황상제가 세속인들처럼 건강하고자 약 종류를 먹을 리 없고, 어린 신선동자에게 술시중을 시킬 리가 없으며 안주도 없다. 그리고 주자가 잔과 같은 재질이고 둘 다 똑같은 풀잎 모양이 그려져 있으며, 찻잔의 크기와 모양이 조선왕실 의궤에 그려진 다종이나 『조선도자명고』에 있는 것과 매우 흡사하다. 또한 하늘나라에 있는 천신이나 천선(天仙)들이 차를 좋아한다는 인식은 고구려 벽화에서도 보듯이 오랜 역사를 지녀왔다. 당채가 선명한 이 그림은 위에 있는 봉황의 모습, 상제와 동자의 버선과 옷 모양, 상(床)이 없다는 점 등이 하늘나라를 날아다님을 추측케 한다.

점을 칠 때 절대자의 제물로 차를 올리기도 했다. 길흉을 가르는 여덟 문 중에서 길(吉)한 방위(方位, 길흉화복의 방향)인 휴문(休門)을 얻기 위해 제사를 지냈는데 이때 밥·국과 함께 도34과 같이 차를 올렸음을 볼 수 있다.

(2) 산신·용신에게 헌다

산신 숭배사상은 불교와 민간신앙에 습합되어 조선시대와 근세에 이르기까지 일반 백성들의 생활 속에 깊숙이 자리 잡고 있다.

산신은 환인이나 단군을 뜻하는 산왕이었고 삼신(三神)이었으며, 때로는 산신령이나 마을을 수호하는 토속신이기도 하였다. 따라서 매우 간소한 예경이자 기도의 예를 행할 때는 술이 아니라도 차나 물을 올려 제물을 대신했다. 삼신의 제단에 차를 끓여 올리고 산신과 용왕과 태조에게 빌면 소원이 이루어진다는 다음의 농요가 전해진다.

    이슬 감로로 다린 햇차 / 삼신단에 올리고서,
    금산 산신님 남해 용왕님 / 나라 세우신 태조님이요,
    두 손 모아 비옵니다. / 이내 한 소원 들어주소서. [11]

위 민요가 조선말까지 전해진 것을 보면, 일반 백성들의 의식 속에 삼신단은 차를 올리고 빌 수 있는 곳으로 인식하였던 것 같다.

도35 삼신(三神)에게 비는 기자도(祈子圖).
『朝鮮の年中行事』(조선총독부, 1931)

남해 금산 보리암에는 다인이었던 태조 이성계가 기도했다는 터가 유적지로 보존되어, 해풍이 닿는 암벽에 오래된 차나무가 무성하게 자라고 있다.

삼신할매에게도 차를 올렸다. 다른 민요에서, "오가리에 작설 넣고, 참숯불로 지피어서, 꾸신내가 한 짐 날 때, 지리산에 삼신할매…… 이 차 한 잔 들으소서." [12]라고 하여 간단하나마 정성들여 차제사를 올리는 풍속이 있었음을 추측할 수 있다. 삼신할머니는 출생하는 아기를 수호하고 민족의 혈통을 보존하

게 하는 삼신상제(三神上帝)를 뜻한다. 할머니라고 한 것은 아기의 안전한 출생을 도와주기 때문으로 여겨지며, 그 근원은 모두 종족의 탄생과 생명을 지켜주는 시조신을 뜻한다고 보아야 할 것 같다.

이와 같이 산신께 차를 올렸다는 민요의 내용은 실제가 아니라 단순히 노래일 뿐이라고 생각할수도 있으나, 민요는 전혀 근거가 없는 거짓을 노래하여 전해지지는 않는다. 단지, 제사나 의례가 언제부터 어떻게 행해졌는지 자세히 설명되지 않았을 뿐이다. 그리고 약식제사의 정성스런 제수 마련은 다명(茶茗) 이상가는 것이 없다.

바다나 하천, 그리고 샘과 못에 있다는 용신에게도 차를 올리고 소원을 빌었다. 남해 민요에, 햇차를 삼신단에 올려놓고 산신뿐 아니라 용왕에게도 소원을 빈 내용이 있다.

신라의 안압지에서 발굴된 토기 찻잔의 안쪽 바닥에는 '용왕께 정성스레 바침(辛審龍王)'이라는 글이 새겨져 있다. [13] 기우제를 지낼 때에는 용왕인 용신에게 제사를 지내기도 하므로, [14] 이는 아마도 안압지 못가에서 비를 내리게 해달라고 빌 때 이 다완에 차탕을 담아 제사지내지 않았나 생각된다. 용왕이 차를 좋아한다고 믿은 것은 김시습의 소설 『금오신화』에서도 볼 수 있다. 《용궁부연록》에서 주인공 박생(朴生)이 용왕으로부터 차를 대접받는 이야기가 나오는데, 용왕과 신하들이 절도 있게 차를 마셨다고 써 있다.

용왕에게 헌다하는 이유는 용신도 끽다한다고 여겼고, 산신과 마찬가지로 백성을 지켜 주리라 믿고 농사를 잘 짓도록 비를 내려주기를 소망하는 의미일 것이다. 신라시대에는 용왕이 호국(護國)의 용신(龍神)이었으므로, [15] 문무왕은 죽어서 용으로 변해 동해에서 왜구를 감시하고자 하여, 자신의 유골을 감은사(感恩寺) 동쪽 대왕암(大王岩) 속 깊이 수장(水葬)하게 하였다. [16] 바다의 용왕에게 제사를 지내는 목적은 그 외에 해상(海上) 안전도 있었다. 용왕께 올린 차탕은 바다나 못에 뿌렸을 것으로 짐작된다. 이는 마산지방의 기우제 때 용왕신에게 빌고 난 후 제물을 전부 바다에 빠뜨렸다는 기록이 있는 [17] 것으로 미루어 추측할 수 있다.

(3) 부처와 성승(聖僧)에게 헌다

조선시대 이전에는 일반 백성들이 부처에게 기복하며 헌다한 기록은 찾기가 어려우나, 왕실과 사대부의 불전 봉헌 기록은 가끔 나타난다. 이규보가 쓴 「왕륜사(王輪寺) 금불상 영험기록」을 보면, 정승인 최정안은 불상을 깊이 존경하여 출퇴근할 때 절에 이르면 말에서 내려 예배하였는데, 때로는 차를 손수 끓여 공양하기도 하여 꿈에 신기한 영험을 얻었다고 한다.

조선 초의 기록에는 백성들이 질병이나 초상이 있으면 불상을 맞아 들여 향·꽃·차·밥을 올려 염원을 빌었고, 연등회 때와 조상의 성불을 기원하는 우란분(盂蘭盆) 때에 헌다했다는 기록이 전한다. [18] 이는 불교국가였던 고려시대부터 전해진 풍습으로 추찰된다. 근세까지 전하는 민요를 보면, "내일 아침 애비 생일 / 쌍봉사 절 부처님께 / 동산 위에 해돋기 전 / 차약 올려 빌고 싶네." [19]라고 하여, 부처에게 차를 올려 소원을 비는 풍속이 있었음을 짐작할 수 있다. 자녀의 생일에 부처에게 공양하고 비는 풍습은 오늘날에도 가끔 볼 수 있다. 또 아래와 같이 미륵부처에게 헌다하며 아들을 낳게 해달라고 빌기도 했다.

떡판 같은 아들 소원 / 비나이다 비나이다.
이 소원이 성취되게 / 감로작설 올리오니,
미륵님의 코 끝 주소 / 미륵께 비나이다. [20]

쌍계사에 모셔진 선종(禪宗)의 제 6조 혜능(慧能)에게도 아래와 같
이 예배로서 헌다하였다.

　아침 이슬　먹었을 때 / 우리 아기　딴 잎 작살,
　쌍계사의　육조대사 / 먼저 올려　참배할세. [21]

또 '동해금당 육조대사'에게 차를 권하는 민요와, 육조가 나한(羅
漢)과 장죽전(長竹田)의 차를 마신다는 민요도 있다. [22] 이러한 사
실들은 백성들도 차와 선(禪)의 긴밀함을 널리 알고 있었음을 뜻한
다. 근세의 다음 민요에서도 삼신할매와 이름난 조상들과 유명한 성
승(聖僧)들에게 흔히 헌다하고 빌었음을 알 수 있다.

　　「 지리산에 삼신할매 이 차 한 잔 들으소서 」

　선동(仙洞)골이　밝기 전에 / 금당복수(琴堂福水)　길어 와서,
　오가리에　작설 넣고 / 참숯불로　지피어서,
　꾸신내가　한 짐 날 때 / ……
　지리산에　삼신할매 / 허고대에　허씨할매*,
　옥고대에　장유화상* / 칠불암에　칠왕자님,
　영지못에　연화국사 / 아자방에　도통국사,
　동해금당　육조대사 / 국사암에　나한동자,
　조사전에　극기대사 / 불일폭포　보조국사,
　신선동에　최치원님 / 쌍계동에　진감국사,
　문수동에　문수동자 / 화개동천　차객들아,
　쌍계사에　대중들아 / 이 차 한 잔　들으소서. [23]

　* 허씨할매는 가락국의 허황후를 일컫는다.
　* '장유화상'은 승려가 된 것으로 짐작되는 허황후의 오빠를 일
컫는다는 설이 있다. '옥고대'는 선인(仙人) 옥보고가 거문고 타던

곳으로 전해지는 칠불암 뒤의 높지막한 대로서, '옥부대'라고도 했다.

또 약으로 쓰이는 고로쇠나무 수액을 많이 얻게 해달라고 산신뿐만 아니라 별세한 고승(高僧)들에게 백운차를 올리고 빌었다. 다음의 민요는 첫물차를 따서 헌공다례까지 정성을 들이는 과정을 알 수 있으므로 전문(全文)을 적었다.

「 고로쇠물 풍풍 솟게 두강 작설 올리나니 」

백운 계곡 봄 안개에 / 물소리가 높아지네.
고뢰쇠는 물오르고 / ········
보조스님 좋아했던 / 선동골에 작설나무,
백설 덮인 양지쪽에 / 나풀나풀 돋은 새싹,
한 잎 두 잎 따서 모아 / 두강* 작설 그 맛 내려,
조심조심 손질하여 / 봉지 단지 담아두고,
삼짇날에 제비 올 때 / ········
순천장에 옥 항아리 / 깍지 말고 사 왔어서,
옥용골에* 이슬 받고 / 도선국사 파둔 샘물,
개 안 짓고 닭 안 울 때 / 옥 항아리 물을 길어,
옥 탕관에 물을 끓여 / 백운차를 달이어서,
천년 예언 도선국사* / 이 차 한 잔 올리옵세.
백운산에 산신님네 / 백운사의 보조스님,
고로쇠물 풍풍 솟게 / 두 손 모아 비옵니다.
관세음보살 / 관세음보살. [24]

*두강(頭綱) : 그 해의 맨 처음 나오는 곡물을 말하나, 여기서는 맨 처음 딴 어린 차를 뜻한다.

*옥용골 : 전남 광양군 백계산에 도선이 창건한 옥룡사가 있다.

*도선국사(道詵國師, 827~898) : 신라 말기 스님으로 고려 태

이정성물인뒤에
삽다리상각에뒷다리하각에태산갓치바드시고
닝지머리결안쥬에왼소다리칼을찟고
인시루도박에차시루거완에
아무대쥬몸즁대간직성대감
이담지담넘나물든협수리청겟대감
산나무도롱대감,죽은나무고목대감

生木の發龍大監死木の枯木大監、
この塀かの塀を越えて出入せる色狂の大監、
何某佐主の身主大監直星大監、
盃恍と獨盤に俳恍と豆碗に
牛の背骨の酒肴と牛の脚の肉に刀を挿し、
前の上脚後の下脚を泰山の如く受け給ひ、
この精誠を捧げたる後は、

一九六

도36 무녀의 고사 축원문. 찻잎을 찐 시루를 큰 다완에 담아 제사상에 올렸다.

조의 출현을 예언해 유명하며, 우리 나라 풍수지리설의 시조로 꼽힌다.

이 글에서 정성을 들였음을 알 수 있는 내용은, 백운차를 조심스레 제다하고 보관함, 물 항아리를 깍지 않고 사옴, 좋은 샘물을 첫닭 울기 전에 길어옴, 좋은 탕관에 차를 끓이는 일 등이다.

(4) 가신(家神)에게 헌다

농사 풍작과 자손 번영을 가신(家神)에게 비는 가정의 고사(告祀)에도 차를 올리고 소원을 빌었다.

일본강점기 때의 연구에 의하면, 제주도에서는 정월이나 2월 중에 고사를 지내는데, 제물로는 '밥·떡·쌀·식혜·다완(茶碗, 찻잔)·무명' 등을 올렸다고 하였다.[25] 여기서 '차(茶)'라 하지 않고 '다완'이라고 한 것은, 차를 올리되 특정 찻잔에 담아 올리는 것을 뜻하는 것으로 생각된다. 그런데 술을 올리지 않은 것이 매우 독특하다. 이 고사는 7일 전부터 재계하여 행하며, 당일은 무녀로

238

하여금 신들에게 기도하게 하였다.

1937년에 발행된 『조선 무속의 연구(朝鮮巫俗の硏究)』를 보면, 도36과 같이 고사를 지낼 때 차를 큰 사발에 담아 제물로 올렸음을 알 수 있는 축원문이 있다. [26] 이 내용은 《고사축원(告祀祝願)》편 의 「대감(大鑑) 축원」에 있는 것으로, 무당이 여러 대감신들을 불러 놓고 제물을 올리는 대목에 나온다.

무가(巫歌)의 원문은 '왼시루 도박에, 차시루 거완에, 양지머리 걸 안주에, 왼소다리 칼을 꽂고'라고 하였다. 이것을 풀어서 해석하면, '온시루(全甑) 독반(獨盤, 전체를 받쳐 올림)에, 차시루(茶甑) 거완 (巨碗)에, 양지머리 건(풍성한) 안주에, 온(全)소(牛) 다리 칼을 꽂 고'라는 뜻이다. 여기서 차시 루는 떡차를 만들기 위해 찻 잎을 찌는 시루를 뜻하며, 거 완은 큰 사발로서 여기서는 찻사발을 뜻한다. 대감신은 여럿이고 욕심이 많은 재복신 이므로, 제사 지낼 때 소머리 나 다리를 통째로 놓고 떡시 루를 상에 그냥 올려놓는다고 한다. 이와 마찬가지로 찻잎 을 찐 시루를 널찍한 사발에 그대로 올려놓고 제사를 지낸 것이다. 고사(告祀)는 집안에 행운이 오기를 바라며 액운을 없애 달라고 신령께 비는 제

（リプ主城）

도37 시월 상달의 성주풀이 굿(城主祭).
동네의 평온과 가정의 안택을 빈다.
『朝鮮の年中行事』(조선총독부, 1931)

사이므로 신이 좋아하는 중요 제물로서 차를 올려 복을 빌었던 것으로 생각된다. 이는 무속이므로 상당히 오래된 풍습이었던 것 같다.

무속은 고대국가로부터 전해 내려오는 민간신앙으로 외국문화의 영향을 크게 받지 않은 민족문화이므로 무가의 내용은 상당히 중요하다. 그런데 이 책을 엮은 경성제국대학 일본인 교수는 전술한 '차시루'의 번역을 '餠甌(떡시루)'라고 하였는데, 왜 그랬는지는 알 수가 없다.

'거완(巨椀)'이라는 단어는 죽은 사람을 위해 신에게 올리는 큰 다완(茶椀)을 뜻하는 것으로 생각된다. 이는 다른 무가에서도 볼 수 있는데, 위 책의 「死の語」 항목에서 무당이 죽은 사람을 위해 부르는 노래를 보면 상 위에 돈과 '거완'을 차려놓고 만신(萬神)을 부른다는 내용이 있고, 또 위패를 모셔놓고 저승사자를 위해 쌀과 '거완'과 촛불을 정성껏 놓아둔다고 했다. 조선시대 왕실에서 간단한 제사를 지낼 때 밥을 올리지 않고 차와 과품을 바친 의식에서 볼 수 있듯이, 죽은 사람을 위해 굿을 할 때도 영혼뿐만 아니라 여러 신에게 제사 지내어야 하므로, 약례(略禮)로서 큰 잔에 차를 올리는 풍습이 전해 내려온 것으로 생각된다.

(5) 씨족의 시조신에게 헌다

조선 말기까지 전해진 농요 중에는 씨족의 시조에게 헌다한 내용이 전해진다.

다음 민요는, 가락국의 시조이자 김해 김씨의 시조인 김수로왕과 왕후 허황옥에게 햇차를 올리고 복을 빈 내용이다.

「 수로왕님 허왕후님 잘못한 일 점제하소 」

(다전리(茶田里)에 봄이 오면)

삼월이라 삼짇날에 / 다전리에 햇차 따서,

만장샘에 물을 길러 / 어방산에 솔갈비로,

밥물 솥에 끓인 물에 / 제사장님 다한 정성,

김해그릇 큰 사발로 / 천겹만겹 우러내여,

장군차로 올릴까요 / 죽로차를 올릴까요,

(바리바리 차립니더)

나라 세운 수로왕님 / 칠왕자의 허왕후님,

가락국가 세운 은혜 / 이 차 한 잔 올립니더.

합장하고 비옵니다 / 김해사람 복받의소.

잘못한 일 점제하소. [27)

이 글을 보면, 제사장은 음력 3월 이른 봄에 보리 낟알 같은 움차를 따서 정성껏 끓여, 김해 찻사발에 담아 헌다했음을 추측할 수 있다.

(6) 잠신(蠶神)에게 헌다

한 해 동안 누에가 고치를 잘 치게 하기 위해, 누에를 관장하는 잠신(蠶神)에게 다례를 지냈다. 세종 때 편찬된 『사시찬요』 내용을 보면, 잠신제사는 음력 1월 15일에 지내는데, 누에를 칠 여인이 제주(祭主)가 되어 향과 음식과 떡을 갖추며, '술을 쓰지 않고 차를 사용한다.'고 하였다. 잠신다례에 굳이 차를 쓴다고 기록한 이유는 다음과 같이 생각된다.

옛날에는 주로 봄에 누에를 키우는 춘잠을 하였는데, 잠신 제사를 지내는 것은 누에씨(알)를 받기 전이었던 것 같다. 누에는 한 집에서

3년씩 계속 산란하면 씨를 얻지 못하는 경우도 있으므로 무척 조심
해야 하고, 누에 작황이 좋으려면 잠실의 온도와 습도, 청결, 뽕잎 크
기와 뽕잎 주는 횟수 등 정성이 많이 든다. 따라서 차를 끓여 올려
재계하여 제사를 지냈던 것 같다. 또 잠실에는 술 취한 사람이 들어
가면 안 된다는 기록이 있는 것을 보면, 술과 차의 대비되는 인식을
볼 수 있다. 여성 제주가 차를 올리고 제주 이하 여러 사람들은 제사
후 술을 마시지 않고 차를 음복하며, 한 해 양잠을 위해 정신을 가다
듬는 계기로 삼았을 것이다.

잠신은 처음 양잠을 시작했다고 전해지는 중국의 선잠신(先蠶神),
즉 황제의 원비 서릉씨(元妃 西陵氏)를 뜻하기도 한다. 조선시대 정
종(1400년) 때에는 선잠단(先蠶壇, 서울 성북동 소재)을 설치하여 해
마다 음력 4월 첫 사일(巳日)에 선잠제를 지냈다. 그러나 민간의 잠
신다례는 선잠단 제사와 날짜도 틀리므로, 서릉씨를 위한 제사가 아
니라 누에를 관장하는 조물주에 대한 제사로 이해해야 할 것 같다.

4. 차(茶)는 부적

(1) 벽사(辟邪)의 상징

민간에서 차는 잠이 오게 하는 마귀를 쫓는다든가, 병이나 삿된
마음을 물리치는 효능을 중시하여 부적으로도 썼다. '茶'라는 글자가
나쁜 액(厄)을 물리치는 벽사(삿됨을 물리침) 부적으로 사용되었다.

17세기에 쓴 홍만선(洪萬選)의 『산림경제(山林經濟)』에는, "단옷
날 오시(午時, 11시~13시)에 붉은 주사(朱砂)로 '茶' 자(字)를 써서

붙이면, 사갈(蛇蝎)이 감히 접근하지 못한다." [28] 하였다. 음력 5월 5일인 단오에는 중·상류층이나 백성들이 병이나 재액을 막는 부적을 하는 경우가 많았는데, '茶' 자 부적도 여기에 속하는 것으로 생각된다. 사갈이란 뱀과 전갈이라는 의미이나, 남을 해치는 싫고 불쾌한 사람을 직접 나타내어 쓸 수 없으므로 간접적으로 표현하기도 한다. '茶' 자 부적은 실제로 뱀과 전갈을 쫓기 위한 것이 아니라, 병마를 쫓는 부적으로도 여겼거나, 이를 보는 사람이 나쁜 생각이나 행동을 하지 못하게 하기 위해 써 붙인 것으로 생각된다.

빙허각 이씨가 쓴 『규합총서(閨閤叢書)』에도 '茶' 자 부적이 기록되어 있다. 이 책의 「뱀벌레 없애는 법(辟蛇蚖)」에는, "단옷날 오시에 주사(朱砂, 붉은 돌가루)로 '茶' 자를 많이 써 붙이면 뱀과 지네가 없느니라." 고 하여, 여기서는 '茶' 자를 많이 써 붙인다고 했는데, 이것도 뱀과 지네를 쫓는 실제적인 방법이라고 보기는 어렵다. 왜냐하면 위 책의 「파리 없애는 법」을 보면, "단옷날 오시에 해를 바라보며 '白' 자를 써서 네 기둥 모퉁이에 거꾸로 붙여라." 고 했는데, 이것으로 파리가 없어지리라고는 당시의 사람들도 믿지 않았을 것이기 때문이다. 단지 흰색이란 뜻의 '白' 자를 써 놓으면 하얗고 깨끗하게 할 것을 명심하므로 파리가 없다는 뜻일 것이다. 따라서 '茶' 자가 뱀과 지네를 없앤다 함은, 차는 뱀과 지네와 같은 병마나 삿된 마음을 없앤다고 믿었던 것으로 보아야 할 것 같다.

불행이 문안에 들어오지 못하게 지키는 문신(門神)을 대신하여, '신다울루(神茶鬱壘)'라는 글자나 다신(茶神)의 형상을 그려서 문에 붙여 재앙을 막았다.

1849년에 쓴 『동국세시기』 「입춘(立春)」에는, "단옷날에 쓸 부적으로 문에 붙이는 첩(帖)은 '신다울루(神茶鬱壘)' 넉 자를 쓴다. 옛 설

날 풍속에 도부(桃符, 복숭아나무 부적)
로써 신다(神荼)와 울루(鬱壘)의 형상
을 그리어 문에다 걸어 흉악한 귀신을
쫓았다."고 하였다. 앞의 단오 부적으로
'荼'자 대신에 '신다울루(神荼鬱壘)'를 써
서 붙이는 풍습도 실제로 있었음을 볼
수 있다. 당시에는 춘첩(春帖, 입춘날
기둥에 써 붙이던 주련)에 흔히, '門神
戶靈 呵禁不祥(문신호령가금불상, 문신
과 집의 수호신이 꾸짖고 재앙을 막음)'
이라는 글을 써 두었는데, [29] 이 문신은
신다와 울루 두 신을 뜻한다. 최영년(崔
永年)이 쓴 『해동죽지(海東竹枝)』에서

도38 신다울루 부적.

「문신부적(門神符籍)」을 보면, '문비(門裨)'라고도 불리는 이 부적은
두 신장(神將, 장수격의 귀신)을 그려 궁에서 왕의 친척들에게 나누
어주면 동짓날에 대문에 붙였다고 한다. 신다울루의 형상은 쇠붙이
로 만든 갑옷에 도끼를 들고 있다고 했으며, 이는 한 해 동안 마귀
를 항복시키고 백 가지 사악한 기운을 물리친다는 옛 풍습이라고 했
다. 현재 남아 전해지는 도38의 부적 마지막 글자는 울(鬱)과 루
(壘)를 합친 글자모양이다. 신다와 울루신은 본래 중국 풍습에 있는
형제신의 이름으로, 동한(東漢)때 학자 채옹(蔡邕)이 쓴 『독단(獨
斷)』에 다음과 같이 설명되어 있다.

　바다 가운데 도삭산(度朔山)이 있고 그 산 위에 복숭아나무 하나
　가 있다. 그 나무는 3천리 근방까지 서리어 구불구불하다. 낮은 가
　지의 동북쪽으로 귀신 다니는 문이 있어 온갖 귀신이 드나든다. 신

다(神茶)와 울루(鬱壘) 두 신이 문의 양쪽에 버티고 서서 모든 귀신을 검열한다. 그리고 남을 해치는 귀신이 있으면 갈대로 꼰 새끼로 묶어다가 호랑이에게 먹인다. 그러므로 그 해 말이 되면 신다와 울루신을 갈대 새끼줄과 함께 문 위에 걸어 흉악한 귀신을 막는다.

이 내용은 『산해경(山海經)』 『사문류취(事文類聚)』 등에도 있어, 이를 인용한 글이 우리 고서에도 남아 전해진다. [30] 중국 풍습은 12월이나 정월 초하루에 신다와 울루, 두 신의 도부화신(桃符畵神) 부적을 한다고 했으며, 흉귀를 막고 전염병을 일으키는 귀신을 쫓아내기 위함이라고 했다. 18세기에 우리나라도 실제로 신다울루 부적이 쓰였다. 승려 연담 유일(有一)이 쓴 글을 보면, "(새해를 맞아) 울루 신다를 붙인 판을 바꾸니, 이른 매화와 버드나무에 새 가지가 돋네." [31] 라고 하였다.

이러한 내용들을 종합해보면, 중국에서는 귀신의 그림을 그려 문의 왼쪽에는 신다신, 오른쪽에는 울루신을 붙인 풍습이 흔했고, 조선왕실에서는 이를 따랐던 반면에, 사대부나 민간에서는 글자를 숭상하여 그림 대신 '신다울루' 네 자를 써서 붙인 풍습이 성행하였으며, 대개 입춘이나 단오에 부적을 붙였다. 이와 같이 '茶'라는 글자나 차를 형상화한 그림이 대문에서 척사 능력을 발휘한다고 믿은 것은, 중국 풍습과 차의 약효 영향이 있었을 것이고, 또한 차는 몸과 마음의 삿됨을 없앤다는 고려시대부터의 인식도 영향이 컸을 것으로 생각된다. 신다(神茶), 즉 다신(茶神)은 이를 튼튼하게 하는 신으로도 인식되었던 것 같다. 실학자 이덕무는 밥에 든 돌로 인해 몹시 상했던 앞니가 마침내 빠져버려서 쓴 글에,

복숭아 나무가지를 보태거나 신다(神茶)를 빌리는 것도 소용없고,
소금 찌꺼기를 교격에게 얻지 않아도 되네.

無補桃枝借神茶, 何賴鹽滓請膠鬲＊.　32)

　＊교격(膠鬲) : 문왕 때 바다에서 소금과 고기를 팔았다는 현인.

라고 하여, 이가 나쁠 때 다신이 도움을 준다고 생각했음을 추측할
수 있다. 오늘날도 차는 이를 튼튼히 해준다는 것이 과학적으로 밝
혀졌지만, 옛날에도 차는 노인의 이를 튼튼히 한다고 흔히 인식되어
왔다. 다가 이덕무는 『사소절(士小節)』에서, 부모를 잘 봉양하고자
하는 사람은 차를 끓일 줄 알아야 한다고 했다.

　점을 치는 음양인(陰陽人) 중에는 신에게 차(茶)를 바치면 벽사
(辟邪)한다고 믿었다. 도39의 부적은 전갈을 쫓는다는 금갈부(禁蝎
符)인데, 길흉의 방위를 맡은 신(神)인 '대장군(大將軍)'에게 차(茶)
삼배(三盃)와 술 세 두루미를 올리면, 부적의 그림과 같은 전갈을
천리 밖으로 보내어 티끌이 되게 한다고 씌어 있다. 전갈은 병마나

도39 금갈부와 부적판. 전갈과 같은 사악함을 쫓는 대장군에게 석 잔의 차(茶)를 바친다는 내용이다.

사기(邪氣) 혹은 남을 해치는 사람이나 악한 마음을 상징하기도 한
다. 그런데 앞에서 단오에 붙이는 '茶'라는 글자를 전갈이 보면 도망
간다고 여겼으니, 차(茶)를 석 잔 마신 대장군은 전갈을 죽여 없앨
것이라고 생각했던 것 같다. 그리고 위의 부적 글의 마지막에 있는
'곡우(穀雨) 날 곡우 때 곡우(神)에게 받들어 청함'이라는 글도, 세
작의 첫물차인 곡우차가 날 때를 중시한 내용인 듯하다. 그리고 '태
상노군(老子)'이나 '남두육랑', 그리고 '북두칠성'이 있는 것을 보면,
우리의 오랜 칠성신앙과 도교가 합쳐진 민속이다.

(2) 정토로 안내하는 다수(茶水)

조선시대 민간에서는 현세와 내세의 소원을 이루기 위해, 부적을
태운 재를 불전에 올린 찻물에 타서 마셨다. 그 부적은 「왕생정토부
(往生淨土符)」로서, 부처가 있는 나라인 정토에 새로 태어나기 위
한 것이다. 즉, 소원을 이루려면 일정한 날에 서쪽을 향해 나무아미
타불을 천번 외고, 또 주문을 108번 외운 후, 정토 부적을 살라서
그 재를 불전에 올린 찻물인 퇴다수(退茶水)에 타서 마신다고 했다.
[33] 그러면 현세에 부귀를 누리고 내생에는 극락세계의 가장 높은 연
화대에 오른다고 믿었다. 즉, 부처가 마신 찻물을 먹으면 현세뿐만
아니라 죽어서 극락에 가고자 하는 인간의 염원이 더 잘 이루어지리
라고 믿었던 것 같다.

(3) 차씨는 아들 낳는 부적

차가 나는 지방의 백성들은 딸이 시집갈 때 차씨를 가져가면 아들
을 낳는다고 생각하였다. 이는 차씨가 상서로운 식물의 종자(씨)라

고 여겼기 때문인 것 같다.

아래 민요는 고려시대에 절에 차를 만들어 바치던 다소(茶所)가
있었던 통도사 근처에서 채록한 것이다.

「 점제하는 차씨 」

영축산록 자장골에 / 자장율사 따라온,
자장암의 금개구리* / 차씨 한 알 토해 주소.
우리 딸년 시집갈 때 / 봉채집에 넣어 주어,
떡판 같은 아들 낳게 / 비나이다 비나이다.
그 문중에 꽃이 되고 / 이 가정에 복을 주소. [34]

*자장암의 금개구리 : 자장암은 신라의 자장율사가 영취산(영축
산)에 통도사를 짓기 전에 수도하던 암자이다. 전설에 의하면, 자장
율사가 암자에서 수도하고 있을 때 두 마리의 개구리가 암벽의 석
간수를 흐리게 하므로, 율사는 신통력을 부려서 석벽에 구멍을 뚫어
그 곳에 들어가 살게 하였다고 한다.

이 글은 어머니가 봉채집에 차씨를 넣어 주어 딸이 복스러운 아들
을 낳기를 바라는 마음에서 노래한 것이다. 봉채(封采)라 함은 납폐
와 같은 말로, 혼인 전에 신랑집에서 신부집으로 비단(采) 등 예물과
예서(禮書, 혼인이 성립된 것을 감사하는 글)를 함에 넣어 보내는 절
차이므로, 윗글의 봉채집은 신랑집에서 봉채를 담아 왔던 함을 말한
다. 옛날에는 신부집에서 혼례를 올렸으므로 딸이 시집에 살러 갈
때 차씨를 가져가 심어서 제수로 쓰거나 공다한다는 뜻이다. 여기서
차씨는 아들 낳고 살림 잘 살게 하는 부적의 역할을 한다. 이러한 풍
습은 차가 나는 지방에 국한된 것으로 여겨지나, 민간에서 차(茶)를
가정의 상서로운 일과 연관시켰음을 짐작할 수 있다.

　이상에서 옛날 사람들은 차(茶)가 삿된 것을 물리치고 복을 가져
오는 매개체로 여겼음을 살펴보았다. 오늘날에는 수시로 차를 가까
이 두고 끓여 마실 수 있고, '茶' 자의 다서(茶書)도 많으며, 좋아하
는 다기나 다화(茶畵)는 다른 장식보다 마음을 편하게 하며 때로는
힘을 주기도 한다. 손님에게 차를 사랑하는 가정임을 나타내는 것은
가족이 아름다운 마음을 지니고자 노력함을 뜻한다고 보아야 할 것
같다.

제 6 장

다 도 철 학 개관

 1,400년의 역사가 기록된 우리 선조들의 다공문화(茶供文化)에 관한 형이상학적 관념을 짚어 보고, 그것을 오늘의 시대정신에 맞는 이념으로 재구성하여 인식하는 일은 그 의의가 적지 않다. 왜냐하면 그것은 미래지향적 다도문화를 꽃피우는 기초가 되고, 한국 사상의 정체(正體)를 찾는 일이며, 의식주(衣食住)와 의례(儀禮) 등의 전통문화에도 영향을 미치게 되어 세계 속의 아름다운 한국문화를 가꾸는 초석이 되기 때문이다. 그리고 가정과 개인에게는 생활철학에 대한 좌표가 설정되어, 보다 행복한 삶을 향유할 수 있게 돕는다.

 다도철학(茶道哲學)의 용어 개념은 다음과 같다.

 참된 '차(茶, 眞茶, tea)'는 본래 '명차(茗茶)', '다명(茶茗)', '작설차', 혹은 '명엽차(茗葉茶)', '진명차(眞茗茶)'를 뜻하고, 우리나라는 조선 전기까지 이를 지켜왔다. 그러나 고대 중국과 근현대 동서의 여러 나라는 여러 가지 기호적 대용차도 흔히 '차(茶, tea)'라 하였다. '다도(茶道)의 차(茶)'의 범주는, ① 찻자리(茗席, 茶席)에서 ② 끓인 탕수(湯水)로 만들며 ③ 식물로 만든 찻감을 재료로 써서 ④ 잔에 담아 마시는 기호음료이다.

 '도(道)'의 뜻은 여러 가지 뜻으로 쓰여 왔으나, 대략 다음의 일곱 가지로 구분된다.

 ㉮ 사람이 다니는 길.

 ㉯ 기예(技藝)나 방법. 〔武道, 태권도, 도구〕

 ㉰ 마땅한 이치나 도리. 〔家道, 人道, 至道, 酒道, 文道, 法道〕

 ㉱ 진리(眞理)나 덕(德), 또는 통달된 최상층의 경지. 〔樂道, 得道, 達道, 도가 트임〕

㉮ 주의(主義)나 사상. 〔吾道, 佛道〕

㉯ 천지만물의 생멸을 총괄하는 진리. 〔도가의 大道, 天道〕

㉰ 통하다, 말하다.

공자는 "아침에 도를 깨우치면 저녁에 죽을 수 있다.(朝聞道 夕死可矣)"고 하여 군자의 달도(達道)를 중시하였고, 불가나 도가에서는 오도(悟道) 또는 득도(得道)라고 하였다.

'다도(茶道, Dado)'의 개념은 '차의 도' 혹은 '차와 도'라는 뜻이다. '차의 도'라는 의미는 ㉯ ㉰ ㉱ ㉮ 가 적용되어, ① 차를 다루는 바른 방법이나 기예 (행위다도, 茶藝) ② 다사(茶事)를 통해 터득하는 이치 (진리다도, 茶理) ③ 차 살림살이로써 심신을 닦아 이르는 조화의 경지 (茶境) ④ 차생활의 주의나 사상(이념다도)이라는 뜻이 있다.

'다도일미(茶道一味)'에서 '다도'의 개념은 '차와 도'의 뜻이다.

'다도(茶道)'란 말이 쓰인 연원을 살펴보면, 당나라의 승려 교연(皎然, 704~785)이 쓴 시에, "누가 다도를 알아 그 참됨을 온전하게 하리요, 오직 여기 단구에서 그것을 얻을 뿐이네.(孰知茶道全爾眞, 唯有丹丘得如此)"라 한 글이 있다. [1] 8세기 말 당나라 봉연(封演)이 쓴 글에는, "이로부터 다도가 크게 성행하여 왕공·대부·선비들이 마시지 않는 사람이 없었다.(于是茶道大行 王公朝士无不飮者)" [2] 라고 하여, 기예다도를 뜻하였다. 16세기 명(明)의 장원(張源)도『다록(茶錄)』에서, "차를 정성들여 만들고, 건조하게 저장하며, 깨끗하게 우리면 다도를 다한 것이다.(造時精 藏時燥 泡時潔. 精燥潔 茶道盡矣.)"라고 하여, 차를 다루는 기예를 다도라 하였다.

우리나라는 예로부터 '도(道)'를 무척 중시하여 종교적 차별이 없이 쓰여 왔고, 일상적 개념이나 철학적 용어로 광범위하게 쓰였다. 최치원은 "나라에 현묘한 도가 있으니 풍류라 한다.(國有玄妙之道

曰風流)"고 하여, 도(道)가 유불도 삼교를 포용하는 종교적 진리이
자 국가 통치이념의 의미로 썼다.

고려의 이규보(李奎報, 1168~1241)는, "타는 불에 끓인 향차, 참된
도의 맛이고(活火香茶眞道味)"라 하였다. 차의 맛은 도의 맛이라
함은 차와 도가 같은 맛이라는 '茶道一味'(혹은 茶道一如)를 주창한
것으로, 차와 도의 긴밀함을 나타내었다. 목은 이색(李穡, 1328~1396)
도 차를 선물 받고 쓴 글에, "늙은 나는 유연하여 도의 진미를 알겠
네.(老我悠然味道眞)"라고 하여, 역시 다도일미를 강조하였다.

'다도(茶道)'라는 단어를 바로 언급한 것은 19세기의 초의 장의순
이다. 그는 『동다송』을 쓴 목적이 '다도'를 설명하기 위함이라고 했
고, 좋은 찻감과 물로써 조화(和)를 이루면 '다도를 다한 것'으로 보
았다. 근세의 사학자 이능화(李能和)는 다도에 대해 말하기를, "茶道
에는 심오한 이치를 깨닫는 깊은 조예가 있다."고 하였고, 문일평
(文一平)은, "茶道를 깊이 이해하는 이도 선승(禪僧)이 될 것이다."[3]
라고 했다. 따라서 우리의 '다도'라는 용어는 생활 속에 깊이 스며들
어, 기예·진리·경지·이념의 뜻을 모두 중시했음을 알 수 있다.

일본에서는 '차노유(茶の湯)'라는 말을 주로 사용해오다가 17세기
초에 이와 비슷한 뜻의 '차도(茶道, Chado 혹은 Sado)'라는 단어가 쓰
이기 시작하였다. '차도'의 뜻은, '차를 끓여서 손님에게 권하는 규범
적 행위', 혹은 '차를 마시는 모임'의 두 가지가 있다. 일본의 다도는
정신을 배경으로 하면서 예능적 행위 자체가 중시되어왔다.[4] 오늘
날도 중국과 일본은 '茶道'를 'tea ceremony'라 하여 주로 기예 개념
으로 쓰며, 중국은 '차예(茶藝, Chayi)'라는 단어도 사용한다.

'다도철학(茶道哲學)'은 '교육철학', '예술철학', '문화철학', '종교철
학' 등과 같은 용례로 쓰이여, '다도의 철학' 또는 '다도문화의 철학'

이라는 개념이 있고, '다도라는 철학'의 의미로도 쓰인다. 철학(哲學, philosophy)은 본래 '지혜(sophia)의 사랑(philo)'이라는 뜻에서 유래되어, '사물(事物)과 현상에 관한 근본원리나 일반적 법칙성을 탐구하는 학문'이다. 일반적으로 '다도철학'이라 함은, '다도문화 전반에서 추구되는 근본원리의 체계적 사유'를 뜻한다. 즉, 제다(製茶)·팽다(烹茶)·행다(行茶)·음다(飮茶) 등의 다사(茶事)와 다회 진행, 다구 선별, 찻자리 꾸미기 등의 다도문화 전반에 걸쳐 지향하는 중심적 의지를 말한다.

'다도철학'은 '다도사상', '다도정신', '차의 정신', '차문화정신', '다도의 진리', '다도관'이라는 말로 대체되기도 한다. 오카쿠라 가꾸조우(岡倉覺三, 1862~1913)는 『The book of tea』에서 'The philosophy of tea(차의 철학)'이라고 하였고, 다도를 뜻하는 말로 'Teaism'이라는 단어도 썼다.

한국 다도의 철학사상은 선조들의 사상을 참작하면서 이 시대에 중시되는 철학적 관념으로서, 정중(正中), 풍류도(風流道), 신명일심(神明一心)사상을 들고자 한다.

Ⅰ. 한국의 다도철학

1. 정중(正中)사상

'正中'은 '正이자 中'이라는 뜻이다. 즉, 천지의 '理(이치)'를 인간의 삶에 조화롭게 적용함을 뜻한다.

다도의 정중(正中)사상이 언급되어짐은, '正'을 자연의 삼엄한 진리로 보고 '中'은 인간과의 조화로 보는 데서 인식된다. '正'의 기초가 튼튼할 때에 마땅히 얻어지는 조화가 '中'이다. 유가(儒家)의 '中正'은, '中이면 正(和)'이라는 중용(中庸) 개념이다.

'正'의 본뜻은, '一(하나, 처음, 오로지)'을 지켜서 '止(멈춘다)'에서 나왔으며, '中'은, '口(영역, 물건)'을 'ㅣ(뚫음)'에서 만들어진 글자이다. 따라서 '正'은 오로지 추구하여 이르는 '올바르고 참됨' 즉 '眞(rightness)'이고, '中'은 '경험으로 드러나는 알맞음' 즉 '현상적 조화(調和, moderation)'를 뜻한다.

정중(正中)사상은 '행위다도'와 '이념다도'와 '진리다도'의 핵심이 된다. 즉, 차를 끓이고 자신과 손님과 신에게 제공하는 가운데 사물(事物, 다구와 일)을 운용함과 이때 지니는 마음가짐에는, 원리와 분별이 있고 이를 기초로 알맞은 변통과 조화가 있어야 하기 때문이다.

따라서 다도의 '正'은 '체(體)'이고 본질이며, 다도의 '中'은 '용(用)'이고 조화로운 현상이다. 비록 '正'이 갖추어지더라도 '中'에 이르지는 못할 수 있다. '中'은 독립적으로 생겨나지 않고, '正'을 포용하여 순리(順理)로서 운용할 때만 존재하므로 '正'과 따로가 아닌 하나의 몸체로 규정된다.

유가적 다도용심(茶道用心)에서는 '正'은 격물(格物) · 치지(致知) · 성의(誠意) · 정심(正心) · 수신(修身)이고, '中'은 제가(齊家) · 치국(治國) · 평천하(平天下)이다. 즉, '正'은 '수기(修己)'이고 '中'은 '치인(治人)'이다. 또한 '正'의 방법은 주일무적(主一無適, 집중)의 경이직내(敬以直內, 공경)이며, '中'은 의이방외(義以方外, 의와 덕의 실행)의 천인합일(天人合一)을 뜻한다. 도가(道家)의 찻자리에서 '正'은 '심재(心齋)'와 '전일(專一)'의 공부이며,   '망물아(忘物我)의 도경(道境)을 지님'은 '中'이다.

다도의 정중사상(正中思想)은 다공(茶供)의 공부와 실행, 그리고 찻자리의 심지(心地)와 다도 미학(美學)에서 나타나며, 바른 세밀함(正)과 조화(中)가 요체이다.

(1) 다공(茶供)의 '正中'

'다공(茶供)'이라는 단어는 풍석(楓石) 서유구(徐有榘, 1764~1845)가 쓴 『이운지(怡雲志)』에 나오는데, 이는 '차를 끓이고 나누며 마시는 전반적인 일'이라는 뜻으로, '다사(茶事)'나 '행다(行茶)', '다례(茶禮)'보다는 넓은 의미이고, '다도'보다는 좁은 의미이다.

다공의 '正'은 원리이자 이론이며, '中'은 다공의 '正'을 통한 원만한 실행이다.

다공의 '正中'은 다도공부와 다사와 행다례(行茶禮)에서 찾아진다.

선조 다인들은 다공문화의 역사적 사실의 문장을 썼고, 찻감과 제다와 전다법을 연구하고 또한 서책으로 남겼다. 이러한 다인으로, 고려와 조선 전기에는 이규보(남행월일기), 각운(선문염송설화), 이제현(석지조기), 이곡(동유기), 서거정(재좌청기), 이목(다부), 허균(성소부부고), 김육(유원총보)이 있고, 18·9세기의 다인으로 채평윤(우통수와 한송정 기문), 이운해(부풍향다보), 안정복(수다설), 이덕리(기다), 정약용(각다고), 윤형규(다설), 서유구(임원16지), 초의 의순(동다송), 김명희(제다의 '書'), [5] 이규경(도다변증설), 이상적(기용단승설), 박영보(남다), 범해 각안(다약설), 신헌구(해다설) 등이 있다.

다사(茶事)에서 방식의 '正'은 과학적 이치의 세밀한 탐구이며, '中'은 시간과 공간과 사람의 기호성의 조화를 위한 응용이다. 즉, '正'의 바른 다사를 하려면, 찻감의 성(性)을 알고 물과 열의 자연을 탐구하며, 도구를 써서 바르고 세밀하게 행하는 것이고, '中'은 다사의 알맞음으로, 날씨(계절)나 주변 상황, 그리고 건강이나 취향에 맞추어 차를 선택하고 맛을 조화롭게 내는 것으로, 여기에는 포용의 '선(善)'이 기초가 된다. '中'의 다사는 숙련된 차인들에게도 쉬운 일이 아님은, 우리나라뿐 아니라 일본의 다회기(茶會記)에서도 볼 수 있다.

'행다례(行茶禮)'라 함은, 전다(煎茶)·작다(酌茶, 차 따르기)·분다(分茶, 차 나누기)·음다(飮茶) 등에서 행례(行禮)함을 말한다. 행다(行茶)의 '正'은 이치에 맞는 법칙을 따르는 것이며, '中'은 개인적·시대적·상황적 변통을 적용함이다.

다공의 예(禮)에도 본말(本末)과 질문(質文)이 있다. 예(禮)의 '本'과 '質'은 '正'이요, '末'과 '文'이 '中'이다. 다도예속(茶道禮俗)에서는 '온고(溫故)'와 '창신(創新)'이 '正'과 '中'이 된다.

(가) 세밀한 다도공부의 내용

'세밀함'은 공부의 자세이자 정성을 들이는 것으로, 선조들은 세밀한 전다(煎茶)라는 뜻으로 흔히 '시다(試茶)'라는 용어를 썼다.

다인들이 중요시한 다공(茶供)의 내용은 ① 물과 찻감과 향미(香味) ② 전다법(煎茶法)이다.

물과 찻감과 차탕의 향미(香味)에 관한 공부 내용은 다음과 같다.

차를 끓일 때 좋은 물을 선별하는 '품수(品水)'와 새로 떠온 물을 씀을 강조했는데, 허균과 김정희는 차 끓이는 물에 특히 관심이 많았던 다인이다.

차를 끓일 때는 물과 찻감이 지닌 본성인 '正'을 중시하지 않으면 안 된다. 물 뿐만 아니라 찻감도 사람이 먹는 식음(食飮) 재료 중에서 드물게 순수성을 고집하는 '正'의 성품을 지녔다. 차나무는 자라는 토질과 환경에 유의해야 하고, 찻감은 오염된 공기나 물질에 닿으면 진성(眞性)을 잃게 되므로 제다의 정성과 보관의 건조와 청결을 요구한다. 따라서 물과 열과 정성으로 조화를 이룬 차탕은 '中'의 덕성을 지니게 된다. 그리고 마른 차가 예민하여 나쁜 냄새에 오염되지만 자신을 희생하여 주변을 쾌적하게 만들고 향화(香火)로도 쓸 수 있다는 점은 찻감이 지닌 '中'의 품성이다. 또한 식품의 재료가 발효되어 아름다운 맛을 내는 것 또한 많지 않은데, 찻감은 발효되어도 매우 다양한 맛과 향기와 효능을 나타내는 '中'의 본성도 지니고 있다. 찻감은 떫고 쓴맛이 본성이다. 그러나 잘 끓이면 싫증나지 않고 '즐기는 맛'이 되고, 쓴맛 뒤의 감미(甘味)를 느끼는 것도 차탕 본성의 '正中'이다.

우리나라는 차의 종류가 다양하지 않았음에도 불구하고 찻감을 세밀히 관찰하고 형태와 산지도 기록했으며, 품급(品級)을 가리고 겨루기 할 만한 차는 '투품(鬪品)'이라고도 했으며, 차의 향기와 맛을 세밀하게 느끼고 관찰하여 '상다(賞茶)', '평다(評茶)', '품다(品茶)'라 하였다. 8세기에 충담이 경덕왕에게 즉석에서 끓여 올린 차도, "색(色)·향(香)·기(氣)·미(味)가 범상치 않았다."고 표현되었듯이, 잘 끓인 차의 향기와 맛도 세밀히 느끼고 자세히 적은 글들이 무척 많다. 동악 이안눌(李安訥, 1571~1637)은 "차(茗)가 오니 차맛 감상을 다투느라 북두성 방위가 바뀌었네."라고 하여 오랜 시간 차의 향미를 감상한 글이 있고, 병와 이형상(李衡祥, 1653~1733)은 "찻자리에 청풍이 불어 간들거리니, 세밀히 문향(聞香)한다."고도 했다.

전다법(煎茶法)에 관한 내용으로, 불 다루기에서는 '세화(細火)', '활화(活火)', 혹은 '문무화(文武火)', '문무활화', '문화도 무화도 아닌 화후'로 차를 끓인다는 말들이 흔히 나온다. 활화는 연기나 그을음이 나지 않고 불꽃이 있는 생기 있는 산 불을 뜻하고, 문무화란 뭉근하게 타는 문화(文火)와 불꽃이 센 무화(武火)가 알맞게 어울려 있는 불을 뜻한다. 중종 때 영의정까지 지냈던 김수동(金壽童)이 "저울눈 보듯 불길을 다투며 차를 끓인다."[6]고 했듯이, 불의 세기에 따라 차가 끓는 정도를 가늠하는 것이 차의 맛을 내는 데 중요했다. 따라서 찻물 끓는 소리에 세밀히 귀를 기울여 차가 익는 정도를 짐작한 것이다.

우리나라는 다성(茶聲)을 세밀하게 적은 글이 특히 많다. 찻물 끓는 소리를 표현한 앞선 다인으로 12세기의 임춘과 김극기가 있으며, 지렁이 소리와 빗소리로 표현하였다. 글로 나타낸 전다성(煎茶聲)은 대개 실제 자연의 바람이나 물의 소리로서, 소나무에 바람 부는 소리(松風), 대나무 바람소리, 송풍이 우는 소리, 산골 물소리, 가는 빗소리라 하였고, 생황이나 피리 등의 악기소리, 목메는 소리나 지껄이는 소리, 파리소리 등으로 연상하여 듣기를 즐기었다. '송풍회우(松風檜雨)'는 한국과 중국의 다인들이 모두 즐겨 쓰는 용어였다. 당시에 차를 끓일 때에는 오지탕관이나 철주자, 돌솥 등에 따라 소리가 달랐고, 종이를 덮거나 뚜껑 없이 끓이기도 했으며, 불의 세기에 따라서도 여러 가지 소리로 들릴 수 있었다. 또한 멀지 않고 고요한 곳에서 '聞聲(문성)'이라 하여 귀를 기울여 들었다.

귀로 듣는 소리 외에, 눈에 보이는 끓는 물결모양으로도 온도를 감지하였다. 물이 끓는 온도에 따른 기포의 모양은 중국 다서를 인용하여, '새우눈(蝦眼) 게눈(蟹眼) 고기눈(魚眼)'이라 했으며, '봄날 강의 물결'로 보기도 하였다.

우린 탕차를 거르는 온도와 방식에도 유의하여, 『산림경제』에는, "(차가 끓으면) 불을 물리고 잠시 기다린 후 끓는 것이 멈추어지면 거르는 방법이 절도에 맞다.(去火少得其沸止而瀹之方爲合節)"고 했으며, 차가 끓으면 냉수 치기를 세 번 하라는 내용도 있다.

포은 정몽주는 찻물이 끓는 것을 보고 역(易)의 팔괘를 깨우쳤다고 했는데, 이러한 일도 '正'의 공부이다.

차를 끓이면서 실제로 불을 보고 소리를 들으며 기포(氣泡)를 보는 일들은 쉽지가 않다. 우리나라의 학자들이 당시 신분의 반상(班常) 차별을 지극히 당연하게 받아들였음에도, 부엌일에 준하는 번거로운 다사를 손수 세밀하게 한 것은 차의 맛내기 자체를 '正'의 공부로 생각했기 때문이다.

세밀한 다사는 왕족도 예외가 아니었다. 세종의 손자인 이식(李湜, 1458~1488)은, '활화(活火)'와 '눈물(雪水)'을 썼고, 질솥(瓦鼎)이나 약솥에 차를 끓였으며, '옥천차'와 '공명(貢茗)'을 언급하였다. 다인 헌종의 아버지인 효명세자(1809~1830)는 다음의 글에서 다구와 물 끓이기에 유의하였음을 알 수 있다.

「다관 (茶罐)」

돌화로에 불 피우고 쇠솥에 물을 끓여,
새 차를 달이니 게눈 차탕 향기롭네.
비교하면 신선 동네의 구기자 물과 같으니,
한 잔 마시면 장수할 수 있겠구나.

石爐焙火煮金鐺,　百煎新茶蟹眼香.
較如仙洞枸杞水,　一勺猶能萬壽長. [7)]

윗글의 제목인 다관(茶罐)은 오늘날의 탕관을 겸한 것이다. 해안으로 끓을 때 차향이 전해왔으므로 찻감을 다관(탕관)에 넣어 우렸음을 알 수 있다. 그는 육우의 『다경』을 읽었고 철탕관을 즐겨 사용하였으며 「다종(茶鍾)」과 「다호(茶壺, 다관)」를 시의 제목으로도 썼다. 헌종(재위 1834~1849)도 「차 달이기(煮茗聯句)」에서 쓰기를, "활수로 새 차 끓이니, 청향이 푸른 창에 퍼지네.‥‥‥‥게눈이 생겨남을 세밀하게 보매, 한 잔 차로 시의 가락을 뽑아낸다네." 라 하여, 물과 탕법(湯法, 끓이기)에 대한 기본 지식을 지니고 섬세한 관찰을 했음을 알 수 있다.

선조다인들은 위생에도 유의하여 청결한 다사를 행하였고 찻자리의 언행을 조심하였으며, 찻자리와 다실을 모임의 주제에 맞게 장식도 하였다. 다사뿐만 아니라 손수 종다(種茶, 차나무 기르기)와 제다(製茶)를 한 다인들도 '正'의 다도심지를 지녔다고 볼 수 있다.

현대의 품다가(品茶家)들도 차를 직접 끓이기를 좋아하여 잘 끓여 마시려면 찻일에서 '正'을 구하지 않을 수 없다. 물과 불에는 크게 유넘하지 않아도 되지만, 온도와 시간과 찻감 판별에는 세밀한 감식안을 지니도록 노력하지 않을 수 없다. 더욱이 손님과 한 자리에서 시청각(視聽覺)의 다도를 즐길 때는 시간 배정과 다구의 선별과 동선(動線)과 찻상이나 다식 고르기도 세밀하면서 조화를 이루는 '中'에 유의하게 된다.

(2) 다도의 공부를 실행한 대표적 다가

옛 다인들 중에는 다도를 공부로 여겨 손수 역행(力行)하며 즐긴 사람들이 무척 많으나, 여기서는 '正中'의 행례를 지향한 대표적 다가(茶家)들을 중점적으로 살펴보고자 한다. '다가'란 '다도에 정통하며 귀감이 되는 사람이나 집안'으로서, 시나 다서, 교육 등으로 주변에 영향을 준 사람, 혹은 당대에 다도에 관한 제자나 사숙제자가 있어 일가(一家)를 이룬 사람, 혹은 가문을 뜻한다.

(가) 고려의 다가(茶家)

이규보(李奎報, 1168~1241)는 차와 물의 품평에 관심이 많았으며 손수 물을 떠서 활화(活火)에 차를 끓였다. 그는 한식 전의 떡차를 '유다(孺茶)'라 하였고, 육우가 품평한 차를 찌꺼기에 불과하다고 하여 우리 차에 자부심을 지녔다. 그리고 다마(茶磨)를 써서 분말차를 만들어 고유차(膏乳茶, 말차탕)를 마셨으며, 향(香)과 색(色)이 구비되었는지 유의하였다.

그는 선물 받은 철병 탕관의 모양을 상세히 기록하고, 물 끓는 소리를 '생황소리'에 비유하여, 현대의 소리 내는 '삐삐주전자'가 예전에도 있었음을 알 수 있다. 그는 술을 좋아하였으나 말년에는 차를 더 찾았으며, 종의스님 제사에 차와 과일을 올린 다례 기록이 있다.

군자다도의 태두인 목은 이색(李穡, 1328~1396)은 손수 샘물을 길어 불을 피워 차를 잘 끓이는 법을 공부로 여기고 체득하고자 했다.

찻물 끓는 소리를 글로 나타낸 다인으로 이색을 따를 사람이 없다. 그는 글 제목으로도 「물 끓는 소리를 들음(聞煎水聲)」이라고도 했거니와, '다성(茶聲)'이라는 단어를 썼다. 차시문(茶詩文)에서는 "소나무 가지 끝에 드날리는 비를 보네.(松梢看飛雨)", "돌솥에서 차 끓는 소리가 시의 음률을 맑게 하네.(茶鳴石鼎淸詩律)", '솔바람(松風) 소리', '구멍에 있는 지렁이의 소리(茶聲蚯蚓竅)' 등 다양한 표현을 하였다. 지렁이는 옛 사람들의 글에서 가끔 언급되는데 그 이유는, 지렁이는 토양과 식물을 유익하게 하는 생물로서 먹고 마시는 것이 오직 흙과 물인데도 잘 살아가며 다른 데서 구차하게 얻지 않는다는 『맹자』의 내용을 인식하여, 사람에게 가르침을 준다고 여겼기 때문이다.

성균관 대사성·대제학 등의 벼슬을 지낸 이색은, 차를 구해 오는 '가동(家童)'[8]이 있었고 전다(煎茶)하는 '노비(老婢)'[9]도 있었으나, 거의 손수 신중하게 차를 끓여 마신 중요한 이유는, 그가 쓴 「전다즉사(煎茶卽事)」라는 시 제목에서 보듯이, 다사 자체가 선비의 일이고 격물·치지의 공부로 여겼기 때문이다.

그는 차 용어를 독창적으로 만들기도 하여, 이전에는 쓰이지 않았던 '다종(茶鐘)', '화자(花瓷, 꽃무늬 오지찻잔)', '노아(露芽)', '영아(靈芽, 신령스런 싹차)', '다탑(茶榻, 차 마시는 평상)' 등을 쓰기 시작했다. 그리고 그는 "평생 청사(茶事)를 사랑하여 다보를 이을 생각이라네.(平生愛淸事 有意續茶譜)"[10]라는 글이 있어, 전해지지는 않으나 다보를 지었거나 지을 뜻을 가졌음을 확인할 수 있다. 이색은 차문화 전반에 관한 공부도 소홀히 하지 않아 육우의 『다경(茶經)』이나 노동(盧仝)의 차시(茶詩)를 섭렵하였다. 그런데 그는 육우가 차맛을 아는 것도 별것 아니라고 하며, 자신의 다공 솜씨에 대해 자부심을 가지고 있었고 '차의 신공(神功)'이 빠르다고 하였다. 이색의 문하에는 권근·김종직·변계량 등이 배출되었는데 모두 다인이다.

다가인 도은 이숭인(李崇仁, 1349~1392)은 4은의 한 사람으로, 동지춘추관사(同知春秋館事)까지 지냈으나 조선 개국과 함께 정몽주의 뒤를 이어 살해되었다. 훗날 태종이 자신의 좌주(座主)였던 도은을 공경하여 문집을 간행한 것으로 보아, 이숭인은 태종의 차생활과 다도의 사회정책화에 영향을 준 것으로 생각된다. 그의 찻자리에는 이색, 정몽주, 권근 등의 다가들도 있었다. 그는 활화청천(活火淸泉)에 손수 차를 끓였으며 특히 차탕의 '색(色)'과 '맛(味)'과 '향(香)'에 관심이 많았고 차향을 난향에 비유하였다. 한식 전에 따서 만든 화전차(火前茶)도 마신 기록이 있으며, 바닷가 고을의 이른 봄 차싹으로 만든 말차(早春末茶)가 궁궐의 '용단(龍丹)'과 맛을 비교할 만하다고 했다. 그리고 돌쟁개비(石銚)에 차를 끓이고 청자찻잔을 즐겼다. 찻물 끓는 소리를 '바람소리', '비가 섞인 소나무 바람소리(松風)', '송풍이 운다', '지렁이 우는 소리'라고도 했다.

(나) 조선 전기와 중기의 다가(茶家)

서거정(徐居正, 1420~1488)은 다인 권근(權近)의 외손(外孫)으로 호가 사가정(四佳亭) 또는 정정정(亭亭亭)이다. 세종부터 여섯 임금을 모시고 육조의 판서를 두루 지낸 양반귀족이었고, 그의 곁에 찻일을 하는 사람들이 있었음에도 불구하고, 새벽에 물을 떠오고 손수 불을 피워 차 끓이는 일을 공부하듯이 세밀하게 하였다. 그는 우리나라 다인들 중 '다사(茶事)의 달인(達人)'이라 할 만큼 차 끓이는 일

과 차 맛내기에 통달했다. 그가 남긴 70편이 넘는 차시에는, 제목을
「전다(煎茶)」라고 한 것이 세 편이며, 「병중전다(病中煎茶)」, 「전다
보(煎茶譜)」라고 한 것이 더 있는 것을 보면, 그가 얼마나 손수 차
끓이기를 좋아했나를 짐작할 수 있다.

다음의 전다시에서 그는 활수로 세밀하게 끓인다고 했다. 활수(活
水)란 살아 있는 물, 즉 정성을 내어 샘에서 금방 떠온 물을 말한다.

용단차는 이름대로 제일이라네.
운각이 생기는 설아는 햇차라오.*
금방 떠 온 물로 세밀히 달이니,
마른 창자는 또 진(眞)을 맛본다네.

龍團名第一,　雲脚雪芽新.
活水煎初細,　枯腸味更眞.　[11]

* 운각(雲脚) : 분말차(粉末茶)를 점다할 때에 생기는 거품.
* 설아(雪芽) : 눈같이 흰 차를 말한다. 어린 차싹의 뾰족한 창은 가
는 털로 덮여 있어 마른 찻잎은 흰색을 지닌다.

여기서 용단차는 수입된 중국의 차를 뜻함이 아니라, 최고급 연단
차(研團茶, 갈아서 말차를 乳花茶로 점다함)를 뜻한다. 이른 봄에 움
싹을 따서 찌고 말리므로 제다 공정이 까다롭고 가루내기도 무척 번
거롭다. 서거정은 이를 매우 소중하게 다루어, 귀한 차가 맛을 버리
지 않게 물과 불의 세기 등을 세밀히 관찰했던 것 같다.

사가정은 팽다법(烹茶法)으로 '해안탕법(蟹眼湯法)'을 썼다. 이는
끓기 시작하는 찻물의 기포가 해안(蟹眼), 즉 게의 눈 크기일 때 그
만 끓인다는 것이다. 이는 물의 온도를 가늠하기 위함으로, 해안으로
끓으면 80℃ 정도 된다. 이렇게 끓인 차탕을 그는 '해안차'라고 이름

붙였다. 당시에는 찻감을 물에 넣어 끓였으므로, 만약 해안일 때 즉시 불에서 내리지 않거나 불을 끄지 않고 어안(魚眼, 물고기 눈)이나 뛰는 찻물이 되면 차의 텁텁하고 쓴맛이 우러나와 감칠맛이 적다. 그의 글에는 해안으로 차를 끓인다는 내용이 일곱 군데나 나온다. 어안으로 끓인 대목도 두 군데 나오는데, 하나는 찻물에 생강을 넣어서 끓인 경우이다. 사가정의 해안탕법은 오늘날 고급 녹차를 우릴 때 귓대그릇에 숙수를 조금 식히는 것과 같은 원리이다. 요즈음도 찻감을 물에 넣어 끓이는 자다법(煮茶法)에는 이 탕법을 쓰는 것이 좋다.

육우의 『다경』을 보면 해안이 나오지 않고 어안(魚眼)과 용천연주(湧泉連珠, 솟구치는 샘물과 이어지는 구슬)가 언급되었는데, 실제로 찻감을 넣은 찻물(茶湯)이 이렇게 많이 끓으면 차맛이 쓰고 떫어 좋지 못하다. 그래서 서거정은 "다경의 육우 말은 진부하다."고 하였다. 그는 또한 「지원(池院)」이라는 글에서 '차를 세밀히 맛본다(細啜)'[12]고 하였다.

그가 차의 끓는 정도를 가늠하는 것은 기포의 모양뿐 아니라, 이색과 마찬가지로 끓는 소리를 듣고도 알아내었는데, 지렁이와 파리 우는소리가 나면 차를 마신다고 하였다. 실제로 그가 즐겨 썼던 돌솥에 뚜껑을 열고 물을 끓여 보면, 게눈만한 해안의 기포가 생길 때 끓는 소리는 흡사 파리소리 같다. 그 외에, '봄 강물 소리', '솥에서 지껄이는 듯한 소리', '부르짖는 소리', '우렛소리' 등으로 표현하였다. 여기서 소리가 크게 난 것은 쇠솥에 끓이면서 기포를 보기 위해 뚜껑을 열고 끓였기 때문으로 생각된다.

서거정의 다도관은 전반적으로 이색의 영향을 크게 받았다. 다성(茶聲)의 표현뿐만 아니라, 손수 다사(茶事)에 임하는 정신자세도 그러하며, 차의 맛을 이색과 마찬가지로 '진(眞)'이라고 하였고, 그가 가장 좋아한 차인 '금빛 노아(金露芽)'도 이색이 처음 사용한 단어인 '노아(露芽)'와 같다. 그도 술을 마신 뒤에 차를 달여 취기를 없애고자 했다.

청덕(淸德)으로 이름났고 대사헌을 지낸 다가 서거정은 사헌부의 다례풍습을 기록한 『사헌부 제좌청 중신기(司憲府齊坐廳重新記)』를 썼으며, 전하지는 않지만 그도 『다보(茶譜)』를 엮었다고 했고, [13] 『동인시화(東人詩話)』, 『동문선(東文選)』 등을 남겼다.

매월당 김시습(金時習, 1435~1493)은 생육신의 한 사람으로 유불도를 통섭한 다가이다. 그는 서거정보다 15살이 적었고 신분 차이가 컸으나 두 사람은 막역한 다우였다.

매월당은 전다할 때 스스로 구애받음이 없이 자유로워, "작설의 향기로운 싹을 내 멋대로 달이니, 그 사이에 썩 재미가 들었구나.(雀舌香芽手漫煎 此間滋味頗陶然)"라고 하였다. 다른 글에서도 자신의 행다(行茶) 자세를 '유연(悠然, 사물에 얽매이지 않은 모양)하다'고 하는 표현을 두 번이나 썼다. 그리고 "차 마시고 밥 먹는 것도 편한 대로 한다네.(茶飯任便宜)"라고 하여, 인위적이 아닌 무위(無爲)로서 살기를 좋아하였다. 그렇다면 그의 '유연 다도'는 '正'의 기초가 없이 적당히 하여 익숙해진 것이었나를 여기서 생각해보고자 한다.

김시습은 손수 종다(種茶)하였고, 해가림 재배를 하여 연단차(硏團茶)를 만들어서 말차도 즐긴 다가(茶家)였을 뿐만 아니라, 『다경』도 섭렵하여 다도 전반에 해박하여 차의 본성을 잘 알았다. 또한 그도 차 끓는 소리를 '다성(茶聲)'이라 하고 '목메는 소리'로 표현했으며, "해안이 생겨나니 솔바람이 운다."고 할 정도로 세밀하게 전다(煎茶)하였음을 알 수 있다. 따라서 그가 체득한 망물아(忘物我)의 다경(茶境)은 '正'의 노력에 상응하는 '中'의 대가를 얻은 것임을 알 수 있다. 또한 그의 행례를 살펴보면, 차를 끓이며 '단좌(端坐)'했다는 글이 있을 뿐만 아니라, 당시는 유교사회였고 부모 정도로 나이 많은 고관들과 찻자리를 함께 하며 청담(淸談)을 나눈 것을 볼 때, 예의를 갖춘 정중한 행다례가 몸에 지극히 익숙해 있었을 것이다. 그가 쓴 소설 『금오신화』를 보면, 용궁의 용신왕(龍神王)이 주인공을 맞아 편히 앉기를 권하고 '행다일순(行茶一巡)'한 후에 말했다고 하는데, [14] 이는 좌정한 사람들이 모두 질서 있게 차를 마신 것을 뜻하므로 다공에 격식이 있었음을 뜻한다. 그는 손수 차를 끓여 부처에게 예경다례(禮敬茶禮)를 올리기도 했다. 따라서 매월당의 행다법과 다도 예절은 '正'을 통한 '中'이었음을 알 수 있다.

한재 이목(李穆, 1471~1498)도 '正中'의 다사를 행한 다가였다. 『다부(茶賦)』에서 그는, 차나무의 생육 모습과 발아의 환경과 채다 내용을 상세히 적었고, 다음과 같이 전다(煎茶)의 세밀한 내용이 있다.

옥잔(茶甌)을 꺼내어 손수 씻어놓고,
돌샘물을 끓이며 곁에서 지켜본다.
하얀 김이 부리에서 쏟아져 나와,
여름날 계곡과 산등성이에 구름이 피어나네.
흰 물결로 끓으니 물고기 비늘 생기고,
봄 강물의 기세로 이는 물결이 씩씩하구나.
끓는 소리 쉬쉬하니,
대나무와 잣나무의 서릿바람이 불어오도다.
향기가 물 위에 뜨니,
전함이 적벽강을 나는 듯 전해오는구나.

挈玉甌而自濯,　　煎石泉而旁觀.
白氣漲口,　　夏雲之生溪巒也.
素濤鱗生,　　春江之壯波瀾也.
煎聲颼颼,　　霜風之嘯篁栢也.
香子泛泛,　　戰艦之飛赤壁也.

여기서 그는 시원한 계곡에서 '석천(石泉)'의 물에 손수 차를 끓이며, 끓는 물의 김과 물결 모양과 소리와 향기가 전해오는 모양을 세밀하게 관찰하여 썼다. 그는 윗글에 이어서 상품차와 중품차와 차품(次品)의 차를 적고, 차를 마신 후의 느낌과 오공육덕을 상세히 썼다. 『다부』의 결구에는 차를 마시지 않아도 다도의 묘경(妙境)인 '中', 즉 도심경(道心境)에 이를 수 있음을 나타내었다.

위의 다가 외에도 정중의 자세로 다도에 임한 조선 전기와 중기의 다인들이 많다. 한음 이덕형(李德馨, 1561~1613)은 이자상(李子常)에게 주는 편지에서, "만약 다품을 논하려면 먼저 샘물 맛과 달이는 법(法)을 알아야 한다.(若論茶品 須先味煎法)"고 했고, 이하곤(李夏坤, 1677~1724)은 "혼자 한가할 때는 팽다법을 기록한다.(閑時自錄烹茶法)"고 썼다. [15] 또 혼자 차 끓이기를 즐겼던 다인 정철의 아들 정홍명(鄭弘溟, 1592~1650)도, "동자에게 세세히 가르쳐 냄비에 차를 끓이네.(細敎童子點茶鐺)"라 하여 다사의 세밀함을 중시하였고, 또한 "다품(茶品)을 자세히 평한다."고도 기록하였다. 많은 차시를 남겼고 혼자의 전다(煎茶)를 즐겼던 염헌(恬軒) 임상원(任相元, 1638~1697)은 신라승 대렴이 당에서 차 종자를 가져왔다는 제목의 글에서, "……… 품질을 다투자면 공납차의 훌륭함을 생각해야 하고, 공을 논하자면 경전을 지어 자랑함이 합당하다네.(鬪品敢思充貢計 論功固合著經詩.)" [16]라고 하여, 다사(茶史) 공부와 더불어 투다와 다공(茶

功)을 진지하게 생각하였다.

(다) 실학파와 조선 후반기의 다가

임진・병자 양란이 끝나고 영・정조 시대에 오게 되면 주자학적
도학이 이론에 치우치는 데 대한 비판과 더불어, 실사구시(實事求
是)를 기초로 한 과학적・고증적・현실 개혁적 학문 성향이 자리 잡
기 시작한다. 이러한 실학파 유학자들은 역사적 사실을 고증하고 중
국 문헌을 소개하였으며, 우리의 차문화도 새로운 시각으로 보면서
다서가 많이 나오고 다회 풍속도 크게 일어난다. 이 시대에 실학적
다도를 지향한 인물들을 들면, 이수광, 이익, 안정복, 이긍익, 박지원,
이덕무, 유득공, 서유구, 유희, 최한기와, 정중(正中)의 다도를 추구한
글을 남긴 정약용, 신위, 김정희, 초의 의순, 이상적, 금명 보정 등이
있다.

다산 정약용(丁若鏞, 1762~1836)은 조선시대 차문화의 중흥조(中
興祖)로서, 19세부터 75세에 별세할 때까지 56년에 걸쳐 70편이 넘는
차시를 남겼고, 논문 「각다고(榷茶考)」를 썼으며 '다신계(茶信契)'를
다속(茶俗)으로 만들었다. 다산은 청년기인 17세에도 음다를 즐긴 기
록이 있으며, 강진에 유배된 40세 이전에 20편 가량의 차시를 썼다.
당시에 손수 샘물 맛을 시험하고 차산지를 확인했으며, 육우를 알았
고, 일상 음다뿐 아니라 다회도 열었다. 이때의 글에서도 "차의 향기
를 세밀히 맡는다.(茶香細細聞)" [17]고 할 정도로 다사에 열중하였
다. 이후 75세까지 60여 편의 차시문을 더 남겼다.

사암(俟菴) 정약용의 다도는 다가인 채제공(蔡濟恭)과 연담 유일
(有一), 그리고 아버지 정재운(丁載運)의 영향을 받았으며, 두 아들
유산 정학연(丁學淵)과 운포 정학유(丁學遊), 제자인 초의 장의순

과 황상(黃裳, 1788~1863?) 등으로 전해졌다.

사암은 유배생활 동안에 10년간 강진의 '茶山'에 이웃하여 살면서 실학정신을 따라 손수 차를 만들었고 제다법을 주민들에게 가르쳐 주었으며, [18] 강진현 보림사의 죽로차를 발견하고 승려들에게는 채다법을 가르쳤다. [19] 귤동의 자신 거처를 '다암(茶盦)'이라 하고 황차(黃茶 ; 丁茶 또는 南茶)를 개발하였으며 또한 제다법을 가르쳤다. 다산은 떡차, 우전차, 곡우차, 입하차, 발효황차, 연단차(研團茶), 분말차, 찐차, 배쇄차(焙晒茶), 약차 등, 제다의 대가였다. 엷게 끓이는 팽다법(淡烹茶法)을 즐겼으며 이를 주변 다인들에게 전하였다. 그는 일찍이 『다경(茶經)』을 독파하고 아들에게도 읽으라고 하여 다도공부를 중요시했으며, 자신을 '육우'라고도 했다. 강진의 제

자들에게 다신계를 만들어 운영하게 하여, 자신이 떠난 후에도 다음(茶飮) 풍속을 이어가게 독려하였다. 그는 매일 차를 마신다고 기록하였고 죽음에 임박해서도 다종(茶鍾)을 곁에 두고 지낸다는 글을 남긴 것으로 보아, 대교육자로서 차(茶)의 중요성을 후세에 알리고자 했음을 알 수 있다.

사암은 생기 있는 활화(活火)를 썼고 찻물이 끓는 모습을 보고 '가는 구슬과 날리는 눈' 또는 '게눈(해안)과 물고기 비늘' 같다고 했다. 손수 샘물을 떠오고 솔방울로 탄을 만들어 썼으며, 맷돌에

도40 한국 다도의 중흥조 정약용의 초상

찻감을 손수 갈았다. [20] 강진 유배 시에

는 점심을 먹기 어려울 정도로 빈곤하여도 차는 끓여 마신다고 했고, 고향에 와서는 한강에서 고기를 잡으며 배 속에서도 차를 끓여 마셨다. [21] 그는 솥과 냄비, 다병·다관·다종(茶鍾)·다구(茶甌)를 썼으며 청차(淸茶)를 즐겼다.

자하(紫霞) 신위(申緯, 1769~1845)는 우리나라에서 가장 많은 차 시문을 남겼는데 무려 110여 편이 된다. 차 끓이는 일로 평생을 보낸다는 글을 쓴 그는, 차의 '기미(氣味, 기품과 맛)'를 잘 내는 데 명인(名人)이었다.

정3품의 대사간(大司諫)과 호조판서 등을 지낸 자하는 동자가 끓여 주는 차를 마시기도 했으나, 손수 구리병 다관에 물을 길어 팽다하였다. 남산의 바위에서 나는 샘물로 차를 끓이니 우물물로 끓일 때보다 차맛이 훨씬 좋았다고 하여, 찻물로서의 물맛을 세밀히 품평하였다. 그리고 차를 갈아서 말차로도 마셨으며, 찻물 끓는 소리를 '송풍 소리', '행랑채에 비오는 소리'에 비유하였다.

자하는 다산이 가르쳐 주었다고 하는 '엷게 끓이는 팽다법(淡烹茶法, 담팽다법)'을 즐겨 행하였으며, '차의 향기를 다툰다(鬪茶香)'고 할 정도로 차향을 세밀히 찾았다. [22] 그리고 찻잎과 매화를 함께 우려 따라 마시기도 했으며, 묵은 차와 고급 햇차를 섞어서 서로 어울리기를 기다렸다가 차를 끓여 기미(氣味)를 돋우었다. 또 차를 탕수에 넣어서 너무 익히거나 오래 끓이면 차의 향기와 색이 나빠진다고 했으며, 재탕차를 우려 마신 기록도 있어 다사에 일가견을 지닌 대가였음을 알 수 있다. 그리고 '전다(煎茶)' 대신 '瀹茶(약다)'라는 단어를 세 번이나 써서 차 우리기를 뜻했음을 알 수 있다. 신위도 술을 마신 후에는 차를 끓여 마셔 몸과 정신을 맑게 했으며, 또한 "세상의 조롱을 차로 달랜다."는 글들을 용기 있게 남긴 것으로 보아, 자신을 엄하게 직시하면서 위로도 하는 다도생활을 하였음을 볼 수 있다.

자하는 '다옥(茶屋)'에 관심이 많았다. 좋은 샘물이 있는 남산 북쪽의 한보정(閑步亭)이라는 다옥에서 학을 기르며 지내기도 했고, 주자동의 삿갓정자가 있는 시락루(始樂樓)에서 노년을 지내기도 했다.

추사 김정희(金正喜, 1786~1856)는 서화와 금석학의 대가로서, 부모나이에 가까운 신위와 친분이 무척 두터웠고 초의 의순과 막역지우로 지내었으며, 제자로 다인 이상적을 두었다. 그가 55세부터 63세까지 제주도에서 보낸 유배생활은 차와 참선의 세월이었다. 실사구시(實事求是)의 학자인 완당 김정희는 품다(品茶)와 차 끓이는 물의 품평에 관심이 많았으며, 고아한 향미와 여미(뒷맛)를 중시하였다. 초의 의순에게 제다법을 조언하였고 조선차가 중국차보다 낫다고 하였으며, '다연(茶緣)'이라는 단어를 써서 차와 인연됨을 강조하였다.

초의 의순(意恂, 1786~1866)은 승려이나, 다산 정약용으로부터 외전(유학)과 다도를 배워 사제의 예를 갖추었다. 그가 43살에 명나라 장원(張源)의 『다록(茶錄)』을 베껴 쓴 『다신전』으로 다도를 보급하였고, 그로부터 9년이 지나 다산선생이 별세한 이듬해인 52세에 『동다송』을 편찬하였다. 이 책은 육우 『다경』과 『다신전』 등을 참작하여 해박한 지식을 기초로 녹차의 제다와 전다의 방식을 면밀히 적었다. 초의는 45세에 당대의 문사들로부터 '전다박사(煎茶博士)'로 불릴 정도로 차 맛내기에 달인이었다. 그는 '진수(眞水)'의 '체(體)'와 '정차(精茶)'의 '신(神)'이 어우러져서 참맛이 난다고 하였다. 다산가(茶山家)와 신위, 김정희, 김명희, 박영보 등 당대의 많은 문사들에게 손수 만든 차를 선물하였고 '대둔사(대흥사) 탑원다례'를 지내기도 하였다. 의순은 다산 정약용을 이어서 조선 후기 다도문화 진흥에 공적이 크며, 다도 제자로는 범해 각안(覺岸)이 있다.

이상적(李尙迪, 1803~1865)은 우봉(牛峰) 이씨로, 호가 우선(藕船)이며 세습 역관(譯官) 집안에 태어난 중인(中人)의 신분이었다. 문필가로서 이름을 떨치며 27세부터 별세하기 전까지 12회에 걸쳐 연경(북경)을 왕래하며 소임을 충실히 완수하여 그 공적을 인정받았다.

신품(神品)으로 꼽히는 추사 김정희(金正喜, 1786~1856)의 명화 '세한도(歲寒圖)'의 유래는, 제자인 우선이 유배생활을 하는 스승에게 많은 청나라 서적을 보내준 변함없는 정성에 감동하여 선물로 그려 준 것이다. 우선은 차를 끓이면서 '가을의 물결소리', '난간의 빗소리'라 했고, "해조음(바닷물소리)을 듣는 것 같다." "대동강 가의 솔바람소리를 듣는다." 라고 표현하였다. 또한 찻잔의 청결에 유의하였으며 눈물(雪水)로 즐겨 차를 끓였다. 그는 '작은 화로에 문화(文火) 또는 활화(活火)'로서 차를 끓인 기록이 있고 차의 맛을 '청고(淸苦, 맑은 쓴맛)'라 했다.

우선(藕船)은 대원군 이하응이 고려의 고탑에서 발견한 네 개의 용단승설차 중에서 하나를 간직하고 그 형태와 연원을 자세히 고증하여 기문을 남겼으며, 그의 문우(文友) 두 사람의 생신제사에 명차(茗茶)를 올린 기록이 있다. [23] 청나라의 차와 음다 풍속을 소개하였고 일본의 차와 다구를 선물 받았으며 많은 다서를 읽는 등, 국제적 다가로서 손색이 없다. 그 시재가 드러난 문집 『은송당집(恩誦堂集)』은, 그가 사대부가 아니므로 조선이 아닌 청나라에서 두 차례 출간되어 중국 문인들뿐 아니라 헌종도 찬탄을 하였다.

초의 의순의 사후에 초의 다도를 이은 승려로, 범해 각안(梵海 覺岸, 1820~1896)과 금명 보정(寶鼎, 1861~1930)이 있다. 범해 각안은 차를 따서 만들고 삼시(三時)에 차를 마셨으며 '문무화(文武火)'를 중시하였다. 삼비(三沸)탕법을 썼으며, "옹기다관은 오른쪽에 두고,

자기잔은 왼쪽에 둔다." 고 하여 과학적 동선 사용을 글로 썼다. 그는 「초의차」라는 글에서, 엽차는 곡우를 지나 따며 찻잎을 솥(鐺)에 볶고 밀실에 말렸고, 떡차는 대껍질에 싸서 외부 공기를 막아 저장에 유의하였다고 하여 초의의 제다법을 자세히 잇고자 하였다. 그는 차의 약리적 효능을 확신하여 『다약설(茶藥說)』을 남겼고, 서산대사의 '영각다례'와 '춘추다례'의 제의를 지내었다고 하였다.

일제강점기의 다인 금명(錦溟) 보정(寶鼎, 1861~1930)은 우리나라 승려 중에서 가장 많은 차시를 남겨 50여 수나 된다. 송광사의 유수한 강사였던 그는 차밭(茶田)을 곁에 두고 활수(活水)로 끓인 청차(淸茶)를 즐겼으며, 차가 끓으면 '소나무의 빗소리', '단비 후 훈훈한 바람'이라고 했다. 자신의 다실을 '다송실(茶松室)'이라 하였고 다회(茶會)열기를 즐기었다. 그가 '청년학생 다회'를 열고 쓴 글을 보면,

일신(日新) 또 일신(日新)은 말할 것도 없고,
지혜의 칼 갈아서 정신의 찌꺼기를 제거해야 하네.
제군들 위해 다회를 여는 뜻은,
어지러운 세상의 지도자를 바라서이네.

問否日新又日新　琢磨慧刀去荊塵.
爲設諸君茶會意　竟期迷道指南人.

라 하여, 피압박시절에 학생들을 위한 다공(茶供)으로 나라의 희망을 다짐한 것을 확인할 수 있다. 그는 다화로 '진리 이야기', '정든 이야기'를 한다고 했고 "흥이 유유하다."고 했으며 '다우(茶友)', '다제(茶弟)'라는 단어를 써서 다인을 존중하였다.

초의와 교분이 깊었던 한말의 무신·외교가인 신헌(申櫶, 1810~1888)도 다가로서 손수 햇차를 만들었고, 다동(茶童)을 두고도 소나

무가지로 차를 끓였으며, 차가 끓으면 '비를 만든다', '해안이 운다', '송풍을 본다'고 썼다.

위의 글 외에, 정조대왕의 사위인 홍현주도 "시동에게 맡기지 않고 손수 차를 끓인다."고 하였으며, 구한말의 학자 김윤식(金允植, 1835~1922)도 손수 차를 끓여 마시며 투다(鬪茶)와 품다(品茶)를 즐겼다. [24]

우리 선조들은 자신의 문집을 생전에는 편찬하지 않고 사후에야 내는 것이 관례였으므로, 차 끓이는 일을 공부하듯이 세밀하게 손수 행한 글을 남긴 까닭은, 후학들이 다사를 공부로 인식하고 행할 것을 강조한 것으로 생각된다. 오늘날 다사는 일부 진화하여, 실내에서 전기 열로 끓이고 물을 손수 길어오는 일은 드물어졌지만, 차를 정결하게 보관하고 최선의 자미(滋味)를 내기 위해 세밀히 끓이며 올바르게 행례하고자 함은 마찬가지이다.

(3) 다도 심지(心地)와 물의 '正中'

'심지(心地)'란 마음을 땅에 비유한 말로서, 대지에서 많은 나무와 잡초가 자라듯 마음에 끝없이 생각이 생겨나 자라므로 '地'를 붙여 쓴다. 인류문명의 현상세계는 인간의 '心(마음, 생각)'에서 나왔음을 생각할 때, 심지 철학의 중요성이 강조된다.

'다도심지'란 공다(供茶)과 음다(飮茶)의 마음자세로서, '正中'을 지님이 이상이다. 다석의 '正'은 수진(修眞)함을 뜻하고, 수진하기 위해서는 재계의 '心'으로 우선 생각과 감정을 다스리지 않으면 안 된다. 그리하여 심지가 고요하고 맑아져 청정(淸靜)이 자리 잡아 사물(事物)에 적용할 수 있게 됨이 '中'이다.

한국 다도는 다석의 마음이 '청정(淸靜)함'을 중시하여 차탕(茶湯)과 찻자리도 물과 같이 고요하고 맑음을 강조하는 특색을 지녔다. 선조 다인들은 대부분 진하지 않고 맑은 '청차(淸茶)'나 '담차(淡茶)' 혹은 '박차(薄茶)'를 즐겼다. 청학도인 이행(李荇)은, 차탕은 엷은 것(薄薄茶)이 낫다고 하며, 담박함에 참된 성품이 있다(茶湯淡泊有眞性)고 여겼으며, 정약용과 신위도 담차(淡茶)를 즐겼다.

'淸靜'은 '淸淨' 또는 '淸淡', '淡淡'과 통하는 말로, 물의 'ㆍ氵'가 들어 있다. 생각의 번뇌나 잡념이 없어져 마음이 물과 같이 고요해지면 평이한 자연의 진리가 보이고, 맑아져서 새로운 인식이 생겨남을 뜻한다. 김시습은 찻자리에서 "마음은 물과 같이 고요하여(心地淨如水)"라고 하여 한국 다도가 물 중심의 수양공부를 중시한다는 점과 관련이 있다. 노자(老子)가 "청정은 천하를 바르게 한다.(淸靜爲天下正)"고 한 것은, 자연의 진리를 탐구하며 따르고, 흔들림 없이 실행을 하게 되어 청정(淸靜)의 '中'이 자리 잡았기 때문이다.

다공(茶供)은 물과 찻감과 열(熱)과 사람의 심(心)으로 구성된다. 이 중 가장 중요한 것은 행동의 근거인 '心'인데, 이는 물이나 바람과 같이 수시로 흔들리는 것이 자연현상이다. 이때 눈앞에 보이는 찻물은 마음의 또 다른 형태라고 할 수 있다. 즉, 물은 마음의 움직임에 영향을 주게 된다.

차를 끓일 때는 물을 붓고 우린 찻물을 따르며, 물소리를 듣고, 마실 때 잔에 담은 찻물을 들고 보고 기울이게 된다. 이때에 시선과 의식은 자연히 물에 고착되고, 재탕 삼탕 마시게 되면 손에 든 찻물을 보고 있는 시간은 상당히 길어지게 된다. 따라서 찻자리의 마음은 물과 같이 움직여지지 않을 수 없다. 찻물은 목으로 흘러서 몸속에 스며들고, 실제로나 무의식적으로 찻물을 좋아하므로 동질감을 느끼어, 눈앞의 찻물은 바로 자기 자신이 되는 것이다.

다도로써 수양하여 심지의 '正中'을 얻게 하는 가장 중요한 이유는 청정의 실체인 물을 보고 따르고 마시기 때문이다.

물은 천기(天氣)와 지기(地氣), 음양정동(陰陽靜動)의 조화로운 만남이고, 인간의 원초적 고향이므로 우리는 본능적으로 물에 친화감을 지닌다. 물은 끝없이 유연하며 맑아지고자 하므로 '무사(無邪)'나 '선(善)'의 표본이 될 수 있다. 만약 차가 과일이거나 간단히 씹어먹는 과자류로 만들어졌다면 다도문화가 2천년 동안 독자적 영역을 지니며 성하지는 않았을 것이다.

다음과 같이 찻자리의 물이 지닌 품성은 사람을 교화한다.

① 물은 고요하면 수평을 이룬다.

고요한 물은 낮은 곳으로 흘러 '正의 수평'을 만들고 또한 맑아지고자 한다. 사람이 물을 바라볼 때에는 일렁이지 않고 고요해지기를 기다린다. 차를 끓여 마시기 위해 물을 보고 떠 오고 붓고 끓이고 주는 과정에서, 우리는 물의 아래로 흐르는 성품을 좋아하게 되며 일체가 되기도 한다. 우리는 찻잔을 들고 놓을 때도 수평의 물이 쏟아지지 않도록 그릇을 바로 잡으며, 무의식적으로 수면이 고요하도록 행동을 바르게 하고 조심하게 된다. 바람이 불거나 그릇이 흔들리지 않도록 호흡도 조심하며, 격앙된 마음상태는 가라앉히며 행동하지 않을 수 없다. '正'의 반대는 '곡(曲)'과 '사(邪)'이다. 다도로써 수련하는 중요한 일은, 물이나 찻물을 보며 마음을 고요한 수면처럼 조심스레 다스리는 일이다.

② 물은 유연하고 희생적이다.

물은 자유롭고 유연하므로 생물의 몸속에 영양을 공급하며 본래의 성(性)을 따라 순환하고 꽃을 피게 하므로 관대한 사랑을 지녔다. 술도 물이 있어 조화롭게 발효되어 좋은 향미를 얻듯이, 물은 유연하므로 찻감 속에 들어가 그 맛과 찻기를 녹이고 향기가 나게 하며, 찻물은 사람의 몸속에 들어가서 활력을 주므로 '中'의 본질을 지녔다. 그리고 자기를 희생하여 더러운 때를 씻어주고 열기도 식히므로 착하기 그지없어 '선(善)' 그 자체이다. 물은 다른 물질들을 엉기게 하여 새로운 형체인 종이나 흙벽을 만들고 자신은 증발되므로 희생적이다. 노자가 '上善若水'라고 하였듯이 물은 부딪쳐 싸우지도 않는다. 찻물도 남과 남을 모으고 뜻을 엉기게 하는 아우름의 덕을 지녔다. 물은 유연하므로 합쳐져서 외롭지 않고, 때로는 모여서 큰 힘을 발휘한다. 『노자』 36장 「미명(微明)」조에서는, "유약(柔弱)한 것이 강하고 억센 것을 이긴다."고 하였다. 다도심지의 착함은 찻물 본성의 '正'과 아우름의 '中'을 지니어, 정동(靜動)의 '선(善)'으로써 주변을 변화시킬 수 있다.

③ 본래의 물은 순수하므로 복원(復元)하여 맑아지고자 한다.

맑은 물은 자신의 냄새나 독특한 맛이 없고 색깔도 지니지 않으며 순진하다. 따라서 끓인 찻물은 찻기의 엷고 진함과 향기와 맛이 솔직하게 나타난다. 그뿐만 아니라 물은 고요하여 시간이 주어지면 본연(本然)으로 돌아가는 '정즉복원(靜則復元)'의 지혜를 지녔다. 물은 남에 의해 흐려지나, 고요해지기를 기다려 본래의 모습대로 맑아진다. 이는 고요함 가운데 움직임이 있어 살아 있는 물이 되는 것이다. 찻물은 사람의 몸속에서 마음의 찌꺼기나 번뇌를 씻어주어 본심(本心)으로 돌아가게 한다. 찻물을 닮은 도인의 마음은 영아(嬰兒)의 순진한 마음이 되고, 지혜로운 다인은 항상 자기 본래의 모습을 되찾고자 한다.

④ 물은 저절로 분수에 맞춰진다.

물은 그릇이나 형편에 따라 모양새가 만들어지고 소중한 물은 넘치지 않게 다루어진다. 찻물은 잔이 생긴 대로 담기고 따를 때도 물길의 세기를 조절하며, 옮길 때 넘치지 않기 위해 7푼 정도의 분(分)이 지켜질 수밖에 없다. 물은 주위환경으로 인해 자신의 온도가 0℃ 이하가 되면 딱딱한 얼음이 되어 가만히 있고, 주위가 뜨거우면 100℃를 넘지 않고 증기가 되어 하늘로 올라가서 떠 있다가 다시 비나 눈이 되어 분수에 맞춰진다. 찻자리의 심지는 '지분(知分)'과 '수분(守分)'의 '正'을 지키고자 노력하며, '안분(安分)'의 '中'으로 낙도(樂道)하게 된다. 차인들은 한 잔의 찻물과 같이, 자연인으로서의 분을 지키고 검박함으로써 자유로울 수 있음을 안다.

따라서 물은 자연의 진리이자 도(道)이며, 하나이다. 찻감이 녹은 따뜻한 찻물(차탕)은 인간에게 자연스레 다가와 '正中'의 마음을 가르친다. 차 한 잔은 어느새 스승이 되고 수진의 길로 들어서게 된다.

예로부터 다석에서는 연못이나 강이 보이는 곳이 많았다. 현대의 다석(茶席)에서 차를 끓이는 일은 '아담한 물놀이'로써 즐겁고 자연스레 큰 진리를 체득할 수 있다.

(4) 선조들 찻자리의 심지

찻자리의 매력은 적지 않아, 좋은 먹거리, 효능, 사색, 이야기, 유희, 취미, 탈속 등이 있으므로, '수진'하는 '正'의 심지를 지니기는 쉽지 않다. 그러나 우리 다사(茶史)에서 '正中'의 심지(心地)를 추구하고 체득한 다가나 글들은 적지 않다.

차가 유가적 '正'과 '義'의 덕을 지녔다거나, 차를 마시면 현인군자가 된다는 글, 또는 찻자리에서 참선이나 심재를 했다든지 '도(道)'나

'진리'를 이야기한 것도 심지의 정중다도를 뜻한다. 선승 수철(秀澈, 817~893)의 탑비를 보면 그 인품이, "차(茗)와 같고 향(香火)과 같다."고 쓰여 있는데, 이는 다도와 향 피우기로 수진하여 속인을 넘어섰음을 뜻한다.

목은 이색과 초의 의순과 추사 김정희의 다도사상이 '正'과 '중화(中和)'의 추구였고, 한재 이목(李穆)의 다도심지도 역시 다음(茶飮)의 '正'을 넘어 '中'의 도경(道境)을 터득하였다. 신라 신문왕의 태자 보천과 효명, 진감 혜소(慧昭), 최자(崔滋), 매월당 김시습, 다산 정약용, 자하 신위와 금령 박영보(朴永輔), 우선 이상적 등의 다인들도 청정과 수진의 엄숙한 다도를 하였다.

수진을 적극적으로 하려면, 뜻을 지니고 시간을 할애하여 자신을 중심으로 성찰해야 한다. 즉, '正'을 알려면 우선 고요한 반추의 시간을 갖지 않으면 안 된다. 그래서 이색(李穡, 1328~1396)의 글에서는, "차를 끓이며 정좌하여 세 가지 반성을 돌이켜 보고(烹茶靜坐追

도41 안동의 겸암정. 정자집의 대청에서는 강이 내려다보인다.

三省)"라고 하여, 다음(茶飮)을 통해 정좌하고 반성하는 적극적 공부를 한 것이다. 이색이 다도를 사무사(思無邪)하는 수행공부로 여긴 것도 심지의 '正'을 중시했기 때문이다. 수진과 청정을 위해서는 속된 욕심과 집착을 떨치는 노력을 하지 않을 수 없다. 차가 '세심(洗心)' 또는 '청심(淸心)'하게 한다고 흔히 썼다.

다도심지의 '中'은 차탕과 인심(人心)의 '正'을 인간사와 조화시키는 것이다. 선조 다인들이 잘못을 사과하는 글을 쓰거나 술을 마신 후에 차를 마셔 정신을 맑게 하는 일, 그리고 명예욕이나 외로움을 떨치는 일 등은, '正'의 '체(體)'가 '中'의 '용(用)'으로 바뀌는 단서가 된다. 즉, '正'의 근기(根基)가 튼튼하면 실행을 위한 '中'의 생명력이 피어나는 것이다.

자하 신위가 "쓴 차 마시는 엄숙한 시간은 속됨을 경계하기 좋다.(苦茗嚴時宜砭俗)"고 하였고, 이유원(李裕元, 1814~1888)이 정치적 입지를 달리하는 강로(姜㳣, 1809~1887)로부터 밀양의 황차(黃茶)를 선물 받고 감사하는 글에, "찻잎의 청량한 맛 어디서 왔을까. 흉금을 씻어내어 지난 잘못 깨닫네.(何來一葉淸凉味 滌了胸襟悟昨非)"라고 써 보낸 것도, 차를 마시고 심지의 중화(中和)를 터득한 글이다.

다도심지를 청정하게 하고 수진하는 일은 자아 혁신의 시초이고 자기 진화의 모습이며 자아실현을 돕는다.

수진다도의 인식은 개인뿐 아니라 국가 경영을 위한 사회제도로서 정착된 예도 볼 수 있다. 고려의 팔관회에서 왕이 의식을 시작하기 전에 차를 먼저 마신 후 뇌주(酹酒)하는 일이나, 사헌부에서 업무 전에 다시(茶時)를 갖는 것도 '正'의 심지를 지니기 위함이다. 이는 한국 다도문화사의 독특한 면모이다.

현대인은 물을 보면서 생각할 시간을 갖기가 쉽지 않다. 다석에서

물의 덕(德)을 보려면 찻물의 농도나 빛깔이 깊이를 짐작할 수 있을
정도로 탁하지 않아야 하고, 들리는 듯 마는 듯 하는 물소리로 따르
는 행위가 있음이 좋다. 그리고 수진하여 자신의 심지를 살피는 다
석은, 자신의 신명(神明)에게 공양하는 자공차(自供茶)가 알맞다.
이를 선조들은 흔히 '자전(自煎)', '독좌(獨坐)', '자작(自酌)', '자전
작(自煎酌)', '독대(獨對)', '독철(獨啜)', '독호차(獨呼茶)', '수자전
(手自煎)'이라 하였다.

(5) 다도미학(茶道美學)

미학(美學, aesthetics)은 예술 작품을 대상으로 미(美)의 구조적 사
유(思惟)를 해명하는 철학의 한 분야로서, 예술철학이라고도 한다.
우리 민족이 예술적 특장을 지녔음은 세계에서도 인정받고 있다.
이는 천부적 소질과 함께 고대로부터 자연과 인간이 합일(合一)하는
절대 경지를 사랑하는 문화가 생활화하였기 때문이다.
예술은 미적(美的) 정서를 창조적·직관적으로 표현하는 일이며,
예술작품은 인간과 삶의 아름다움을 창의적으로 나타내어 보편적 감
동을 주며 감상자의 신명을 일으키기도 한다. '예술적 美'란, 예술작
품이 눈과 귀로 보고 듣는 아름다움과 더불어, 심성으로 느낌이 있
고 인간의 정신을 고양시키는 역할을 해야 한다. 아름다움의 '美'를
나타내어 예술작품이 되려면 객관적 평가를 받을 수 있어야 하므로
예능의 숙련과 승화된 인간성을 느낄 수 있어야 훌륭한 작품이 된다.
아름다우면서 취미가 앞설 때는 예술이라기보다 '멋'이라 한다.
다공문화에서는 '美'를 감상하고, 예술적 능력을 표현하며, 창의적
예술작품을 만들 수도 있다. 이때에 기준이 되는 철학적 인식은 적
지 않게 중요하다.

다공(茶供)에서 예술로 나타나는 구체적인 것은 도자기나 목기, 다옥 등의 조형예술이 있고, 좌흥(座興)거리인 음악이나 무도 및 시가(詩歌)는 시간예술이며, 찻자리는 설치예술이 될 수 있고 다회 진행은 종합예술의 성격을 띤다. 전통문화의 온고(溫故)를 기초로 현대에 재탄생하면 '전통문화 예술'이라는 장르가 성립될 수 있으며, '문화예술'이라는 단어도 쓰이고 있다.

목은 이색은 이우량(李友諒)으로부터 다종(茶鐘) 한 쌍을 받고 쓴 글에,

평안하다는 소식 더욱 기쁘고,　(得閱平安喜已多)
다종을 보니 삿됨이 없네.　　　(茶鍾照目便無邪)

라고 하여, 다완의 미적 기준을 도공의 정성되고 순수한 마음과 같이 삿되지 않은 것을 아름답다고 여기지 않았나 생각된다.

다공문화 작품의 미학(美學)에는 정중(正中)사상도 적용된다.

다구의 미의식에서는, 인간을 위한 실용기술이라는 '正'을 통해 차와 다석과 다른 다구와 조화를 이루는 아름다움인 '中'을 추구하는 것이다. 즉, 훌륭한 다완은 좋은 흙과 불과 용도에 맞는 숙련된 솜씨의 '正'이 있고, 차탕과 그릇과 사람을 하나 되게 하는 '中'이 있다. 도자기 제작도 예술품이 되기 위해서는, 각고의 정진으로 선조들의 기능과 문화 감각을 섭렵한 뒤에 자신의 세계를 재창조해야 하는 어려움이 있다.

찻자리의 설치도 미학이 따른다. 찻자리 배치의 '正'은 손님의 서열을 정하고 주인의 동선(動線)을 고려함이며, '中'은 주변 환경과 손님의 형편에 맞추는 것이다. 그리고 설치물은 접대 목적과 음양과 계절의 조화를 중시해야 한다.

다회(茶會)가 예술성을 지니려면 주인의 다화(茶話) 진행 계획과 의도가 준비되어 창의적이고 감동적인 성격을 띠어야 하므로, 서장(序帳)과 본장(本帳)과 종장(終帳)의 내용이 갖추어져야 한다. 즉, 세밀한 계획과 각본과 진지한 진행을 함이 '正'이며, 온화하고 탈속적 분위기로 이끄는 것이 '中'이다. 방주(房主, 주인)는 다회의 목적과 손님의 성향을 파악하여 예수(禮數)를 정하고, 기후와 손님의 특성에 맞는 다구와 찻자리를 마련하여, 대화나 토론을 거친 후 자연스럽고 편안한 마무리를 하는 것이 '정중(正中)'의 정신이다. 다객(茶客)으로서의 정중(正中)의 자세는, 다회 목적에 맞는 대화 내용과 지식을 살펴보고 그러한 예에 맞는 복장과 준비물을 지참하여 명석(茗席)에서는 삼가며 공부하는 자세를 지니면서 전체 분위기가 화목하게 이끌어지도록 노력하여 끝맺는 것이다.

'정중(正中)'사상을 지닌 대표적 다회는 충담과 경덕왕의 다회기(茶會記)이다. 여기에는 창의적이고 흥이 있는 진행과 더불어, 극적 요소도 있으며 보편적 진리의 공부 내용도 있다. 그리고 조선 초 정극인이 쓴 사헌부 다시(茶時)의 총마계회(驄馬契會)를 보면, 감찰들이 맡은 일을 논하고 두루 힘쓰며 엄정(嚴整)하면서 편안하게 좌선하는 것 같고, 끝날 때는 우정을 나누는 분위기라고 하였는데, 이는 '正中'을 지닌 다회로 볼 수 있다.

명주(茗主, 차 끓이는 사람)의 행다 미학은, 찻감의 맛내기와 위생과 동선에 기초를 두면서, 행위의 정동(靜動)이 조화를 이루고 차를 끓이는 일이 손님에게 부담을 주지 않게 하는 것이 '正中'의 다인정신이다.

헌다제의(獻茶祭儀)의 미학에서 정(正)은 성경(誠敬)과 음양(陰陽)정동(靜動)을 따름이고, '중(中)'은 '성(聖)'과 '화락(和樂)'을 이루는 것이다.

한국 문화예술의 미의식은 도경(道境)의 추구로서 '섬세한 숙련을 거쳐 넘어서서 자연을 닮은 담대함과 해학성'이 아닌가 생각된다. 이는 '正'을 포용한 '中'의 아름다움으로, 궁극적으로 천지와 인간과 사물이 상통하는 경계를 지향하는 것이다.

2. 풍류도(風流道)사상

한국 다도의 철학적 특징으로서 풍류도(風流道)사상은 중요한 위치를 차지한다.

신라의 고운 최치원(崔致遠, 857~894~?)이 쓴 아래의 「난랑비(鸞郎碑, 화랑인 난랑의 비석)」 서문을 보면, 우리의 고대역사에서 풍류도(風流道)사상을 지닌 선사(仙史)가 있었음이 확인된다.

우리나라에 현묘한 도(道)가 있으니 그것을 풍류(風流)라고 한다. 그 가르침의 근원은 선사(仙史)에 상세하게 실려 있다. 실로 여기에는 삼교(三敎, 불교·유교·도교)를 포함하고 있어 백성들을 교화한다. 그리하여 집에 들어오면 효도를 다하고 나가서는 나라에 충성하니 이는 노사구(魯司寇, 공자)의 종지이다. 억지로 일을 처리하지 않으며 말하지 않아도 가르침을 실행하는 것은 주주사(周柱史, 노자)의 가르침이다. 악한 일들을 하지 않고 착한 일들을 받들어 행함은 축건태자(竺乾太子, 석가)의 교화이다.

國有玄妙之道 曰風流。設敎之源 備詳仙史。實乃包含三敎 接化群生*。且如入則孝於家 出則忠於國 魯司寇之旨也。處無 爲之事 行不言之敎 周柱史之宗也。諸惡莫作 諸善奉行 竺乾太 子之化也。[25]

 * '接化群生'의 '化'는 '竺乾太子之化'에서 보듯이, 가르쳐서 교화(教化)한
다는 뜻이다.

위의 내용과 같이 '나라의 현묘(玄妙)한 도(道)'는 '풍류도(風流道)'
를 말하고, 이는 곧 '선사(仙史)의 도(道)'이므로 '선도(仙道)'와 통한
다. 선사(仙史)에 있는 풍류도의 '教(教理)'는 유교(儒教)·불교(佛
教)·도교(道教)의 종지(宗旨)를 포용하고 있고 그로써 백성을 교화
한다고 하였다. 이는 당대에 하나의 종교문화 속에 세 가지 종교가
마찰 없이 혼용되어 정착되었음을 뜻한다. 또한 '삼교를 포함한다'고
했으므로 전래 종교나 민속의 다른 종지도 있을 수 있다고 여겨진다.

'삼교가 혼용되어 있는 종지(宗旨)'는 '선사(仙史)'가 있던 시대에
이미 한국사상화 되어 있었음이 윗글에서 확인된다. '教(가르침)가
있는 道' 혹은 혼합종교적 선도(仙道)를 '풍류'라고 한 예는 다른 나
라에서 보기 어려운 독특한 문화로서 [26] 최치원이 말한 '선사(仙史)
의 도(道)'는 '풍류선도(風流仙道)'라고 함에 무리가 없다. 따라서 윗
글 풍류도의 핵심 사상으로 선도(仙道)와 삼교 원융이 중시된다.

'선도(仙道)'를 살펴보면, 고조선의 이념인 고선도(古仙道)와 도가
적 노장사상, 그리고 도교와 해동단학으로 구분할 수 있다. 그런데
위의 내용은 진흥왕이 화랑제도를 만든 역사적 개략에 연이어 나온
글이고, 그 뒤에는 또다시 당나라의 『신라국기(新羅國記)』를 인용하
여 "나라사람들이 화랑을 모두 존경하여 섬겼다."고 씌어 있다. 그
리고 최치원은 화랑인 난랑(鸞郎)의 비석 서문에서 위와 같이 썼으
므로, 풍류선도는 화랑의 모태가 되는 선사(仙史)임이 확실하다. 그
런데 신라는 조선(朝鮮)의 유민이 세운 나라라고 『삼국사기』 첫머리
에 씌어 있고 고구려 동천왕(東川王)의 247년 역사 기록에 임금(또
는 王儉)을 '선인(仙人)'이라 하였으므로, '선사(仙史)'는 원화랑(原花

郞) 이전의 고선도의 맥락을 이었음을 추정할 수 있다.

도교적 도가사상이 수용된 것은, 6세기 말에 신라에서 환골하여 하늘을 날며 사는 도교적 신선이 인식되었고 [27] 7세기에는 고구려에서 도교를 수용하였으므로 위의 풍류선도는 고선도에 도가사상이 합쳐져 뭉뚱그려져서 포용되었을 것으로 생각된다. 윗글 '선사(仙史)의 敎(교리)'는, 이 땅의 청동기문화와 더불어 요(堯)임금시대였던 단군조선부터 있었을 가능성이 있다. 그 근거로는, 단군조선 이래의 홍익인간(弘益人間)이념이 종교적 관용과 통하며, 우리 민족의 '성선(性善)'사상이 기초가 되기 때문이다. 또한 하늘과 가까운 산을 신성시한 '선(仙)'사상은 우리의 경천(敬天)사상과 통한다. 단군설화와 더불어 고구려 벽화의 천선(天仙)들과 주몽과 박혁거세의 난생설화가 있듯이, 새는 인간세계와 하늘을 왕래하며 뜻을 전달해준다는 의미가 있고, 신선 역시 하늘의 뜻을 전달받고 사후에 천상세계에 간다는 인식이 기초가 되기 때문이다.

최치원의 풍류적 선도사상은 고선도(古仙道)를 중심으로 하여, 도교 및 도가사상이 어우러지면서 이 땅에 뿌리를 내리고, 선인(仙人)적 삶의 도(道 ; 종교, 진리)를 추구하는 한국사상으로 하나의 갈래를 형성하였다. '풍류(風流)'라는 글자는, 모든 생명체를 기르고 다스리는 바람(공기)과 물, 즉 음양의 하늘과 땅을 뜻하고, 그 진리는 사람이 '천지자연을 공경하고 일체가 됨'이었던 같다.

풍류도(風流道)는 사상적 의미를 지니는 동시에, '자연과 진리를 사랑하며 멋스럽고 고상하게 노는 일'을 뜻하기도 하였다. 신라 화랑도(花郎徒)들의 '유(遊)'는 대자연의 진리 공부이자 놀이였다. 다산 정약용의 장자인 유산 정학연(丁學淵)이 쓴 「호반의 집에서 차를 달임(湖屋煎茶)」에서는, 노년기의 쓸쓸함을 달래면서, "차의 기미(氣

味) 좋으니 친구 보고 싶어 강을 건넌 왕자유가 생각나고, 풍류가 있으니 정당시처럼 귀한 손님을 모셔오고 싶네.(氣味渡江王子猷 風流置驛鄭當時)"[28]라 하여 속된 개념이 아님을 알 수 있다. 정약용이 찻자리를 신선의 경지라고 한 것을 참작하면, 유산은 풍류를 신선과 같이 '고상한 멋'으로 여긴 것 같다. 홍현주도 풍류를 자유 자재함으로 여긴 시가 있다.[29] 그런데 목은 이색의 글을 보면, "회장 세 분이 연이어 말에서 내리니, 묵은 술과 새 차가 풍류를 아우른다네.(會長三人連下馬, 舊醅新茗摠風流.)"[30]라 했고, 이규보도 이와 비슷한 의미로써 차와 술이 함께 있는 멋을 풍류라고 하였다. 그러나 그 근본은 도(道)와 자연과 인간이 하나 되어 걸림이 없는 것을 뜻한다.

한국 다도는 풍류도사상을 지녔다. 이는 사상과 종교 초월의 원융의식과, 청유(淸遊)의 찻자리 지향으로 대표된다.

(1) 사상과 종교 초월의 원융다도

우리 민족은 자연발생적 종교이든 중국 전래 종교이든, 국가에서 정치이념으로 삼는 종교이든 간에 같은 시대의 각 계층에서 서로 마찰이 없이 공존했으며, 당대를 주도하던 종교 이외의 새로운 종교문화에 대해서도 관대하였고 오랜 세월을 거치면서 서로 혼용되어왔다. 종지(宗旨)와 양식이 다름에도 불구하고 원융(圓融)하는 한국인의 문화적 능력은, 우수한 정신적 소양으로 이미 세계에서도 정평이나 있다. 유사 이래로 우리 조상들은 종교가 자연과 인간의 생멸(生滅)에 관한 보편적 진리를 추구하는 문화양식임을 알았고, 각 종교가 궁극적으로 지향하는 바가 '더불어 추구하는 행복'인 '홍익(弘益)'임을 일찍이 확신했던 것이다.

유가와 불가의 문화적 혼융은 신라 원광(542~640)의 세속오계와 미륵사상에서 확연히 나타난다. 일찍이 이 땅의 승려는 불경인 내전과 동시에 유학 경전인 외전을 공부하는 것이 일반적이었으므로, 유불 사상뿐 아니라 문화양식의 부분적 혼융이 부자연스럽지 않았다.

선도나 도교사상도 오랜 세월동안 유불학인들에게 쉽게 습합되었다. 그 이유로는 선인(仙人) 지향의 고대문화가 있었고, 도교는 정치사상이나 교리가 구체적으로 없을 뿐 아니라, 삶의 양식과 정신을 규범화하지 않기 때문이다. 특히 인간의 본성과 자연스러움을 중시한다는 점이 경직된 유학의 단점을 보완하였을 것으로 생각된다. 불가에서는 선가(仙家)의 문화를 그대로 습합하여 수용하였다. 불상을 '금선(金仙)'이라 하였고 다게에서 지혜가 총명한 망자를 '선타객(仙陀客)'이라 하였으며 영가를 뜻하는 말로 '선령(仙靈)'이라고 했다.

'원융(圓融)'은 사상과 종지(宗旨)의 사리가 원만하게 통하여 하나로 됨을 뜻한다. 한국 다도의 원융사상은 찻자리의 사상과 종교의 생활철학, 그리고 헌다제의 양식에서 나타난다.

우리의 오랜 다도문화는 모든 종교에서 수용하였으며 종교 간의 배척도 없었으므로, 유가의 다도문화 속에는 불교문화가 있고, 불가에는 유교의 다례나 선도교의 사상이 습합되어 있으며, 민간신앙에는 여러 종교적 다도문화의 편린을 보게 된다. 찻자리의 사유나 접대 공다(供茶)나 다회 풍속에서도 그 시대에 공존하는 다른 종교와 벽을 허물고 소통하며, 때로는 서로 다른 교리(敎理)도 공부하면서 원융무애(圓融無碍)하였다. 유불 원융의 다도는 정좌(靜坐)와 다선일여(茶禪一如)사상에서 볼 수 있고, 다선(茶仙)의 희구는 많은 학인·승려들의 글에서 나타난다.

선도사상이 불교문화에 자연스레 습합되어 있음은, 승려들의 차시

문(茶詩文)에서도 적지 않게 나타난다. 보우(普雨, 1515~1565)의 차
달이는 글에서도,

> 이곳에 선경이 있다고 들었으니,
> 나의 스승은 바로 영랑(永郞)선인이 아닌가.
> ― 聞說此中仙境在,　吾師無乃永郞仙. [31] ―

라 하여, 불교와 선도에 차별을 두지 않았고 사선(四仙)의 한 사람
인 영랑을 떠받들었음을 볼 수 있다.

차제사나 헌다의는 유교·불교·선도교·민간신앙에서 모두 행했
음이 역사 기록에 나타나고, 각 종교마다 제의(祭儀) 양식과 철학정
신 등이 대략 같았다.

유교와 불교가 혼합된 다공문화는, 충담이 삼짇날과 중구일에 행
한 미륵부처 헌다의에서 나타나기 시작하여, 고려·조선에서는 '다심
일체(茶心一體)'사상으로 드러나 의식다례가 중시된다.

조선 초기 왕실의 소사(小祀)인 주다례(晝茶禮)는 고려 불가의
풍속을 이어받아 술과 어육이 없이 무척 소박하게 행해졌고, 유교적
왕실제사가 절에 맡겨지는 일도 예사였다. 고려와 조선 불가의 제의
는 축문이나 삼헌 등 유교 형식을 많이 본받았다.

차제사는 여러 신 앞에 각각 한 잔씩의 차탕을 놓아 한꺼번에 지
낼 수 있으므로 유가와 불가와 도가 모두 무척 간소한 제의로서 행
해졌고 양식도 비슷하였다. 아암 혜장이 쓴 「대둔사비각다례축문」에
서는 꽃·과일·떡·차를 바쳐 11위(位)의 신에게 제사다례를 지내
었음이 확인된다.

불가의 헌다 대상은 불교와 무관한 천선신(天仙神)·천왕(天
王)·산왕(山王)·산신·서낭신·칠성·대신(大神)·현성(賢聖)·선
타객(仙陀客)·선령(仙靈)들도 있었다. 또한 삼보다게에 있는 조어

사(調御士)는 중생의 삼업을 조화하고 악행을 없애는 조어의 일을 하는 '사(士)'로서 부처를 뜻하였다. 유가의 성현이 부처의 법을 옹호하여 지키게 한다 하여, 옹호성현(擁護聖賢)에게 바치는 다게도 있다. 이러한 점은 한국 불교의 포용성을 보여주는 한 부분이고 중국 기록에서 볼 수 없는 우리의 독특한 소사(小祀)문화이다.

우리 다도가 천 사백여 년 동안 종교적 개성도 지니면서 종교 초월적 원융사상을 지니게 된 까닭을 간추리면 다음과 같다.

첫째, 한국 다도의 특색 중 하나가 구도(求道)공부라는 점이다.

학인으로서 종교가 다른 귀족·선비·은둔자·도사·백성들이 공통으로 추구하는 바는 '궁극적 진리' 혹은 '대도(大道)'이다. 도를 통했거나 달도한 사람은 종교와 무관한 현실의 이상형으로서, 삶과 죽음의 벽을 넘을 수 있다고 보았다. 따라서 각 종교의 선각자들이 당연히 모두 차탕을 좋아하고 종교적 마찰이 없을 것으로 믿었으므로, 자신의 종교와 무관하게 단군·산신·부처·나한·가신(家神)들에게 헌다하는 문화를 예사로이 받아들였다. 범해 각안(覺岸, 1820~96)은 「다가(茶歌)」에서, "공부자의 제사에 참신하고 따라 올리며, 석가씨의 당에 정성으로 공양하네.(孔夫子廟參神酌 釋迦氏堂供養精)"[32] 라고 하여, 석가모니와 유가의 공자도 당연히 차를 좋아했으리라고 믿었다. 도42의 판화는 조선 후기의 「학금사양팽다도(學琴師襄烹茶圖)」로서 그 내용은, 공자가 거문고를 배우는 과정에서 오랜 반복 끝에 곡의 뜻과 작곡자까지 알게 되어, 공자를 가르쳐준 선생으로부터 절을 받았다는 『공자가어(孔子家語)』의 이야기를 그린 것으로, 시자가 팽다하는 모습과 다구가 확연하다. 그런데 공자가 차를 마셨다는 역사적 기록은 아직까지 없다.

둘째로는, 한국사상의 기초가 되는 '홍익(弘益, 널리 이롭게 함)사상'의 실현 때문이다.

홍익을 위해서는 종교와 무관한 '성선(性善)'이 최고의 가치로 인
식될 수밖에 없다. '홍익(弘益)'은 환웅(桓雄, 天王)이 인간세상을
다스리고자 할 때 환인이 이 땅에 펼 수 있다고 확신한 이념이고, [33)]
우리 민족 특유의 '선(善)의 신명(神明) 상통(相通)사상'을 뜻한다.
즉, 천지와 나와 남과 사물과 자연에는 종교와 무관하게 서로 통하는

도42 공자 학금사양팽다도(學琴師襄烹茶圖). 조선 후기. 19× 27.5cm. 조선지. 목판화.
제자가 풍로 위에 탕관을 놓고 부채질을 하고 있으며, 탁자 위에는 오른쪽의 술잔
보다 상당히 큰 다완을 엎어놓았다.

지선(至善)의 령성(靈性)이 있다는 인식이다. 지선(至善)은 산 사람에게만 해당되지 않고, '천우신조(天佑神助)'라는 말과 같이, 하늘과 신(神)도 똑같이 지니고 있다고 여기는 것이 우리 특유의 사상이다. [34] 따라서 우리의 풍류선도(風流仙道)에는 위의 글 내용에서도 보듯이 유교・불교・도교와 전래 신앙의 벽이 없고 서로 혼융하여 조화를 이루는 철학과 문화 양식을 지닐 수밖에 없다. 이는 고려・조선을 거쳐 현재에 이르기까지 한국사상의 근간을 이루게 된다.

셋째로는, 고조선으로부터의 경천(敬天)사상이 계속 이어져왔다.

우리 민족의 대부분은 은족의 후예로서 고대로부터 생활 깊숙이 하늘과 신에 대한 종교적 인식을 지니고 살았다. 예로부터 '하느님'(造物主), 즉 '천신(天神)', '환인(桓因)', '상제(上帝)', '천제(天帝)'라고 불리는 일신(一神)을 숭상하는 동시에, '삼신(三神 또는 三聖 ; 환인・환웅・단군)' 또는 '삼신인 一神'도 모셨다. 또한 '만신(萬神)'이라는 말도 있듯이, 산하나 수목이나 마을 어귀 등, 신성한 장소에는 신이 있다고 여겼는데, 이는 '一神'인 조물주 '하느님'에 포용되는 신으로 생각하였고, 부처, 공자, 노자 등 타종교의 신적인 존재도 천신(天神)인 '一神'에 포용된다고 여겼다.

넷째로는, 다사(茶事)나 음다는 번민을 정리하고 집착을 떨치어 삶의 용기를 지니고 안락할 수 있다는 점은, 모든 인류가 지향하는 보편적 가치이므로 다인들은 특정 사상을 고집하거나 남을 배척할 필요가 없다.

따라서 찻자리에서는 자기의 종교나 철학적 관점을 고집하지 않고 서로 이해하고자 힘쓰며 공통되는 부분에 관심을 가지면서 친밀할 수밖에 없었다. 중국에서는 다도가 종교문화와 연관되어 발달하지 않았고, 일본다도는 시초인 9세기부터 현재까지 불교 중심의 철학과 문화를 기초로 하여 발달하였다.

'다도(茶道)'는 그 자체가 혼용 종교의 성격을 띠기도 한다. '茶'를 통해 깨달음에 이르게 하는 '심오한 道'의 바탕에는 앞장에서 보았듯이 여러 가지 교의(教義)를 수용하고 있기 때문이다. 즉, 여러 종교의 철학과 가르침을 수용하면서 특정 종교 영역을 강조하거나 배척하지 않고, '삶과 죽음의 이상향(理想鄉)'을 향해 뿌리를 내려왔다.

일본다도를 세계에 알린 오카구라(岡倉覺三, 1862~1913)는 『The Book of Tea』에서, 다도를 '탐미의 종교(A Religion of Estheticism)'라고 소개했고, [35] 한편으로는 '선(禪)의 와비(侘)종교'라고도 했다. [36] 우리의 다도는 종교적 이념을 고집하지 않는 시의적(時宜的) 종교라고 할 수 있을 것이다.

한국 차문화의 풍류도는 사상·종교뿐 아니라, 신분 고하와 문무(文武)와 파벌과 나이도 초월한 박애사상이다. 따라서 찻자리의 인연을 중시하여 '다연(茶緣, 차 인연)'이나 '다려(茶侶, 차 벗)', '다우(茶友)'라는 단어들을 사용하며 풍류적 공감대를 넓히었다.

(2) 풍류적 원융사상을 지닌 대표적 다인(茶人)

학문으로나 생활에서 풍류적 도(道)를 지향하며, 여러 이념과 종교 사상을 통섭하여 열린 인식을 지닌 대표적 다인(茶人)들을 살펴보고자 한다.

(가) 화랑(花郎)과 충담과 최치원(崔致遠)

종교 초월의 다도관을 확인할 수 있는 가장 오랜 기록은, 다도로써 수련한 화랑들에 관한 내용이다. 그들은 선인(仙人)이면서 유자(儒者)이기도 하고 승려이기도 한 문무(文武) 청년지도자들이었다.

『삼국유사』에 의하면 진흥왕이 화랑제도를 구상하게 된 데는 신선을 숭배했다는 것과, 도의(道義)를 닦을 인물을 양성하여 천거하기 위함이었다. 승려 원광(圓光, 542~640)이 지은 세속오계(世俗五戒 : 事君以忠, 事親以孝, 交友以信, 臨戰無退, 殺生有擇)는 화랑도의 중심이념이 되었는데, 이는 '충(忠)·효(孝)·신(信)'의 유가덕목을 수용한 것이므로, 화랑정신은 유불을 구분짓지 않은 풍류도정신이었다.

화랑의 다공문화와 관련된 인물은 사선(四仙 ; 述郎·南郎·永郎·安詳), 화랑 출신의 원효, 보천과 효명, 국선도인 월명(月明, ?~760~?), 그리고 충담(忠談) 등이 있다. 그리고 고려 태조 왕건이 931년에 신라의 경순왕과 관료들에게 선물을 하사하면서 '군민(軍民)'에게는 차와 모자를 보내었는데, 여기서 군민이란 일반적 무인(武人) 신분을 뜻한다. 화랑다도는 고려에 와서 태자가 행차할 때의 다방군사(茶房軍士)문화로 이어진다.

충담(忠談, ?~765~?)은 화랑이자 승려인 다인으로 『다경』을 쓴 육우와 동시대인이었다. 『삼국유사』「경덕왕·충담사·표훈대덕」조를 보면, 그는 봄가을 명절인 삼짇날과 중양절이면 해마다 미륵부처에게 제사다례를 올렸는데, 이는 불교문화가 아니라 오랜 민간신앙의 춘추제사이다. 그리고 그는 경덕왕에게 즉석에서 차를 끓여 바쳤는데 음다 후에 왕은 진지한 안민(安民) 공부를 요청했고, 이에 대한 충담의 답가는 다음과 같다.

> 임금은 아버지요,
> 신하는 사랑을 베푸는 어머니요,
> 백성은 어린아이로다! 하신다면,
> 백성이 사랑을 알 것입니다.
> 구물구물 사는 중생

이를 먹여 다스리나니,

이 땅을 버리고 어디로 가렵니까? 하신다면,

나라 안이 유지됨을 알 것입니다.

참으로 임금답게, 신하답게, 백성답게 된다면,

나라 안은 태평할 것입니다. [37)]

　　그는 안민정치에 세 가지 길을 제시하였다. 첫째는 임금과 신하와 백성은 아버지와 어머니와 자식들같이 서로 사랑하는 마음을 지니도록 함이고, 둘째는 백성을 잘 보살펴 신라국민으로서 자긍심을 지니게 함이며, 셋째는 임금과 신하와 백성은 각자 마땅히 행할 바를 하는 것이다. 위에서 임금과 신하는 백성의 부모와 같다고 한 것은, 『대학』10장에 나오는 시경(詩經)의 내용으로, "군자는 백성의 부모이니 백성의 좋아하는 바를 좋아하고 백성이 싫어하는 바를 싫어한다."는 내용과 거의 같다. 그리고 "임금답게 신하답게 백성답게 된다면 나라가 태평할 것입니다." 라고 한 것은 『논어(論語)』「안연」장에 나오는 정명(正名)사상을 나타낸 내용과 비슷하다. 즉, 제나라 경공(景公)이 공자에게 정사(政事)를 물으니 공자가 대답하기를, "임금은 임금답고 신하는 신하다우며, 아버지는 아버지다우며 아들은 아들답게 되는 것입니다.(君君 臣臣 父父 子子)" 라고 하였다. 당시에 공자는 경공이 처한 복잡한 인간관계를 보고 군신과 부자의 관계성을 설명하면서 예(禮)의 관점에서 각자의 체모를 잘 지키는 것이 우선적이라는 내용이다. 그런데 충담은 치국안민을 위해, 임금과 신하와 백성을 잇는 거시적 삼각구도로서, 사랑과 성실 두 가지가 중요하다고 여기어, 개별성이 아닌 연관성을 중시한 것이다. 그러나 그가 유학의 영향을 받았음은 확실하다.

　　그는 선도(仙道)를 전신(前身)으로 하는 화랑 출신이고 차를 헌

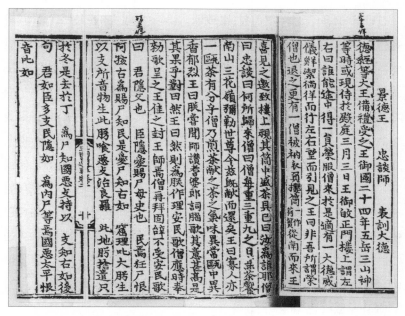

도43 『삼국유사』의 경덕왕과 충담사의 삼짇날 누각 다회 기록.
(규장각 古貴本, No. 951 · 03)

공한 미륵은 당시에 화랑과 신선과 승려가 모두 숭배하는 대상이었다. 따라서 불자인 충담은 유교와 선도와 민간신앙을 모두 포용한 다인이었음에 틀림없다. 충담은 자신이 차탕을 귀하게 여기고 좋아하였기 때문에 부처에게 헌다하여 제의를 올렸을 것이고, 그 차는 의당 자신이 마셨을 것이다. 그는 다구 상자인 '앵통(櫻筒)'을 산에 지고 다닐 정도로 다공에 능숙하였다.

종교인이면서 여러 종교를 차별 없이 수용했던 충담은, 『다경』을 쓴 당나라 육우(陸羽, 733~804)와 『백장청규』를 쓴 백장 회해(懷海, 720~814)와 동시대인이며, 조주(趙州, 778~897)보다 반세기 앞선 다인이다.

　신라의 고운(孤雲) 최치원(崔致遠, 857~894~?)은 선도(仙道)와 유(儒)·불(佛)사상을 통섭한 다인이다. 그는 879년 황소(黃巢)의 난에 군(軍)의 종사관(從事官) 책임을 맡았던 유학자인데, 조선시대 도교에서는 해동단학(海東丹學)의 비조(鼻祖)로 꼽는다. 왜냐하면 그가 당나라에 있을 때 김가기(金可紀)로부터 도교 수련법의 구결을 전수 받아 귀국하여 도맥을 후세에 전해주었다고 [38] 믿기 때문이다. 그는 중국에서 벼슬도 했지만 한국인의 선민의식(選民意識)을 지녔고 그것을 선도(仙道)에서 찾았다. 그리고 불가와도 인연이 두터워 진감선사와 무염대사의 비명(碑銘)을 썼다. 그 내용에는 모두 차(茶)에 관한 내용이 씌어 있는데, 진감 혜소(眞鑑 慧昭, 774~850)의 비문에는 생전에 선사의 팽다(烹茶) 습관을 썼으며, 무주 무염(無住 無染, 801~888)의 비명에는 헌안왕이 향기로운 명(茗, 茶)을 예물로 자주 보내주었다는 내용이 있다.

　최치원은 다도가 종교인과는 유관하되 특정 종교에 치우치지 않는다고 여겼다. 다음의 그가 쓴 「햇차를 받고 감사하는 글」이란 제목의 글에서 그러한 내용을 볼 수 있다.

　　(이렇게 귀중한 차를) 선옹(禪翁, 승려)에게 대접하지 않으면 바로 한가로이 우객(羽客, 신선)을 맞아야 할 터인데, 어찌 신선들끼리 주고받는 선물(仙貺, 선황, 茶)이 외람되이 평범한 유생(儒生)에게 내릴 것을 기대하였겠습니까. 매실을 빌어 말하지 않아도 절로 갈증을 풀 수 있고 훤초(萱草, 忘憂草)를 구하지 않아도 이제 근심을 잊게 되었습니다. [39]

　고운은 차(茶)가 승려·신선·유생에게 모두 귀중한 것으로 여겼다. 그는 당나라에 있을 때 중국의 차를 사서 고국에 부치고자 한 글이 있으며, 당의 황제에게 올린 표문에는 당시 북로(北路)의 상인들

이 차로 인해 얻은 이익으로 군(軍)의 저축을 풍족하게 한다는 내용
도 볼 수 있다. [40] 위에서 자신의 근심을 없앤다고 강조한 내용은 그
가 다도로써 수양함을 뜻한다.

고운은 언제 세상을 떠났는지 모르는데, 이에 대해 이인로는 『파
한집』에서, "그는 아마 신선이 되어간 것일 게다." 라고 하였다. 문일
평은 고운을 '유선(儒仙)'이라고 하였다. 근세까지 전해온 민요에,
"신선동(神仙洞)에 최치원님 …… 이 차 한 잔 들으소서." [41] 라고
한 것을 보면, 일반 백성들의 의식에도 그가 신선다인으로 인식되었
음을 알 수 있는데, 그는 도교가 아닌 고선도사상인 풍류도를 사랑
했다고 보아야 한다. 조선시대에 와서 그를 단학도교의 신선으로 봄
은, 민족 고유의 선도를 도교에 영입하여 한국 단학을 세우고자 했
기 때문이다.

(나) 고려의 이규보(李奎報)와 이색(李穡)

고려시대에는 불교가 중시되었으나, 학인들은 삼국시대부터 있었
던 유교와 도교 공부도 당연하게 받아 들였고 유불의 교류도 자연스
러웠다. 선비들은 선방(禪房, 참선하는 방)에서 승려들과 차를 마시
는 일은 예사였고 유학을 공부한 학인이 승려가 되기도 했다. 이규
보는 선방에 앉아서 학을 부르고 누워서 거위소리를 들었다고 한 것
을 보면, [42] 그 방은 스님만 거처하는 절이 아니고, 불교가 일상화되
어 있었던 당시에 선비들도 흔히 거처했던 것 같다.

또 무의자 혜심(慧諶, 1178~1234)은 사마시에 합격한 후 태학에
들어갔다가 승려가 된 다인이며, 원감국사 충지(冲止, 1226~1292)도
19세에 문과에 장원하여 한림이 된 후에 다시 승려가 되었으며, 30편
가량의 차시문을 남겼다.

유·불·도에 능통했던 대문장가인 이규보(李奎報, 1168~1241)는
50수 가량의 차시(茶詩)를 남겼다. 자신이 말했듯이 그는 유자(儒者)
임에 틀림없으나, 호를 백운거사라 할 정도로 한때 불교와 더불어
생활했으며 승려들과 친하였다. 그는 "차 한 잔 끓이는 일은 곧 참선
(參禪)에 드는 일"임을 주창하여 한국 참선다도의 효시를 만들었다.
그는 승려들과 차를 마시면서 심오한 이야기하기를 즐겼는데, 특히
'道'에 관한 내용이 많으며, 스스로 종교를 초월한 도인으로 자처했
고, '茶의 맛은 道의 맛'이라 했다. 자신이 삼매(三昧)의 전다(煎茶)
솜씨를 지녔다고 하였고 손수 차를 끓여 불상에 공양하였으며, 종의
(鐘義)스님 제사에 차와 과일을 올렸다.

그는 『참동계(參同契)』를 써서 연단법(煉丹法)을 기록한 위백양
(魏伯陽)을 숭상한다고 했으므로, [43] 도교에도 상당히 심취해 있었던
것으로 보인다. 그는 최씨 무단정치로 뜻을 펴지 못하고 한때 은둔
생활을 하였고 방랑객이 되고자 했다. 허물어진 초가집에 살면서 차
를 끓이며 자연과 동화되어 사는 자신의 모습을 다음과 같이 썼다.

> 나다니지 않으니 오는 손님이 없어,
> 차를 끓이며 스님을 기다려 보네.
> ········
> 차라리 농사짓는 늙은이 될지언정,
> 돈 주고 벼슬하기 부끄럽게 여긴다네.
> 녹을 타 먹는 것은 우리에 갇힌 원숭이라,
> 망기(忘機)하여 새와 함께 사네.
> 깊이 숨길수록 옥은 절로 돋보이고,
> 캐가지 않는다고 난초가 어찌 슬퍼하랴.
> 혼자 즐거워하는 일은 어린 까마귀들이,
> 빙빙 돌며 춤추며 내 평상에 둘러앉는 것이네. [44]

그가 승려를 기다리며 대자연 속에서 망기하여, 새와 똑같은 순진한 마음으로 즐거이 지내는 모습에서 유불도가 한자리에 있음이 확인된다. 이규보는 노규, 종의 차위(次威), 진감 혜심 등 많은 승려들과 찻자리의 교유가 있었고 비문도 썼다. 또한 천룡사·왕륜사·안화사와 여러 선방 등에서 명석(茗席)을 연 글들이 남아 전한다.

유학자 목은 이색(李穡, 1328~1396)은 다도를 유가적 치국평천하의 기본 공부로 여기어, 다사를 군자가 되는 실질적 수양 방법이라고 주창하였다. 이는 세계 최초이자 그 유례가 드물다. 그는 수양다도의 핵심으로 사무사(思無邪)와 반성을 강조하였고, 후세를 위해 90편 가량의 차시문을 남겼으며, 조선시대 후학에게 모범이 되었으므로 한국의 다성(茶聖)이라 할 만하다. 실제 생활에서 불교나 선도사상을 지닌 그는, 당대의 유학자 정몽주·정도전 등뿐만 아니라, 승려와 다연(茶緣)이 깊었다.

목은은 개천사의 행재(行齋)선사와 담(曇)선사, 보림사의 국사인 영공(英公 ; 韓粲英, 1328~1390), 송광사의 부목(夫目)화상, 수선사(修禪寺, 松廣寺)의 승려 등으로부터 차를 선물로 받았고, 다승(茶僧)인 나옹 혜근(惠勤, 1320~1376)과는 특히 친분이 두터웠다. 신륵사(神勒寺)·감로사(甘露寺) 등에서 스님과 차를 마신 기록들이 있으며, 또한 그는 연곡사 주지 인우(印牛)에게 차를 보내기도 했다.

목은이 일본인 승려 식목수(息牧叟) 윤중암(允中菴)을 만나, 그를 위해 「설매헌의 노래(雪梅軒小賦)」를 지었는데, 다음과 같이 그 속에는 함께 노아차를 끓여 마신 대목이 나온다.

도중에 홀연히 (수레를) 멈추니,
식목스님이 맞이하네.

대나무 방문을 열어 놓고,

바람 부는 난간을 굽어본다.

포단 깔고 가부좌하여,

노아차 끓여 술을 깨운다네.

시경 소아(小雅)의 재도(載塗)를 읊조리고,

은나라의 국맛 맞추기를 생각한다네.

> 忽中道而坎止, 乃息牧之相邀.
> 開竹房, 俯風欞.
> 展蒲團而加趺, 烹露芽而解酲.
> 吟載塗於周雅, 想調羹於殷室. [45)]

　윤중암은 개성 근처 '영은사(靈隱寺)'에서 몇 해 동안 거처하였고 서로 왕래가 있었다. 이색은 윤중암 외에도 일본 스님 '홍혜(弘慧)'가 배를 타고 가므로 시를 구하던 것을 기억하여 쓴 두 편의 글 [46)]이 더 있다. 당시에 왜(倭)의 침입으로 그는 송광사의 지인인 승려가 피난을 가고 완악함을 아는데도 불구하고 [47)] 적국의 승려와 친밀했던 다인이었다. 위의 '노아(露芽)'는 이색이 전남의 보림사와 개천사의 승려로부터 얻어 흔히 마시던 차 이름이다.

　평소에 참선의 고요함을 즐긴 목은은 도가에도 원통(圓通)하여 이규보와 마찬가지로 '다도일미(茶道一味)'를 나타낸 글이 있고, 찻자리에서 도가의 '도(道)'를 체득하고자 했으며 좌망(坐忘)을 체험하였다고 하였다.

　「묘련사석지조기」를 쓴 이제현의 제자인 이색은, 스승이 신라의 화랑과 사선(四仙)들이 야외에서 차를 끓여 마시던 '석지조(石池竈, 돌못화덕)'를 발굴하여 확인한 것을 보고 이를 기념하여 '석지조 기문 뒤의 글(石竈記後)'을 남겨, 천년 후에도 알게 하기 위함이라고 한 [48] 것을 보면, 우리의 선도 차문화에 대해 민족적 자긍심을 지녔고 후세의 우리 차인들을 사랑함을 알 수 있다. 그의 아버지인 이곡(李穀, 1298~1351)은 한송정에 있는 '사선(四仙)의 전다구(煎茶具)'를 세 번이나 글로 소개하였다.

(다) 조선 전기와 중기의 다가(茶家)

조선왕조는 유교를 국가이념으로 내세우고 불교나 도교를 이단시하고 억압하였으므로, 사림(士林)학자들과 승려의 공개적 교류는 드문 일이었다. 그러나 다명(茶茗)으로 인한 유가와 불가의 사적인 교유는 끊어지지 않았고, 명석(茗席)에서 당대의 학풍을 교감하며 주도하기도 했다.

다가인 세종황제(李裪, 재위 1419~1450)는, 무학 자초(自超)의 제자인 다인 함허 이화(已和)로 하여금 유교와 불교의 일치를 강조하는 현정론(顯正論)을 쓰게 하였다.[49] 세종 때의 몇 선비는 왕명을 받아 삼각산 진관사에서 학업을 닦으며 "선사(禪社, 禪寺)에서 차를 마셨다."고 하였고, 중종 때의 학자인 김안국(金安國)은 사찰과 선방에서 승려와 명(茗)을 끓여 마신 글이 몇 편 전한다. 이황의 제자 권호문(權好文, 1532~1587)도 산중의 좁은 선방(禪房)에서 승려와 차를 마셨다는 기록을 남겼다.[50] 추사 김정희가 "참선(參禪)과 차 끓이는 일로 또 한해를 보냈다."[51]고 했듯이, 차를 마시며 참선하는 것은 승려들뿐 아니라 선비들도 흔히 행해온 문화적 실천행위였다. 유자(儒者) 다인들 중에는 불교뿐 아니라 선도나 도가 및 도교에 관해서도 적극적 관심을 나타낸 글들이 많다.

조선 단학(丹學)의 대표라고도 불리는 매월당(梅月堂) 김시습(1435~1493)은 유불도(儒佛道)의 삼교사상(三敎思想)에 통달한

도44 김시습(1435~1493)의 상.
견본 채색. 부여 무량사 소장.

다인이었다.

일찍이 유학을 섭렵한 그는 수양대군이 세조가 되었으므로 유학의 도가 세상과 어긋난다고 여기어 선도(仙道)에 뜻을 두었고, 한때 불가에 귀의하여 설잠(雪岑)이라는 중이 되었다가 47세에 환속하였다. 그는 불도에도 열심이었으나 무량사에서 죽을 때 화장하지 말라고 한 것을 보면 종교에 대한 자신의 입지를 크게 중시하지 않았음을 알 수 있고, 말년에 특정 종교를 지지하지도 않았다.

매월당이 음다 기록을 남긴 절을 살펴보면, 장안사(長安寺), 가성사(佳城寺), 내소사(來蘇寺), 견암사(見巖寺), 용천사(龍泉寺), 낙산사(洛山寺), 보현사(普賢寺) 등이 있으며, 대개 선승과 찻자리를 함께 하였다. 진불암(眞佛菴)에서 쓴 글에는, "어린 행자가 산차를 달이고자, 달을 담아 찬 샘물을 길어오네." 라고 한 서정적 대목도 있다. 그가 일본승려 '준(俊)'을 만나 철탕관에 차를 끓여 대접한 다음의 차시가 있다.

「 일본승 준장로와 이야기하며 (與日東˚僧俊長老話) 」

고향을 떠나 먼 곳에 오니 뜻이 쓸쓸도 하여,
고불(古佛)과 꽃이 있는 산속에서 고적함을 달래네.
철탕관에 차를 달여 손님에게 드리고,

질 향로에 불씨를 넣고 향을 사르네.
봄은 깊어 바다 위의 달이 초가에 들고,
비 멎으니 산 사슴이 약초 싹을 밟는구나.
선의 경지와 나그네의 회포가 아담하니,
밤새도록 연어로 이야기해도 무방하리라.

　　遠離鄕曲意蕭條,　古佛山花遣寂廖.
　　鉒鑵煮茶供客飮,　瓦爐添火辦香燒.
　　春深海月侵蓬戶,　雨歇山麕踐藥苗.
　　禪境旅情俱雅淡,　不妨軟語徹淸宵.[52]

* 일동(日東)은 일본을 뜻하며, 장로(長老)는 나이든 비구승을 일컬음.
* 봉호(蓬戶) : 쑥대로 엮은 문이나 집. 초가의 가난한 집.

　위 기록 외에도 매월당이 만난 '峻上人(준상인)', '根師(근사)', '敏上人(민상인)' 등도 일본 승려로 추정된다. 이러한 내용은 목은 이색이 고려에 거처한 일본승 윤중암(允中菴)과 홍혜(弘慧)를 만난 내용과 함께, 고려와 조선의 다도가 일본에 건너갔음을 보여주는 단서가 된다. 목은과 매월당은 모두 말차를 마신 기록이 있다. 김시습과 같은 시대를 산 일본의 다가(茶家)인 무라다주꼬우(村田珠光, 1422~1502)가 당시의 서원식 다실에서 탈피하여 처음 쓰기 시작한 4조반(疊半) 초암다실의 원류는 매월당의 영향으로 여겨진다. 그 크기가 10홀(笏)로 거의 같고, 쥬꼬우는 일찍이 승려생활을 했으며, 일본의 초암다실 양식이 일본식이 아닌 조선의 암자를 본떴다는 일본 학자들의 견해가 있기 때문이다.
　매월당은 당대의 유학자 다인들과도 몹시 친하였다. 자신과 정치적 입지가 완전히 달랐고 15살 위인 서거정(徐居正, 1420~1488), 문신이자 학자이며 26살 위인 김수온(金守溫), 문신 홍윤성(洪允成),

그리고 학자 홍유손(洪裕孫)과 찻자리를 같이한 기록이 있는데, 이 때 매월당이 상석(上席)에 앉았다고 한다. [53] 그는 세조 때의 고관인 서거정을 공개적으로 비난하면서도 차(茶)로 인한 두 사람의 교분은 지극했다. 80수 가량의 차시를 남긴 김시습은 다음 글에서 유가와 도가를 통섭한 다도사상을 지녔음을 알 수 있다.

「종능산에 거처하는 시에 화답함 (和鍾陵山居詩)」

작설의 향기로운 싹을 내 멋대로 달이니,
그 사이에 썩 재미가 들었구나.
누가 온 세상을 위한다고 들떠 있는 사람인가,
나는 평생토록 자유롭게 산다네.
도학은 마음에서만 얻을 수 있으니,
천지의 진리가 감히 말로 전해지겠는가.
안회의 표주박에 증점의 거문고를 아는 자 없지만,
풍류가 절로 있어 눈앞이 넉넉하다네.

雀舌香芽手漫煎,　此間滋味頗陶然.
誰爲四海棲棲者,　我已平生蕩蕩焉.
道學*只從心上得,　天機肯向語中傳*.
顔瓢點瑟*無人會,　自有風流滿眼前. [54]

* 도학(道學)은 도교(道敎)를 뜻하기도 하고, 유학(儒學)을 뜻하는 심학(心學)이나 성리학을 의미하기도 한다. 여기서는 심학을 말한다.
* 안표(顔瓢)와 점슬(點瑟) : 안표는 공자의 제자인 안회가 밥 한 그릇과 한 표주박의 마실 거리로 즐거움을 항상 지녔다는 뜻이며, 점슬은 증점(曾點)의 거문고란 뜻으로, 『논어』 「先進」 장에는 그가 거문고를 타다가 '쩅' 하고 천지화육을 깨우쳤다고 한다.
* 천기(天機) : 하늘의 기틀. 즉 자연(自然)의 큰 진리를 뜻하는 말로,

도가서인 『장자(莊子)』와 『회남자(淮南子)』에 나오는 말이다.

여기서 그는 안회나 증점의 유학과 도가 학문을 두루 공부했음을 알 수 있다. 매월당은 차와 더불어 생활하며 은둔하여 조촐하게 살면서도 엄청나게 많은 책들과 함께 있으면서, 또한 다담을 흔히 '연어(軟語)'라고 한 것이나, 차 끓이는 자신을 자유자재한 모습의 '유연'으로 반복해서 나타냄은, 그가 선도가(仙道家)로서의 생활을 즐겼음을 알 수 있다.

우리나라 10대 문사다인의 한 사람으로 꼽히는 그는, 시의 제목으로 「작설(雀舌)」이라고 한 것이 두 편이 되며, '설차(雪茶)', '황금차(黃金茶)', '다림(茶林)' 등의 용어를 썼다. 그의 다도는 당대의 문사들에게 적지 않은 영향을 주었다.

서산대사 휴정과 사명대사 유정은 임진왜란 때의 승장(僧將)이자 유불풍류 다가였다. 청허 휴정(休靜, 1520~1604)은 서울 성균관에서 공부하다 진사과에 낙방되어 지리산에서 중이 된다. 30세에 승과(僧科)에 급제하고 양종판사(兩宗判事)가 되었으며, 보우를 이어 봉은사의 주지가 되었으나, 37세에 승직을 사퇴하였다. 임진왜란이 일어나자 73세의 노령으로 의병승 1500여명을 규합하여 총수가 되어 공을 이루고, 75세에 제자인 사명 유정에게 병사를 맡기고 묘향산 원적암에서 여생을 보내다가 85세에 입적했다. 그는 선교(禪敎)에 관한 책들과 『선가귀감』, 『청허당집』 등 많은 저서를 남겼다. 그는 교종의 가르침이 선(禪)의 예비단계라 하며, 교종과 선종의 대립을 버리고 통합을 시도했는데, 그 후에 교종이 포섭되어 현재의 조계종으로 일원화되었다.

청허당은 유불도가 궁극적으로 일치한다고 설하여, 삼교통합론의 기원을 이룩하였다. 휴정이 쓴 『삼가귀감(三家龜鑑)』에는 불교 외에

「유교(儒敎)」와 「도교(道敎)」 항목을 두어 철학적 내용과 본받아야 할 행동을 적었다. 다음 차시에서도 그는 유학과 도가사상을 통섭한 승려다인이었음을 볼 수 있다.

「 행주스님에게 보이는 글 셋(示行珠禪子三) 」

(1) 십년 동안 힘써 공부하니, 쌓인 근심이 깨끗이 없어지네.
　대장경을 다 보고 나서, 향 피우고 또 역을 읽네.
(2) 망아하며 세상일을 잊으니, 단지 무력한 몸 하나라네.
　밤이 깊어 바람 한 점 없고, 소나무에 걸린 달은 사람을 비추네.
(3) 흰 구름은 옛 친구이고, 밝은 달은 바로 나 자신이네.
　첩첩 골짜기 산 속에 살면서, 사람을 만나면 곧 차를 권한다네.

　十年工做人, 積慮如氷釋*
　看盡大藏經, 焚香又讀易. （一）
　忘我兼忘世, 頹然只一身.
　夜深風不動, 松月影侵人. （二）
　白雲爲故舊, 明月是生涯.
　萬壑千峯裏, 逢人卽勸茶. （三） 55)

* 빙석(氷釋) : 얼음이 녹음. 의혹이 깨끗이 풀림.

그는 불가의 대장경도 읽고 유가의 역경도 읽었으며, 망아하여 자연과 더불어 살면서 객이 오면 항상 다공(茶供)을 하는 생활을 하였던 것이다. 그가 재의식을 적은 『운수단가사(雲水壇歌詞)』에는 "淸淨名茶藥 能除病昏沈 唯祈天仙神 願垂哀納受"라 하여 천선신을 중시하였고, 구언다게 "百草林中採取成茶蕊……… 破暗莊周蝴蝶驚 夢廻………"에서는 도가의 장자(莊子)를 소개하였다.

사명 유정(泗溟 惟政, 1544~1610)은 어려서 『맹자』를 읽는 등 유학공부를 하다가 직지사에서 중이 되었다. 선과에 급제하고 청허 휴정의 법을 들었으며 오랜 참선생활을 하였다. 그는 중국인 원길(元佶)을 만나 정자에서 '선차(仙茶)'를 마시며, 자신이 사는 동네를 '선국(仙局)'이라 했다. 유정은 아래와 같이 불가의 공부방 다실을 '선소(仙巢)'라고 했다.

> 「'신선의 집' 시의 운을 이음 (次仙巢韻)」

성시에 대은이 있다고 들었는데,
나이 드신 스승님이 바로 그러하구나.
차를 달이며 나에게 불교의 구절을 깨우치게 하니,
이는 서역에서 전한 선(禪)이 아님을 알겠네.

城市曾聞大隱*在,　老師方丈正依然.
點茶示我宗門句,　　知是西來格外*禪.

* '대은(大隱)'이라 함은 크게 대오하여 속세를 초탈함을 뜻한다.
* 격외(格外) : 보통의 격식이나 관례를 벗어난 밖.

첫 구절의 '성시'는 성이 있는 시가로서 오늘날의 도회지를 뜻하므로, 글 제목의 선소(仙巢)는 절이나 산 속이 아닌 곳에 있던 스승 청허의 암자를 뜻하는 것 같다. 청허와 사명은 사제다인으로 다도 일가를 이룬다. 학문이나 도맥, 또는 수양공부로서 사제 간에 이어진 음다풍습은 한국 다도의 특징이다.

그는 초서를 잘 썼고 『사명집』이 전하며 해인사에는 그의 시호를 딴 '홍제존자(弘濟尊者)비(碑)'가 있다.

(라) 조선 후기의 다가
16세기에는 서양학문이 유입되고 주자학에 대한 비판과 성찰을 기초로 실사구시(實事求是)와 이용후생(利用厚生)을 중시한 유가적 실학(實學)이 성하게 되고 양명학 연구자도 생겨났다. 이때 중국과의 문화 교류가 빈번해지고 한국의 음다풍속은 다시 성해져서 18세기에는 다도문화의 중흥기를 맞게 된다. 이때는 신분에 대한 인식도 변화를 겪어 중인(中人)들도 다시문을 많이 남겼으며, 조선 초기와 마찬가지로 왕가에서도 차를 즐겼고, 이는 당시 사대부들도 평범한 일로 여겼음이 확인된다. [56] 당시에 학인들이 만나는 찻자리는 사상으로나 종교, 또는 인간관계에서 벽이 없이 동시대의 사람들로서의 교분을 두터이 하였다.

조선의 실학파 유학자들 중에서 종교와 사상을 초월한 풍류도사상을 지닌 대표적 다가로는, 다산 정약용, 자하 신위, 추사 김정희와 초의 의순 등이 있다.

한국 차문화의 중흥조 다산 정약용(鄭若鏞, 1762~1836)은 유학자이면서 천주교를 받아들인 적이 있으며, 승려인 연담 유일(有一, 1720~1799)·아암 혜장(惠藏, 1772~1811)과도 차로 인한 교분이 남달리 두터웠고 승려인 초의 의순을 사랑하여 다도의 제자로 삼았다. [57]

그는 유배되기 전에 42살 위인 승려 유일과 한자리에서 차를 마시며, "물아(物我)가 깨끗하면 그것이 천(天)을 얻은 것이니, 유가와 불가가 다툴 것이 있으랴.(物淨斯得天 儒墨何須爭)"라고 하였다. 다산이 걸명(乞茗)을 했던 아암 혜장에게 보낸 글에서는, "시(詩)와 진여(불법)가 어찌 다른 길인가, 바로 미혹과 깨우침이 득(得)과 실(失)을 만든다네." 라 하여, 종교의 벽이 없는 대도(大道) 공부를 강조하며 유가와 불가의 진리는 같다고 보았다.

다산은 새로 떠 온 맑은 샘물로 우전차를 끓이며, "신선들의 경지

에선 백성 근심 묻지 마라. 사객가에서 누구와 수액을 나누리." 라고
하여, 찻자리는 다름 아닌 선경(仙境, 신선의 경지)으로 여겼다. 그리
고 스스로 자득(自得)하여 '세상일을 잊었다(忘世)' 든지, '허심(虛心)
하였다' 거나 '자신의 몸을 잊었다(忘身)' 고 한 기록들을 보면, 그는
도가사상도 체득하였음을 알 수 있다.

다산 정약용은 한때 천주교에 심취하였으며 요한이라는 세례명이
있는가 하면, 해배 후에는 자신이 양명학에 일찍 입문하지 못한 것
을 후회한 글도 있다.

도학적 실학사상가인 다산은 차가 끓고 있는 화덕을 보고 역(易)
의 정괘(鼎卦)를 유추하였고, 손수 세밀하게 다사를 행하였으며 두
아들에게도 다도를 물려주었다.

도45 유불(儒佛) 품다도(品茶圖). 김건종(1781~1841) 그림. 유자와 승려가 차의 맛을 감
상하며 즐기는 모습으로, 입술을 진하게 그렸다. 간송미술관 소장.

312

자하 신위(申緯, 1769~1847)는 참판을 지냈으며 초의 의순 등 불교인들과 차로 인한 교분이 있었고 '도(道)'와 '선(禪)'의 차생활을 하였다. 다음 글에서 다경(茶境)은 도경(道境)이자 선경(禪境)임을 나타내었다.

> 두 사람 마음이 묵묵히 통하니 도(道) 아닌 것이 없고,
> 담담하게 마주보며 말을 잊고 있으니 선(禪)이 아닌가.
> 눈 녹은 한가한 뜰에는 나막신 자국이 있고,
> 봄이 되어 새로 지핀 불에는 다연이 피네.

> 兩心默契無非道, 澹對忘言不是禪.
> 融雪閑庭生屐齒, 開春新火起茶烟.[58]

*新火(신화) : 한식의 禁火 풍속에 따라 불을 끈 후 다시 피운 불.

이 글은 신위가 손님과 함께 차를 마시며, 말이 없이 망언(忘言)하여 가만히 있는 것도 도이며 참선이라고 여긴 것으로 종교를 초월한 다인이었다. 이 글은 그가 77세 되던 해에 쓴 것이다.

그는 또한 "정갈한 밥과 향긋한 술은 병든 폐를 살리고, 단맛의 차와 흰 죽은 시와 선에 이바지하네.(茶甘粥白供詩禪)"라고 하였고, "쓴 차 마시는 엄숙한 시간은 속된 마음을 바로 잡기에 알맞다.(苦茗嚴時宜砭俗)"고 하여 엄숙한 다도생활을 했다. 자신의 다옥(茶屋)에서 학을 기르며 생활한 그는 "향 사르고 차 끓이는 일로 평생을 보낸다."고 할 정도로 차를 사랑하였다.

추사 김정희(金正喜, 1786~1856)는 유가적 실학자이면서 불교에 심취하여, 유가적 정좌와 불가적 참선의 다도생활과 함께 하였다. 승려 초의 의순(草衣 意恂, 1786~1856)과 동갑나이로, 신분의 차이에도

불구하고 다연(茶緣)으로 인해 막역지우로 지내었다.

그는 '정좌처다반향초(靜坐處茶半香初) 묘용시수류화개(妙用時水流花開)'라는 묵적을 써서 자신의 다도사상을 유가적 중화(中和)로 나타내었고, 또한 다선일여의 생활을 실천한 다인으로서 '명선(茗禪)'이라는 명필을 남겼다. 완당은 쌍계사에 있는 승려 만허(晩虛)에게 다종(茶鐘) 한 벌을 주면서 육조탑(六祖塔)에 헌다하라고 하였다. 육조는 선종(禪宗)의 제 6대조 혜능(慧能, 638~713)을 말하므로, 그는 선종의 교조에게 바치는 예경다례를 중시했음을 알 수 있다. 그는 승려 만허나 백파 등과도 다연이 두터웠고 때로는 쌍계사에 제다를 부탁하기도 하였다.

추사의 제자인 국제적 다가인 우선(藕船) 이상적(李尙迪)은 양반 사대부가 아닌 중인(中人) 출신이지만 김정희의 각별한 총애를 받았으며, 정약용의 아들인 정학연과도 교유가 있었다.

승려 초의 의순(意恂, 1786~1856)은 다산 정약용의 문하로서 외전(外典)을 배웠으며, 당대의 유학자들과 여러 차례 다석(茶席)을 마련하여 친밀한 교류를 하여 '차박사(茶博士)'라는 별칭을 얻었다. 그도 다도를 불교의 틀에 맞추지 않아, "차는 군자와 같이 무사(無邪)하므로 현인과 성인이 좋아했다."고 했으며, 포법(泡法)에서 유가적 중정(中正)의 다도관을 주창하였다. 또한 그가 쓴 『동다송(東茶頌)』에서는, "하늘의 신선과 영혼도 모두 사랑하고 중히 여기나니, 진실로 너의 됨됨이가 기이하고 절묘함을 알겠구나.(天仙人鬼俱愛重 知爾爲物誠奇絶)"고 하였는데, 여기서 '천선(天仙)'이란 하늘나라에서 영원히 산다는 우리 민족 고래의 신선, 또는 하느님을 뜻한다. 또 그는 차나무 자체가 '선풍옥골(仙風玉骨)', 즉 신선의 풍모와 옥 같은 골격을 지녔다고 하였다.

선조다인들 중에는 당대의 학풍뿐만 아니라 서양종교에 대해서도 원만한 인식을 지녔다. 끽다가(茶家)인 지봉(芝峯) 이수광(李睟光, 1563~1628)은 『천주실의(天主實義)』를 가져와 우리나라에서 최초로 천주교를 소개하면서 불교와의 차이점을 소개하였다. 실학의 선구자인 그는 유교·불교·기독교(그리스도교)뿐만 아니라 선도에도 해박하였고, 사헌부의 다시(茶時)가 본래의 의의를 상실함에 안타까워했으며, 손수 차 끓이기를 즐겼고 차탕을 '반야탕(般若湯, 지혜의 탕)'이라 하였다. 「음다(飮茶)」를 비롯한 많은 차시문을 남겼다. 천주교 기도문을 명나라에서 가져온 허균(許筠, 1569~1618)도 독실한 다인이었다. 그는 차를 끓이고 경전 보는 일이 자신의 살림살이라고 하였고, 차시문을 20편 이상 남겼다.

그리고 1746년에 박문수(朴文秀) 일행이 중국을 방문하여 천주당에서 서양인과 교당 가운데 차를 놓고 마시며 이야기를 나누었다는 필사본이 남아 전한다. 당시에 집권층의 권력에 대한 불안 등으로 천주교도들이 핍박을 받았으나, 사서인(士庶人)들 간에 종교로 인한 마찰은 없었다.

앞에서 본 바와 같이, 우리의 다도문화는 여러 종교와 사상과 신분을 기반으로 하여 상통하고 아우르며 발전하여 왔다.

(3) 청유(淸遊)의 찻자리 지향

다공문화에서 풍류적 선도의 지향 의식은 청유(淸遊)의 다석에서도 나타난다. 찻자리의 청유문화(淸遊文化)는 이웃나라와는 다른 독특한 현상이다.

예나 지금이나 찻자리는 번뇌와 근심을 없애므로 즐거울 수 있고,

자연과 더불어 신선처럼 노닐며, 혼자나 여럿이서 예술과 도(道)를 즐기는 고상한 놀이터가 되기도 한다. 또한 차를 끓이고 공다(供茶)하는 다사(茶事) 자체도 신선의 놀이로서 '낙(樂)'이 간간이 언급되며, 이를 '청사(淸事)' 또는 '승사(勝事, 멋진 일)'라고 했다.

청유의 풍류 찻자리는 자연이 주는 영화로움과 더불어 시노래와 주악과 서화 등으로 예술적 행위와 분위기를 즐기며 청담(淸談)도 나누는 자리이다. 이는 궁극적으로 자연이나 예술이 사람과 함께 신명성이 통하는 고요한 흥(興)의 자리이다. 우리나라 시문 중에 찻자리에서 시를 짓거나 읽는 시회(詩會)나 문회(文會) 내용은 거의 다 청유라고 볼 수 있다. 왜냐하면 이는 시를 공부하는 자리인 동시에 운율에 따라 큰 소리로 노래를 불러 흥을 일으키기 때문이다. 따라서 노는 듯 공부하고 공부하는 듯 노는 풍류적 특성이 나타난다.

명차(茗茶)와 청유의 연관성이 우리 기록으로 나타나기 시작한 것은, 6세기말 사선(四仙)이 경치가 수려한 강릉의 한송정 등지를 유람할 때 차를 끓여 마신 석지조 기록이 있고, 고구려 고분벽화의 피리 부는 여선(女仙)과 선인 다동(茶童) 그림에서도 알 수 있다.

765년에 신라의 경덕왕이 귀정문 누각에서 충담과 연 도43의 찻자리는 청유(淸遊)의 풍류다회라는 점에서 중시된다.

경덕왕은 만물이 소생하는 초봄의 삼짇날에 덕이 높은 승려를 찾던 중에 충담을 우연히 만나, 간단한 소개의 대화를 한 후 다공(茶供)을 요청하여 명석(茗席, 찻자리)이 마련된다. 당시는 신라문화의 황금기였고 삼짇날은 왕실·귀족용 최고급 햇차가 나기 시작할 무렵이다. 충담은 지고 다니던 함 속에서 다구를 꺼내어 즉석에서 팽다(烹茶)하여 왕에게 바쳤다. 왕은 그윽한 향기(香氣)와 뛰어난 맛(味)의 차를 마신 후 백성을 잘 다스리는 법을 알고자 했고, 그것을 우리

고유의 노래인 향가(鄕歌, 사뇌가)로써 듣기를 원했다. 이에 답한 안민가(安民歌) 내용은, 임금과 신하와 백성이 서로 사랑하면서 신라 국민으로서 자부심을 지니게 하며, 각자의 신분대로 열심히 일하면 나라가 태평하게 된다는 것으로, 이는 오늘날 정치 방법에 대한 답이다. 그 요지를 듣고 난 경덕왕은 그를 왕사(王師)로 봉(封)하려는데, 충담은 굳이 사양하며 받지 않았다는 내용으로 끝맺는다. 경덕왕과 충담의 찻자리는 아름다운 자연과 진리(道) 공부와 노래와 덕성이 어우러진 대표적 풍류다회이다.

조선시대에는 왕이나 사신에게 차를 올리는 다의(茶儀)에서 절제된 풍악(風樂)이 연주되었다.

고려 후기 이래로 학식과 덕망이 높은 다인들이 구심점이 되어 다도의 오묘함과 즐거움을 함께 나누는 시사(詩社)나 다사(茶社, 다도 동아리), 그리고 기로회나 계회(契會)가 형성되어, 더불어 찻자리의 청유를 즐기기도 했다. 고려의 최당이 결성한 쌍명기로회나 해좌칠현의 모임, 그리고 다산 정약용이 결성한 '죽란시사(竹蘭詩社)'와 다신계(茶信契) 등이 대표적이다. '다회(茶會)'를 '아집(雅集)', '가회(佳會)', '고회(高會)'라고도 하며 시·서화·음악과 자연을 통해 인격의 고양에 힘썼다. 때로는 다헌(茶軒)이나 다옥(茶屋)을 멋지게 지어 자랑하고, 아름다운 글을 주고받고 다회를 여는 교유를 하였다. 따라서 다인들은 시작(詩作)뿐 아니라 바둑을 두거나 거문고 등의 악기를 연주하는 일은 보통이었다. 그러나 이러한 모임이 어지러움에 이르지는 않았고 맑고 담담한 즐거움이 있었다.

현악기인 금(琴, 거문고·가야금)을 탄 경우를 들어보면, 이규보는 흥이 나면 혼자서 금을 탔으며, 임춘의 글에서도, "청풍은 뜰을 쓸고 명월은 앉은자리를 비추네. 봄차를 맷돌에 가니 향기롭고 샘물은 달구나. 거문고를 타니 새들이 엿보는 듯하다." 라고 하였다. 고려 말의 다인 이거인(李居仁)은 매(梅)·란(蘭)·송(松)·죽(竹)을 심고 서화·거문고·바둑을 갖추어 두고 사슴과 학을 기르며, 손님이 오면 술을 차리고 차를 마신 후 시를 읊고 음악을 감상했다. [59]

또한 산 속이나 물가의 대자연과 더불어 자리를 깔고 차 끓여 마시기를 즐겼는데, 실학자 이사질(李思質, ?~1753~1759~?)이 쓴 다음 글에서도 그러한 예를 보게 된다.

> 동자에게 시켜 왼쪽 팔에 앉을 자리를 끼고 오른손에 연구(烟具, 불 피우는 도구)를 들게 하여, 뜻이 가는 대로 경치 좋은 곳에 자리를 옮겨 차를 끓여 오게 하였더니, 마음이 편안해지고 기가 펴졌다. (心平氣舒) 이 밖에 또 어떤 즐거움이 있는지 모르겠다. 겉으로 갖추어진 화려한 것은 어찌 말할 거리가 되겠는가? [60]

이는 청유하며 낙도(樂道) [61]하는 모습이다.

18세기와 19세기 초는 풍류다회의 전성기였다. 다산 정약용이 만든 15인의 죽란시사(竹蘭詩社) 첩을 보면, 모임을 여는 일곱 가지의 때를 정하였다. 즉, 살구꽃이 필 때, 복숭아꽃이 필 때, 여름에 참외가 익을 때, 초가을에 연꽃이 필 때, 국화꽃이 필 때, 큰 눈이 올 때, 섣달 저녁에 화분의 매화가 필 때로서 대부분 자연에서 얻는 흥취를 중시하였다. 시사의 개최 장소는 대개 정약용의 집인 '죽란사(竹蘭舍)'였다. 다산은 삼짇날에 벗들과 차를 끓여 마신 자리에 거문고와 바둑판이 있다고 했으며, 실학자 박제가와 이상적도 거문고 소리 들으며 다공을 즐긴 내용이 있다.

이인문(李寅文, 1745~1821)이 76세에 그린 도54의 「누각 아집도(雅集圖)」[62]는 선비들이 초가을의 소나무 사이 개울의 경치를 감상하며 시를 쓰고 서화를 그리고 거문고를 연주할 준비가 되어 있고 동

도46 이인문(李寅文, 1745~1821)의 누각 아집도(雅集圖). 화제(畵題)에서 네 사람은, 종이뭉치를 펴는 도인(이인문), 그림을 잡고 굽어보는 임희지(林熙之), 난간에 기댄 김영면(金永冕), 의자에 앉아 시를 읊는 자하 신위라고 썼다. 국립중앙박물관 소장.

자가 차를 끓이고 있는 그림이다. 조수삼(趙秀三, 1762~1849)은 늦겨울에 매화를 찾아 다른 두 사람과 함께 유람을 나서며, "다조와 시권은 동자 등에 지우고 거문고와 바둑판은 망아지 등에 실었다네.(茶竈詩卷童子背 琴囊棋局驢兒載)"[63]라고 썼다. 홍인모(洪仁謨, 1755~1812) 집안은 가족이 차시를 많이 남긴 다가이다. 부인 영수합(令壽閣) 서씨(徐氏)와 세 아들(석주·길주·현주)과 딸(원주)이 달밤에 함께 모여 차와 술을 마시며 거문고를 연주하고 여섯 가족이 연구(聯句)로써 시를 지으며 아름다운 시간을 보낸 글이 있다.[64]

초의 의순은 다산의 칠순잔치에 다녀온 후 1817년 8월 어느 갠 날에, 김재원(金在元)의 별장에서 추사 김정희와 김경연(金敬淵), 김유근(金逌根)과 이별을 위로하는 다회에 참석하여 아름다운 시간을 보내었다.[65] 산을 배경으로 높다랗게 지어진 동별장(東別莊)은 경쇠(옥이나 돌로 만든 악기)의 음악소리가 있었고, 처마의 풍경소리가 들리는 집 마당에는 학이 있었으며 난초가 향기로웠다. 방안에는 화려한 대자리를 깔았으며 과거급제 명단을 적은 임금의 글씨패가 빛나고, 구경거리 물건들을 늘어놓았다. 참석한 사람들의 의복은 단아하여 희귀한 옛날 갓끈을 하거나, 난향이 풍기는 패향주머니를 찼다. 절로 글을 쓰고 싶은 마음이 일어났고 멋진 문장과 글을 쓰고 해설하였다. 대화는 맑고 그윽하였으며, 초의가 강론한 능엄경 한 토막을 모두 열심히 들었다고 하니, 진실로 고상하고 풍류적인 가회(佳會)였음이 짐작된다.

자연 속에서 여러 악기류가 등장하여 청흥(淸興)을 즐기는 우리의 풍속은, 음악이 인간의 희로애락을 다스린다는 점 외에, 고대로부터의 신명(神明) 상통 인식이 자리 잡고 있다. 즉, 생자(生者)나 사자(死者)나 근심의 찌꺼기가 없어져 맑으면 자연과 예술의 흥취가

더해져 즐겁고, 즐거우면 신명(神明)이 나고, 신명이 나면 그 자리의
사람들 간에, 혹은 천지의 신과 령성(靈性)이 통하여 '지도(至道)'의
경지가 된다는 관념이다. 고조선을 이은 삼한(三韓)사회에서 동맹(東
盟), 무천(舞天), 영고(迎鼓)의 축제(祝祭)를 지내어 천지신제사와
함께 춤과 노래를 즐겼다는『후한서(後漢書)』등의 기록이나, 화랑과
청년낭도들도 가악(歌樂)으로 서로 즐거워했다는 사실도 우리 민족의
오랜 신명사상을 나타낸다.

　고대로부터 선인(仙人)은 음악적 예술성이 몹시 뛰어났음이 역사
기록에 전한다.

　다인 영랑의 도를 전해 받은 보덕(寶德)이라는 마한(馬韓) 출신의
여선(女仙)은 그 용모가 가을 물 위에 핀 연꽃 같았는데, 금(琴)을
껴안고 다니며 그것을 타고 노래를 불렀다고 한다. 율곡 이이는, "영
랑 등 사선이 노닐던 경포에 사는 사람이 말하기를, 달밤이면 생소
(笙簫, 생황과 피리)의 소리가 구름 사이에서 은은하게 들려올 때가
있다고 하니 이상하다."[66]고 하였으니, 민간인들도 사선이나 선인들
은 음악을 몹시 즐겼다고 인식했음을 알 수 있다. 또 '금선(琴仙)'이
라 불리는 감시선인(旵始仙人)도 가락국 거등왕(居登王, 재위 19
9~259)의 초빙에 의해 금을 안고 배를 타면서 즐거운 한때를 보냈
다고 하며, 가야금의 명수로 알려진 가야국의 우륵(于勒, ?~55
1~?)도 선인으로 지목되었는데, 그의 가야금 연주가 진흥왕을 감탄
케 했다는 이야기가『삼국사기』에 실려 있다. 거문고의 창제자 옥보
고(玉寶高, ?~765)는 '옥부선인(玉府仙人)'이라고도 불렸는데, 그가
지리산 운상원(雲上院)에 들어가 50년 동안 금법을 닦은 끝에 자신
의 곡을 연주하자 검은 학(玄鶴)이 날아와 춤을 추었으므로 그 금을
현금(玄琴), 즉 거문고(검은 금)라고 명명했다고 한다.[67] 옥보고의

현금법을 터득한 고려시대의 민가거(閔可擧)라는 사람도 홀로 탄금할 때 쌍학(雙鶴)이 내려왔다고 했다. [68]

위와 같은 사례들은 선도와 음악이 추구하는 바가 '지도(至道)'라는 공통점이 있기 때문이며, 우리 민족의 예술적 재능이 고대로부터 뛰어남을 뜻한다.

선인(仙人)이나 도인이 있는 곳에는 음악뿐 아니라, 사람과 자연이 동화된 자리라는 암시로서 새가 있는 경우가 많았다.

새는 인간이 숭배하는 하늘과 땅을 왕래하며 신이나 사자(死者)와 현세를 연락하는 역할을 하는 영물(靈物)로 생각하였는데, 이는 지도자 '선인(仙人)'이 하늘의 뜻을 받고 청정하기 위해 산에 산다는 생각과 유사하다. 우리나라는 「상송(商頌)」에서 은(殷)의 태양삼족오(세발 까마귀)인 현조(玄鳥) 설화가 있고 고대국가 시조의 난생설화가 있어, [69] 선인과 새의 관련성을 볼 수 있다.

새 중에서도 학은 깨끗하게 오래 살고 사람과 친하도록 길러지기도 하여 다옥이나 찻자리에 흔히 등장한다.

이규보는 초옥에서 차를 마시며, 어린 까마귀들과 평상에서 빙빙 돌며 춤추는 것이 즐겁다고 하며, 그 이유는 세속의 일이나 욕심을 잊고 망기(忘機)하기 때문이라고 했다. 가장 많은 다시를 남긴 신위도 따로 지은 다옥(茶屋)에서 두 마리의 학을 길렀으며, [70] 초의와 추사와 몇몇 다우(茶友)가 차 마시는 가회(佳會)를 연 김재원의 별장에도 학이 그늘에서 졸고 있었다고 한다. 또한 "차 끓이니 학이 연기를 피하네.(烹茶鶴避烟)", [71] "학이 차 연기를 피해 도는구나.(鶴避茗烟廻)"라고도 표현하였다.

거문고나 학이 있는 다화(茶畵)로는, 차를 특히 좋아했던 이경윤(李慶胤, 1545~1611)과 가장 많은 다화(茶畵)를 남긴 김홍도(金

弘道, 1745~?)가 즐겨 그렸으며, 조선 말엽의 민화에서도 대자연 속에서 차 끓이는 동자와 악기류와 학을 흔히 볼 수 있다.

　청유의 다석은 산 사람(生者)에게만 해당되지 않는다. 사자(死者)인 신명도 다음(茶飮)으로 생전의 고뇌를 잊고 도(道)와 함께 편안하고 즐겁게 지내기를 빌며, 제례의 축문(祝文)이나 다게를 음률에 맞추어 읽고 노래하였다. 승려가 별세한 후에 올리는 차제사에서, "무량한 즐거움이 생겨나시리다.(一甞應生無量樂)", "남전과의 달놀이를 즐기시옵소서.(領取南泉翫月華)"라 하여, 전생의 세상사를 잊고 즐겁게 지내기를 비는 게송(偈頌)을 노래하였다. 그뿐만 아니라 신에게 음악이나 춤의 작법(作法)을 바쳤다. 『자기산보문』에는 조선 전기의 왕과 왕후들의 영가를 위해 "제물을 올리고 차탕으로 삼헌한 후 풍류악이 있다.(奠物茶湯三獻風流樂)"고 하였다.

　다공문화(茶供文化)에서 자연과 인간과 신명이 혼연일체가 된 청유(淸遊)의 다석을 중시한 점은 우리 다도의 풍류적 특징이다.

　현대에도 우리 다공문화의 풍류도 의식은 두드러져, 외딴 산가(山家)의 주인이나 도회지의 자연애호가, 그리고 종교적이면서 특정 종교만을 고집하지 않는 적지 않은 사람들이 다도를 생활화하고 있고, 헌공다례제(獻供茶禮祭)에서는 참사자들의 종교가 달라도 절충하고 화합하여 의식이 행해지기도 한다. 그리고 다회(茶會) 풍속에서는 자연의 영화(榮華)를 느낄 수 있는 설치물을 두거나 들에서 찻자리를 준비하고, 고상한 풍취거리를 마련하여 도(道, 진리)와 더불어 즐기고자 한다.

3. 신명(神明)일심(一心)사상

한국 다공문화(茶供文化)의 중요한 특색은 다례(茶禮)가 무척 발달하였다는 점이다.

'다례'는 의식다례(儀式茶禮)와 차담(茶啖)의 예(禮)를 뜻한다. 의식다례는 생자(生者)인 빈주(賓主, 귀빈)나 사자(死者)의 신명(神明)에게 예식(禮式)을 갖추어 차를 바치는 것으로, 공경다례(恭敬茶禮)와 제전다례(祭奠茶禮)로 나누어진다. 생자를 위한 공경다례는 접빈다례와 진공다의(進供茶儀)로 나뉘며, 사자를 위한 제전다례(또는 차제사)는 제사다례(헌공다례)와 헌다의로 구분한다. 우리의 다례 양식은 독자적 예속(禮俗)을 형성하며 현재에 이르기까지 발달해왔다.

우리의 다례(茶禮)에는 신명(神明)의 일심(一心)사상이 핵심을 이룬다. 다공문화에서 '一心'이라 함은, 차탕(茶湯, 찻물)과 신(神)과 사람이 하나의 마음(心)을 이룬다는 뜻이다. 여기에는 소통되는 신명성(神明性, 靈性)이 있다는 점이 기초가 된다. 그러므로 신명일심은 마음의 재계(齋戒)가 따르고, 또한 예(禮)의 본질이 된다.

'신명(神明)'의 뜻은, '신과 인간이 지닌 령성(靈性), 또는 신(神)'을 뜻한다. 그런데 신명은 천지자연과 사자(死者)에게만 있는 것이 아니라 생자(生者)에게도 있고 상통한다고 여기는 것이 한국 사상이다.

예로부터 우리는 '천지신명(天地神明)께 비오나니' 라 하였고, '신통(神通)하다', '신난다', '신바람(神興) 났다', '신명낸다', '신들린 듯이' 등의 말을 일상에서도 써왔다. 설총이 왕에게 "차와 술은 신을 맑게 합니다.(茶酒以淸神)" 라고 한 '신(神)'도, '령(靈)'을 포함하는 정신(精神)을 뜻한다. 그뿐만 아니라, 산 사람의 큰 공덕을 사모하여 생사당(生祠堂)을 짓거나 '생제(生祭)'를 지내었고, 우리 특유의 '섭사(攝祀, 대리제사)'를 왕실에서 공식적으로 지내온 것도, 생사를 막론하고 누구나 신명성을 지니고 있고 또한 소통될 수 있다는 확신에서 나온 한국 문화이다. 또한 불가와 민간에서 삼신(三神, 환인・환웅・단군)을 천신(天神)이나 산신(山神)으로 여기고 일신(一神) 제의를 지낸 것도, 신명은 서로 통한다는 인식에서 생겨난 것이다. 퇴계 이황이 "한 사람의 마음은 천지(天地)의 마음이고 천만인의 마음" 이라 한 것은, 사람의 령성(靈性)이 천지와 두루 통할 수 있다는 의미이다.

사실상 우리 몸체의 구성은, 태양의 기운을 받고 자라며 땅의 많은 요소들로 구성된 동식물을 먹어서 만들어진 것이고, 조상으로부터 몸뿐 아니라 정신도 물려받았으며, 종래에는 우리도 망자(亡者)가 되어 천지(天地)로 돌아갈 것이다. 따라서 천지와 생자와 사자에게 모두 상통하므로 받들어 소중히 여길 수 있는 '그 무엇'이 바로 령성(靈性)이자 신성(神性)이며 신명성(神明性)이다. 따라서 조상 숭배나 천지신을 위한 제의는 나 자신의 령성 숭배이므로 현대에도 미신이 아니라 과학이다.

그런데 인간이 천지와 한마음(一心)이 되려면 신명을 내어야 하고, 그러려면 지선(至善)의 성경(誠敬)을 지녀야 한다는 인식이 우리 민족의 오랜 사상이다. "지성이면 감천(至誠感天)" 이라는 말도, 생자든 사자든 '성(誠)'을 다하면 신명으로서 감응하게 되고 천신이 이를 받아들이면 인간의 염원을 들어줄 수 있다는 것이 우리의 오랜 통념이고 또한 진리이다. 우리는 은족의 후예로서 재계(齋戒)하는 제의문화가 발달하여 지금에 이르고 있다.

(1) 신명일심사상과 다심일체(茶心一體)

'성경(誠敬)'이라는 예(禮)의 '체(體)'는 의식(儀式)인 '용(用)'으로 드러나야 한다. 성경의 예심(禮心)은 차탕 속에 들어 있으므로 차와 마음은 일체를 이루게 되고, 사람과 신은 차탕을 통하여 한마음의 '心'이 된다. '다심'은 차와 마음, 또는 찻자리의 심지(心地)를 뜻한다.

차를 끓여 생자와 사자에게 바치는 의식은, 령성에 대한 성경의 표현이자 천인합일(天人合一)을 위한 재계(齋戒)가 된다. 즉, 신기(神氣)를 지닌 찻물 속에는 주는 사람의 '지선(至善)'을 기초로 한 성경(誠敬)의 신명이 들어 있으므로, 그것을 드시는 귀한 손님이나 사자(死者), 그리고 하느님(天神), 숭배 대상 등의 신명과 통할 수 있고 감응한다고 본 것이다. 따뜻한 차 한 잔은 신성(神性)을 담아 일체를 이루어 소통시키는 매개체였다. 이런 사실들에서도 한국의 문화철학은 '心'을 중시함을 볼 수 있다. 하늘로부터 부여 받은 '성선(性善)', 즉 '지선(至善)'은 우주 어디에나 있는 신성(神性)인 것이다.

공경과 제전의 의식다례는 인심(人心)과 천심(天心)과 찻물에 공통으로 소통되는 령성을 존중하고 유지시키는 기도(祈禱)의 의례이다. 여기에는 정신(靈性)을 다스리는 찻감의 효능과 함께, 성경(誠敬)으로 끓인 차탕이 중요하다.

즉, 물을 몸체로 하여 찻감과 열기로 만들어진 차탕은 사람의 마음(생각)과 정성(精誠)으로 인해 약성과 향기와 맛이 녹아나왔고, 이를 귀인에게 바치는 예심(禮心)도 차탕에 녹아 다심일체(茶心一體)가 되므로 주객의 신명이 통하고 한마음(一心)이 될 수 있다. 더욱이 찻물은, 신(神)을 맑게 하는 음료이므로 령성을 움직여 통하게 하는 것을 돕는다. 왕가나 일가(一家)의 진다의(進茶儀)에서도, 차탕에는 접대하는 사람의 정성과 예가 녹아 있으므로 다심일체(茶心一體)가 되고 이는 신명일심(神明一心)이 된다.

차탕은 따뜻해야 향기가 나므로 금방 끓여 바쳐야 하고, 질이 좋은 찻감과 탕수를 알맞은 분량으로 써서 맛을 내므로 정성이 들어가지 않을 수 없다. 따라서 차를 끓이고 베푸는 '心'과 '茶'는 하나가 되어 다심일체(茶心一體)가 된다. 그리고 차탕은 '성(誠)'의 신명을 통하게 하는 인터넷선과 같다. 따라서 영혼이나 신을 맞아 소박한 제사를 지낼 때도 제물로서 차가 놓여지면 박례(薄禮)는 아닌 것으로 여겼고, 손님을 간소하게 대접할 때에 금방 끓인 차만 있으면 결례가 되지 않는 이유가 여기에 있다.

신에게 바치는 찻물 속에 사람의 마음이 들어 있다는 사상은, 불가에서 구체적으로 볼 수 있다.

고려 말의 승려 함허(涵虛) 이화(己和, 1376~1433)는 진산화상(珍山和尙)에게 향과 차를 바치며 수어(垂語)한다는 글에서,

> 한 잔의 차는 한 조각의 마음에서 나왔고,　一椀茶出一片心
> 한 조각의 마음은 한 잔의 차 속에 있습니다. 一片心在一椀茶
> 한 잔 차를 올리오니 한번 드셔보시면,　當用一椀茶一嘗
> 무량한 즐거움이 바로 생겨 나시리이다.　一嘗應生無量樂 [72]

고 하여, 찻물 속에 사람의 마음이 담겨져 있음을 강조하였다. 위에서 '한 조각 마음'이라 함은, '자그만 정성'이라는 뜻이다. 이 수어(垂語)는 사실상 헌다제사의 제문(祭文)으로서, 영가제사에서 칠언다게(七言茶偈)의 초기 형태이다.

조선 전기의 허응 보우(普雨, 1515~1565)가 중중(中宗)대왕 영혼식에 '다상(茶床)'을 바치고 향을 피운 뒤 차탕을 따르고 나서 읊은 다음 다게에서도 영혼이나 신에게 바치는 차탕에 산 사람의 마음이 담겨져 있음을 강조한 것을 볼 수 있다.

> 올린 차는 이 마음이고 마음은 차에 있으니,　茶卽是心心卽茶,
> 차를 떠나 진심을 나타낼 곳 없나이다.　離茶無地露眞心.

여기 있는 차 한 잔을 맛보게 되시면,   若向此中嘗一椀,

만물은 마음에서 비롯됨을 알게 되시지요.   了知無物不自心. [73)]

보우가 말한 '茶卽是心'은 한 잔 차탕 속에 왕에 대한 경모의 마음을 담았다는 뜻이고, '心卽茶'란 그 마음이 바로 헌공하고 있는 차탕 자체라는 뜻이다. 이는 다심일체사상을 뜻한다. 차를 떠나서는 자기의 진심을 나타내어 영혼에게 전달할 매개체가 없다고 한 글도, 다심일체의 표현인 동시에 당시에 차가 영혼에게 올리는 가장 중요한 공양물이었음을 나타낸다. 마지막 구절은 영혼께서 차를 마시고 나서 세상사를 잊고 마음을 편안히 하여 계시라는 뜻을 담고 있다. 허응 보우는 여러 공주 영혼에 다례를 지내면서, "一片心在一椀茶(한 조각 마음이 한 잔 차에 담겨 있으니) 一椀茶是一片心(한 잔 차는 바로 한 조각 마음이외다) 欲識趙州當日事(조주의 일상사임을 아시어) 冀須淸酌俯一嘗(바라노니 맑은 차 드시옵소서)"이라고 하여, 앞의 함허 이화의 게송을 본떠 노래로 바쳤다. 즉, 영혼이나 신에게 바치는 차탕에 산 사람의 마음이 담겨져 있음을 강조하였다. 보우는 다른 다게에서 "한 잔 청다는 바로 자기 마음이니(一椀淸茶是自心) 조주는 일찍이 승려에게 따라 주었다네(趙州曾向衲僧斟)"라 하여, 조주를 빌어 생자(生者)에게 주는 찻물에도 공다자의 마음이 담겨 전달된다고 여겼다.

서산대사 휴정(1520~1604)이 재의식에서 삼보에게 올린 다게송에서도 다심일체의식을 볼 수 있다. 즉, "今將甘露茶, 奉獻三寶前. 鑑察虔懇心, 願垂哀納受.(우리 이제 감로다를, 삼보 앞에 올립니다. 간절히 비오니, 부디 드시옵소서.)"라 하였는데, 여기서 '鑑(감)'의 뜻은 '비추다'의 뜻이고 '수(垂)'는 '(신의 뜻이) 드리우다' 의미이므로 성경(誠敬)으로 만든 차탕을 부디 드시기를 간구한 것(哀納受)이다.

우리의 신명일심사상은, 헌다의(獻茶儀)의 풍속이 가락국으로부터 1,800년 이상 이어져오고, 고려와 조선시대 귀인(貴人) 접대다례 의식이 행해져온 철학적 바탕이며, 우리나라의 접빈·제사의 다례나 다의가 이웃나라와 비교가 안 될 정도로 발달한 근거이다.

(2) 신명일심 다의(茶儀)의 역사적 개략

'茶禮'의 본래 규모는 식사가 아닌 다과음식으로써 간소하게 접대하는 예이므로, 왕실 귀족과 서인에 이르기까지 귀인 접대와 신을 위한 소사(小祀)로서 흔히 행해져왔다.

헌다제의 기록과 귀인 공다풍습은 거의 같은 시대에 이루어진다. 왜냐하면 생전에 차탕을 즐겼다면 그것을 제수로 올림이 자연스럽기 때문이다. 즉, 제사의 헌공차의 성립 배경에는 생전의 예문화(禮文化)인 공경다례나 차담례(茶啖禮)의 기호차가 있었다고 보아야 한다.

생자에게 바치는 차에 일심의 신명이 녹아 통한다는 인식은, 공경다의에서 존귀한 사람에게 진다(進茶)하거나 설다(設茶)할 때도 마찬가지였다.

오랜 역사를 살펴보면, "차는 선덕왕 때부터 있었다." 는 『삼국사기』의 기록이나, 신문왕에게 설총이 은유적으로 다음(茶飲)을 권한 내용, 충담이 경덕왕에게 즉석에서 끓여 바친 차가 기미이상(氣味異常)하였다는 내용이 있다. 그리고 고려와 조선에 와서 공례(公禮)로 조정이나 왕실에서 귀빈을 맞을 때나 왕이 사신에게 연회를 베풀기 전에 손수 차를 대접한 다의(茶儀)에서도, 성경(誠敬)의 마음을 차탕에 담아 전한다는 인식이 있었기 때문에 간소하나마 접빈의식으로 발달할 수 있었다. 고려 조정의 팔관회·원회의·연회, 왕실의 축하

행사 때의 진다의(進茶儀), 그리고 조선의 사신접대다례 및 태종과 세종에게 바친 '헌다상(獻茶床)' 등 제도적 다례와, 대례(大禮) 속에 헌다의가 행해진 것도 신명일심사상을 나타낸다.

제의(祭儀)에는 대사(大祀)와 중사(中祀)와 소사(小祀)가 있는데, 동서고금에서 제의가 가장 발달한 우리 민족에게 소사는 이미 생활 속의 특별한 일이 아니었다.

무릇 제의(祭儀)는 제물이 있어야 하는데 제물 중에 가장 중요한 것은 마실 거리이므로, 인류역사상 가장 간단한 제사는 물이나 술 또는 차 한 잔만 올려놓고 신에게 경배하는 의식이다. 여기에 곁들이는 음식은 주미(酒味)로서 어육을 생각하게 되고 차는 과품(果品)이 있으면 된다. 그런데 생전에 술을 마시지 않던 불자나 개신기독교인, 그리고 미성년자나 여성의 영혼에게는 차탕이나 맑은 음료를 올릴 수밖에 없다. 그런데 아무리 간소하더라도 제의에 정성이 들어감은 요체이다.

우리나라는 가락국(가야)시대부터 신(神)을 위해 바치는 '헌공차'가 발달하였다. 차탕이나 찻감은 불보살이나 공자, 일반사람의 영혼 뿐만 아니라 천신(天神)이나 상제(上帝), 지신(地神)·용신(龍神)·산신(山神)·잠신(蠶神)·대신(大神) 등의 신에게도 올리는 예물이었다. 그러한 예들을 볼 수 있는 앞선 자료로는, 1,800년 전부터 행해진 가야종묘 명절제사의 제수인 차(茶), 사선(四仙)의 천신(天神)제의, 보천과 효명의 문수보살 예경다례, 고구려의 옛 무덤 속에서 발견된 전차(錢茶), 그리고 8세기의 석굴암의 찻잔 든 문수보살상, 화랑승려 충담의 명절 미륵세존 헌공다례, 「월명사(月明師) 도솔가」편의 내원탑 동자가 갖다 놓은 미륵상 앞의 차 등의 기록이 있다.

이어 고려 불가의 차제사와 성종의 공덕재, 고려의 고탑(古塔) 속

에 넣은 고급 단차, 조선 왕실 흉례의 소사와 강신 뇌다, 주다례, 길
례(吉禮)의 별다례 등의 제전다례, 사가의 차례제사 풍속 정착, 조
선 불가의 제사다례와 다게, 그리고 현대의 차제사와 헌공다례제에
이르기까지 면면이 이어져왔다. 조선 전기에 왕가의 상례에서 많이
행해진 뇌다의(酹茶儀)는 화장(火葬)문화가 발달된 오늘날, 산야나
바다에 차탕을 붓는 의식이 있어도 좋을 것 같다.

사가의 작은 제사인 '차례(茶禮)'는 '茶祀(차사)', '茶祭(다제)', '茶
薦(다천)', '茶儀(다의)', '차제사'라고도 하는 제전다례(祭奠茶禮)이
다. 조선의 차례제사는 명절뿐 아니라, 삭망・속절・생신・시사・능
묘사・고유제・고사・상식・천신・추모・상례의 제전 등에서 규모가
작고 간편한 소사(小祀)로서 행해졌으나, 근대에 이르러 별제(別
祭), 명절제(名節祭), 생신제(生辰祭) 등으로도 행해지면서 때로는
밥과 탕을 올린 중사(中祀)로서 행해지기도 하였다.

불가에서 승려는 술을 마시지 못하는 계율 때문에 찻물로써 제사
를 지내었으므로, 삼보(三寶, 佛・法・僧)와 망자(亡者 ; 父母, 師
長, 道伴)를 위해 재를 올리거나 공양할 때도 차는 필수적이었다.

도47 고 민길자 선생의 노제(路祭)다례.

간단한 차제사를 '茶禮'라 하여 '탑원다례', '영각(影閣)다례', '비각다례', '춘추다례' 등이 행해졌고, 불가의 불공이나 재(齋)의식에서 오공양(五供養)은 '香·花·燈·茶·果'로서, 이 중 향과 차를 중시하였다.

이와 같이 소사(小祀)인 제전다례는 오랜 역사를 거쳤고 한국문화사에서 중요한 위치를 지니게 된다.

육우(陸羽, 733~804)가 쓴 『다경(茶經)』에는 고대에 인신(人神)이 차를 좋아했다는 설화가 네 군데 나오며, 7·8세기의 불가 예속으로 고급차인 '자용향(紫茸香)'을 부처에게 공양했다는 기록이 있다.

(3) 제의(祭儀)와 차탕(茶湯)의 긴밀성

제의(祭儀)에서 신이 흠향하는 차탕 속에는 인간의 뜻과 신의 사랑하는 마음이 녹아 있으므로, 다례에 참석한 사람들이 신과 소통한 퇴공차(退供茶)를 나누어 마시는 음복례(飮福禮)는 신의 뜻을 받들고 공경함을 뜻한다. 따라서 진지하면서 화기(和氣)가 있다. 따라서 찻물은 우주와 생사(生死)를 통할 수 있는 매개체이자 의사소통수단이 될 수 있다.

제사에서 차탕을 써왔고 앞으로도 차제사가 행해져야 하는 이유를 간추리면 다음과 같다.

① 차는 물로 만든 음료이다.

물은 생물을 살게 하며 깨끗하게 하므로 고대로부터 신성한 것으로 생각하였다. 우리 민속에는 첫새벽에 맑은 정화수를 떠 담아 장독 위, 부뚜막, 또는 성황당이나 큰 나무 밑에 놓고 신명께 비는 풍습이 있었으며, 불가의식에서도 물을 올리고 헌수게송을 하였다. 유교 제례(祭禮)에는 흔히 '현주(玄酒)'를 썼는데 이는 정화수(井華水)를 말한다. 차탕과 술은 좋은 물로 우려내어 만든 것이라는 점에서 서로 공통점을 가지고 있다. 마른 찻감을 제수로 올린 경우도 있었으나 술을 대신할 수 없으며, 음료가 아니라면 의례의 문화는 생겨나지 않았을 것이다. 그리고 차탕의 몸체인 물은 따를 때나 들고 갈 때 흔들리지 않으려면 쳐다보아야 하고 조심(操心)하여야 하므로 전일(專一)과 재계의 마음상태와 비슷하게 유지될 수 있다.

② 찻감은 신령성이 있고 척사(斥邪)한다.

차는 사람에게 유익한 약효가 있는 음청류로서, 차의 각성효과는 신(神, 정신)을 움직여 혼미함과 삿됨을 없애주며 바른 생각을 하게 한다. 이는 천신(天神)의 본성과 같고 신이 좋아하는 음료이며, 신도 생자와 마찬가지로 청신하게 될 것으로 여기게 된다. 즉, 사자(死者)와 천지 초목에 있는 신명의 령성은 찻물의 령성을 좋아한다는 것이다. 차가 신령스럽다는 의미로 '영아(靈芽)' '영묘(靈苗)' '영차(靈茶)'라고 하였고, 끓인 찻물을 '영액(靈液)'이라 하여 찻감이나 찻물에는 신성(神性) 혹은 령성이 있다고 보았다. 승려 초의 의순은 찻물을 사람에 비유하며, 찻기를 '신(神)'으로 보고 물을 '체(體)'로 보았으며, 『다신전(茶神傳)』이라는 책 제목을 붙였다. 차를 즐겨 마신 제봉(霽峯) 고경명(高敬命, 1533~92)은 이른 봄에 '다신(茶神)'에게 제사를 지내었으며, [74] 추사 김정희도 초의에게 차를 재촉하는 편지에서 찻감에 '다신(茶神)'이 있다고 여긴 글이 있다. [75] 따라서 진명(眞茗)이 아닌 매실차나 식혜 등은 정신을 다스리는 효과가 없으므로 단품제수로서 충분하지 못하다. 또한 차는 각성효과뿐 아니라 병균이나 나쁜 냄새도 없애고 사람의 마음도 척사(斥邪, 辟邪)할 수 있다.

③ 차 대접에는 정성의 예심(禮心)이 따른다.

차를 물에 적당히 섞어 내거나 잘못 끓이면 향미가 없고 그 값어치를 상실하므로, 헌공 차탕은 정성을 다하게 된다. 실제로 차의 좋은 맛을 내기 위해서는 재계하듯이 인간의 정성이 많이 들어간다. 물과 찻감과 보관과 전다와 행다에서 정결(精潔)해야 향기가 살아나고 감칠맛이 나게 된다. 또한 차탕은 술처럼 그냥 부어 따르지 않고 금방 만들어 따뜻한 온기가 있어야 한다. 고려 중엽의 진각 혜심도 제사지낼 때 식은 '냉차(冷茶)'는 신 술과 같이 나쁜 먹거리로 여겼고, 고려청자 꽃병 유물에도 '차탕이 차면 향기가 없다'고 쓰여 있으므로 이는 오래전부터 일반적 인식이다. 따라서 차는 예경(禮敬) 음료이다. 현대에도 즉석에서 사람의 예(禮)와 정성을 담아 나타낼 수 있는 단품의 마실 거리는 사실상 드물다.

④ 차는 고뇌를 없앤다.

차를 마시면 생자의 근심과 번뇌를 없애므로 안락하게 청유(淸遊)할 수 있다. 따라서 차를 마신 사자(死者)의 신명도 차를 드시면 편안하고 즐거워지리라는 확신이 생긴다. 제의에서 차를 올리고 악(樂)이나 무(舞)가 등장함도, 생자와 사자가 근심을 잊고 즐거우면 신명이 나고 령성이 서로 통하는 것을 돕기 때문이다.

⑤ 차를 귀한 예물로 여긴 오랜 전통이 있다.

찻감은 고귀한 선물이었고 왕이 즐겨 마시며 공신이나 사신, 그리고 연로한 백성에게 예물이었다. 다음(茶飮)을 즐긴 왕은 가야의 왕들과, 신라의 효소왕, 경덕왕, 헌안왕과 진성왕, 그리고 고려의 태조 왕건·정종·성종·문종·숙종·예종·인종·충렬왕이 있었고, 조선시대에는 태조·정종·태종·세종·문종·영조·정조 등이다. 또한 사선, 화랑, 학자, 고승 등 정신적 지도자가 차를 즐겼다.

차는 향미(香味)가 다른 어떤 음료보다도 뛰어나며 싫증이 나지

않고 고아한 음료로서 '오미향차(五味香茶)'라고도 했다. 차탕(茶湯)
은 국가의 최고 지도자도 손수 마련하고 신하나 귀인에게 직접 하사
하는 음료였다. 고려의 성종(재위 982~997)은 손수 단차를 갈아 재를
올렸고 조선의 왕과 태자가 국빈에게 손수 공다(供茶)하였으며, 일본
의 도요토미 히데요시(豊臣秀吉)도 직접 행다하였다.

⑥ 여러 신을 모시거나 간소한 제사에 적합하다.

한 번에 제사를 지내는 신(神)이 많은 종가의 시사(時祀)나 묘제,
종묘제례, 그리고 칠성(七聖) 등의 제사는 따뜻한 차탕을 각기 한 잔
씩만 올려서 간략히 지낼 수 있으므로 시간적·공간적·경제적 이점
이 적지 않다. 술이 없어도 음료로서 훌륭하며 또한 떡이나 과일이
나 과자를 곁들이면 참사자들의 끼니도 간소하게 면할 수 있다.

따라서 차탕은 좋은 술과 같은 품격의 제물로서 그 자체가 존중받
아왔고 앞으로도 다양한 목적의 제사다례 풍속이 이어질 것이다.

차(茶)는 천지신명(天地神明)이 매우 좋아하는 훌륭한 제물이라는
전통은, 현대의 다른 종교와도 접목하여 '예경다의(禮敬茶儀)'나 종
교를 초월한 추모의 차사(茶祀) 풍속으로 발전할 여지가 크다. 가정
의 작은 종교집회에서 숭배 대상에게 정성껏 헌다하고 참석자들이
나누어 마시는 작은 의례도 전통을 이은 아름다운 종교문화가 될 수
있다.

Ⅱ. 중국과 일본의 다도철학

1. 중국의 다도사상

중국은 5세기에 민간 음다풍속이 생겨날 정도로 다도가 일찍 발달했다. 당대에는 유화차(乳花茶), 송대에는 고유차(膏乳茶)의 전성기였으나 명대(明代)에 이르러 침출 탕차가 유행함에 따라, 차는 좋지 않은 물과 기름진 식사를 보완하는 일상의 식음료로서 주된 자리를 잡으며 오늘날에 이르렀다.

중국다도의 종교적 사상은 유교, 불교, 도교적 색채가 있었으나, 그 관념적 바탕이 점차 약해지면서 풍속과 연계되지 못하였다. 근세에는 다양한 차의 종류와 화려한 다구, 그리고 다사(茶事)나 다무(茶舞) 등이 강조된 놀이문화로서 '다예(茶藝)'가 발달하고, '茶道(Cha Dao)'라는 말은 흔히 쓰지 않는다.

중국 다도사에서 철학적 이념을 강조한 다가(茶家)는 당의 육우, 송의 주희와 심안노인 등이 있다.

육우(陸羽, 733~804)는 『다경(茶經)』에서, "차는 행동이 세밀하고 검소의 덕이 있는 사람(精行儉德人)에게 가장 알맞다."고 하며, '검덕(儉德)'을 중요시하였다. 또한 「풍로」 항목에서 역(易)과 오행(五行)의 사상을 언급하였다. 차 풍로의 한쪽 발 위에 쓰기를, "坎上巽

下離於中.(감괘(≡≡)의 水는 위, 손괘(≡)의 風은 아래, 리괘(≡)의 火
는 가운데이다.)"라 하였다. 풍로 안에 세 개의 격(格)을 만들어 '리
괘' '손괘' '감괘'를 그리고, 리괘인 불의 상징인 꿩, 손괘인 바람의 상
징인 범, 감괘인 물의 상징인 물고기를 그리고 바람과 불, 불과 물이
서로 관련된다고 하였다. 그리고 다른 발 위에는 "몸이 오행의 기운
을 고루 지니면 온갖 병을 물리치네.(體均五行去百疾)"라 하여 오
행(木金火水土)의 철학사상을 언급하였다. 이는 다도사상을 설명한
것은 아니지만 당시의 문화철학으로 역이나 오행을 중요시했음을 짐
작할 수 있는 내용이다.

　앞의 본문에서 설명되었듯이, 주희는 다미(茶味)를 가인괘(佳人
卦)로 본 것과 차의 덕(德)을 언급한 내용들이 있다.

　1269년에 심안노인(審安老人)이 쓴 『다구도찬(茶具圖贊)』에는, 휘
젓는 다선〔竺副帥〕을 절개의 청덕을 지닌 백이숙제(伯夷叔齊)에 비
유하였고, 물을 끓이는 탕주자〔湯提點〕을 찬양하기를, "호연지기를
길러 끓는 소리를 내면서 집중(執中)할 수 있다."고 하여, 순(舜)이
우(禹)에게 전수한 도통인 '中'의 심법(心法)을 언급하여 다구가 유
가적 덕을 지녔다고 하였다. 그리고 다건〔司職方〕은 공자의 시골 제
자 되기에 부족함이 없는 깨끗한 인품(潔)을 지녔고, 찻가루를 쓸어
담는 빗자루〔宗從事〕도 공자의 고제(高弟)가 착함(善)에 비유하여
다기의 훌륭함을 유가적 덕에 견주었다.

　북송의 휘종(徽宗)이 쓴 『대관다론(大觀茶論)』에는, 차가 담박하
고 간결하며, 높고 고요한 운치를 숭상 받는다고 하였다. 여기서 '다
례정신'을 들기를, '검(儉)·청(淸)·화(和)·정(靜)'이라고도 했다.[76]
'검(儉)'은 검소, '청(淸)'은 청렴결백을 뜻하며, '화(和)'는 화목, '정
(靜)'은 고요한 경지를 의미한다. 이것을 철학적으로 해석하기를, '청

(清)'은 마음에 잡념이 없이 고요함이며, '화(和)'는 중용의 도를 말하며, '정(靜)'은 불교의 선(禪)과 같은 것으로 전심으로 노력하여 성불하는 것이라고 했다. 그리고 명나라 장원이 쓴 『다록(茶錄)』에는 「불길 맞추기」에서 중요한 점을 들기를, 뭉근한 불인 '문화(文火)'와 센 불인 '무화(武火)'가 알맞으면 유가의 '중화(中和)'가 된 것으로 여기어,[77] 철학적 의미로 새겼다.

현대 중국에서는 '茶思想'에 관심을 가진 책들이 출간되어 '다선일미(茶禪一味)' 혹은 '다도정신(茶道精神)'에 관심이 높아지고 있다. 장만방(蔣晚芳)은 중국의 차덕(茶德)에 관해 말하기를, '염(廉)·미(美)·화(和)·경(敬)'이라고 했다. 그는 이것을 다음과 같이 상세히 해석하였다. '염(廉)'은 맑은 차를 마심으로써 청렴하고 근검하게 하며, 손님 대접에 차로써 술을 대신하므로 '과음'을 줄인다는 것이며, '미(美)'는 명품(名品)의 차에서 아름다운 맛과 향기를 함께 음미하며 우정을 서로 나누고 건강하게 장수를 누릴 수 있다는 것이다. '화(和)'는 차의 예(禮)를 중시하는 덕을 지녀 화합과 정성이 서로 조화되고 다른 사람과 좋은 관계를 갖게 되는 것이며, '경(敬)'은 남을 존경하고 백성을 사랑하며, 다른 사람이 즐거워 할 수 있도록 정갈한 다기와 좋은 물을 쓴다는 것이다.[78]

대만의 황돈암(黃墩岩)은 『中國茶道』에서, 중국다도 문화의 특성을 '중용(中庸)·검덕(儉德)·명륜(明倫)·겸화(謙和)'라고 했다. '중용(中庸)'은 다미(茶味)의 시고 달고 쓰고 떫음이 어우러져 완전히 조화를 이루고 다사의 속도와 양이 알맞은 상태이고, '검덕(儉德)'은 헛된 화려함을 버리고 소박하고 고아하여 오히려 걱정을 떨쳐버리고 조용하고 의연함이며, '명륜(明倫)'은 웃어른에게 차를 올릴 때 예를 갖추고, 차를 준비할 때 정성을 다하고 표정을 온화하게 함이며, '겸화(謙和)'는 좋은 차를 마시고 나서 그 맛을 깊이 음미하여 감탄하면서 풀(草) 중의 으뜸임을 아는 것이라고 했다. 또 대만에서는 '다예정신(茶藝精神)'을 들기를, '미율(美律, 다례의 美)·건강·양성(養性, 善을 기름)·명륜(明倫)'이라고도 하였으며, 이러한 차정신(茶精神)은 유가사상에 기초하였다고도 했다. [79] 임치(林治)는 중국 다도의 기본정신을 '和·靜·怡·眞'이라 하고, 철학사상의 핵심은 주역의 근원인 '和'라 하였다. [80]

2. 일본의 다도사상

일본은 차를 끓이고 나누고 마시는 데 있어서, 다른 나라의 어떤 문화에서도 볼 수 없는 탁월한 정신철학(Spiritual Philosophy)을 고양하여 왔다고 세계에 인식되어 있다. [81] 여기에는 국가의 이미지를 높이기 위해 위정자들과 국민들의 끊임없는 노력이 컸다.

일본은 차문화가 9세기에 중국으로부터 승려들을 통해 유입되어 주로 양생(養生)식품으로 인식되었다. 에이사이 선사(榮西 禪師, 1141~1215)가 1214년에 지은 『끽다양생기(喫茶養生記)』에는 "차는 여러 천상계(天上界)의 부처님들이 즐기고 좋아하신다. 따라서 하늘(天) 등에 바칠 때 차를 올린다. 차를 바치지 않으면 그 불도는 성취되지를 않는다." 라 하였고, [82] 근·현대에도 불전이나 고승에 헌다하는 풍습이 간간이 있다. 15세기에 부호상인과 무사(武士)들의 여가문화로 성하기 시작하여 예능음료로서 크게 발달하였다. 이로 인해 국민정신이 고양되고 생활문화가 원숙해지는 기초가 마련되었다.

일본의 '차(茶)'도 역시 '도(道)'로 여겼는데, 그것은 개인의 도(道)

가 아니라 인간의 도(道)라고 했다. [83] 오카쿠라 가꾸조우(岡倉覺三, 1862~1913)는 'philosophy of tea', 'Teaism'이라 했듯이 일본의 다도도 역시 철학적 의미를 매우 중요시한다.

일본의 다도는 불교사상이 바탕이 되었다. 일본의 다도대가들은 모두 생활선의 수행자였고 그 사상은 '와비(侘)', '쓰우끼(數寄)', '화경청적(和敬淸寂)의 화친사상' 등으로 나타난다.

일본의 핵심적 다도정신이라고도 하는 와비사상은 무라다 주꼬우(村田珠光, 1433~1502)로부터 센리큐(千利休, 1522~1591)에 의해 완성된 것으로, 덜 완벽함이나 불완전함에 정신적 최고의 경지가 있다는 것이다. 이는 귀족무사(武士)의 전투심과 호만(豪慢)함을 없애는 데 목적이 있었다. 그래서 일본 다도를 '와비의 종교'라고도 한다. [84] 와비의 본래 뜻은, '사랑을 이루지 못하는 허전함', '은자(隱者)의 생활감각', '수척함' 등에서 유래되어 '부족한 상태'를 이르는 말이다. 쥬꼬우는 와비에 대해 말하기를, 아집과 욕망으로 사물의 깊은 경지에 빠져든 후 거기에서 벗어나 담박해지는 깨달음의 높은 경지라고 했다. 그는 "달님도 구름 사이가 아니라면 싫습니다." 라고 하여, 만족스럽게 보이지 않는 달을 아름답다고 예찬했다. 쥬꼬우를 이은 다께노 조우오우(紹鷗, 1502~1555)는, "정직하고 신중하며 교만하지 않은 것을 와비라고 한다." 고 했다. [85] 조우오우를 이은 센리큐(千利休, 1522~1591)는 초라하고 작은 다실에서 느끼는 차분하고 한적한 멋을 구하는 것이 다도의 진수인 와비정신이라고 했다.

다도의 와비사상은 다구의 아름다움을 평가하는 기준으로도 쓰였다. 와비차에 어울리려면 '진(眞)'의 상태인 완전한 다구에 손질을 가해서, 거칠고 균형이 맞지 않으며 불완전한 '초(草)'의 상태가 되어야 한다는 것이다. [86] 그래서 센리큐는 다실의 멀쩡한 꽃병 귀를 한쪽만

망치로 떼어냈다는 일화가 있으며, 차시(茶匙)도 마디가 있는 것을 '초(草)'의 미(美)로 여겼다. 따라서 대범하고 자연적 미(美)를 지닌 조선의 문화를 사랑했다. 조선의 도공이 달도의 솜씨로 만든 옥수(玉水, 정화수)그릇을 일본에 가져가서 '기자에몽(喜左衛文) 이도(井戶)'[87]라는 국보다완이 되었는데, 이를 일본 다인들은 '와비와 고요의 美의 극치'라고 하였다. 이러한 와비사상은 당시 무인(武人)들의 권력적 호화와 일회적이고 극단적인 힘의 행사를 교정하는 데 인식 변화에 기여하였다. 바꾸어 말하면, 와비사상은 한국미의 정수를 배우고자 하는 의지가 상당히 강했음을 뜻한다. 와비정신은 다회의 식사에도 나타나, 밥 한 그릇에 반찬 두세 가지, 가벼운 술 등 간단하고 소박한 것으로 정했다.[88] 이와 같은 와비사상은 국민들의 의식에도 자리 잡아 상대방의 결점을 사랑하고 큰 화합을 이루는 것을 미덕으로 여긴다.[89]

일본에서는 다도를 '쓰우끼(數寄, 불균형)의 길'이라고도 한다. '數寄'는 짝수가 아닌 홀수를 뜻하며, '치우쳐서 온전히 갖추어지지 않은 상태'라고 설명된다. 이는 와비와 비슷한 의미로서 불완전함을 최상의 미의식으로 추구하는 경향에 따른 것이다. '쓰우끼'를 좋아하는 이유는, 다실이나 배치물과 마찬가지로 다인들 자신도 모두 무능하다거나 불완전함이 있다는 상황을 의식하고 인정할 수 있으며,[90] 차를 마실 때는 자신들이 일상생활 영역인 규범적 세속과 떨어져 있다고 느끼기 때문이다. 다실도 '쓰우끼야(數寄屋)'라 하여, 일본의 보편적 가옥과는 달리 불균형으로 만들어져 있다. 일본 국보인 센리큐의 다실(待庵)은 16세기의 일본의 전통건축양식과는 상당히 달리 불균형으로 만들어져 있다. 그 예로 기둥·문지방·창문·댓돌·흙벽·처마 등을 들 수 있는데, 이는 한국 민가의 작은 초가집을 모체(母體)

로 한 것임을 일본 학자들도 인정하고 있다. [91] 이 다실의 출입문을
기어 들어가도록 만든 이유는, 소박한 집이라는 표시와 더불어, 당시
에 무사(武士) 손님이 살벌하면 집에 들이지 않기 위함이었다. [92]

　한국 다도가 일본에 영향을 주었다고 인정되는 근거는 앞의 찻사
발과 다실 외에, 고려 말의 이색과 조선 초의 김시습이 일본 승려를
만나 다담을 나누었다는 내용과 임진·정유왜란과 도공 납치도 중시
된다.

　일본 다도의 화친(和親)사상은 센리큐가 정한 '사규(四規)'에서 나
온 것으로, 그것은 네 가지 규범인 '和·敬·淸·寂(화·경·청·적)'
을 뜻한다. 이는 다실에서 주객이 서로 화친함이 중요하다는 뜻이다.
화경청적은 바람직한 다실의 분위기로 정한 것이 발전하여 다도의
목표이자 다도정신이 되었다. '화(和)'란 찻자리의 주인과 손님들이
화목하며, 동시에 화합(和合)하여 하나가 되는 것이고, '경(敬)'은 주
인과 손님 모두가 각기 불성(佛性)을 지닌 인격체로 존중함이다. '청
(淸)'은 물질적·정신적 욕심을 떨치고 마음을 깨끗이 하여 자유로운
경지에 들며, 다구의 청결을 중요시한다는 뜻이며, '적(寂)'은 공간적
고요함과 적연부동(寂然不動)의 심경(心境), 혹은 열반의 세계를 뜻
한다. 센리큐의 화경청적은, 그에 앞서 쥬꼬우가 차의 지극한 의미를
'청·결·예·화(淸·潔·禮·和)' 라고 말한 것이 그 근원이다. [93] 사
규는 에도 초기(17세기)에 본격적으로 쓰이기 시작하여, 오늘날도 일
본의 대표적 다도정신으로 불린다.

　근래에 일본의 히사마쯔 마꼬또(久松眞一) [94]가 쓴 『茶道の哲學』
(講談社, 1987, 東京)이라는 책은 일본다도의 관념사상을 잘 나타내
었다. 그 책의 《다도론(茶道論)》에는, 「일본의 문화적 사명과 茶道」,
「茶道를 통한 인간 형성」, 「茶道文化의 성격」이 있고, 《다도의 잠언

342

(茶道箴)》에는, 「정원의 초암다실」, 「화경청적(和敬淸寂)」, 「선조다인들이 남긴 정신(芳躅)」, 「유파별 작법(流儀)」, 「개인의 다구 취향(好み)」, 「와비 쓰우끼 사상(侘數奇)」, 「깨달음(心悟)」, 「손님을 극진히 대접함(一期一會)」, 「마음의 분별(事理)」, 「道」, 「집착과 욕심을 버림」, 「장식하지 않은 정원(白露地)」, 「茶의 열 가지 德」, 「끽다거(喫茶去)」를 수록하였다.

제 7 장

현대의 다공문화(茶供文化)

'문화(文化, culture)'의 개념은 간단하게 정의하기 어려운 말이지만, 대체로 '인류가 학습에 의해 이루어 놓은 생활양식과 관념적인 내용'을 뜻한다. 이는 과학적 물질문명과 구별하여, '의(衣)·식(食)·주(住)의 생활방식과 기술·예술·사상·도덕·종교 방면의 성과'를 뜻하기도 한다. 또한 오늘날 대중적으로 쓰이는 용어로서 '문화'는, 생활문화와 예술문화를 지칭하기도 한다.

문화의 기초를 이루는 인식은 개인과 가정과 사회의 흥망성쇠에 영향을 미치며, 또한 환경에 따라 변형되고 진화한다.

'다도문화(茶道文化)'는 기예 다도(茶道)를 중심으로 행해지는 생활방식과 물질적·정신적 성과를 의미한다. 즉, 제다(製茶)·다사(茶事)·공다(供茶)·행다(行茶)·다회(茶會) 등의 생활 자체와 그에 따른 정신적 만족을 향수하는 내용이다.

'차문화(茶文化)'는 '다도문화', '다공문화(茶供文化)' 또는 '다음문화(茶飮文化)'의 줄임말인 동시에, 여러 가지 찻감의 제조와 유통 및 기호성의 문화도 포함된다. 오늘날 다류는 단품차인 명차(茗茶)뿐만 아니라, 현미차·짜이 등의 혼합차와 꽃차, 민들레차, 뽕잎차 등의 대용차와, 인삼차·쌍화차 등의 약용차, 그리고 서양의 차(tea)도 포함된다. 현대와 미래는 다양화시대이므로 손님의 취향을 배려하여 찻감을 선택하는 것이 예에 맞다.

Ⅰ. 차(茶)의 여섯 가지 공덕(六功德)

인류가 2천년이 넘도록 차(茶)를 기호음료로서 사랑하며 차를 '군자(君子)', '가인(佳人)', '선(仙)'이라 칭한 것은, 직접·간접으로 사람에게 유익하고 또한 '茶' 자체를 덕을 지닌 인격체로 생각하였기 때문이다. 따라서 고래로 현인과 성인과 도인은 모두 차를 좋아한다고 여긴 것이다.

다명(茶茗)은 앞장에서 본 바와 같이, 예로부터 '청덕(淸德)', '중용(中庸)의 덕', '정(正)과 의(義)의 덕'과 '예(禮)의 덕'을 찬양받아왔다. 이에 관한 중국 기록으로는 동한(東漢)의 화타(華陀)가『식론(食論)』에서, "차를 오래 마시면 생각에 유익하다.(苦茶久食 益意思)"라 하였다고 전해지며, 육우가 검덕(儉德)을 강조하였다. 우리나라는 7세기에 설총이 차가 '청신(淸神)'하게 하는 공을 말하였고, 최치원은 차로써 근심을 잊게 되었다고 쓴 내용이 있다. 그리고 대각국사 의천과 정지상(鄭知常, ?~1114~1135) 이래, 고려·조선의 많은 문사 승려다인들이 차의 공덕을 기록하였다.

현대에 와서 다음과 같은 차의 여섯 가지 공덕이 중요시된다.

① 건강하게 한다.

② 대화의 자리를 만든다.

③ 가정문화를 일군다.

④ 공부를 잘하게 한다.

⑤ 고상한 취미를 갖게 한다.

⑥ 자연을 사랑하게 한다.

이러한 차의 공덕이 생겨나는 근본적 이유는, 찻감의 성분과 싫증나지 않는 기호음료라는 점, 그리고 다사(茶事)의 진리로 요약된다.

1. 건강하게 한다

끽다생활은 정신 건강과 신체 건강을 서로 도와 양생(養生)하게 한다. 옛 다인들 중에는 칠팔십 세의 장수를 누린 분들이 적잖이 있었고, 현대에도 끽다를 생활화하는 사람들 중에 구십 세가 넘도록 정신과 몸이 건강한 사람들이 드물지 않다. 장수국가인 일본과 중국에서도 차의 덕으로 수명이 늘어난다는 점을 중시해왔다. 인류는 찻잎(茗葉)을 본래 약으로 쓰기 시작하여 잎을 먹다가 기호음료로 발달하게 되었는데, 신체에 유익한 효능에 못지않게 정신건강에 도움을 준다는 점이 중시되었다.

다인들은 차를 마시며 흔히 외로움이나 근심과 번뇌를 없앤다고 하였고, 울분이나 한(恨)을 씻어주므로 '세심차(洗心茶)'라고도 일컬었다. 또한 민간에서도 차를 마시면 마음 찜질이 된다든가 간장을 달랜다고도 하였다.

찻자리는 스트레스와 집착, 그리고 우울감을 완화시키며 마음의 상처도 치유한다. 차가 마음을 편안하게 하는 중요한 이유는, 마실 거리라는 것과 물을 본다는 점, 그리고 향기와 맛을 찾으면서 시간을 늘려 음미한다는 것이다.

차를 마시는 일 자체와 녹차의 알파(α)데아닌은 뇌파를 느리게 하여 알파파를 증가시킴은 이미 과학적으로 입증되었다. 다도가 뇌파를 낮추는 구체적 원인은 우선 물을 따르고 마신다는 것이다. 물을 보거나 마시고 더 불안해하거나 과민해지는 사람은 없다. 어떤 다인은 물이 끓는 소리를 듣고 따라 마시는 일로써 뇌파가 안정되는 습관 때문에, 공부를 하거나 중요한 결정을 하기에 앞서 반드시 대용차라도 끓여 마시기도 한다. 그러나 번뇌나 스트레스를 없애는 데는 시간을 투자해야 한다.

현대에 와서 정신을 안정시키거나 중압감에서 벗어나는 방법은 많이 알려져 있다. 음악이나 영화 감상, 운동이나 놀이, 음주나 자연 속의 휴식 등 여러 가지가 있으나, 자칫하면 일시적·피상적 무마에 그치기가 쉽다. 다도는 시간과 공간이 절약된 상태에서 생각을 집중할 수 있고 매일매일 반복될 수 있으므로 그 근본을 다스릴 수 있다.

다도는 생각의 전환을 도와 긍정적 사유를 하게 한다. 자존심 손상, 상대적 열등감, 설명할 수 없는 오해, 인정(人情)의 실망 등은 새로운 관념을 끌어들임으로써 깨뜨려질 수 있다. 예를 들면, 자신의 분(分)을 많이 낮추기, 나의 열등함이 상대방에게 심리적 적선(積善)일 수 있다는 생각, 차별 없는 세상의 무미건조함, 인간은 신일 수 없고 완벽할 수 없기에 삶이 매력적일 수 있다는 것, 극심한 고난을 당한 사람이나 경험을 떠올리기, 모든 인생의 측은한 끝을 생각하기 등이 있다.

정신적 건강은 호르몬 분비를 원활하게 하므로 신체도 건강해진다. 끽다생활은 생각을 긍정적으로 돌리므로 β-엔돌핀과 같은 뇌내 모르핀이 많이 분비되어 건강하게 살 수 있다고 한다. [1] 경험주의적 무실(務實)사상을 전개한 최한기(崔漢綺, 1803~1879)는 『기측체의(氣測體義)』에서, "신기(神氣, 원기나 정신)를 화창하게 하는 데 적합한 것은 오직 순수하고 담박한 차탕이 제일이다. 치아와 가슴에 쌓인 찌꺼기를 씻어내고, 피부와 근맥의 땀을 통하게 하며, 정신이 활발하여 생각을 잘하게 한다.(以適於神氣和暢 而惟純澹之茶湯爲最. 洗滌口齒胸膈之渣滓 洞澈皮膚筋脈之汗液 精神活潑意思實敏.)"라 하여, 차가 지혜를 넓히는 데 크게 유익함을 말했다.

차의 효능은 몸의 건강을 도와 양생(養生)하게 한다.

옛 다인들은 흔히 소갈증을 해소한다거나 간이 좋아진다 하였고, 장을 씻는다고 한 글도 많다. 현대에는 건강에 직접적으로 이롭다는 사실이 과학적으로 밝혀져, 저명한 의사들도 커피 대신 녹차를 마시라고 권하고 있다. 차는 건강에 이롭고 맛과 향기가 싫증나지 않아, 반복해서 마실 수 있는 기호음청다류(嗜好飮淸茶類) 식품이다.

허준의 『동의보감』에는 차의 약효로서, ① 기를 내림 ② 소화 도움 ③ 머리와 눈을 맑게 함 ④ 소변에 이로움 ⑤ 소갈(당뇨)을 멈춤 ⑥ 잠을 적게 함 ⑦ 음식의 독성 제거를 들었다.

명차의 성분인 다소(茶素, caffeine)는 커피, 콜라, 코코아 등에도 있으나, 차(茶)에는 폴리페놀의 조성물질인 카테킨과 데아닌이라는 아미노산과 비타민 C 등이 화합물을 이루고 있으므로, 커피의 카페인을 많이 섭취했을 때 나타나는 정신불안 등의 부작용이 없고, 중추신경 자극효과도 완만하다. 카페인 섭취 풍속은 동서고금과 미래에도 피할 수 없는 식음문화이다. 치매나 우울증도 예방한다는 카페인은 세작일수록 많고, 많이 발효된 차일수록 성분이 많이 우러나온다. [2] 카페인은 병중에 삼가야 하고, 잠이 오지 않을 때는 오후나 저녁 식사 후에 대용차를 마시는 것이 좋으며, 따뜻한 우유나 단전호흡이 숙면을 도와준다.

차의 여러 유익한 성분 중에서도 탄닌(Tannin)이라고도 불리는 폴리페놀(polyphenol)은 그 효능이 해독작용, 항산화작용에 의한 노화방지, 세포 돌연변이를 막는 항암작용, 환경호르몬이나 중금속 배설, 콜레스테롤 저하 등으로 밝혀졌고, 최근의 연구에서는 백혈구를 증가시켜 면역성도 높인다고 한다. [3] 폴리페놀 성분은 봄차보다 거친 여름차에 많으며, [4] 발효차보다 녹차에 많이 함유되어 있다.

다류는 맛이 싫증나지 않고 여러 차례 우리며 대용차도 포함하여 그 종류가 무척 다양하므로, 즐거운 가운데 다량의 수분을 섭취하기에 좋다. 우리는 하루에 1.5ℓ(6 cup) 이상의 물을 섭취해야 하는데 맹물을 먹기 어려운 때가 많다. 신체가 갈증을 유발하지 않더라도 대용차류와 섞어가며 차를 하루에 두세 차례 마시는 습관은 매우 유익하다.

차를 마시면 실제로 해독이 되지만 번뇌나 근심을 없애므로 '애(간)가 타는 것'을 막아 주게 되지 않나 생각된다. 일반적으로 화가 나거나 속이 상하는 일이 생기면 음료나 술 등의 마실 거리를 찾게 되는데, 이는 물이 오장육부의 열을 식히고 안정을 되찾아 주기 때문이다. 이때는 명차뿐 아니라 자신의 체질에 맞는 약차나 대용차를 엷게 우려 많이 마시는 것도 크게 도움이 된다.

차생활은 좋은 습관을 만들어 건강하게 한다.

끽다생활은 사람을 부지런하게 하며, 궤좌(꿇어앉기)나 평좌습관은 척주와 다리를 튼튼하게 하기도 한다. 평좌는 의자생활보다 기(氣)의 중심이 땅에 가까우므로 하초(下焦)를 단단히 하고 편안하며 심리적 안정감을 준다. 오랫동안 의자에 앉아 있으면 다리가 붓지만, 평좌해서는 밤을 새워도 무관한 사람이 많다. 오늘날 음식점에서 온돌과 의자가 함께 있는 구조가 한국문화로서 자리 잡은 것도 이와 같은 연유이다. 혼자의 다시(茶時)에 명상을 하다보면 단전(丹田)이 튼튼해진다.

청소년기에 단품인 차(茶)의 맛에 익숙해지면 단 음식을 싫어하고 싱겁게 먹으며, 채식을 가까이 하고 담배 등 해로운 먹거리를 멀리 할 수 있는 내성이 생긴다.

음다생활은 노인의 건강에도 도움을 준다. 두뇌도 매일 한 시간 이상 활동해야 치매를 예방하거나 줄일 수 있다고 하는데, 차를 마시면 두뇌활동이 예민하고 활발해져 '시작이 반'이라는 효과를 실감할 수 있다. 정적인 차생활에는 운동도 필수적인데 각성효과는 근육운동에도 도움을 준다. 한 잔 차는 우물에 펌프질할 때 먼저 한 바가지 마중물을 붓는 것과 같다. 그리고 나이를 초월해 다우(茶友)나 도반(道伴)들과 만나고, 찻자리를 준비하고 다회를 여는 일 등으로 적당히 분주해지며 즐겁게 공부할 거리가 있다. 노인은 전통문화와 관련된 봉사도 할 수 있으므로 자신의 쓰임새가 있다는 존재 확인이 될 수 있다. 또 차는 나쁜 냄새를 흡수하고 다실은 대개 청결하게 하므로, 좀 더 기분 좋은 환경도 만들 수 있다.

음다생활을 진지하게 오래 하게 되면, 기운이 맑아지고 예민해져 신체가 원하는 바를 알게 되기도 하며, 장수에 크게 도움이 됨은 동아시아 각국의 공통된 견해이다. 그런데 아무리 값비싼 보약도 많이 먹으면 해롭듯이, 차 역시 빈 속에 지나치게 마시면 해롭다. 감기에 걸렸거나 병이 났을 때에는 차의 각성효과보다 휴식이 필요하며, 차를 너무 뜨겁게 마시면 자신도 모르는 사이에 식도를 상하게 하여 큰 병에 걸릴 수 있다. 명차를 습관적으로 많이 마시어 각성효과가 느껴지지 않을 때에는, 2~3일 동안 차나 커피를 안 마셨다가 다시 마시어 찻기운이 감지되어야 정상이다.

2. 대화의 자리를 만든다

현대는 사람 간에 대화를 주고받는 대인(對人) 시간이 줄어들고, 여가시간마저 사이버공간과 지내는 경우가 많으므로 가정이나 사회에서 문제점들이 심각하게 나타나는 경우가 있다. 동물로 태어난 인간은 가까이서 정(情)을 주고받는 것이 자연적 삶인데, 그렇게 할 기회와 시간이 적으면, 점차 폐쇄적이 되거나 우울해지게 된다. 사람은 사람과 만나야 하고 서로 소통하지 않으면 안 되는데, 찻물과 찻자리는 그 시초적 매개체가 되어 대화로 이끈다. 현대인의 근심과 갈등은 자기 혼자만의 관념으로 인한 것도 많으므로, 열린 대화의 찻자리는 막힌 가슴을 트이게 하며, 위로의 말이 안도로 이끌어준다. 두 사람의 찻자리는 의외의 큰 성과를 얻기도 한다.

찻자리에서 대화가 잘되는 이유는 다음과 같이 생각된다.

① 찻자리는 오감(五感)을 만족시키고 기분이 좋다.

② 다사(茶事)는 대화하기에 충분한 시간을 확보하고 조절할 수 있다. 물을 끓이며 차가 우러나기를 기다리는 등의 시간은 아무 쓸모없는 시간이 아니라, 오히려 쓸모가 있는 '무용지용(無用之用)'의 시간이 된다. 왜냐하면 대화에 두서가 없거나 눈을 마주 보기가 어색한 경우에는 찻일 자체를 보는 일이 자연스럽고 마음이 열리는 시간이므로 쓸모 있는 시간이 된다.

③ 찻자리는 인정(人情)을 나누고 공감대를 마련한다.

찻물을 주고받는 것은 음식을 주고받는 일이며, 나아가 정을 주고받게 된다. 재탕이나 삼탕의 차를 따라서 주고받아 마시다 보면, 뭉쳤던 마음도 서서히 풀어지고 서로를 이해하며 인정하는 데 도움을 준다. 정성을 들여 끓인 차를 귓대그릇에 부은 후 잔에 나누어주는 일도, 한솥밥의 미풍양속과 같이 정을 나누고 뜻을 나누는 일이다. 즉석의 다공은 상대방이 좋아하는 찻감이나 취향, 그리고 농차와 박차의 기호성을 물어 배려하므로 인정의 통로를 만들기 용이하다.

④ 명석(茗席)은 예(禮)의 자리이다.

찻자리 공간은 정성과 아름다움이 있으며, 대화가 존중과 사랑 속에서 이루어진다.

찻자리가 아름다운 대화의 자리임은, 청소년 지도과정에서 잘 나타난다. 문제를 안고 있는 학생과 선생님 간에 찻물을 따르고 마시면서 공감대를 마련하며, 대화의 실마리를 찾아 진실된 대화를 나누게 된다. 회사에서도

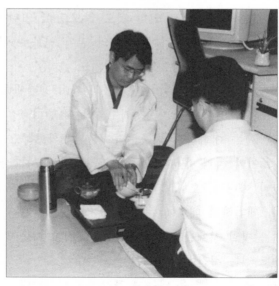

도48 두 사람의 명석은 서로를 이해하는 지름길이다.
의자 생활과 평좌를 겸하면 건강에 유익하다.

작은 다실이 마련되어 있어 상하·동료 간에 다시(茶時)를 신청하여 쓸 수 있게 한다면, 무마적 술자리와는 달리, 이성적이고 포용적 유대감이 생기어 능률 향상을 기대할 수 있다.

3. 공부(工夫)하게 한다

'공부(工夫)'란 학문이나 기예 등을 배우거나 익히고 깨우치는 노력을 뜻한다. '工'은 '만들어내다'의 뜻이고, '夫'는 '다스리다'의 뜻이다. 중국은 '功夫(gong fu)'를 쓴다.

다도는 그 자체가 공부거리이며 또한 생각공부를 잘하게 한다.

다도 자체의 공부는 오늘날 교육기관 등에서 다양한 과목으로 행해지며, 예다학(禮茶學)과 전통문화로 그 범위를 넓혀가고 있다.

고요한 찻자리는 인식의 기초를 닦는 일을 크게 돕는다.

끽다생활이 주체적으로 생각하여 이치를 찾아내거나 지혜를 얻을 수 있게 하는 이유는, 우선 차가 각성 기호음료이기 때문이다. 그리고 다사(茶事)나 찻물은 감정을 다스리고 잡념을 떨치어 공부에 집중할 수 있게 한다. 또한 찻자리의 생각공부는 타의에 의해서가 아니라 자발적으로 이루어지며, 특별한 장소가 아닌 일터나 생활 속에서 할 수 있고 시간과 경비가 절약되며, 반복해서 자주 할 수 있으므로 실행의 확신도 얻을 수 있다. 따라서 차와 고요함과 시간만 주어지면 공부를 잘할 수 있고 지혜를 얻을 수 있다.

다속(茶俗)은 학연(學緣)으로 전해진 경우가 많았고 다도사(茶道史)를 보면 우리 민족의 공부 좋아하는 성향이 확인된다. 생각하는 문화가 자리 잡은 공동체는 의식수준이 높아져 번영하는 기초를 이룬다.

⑴ 찻자리의 생각공부

찻자리에서는 명상하고 자아 성찰을 하여 수양하게 된다.

명상(冥想)은 고요한 가운데 생각하는 '심리 훈련'이며 자연스러운 인성(人性) 교육이 될 수 있다. 명상의 목적은 고정된 인식의 틀을 벗어나 생각의 폭을 넓히고 진리를 깨닫는 것이다.

다시(茶時)는 명상 시간이 될 수 있고 차는 명상을 잘하게 한다.

명상은 초입(初入) 단계와 본 단계와 정리 단계가 있는데, 다사(茶事)는 자연스런 초입 단계를 거쳐 본 단계의 진입을 수월하게 한다. 즉, 마음의 방을 청허(淸虛)하게 하기 위해, 물건을 정돈하며 쓰레기를 치우는 과정과 시간이 부담 없이 주어지는 것이다. 이는 다구를 배열하는 일, 물을 끓이는 일, 찻기가 우러나기를 기다리는 일, 따뜻한 잔을 들고 두세 차례 마실 때, 그리고 잔속의 찻물을 보고 있을 때로서, 생각은 행동을 따라 자연스레 초입단계를 거치게 된다. 본 단계에서는 자기 자신을 잊게 되며, 정리 단계에서는 조용한 기쁨이 일어나기도 한다. 명상에서 때로는 역발상의 상상이나 불현 듯 큰 지혜가 오기도 한다.

다도는 자아성찰(self reflection)을 크게 도우며, 혼자의 찻자리는 뉘우쳐 깨닫는 자리가 되기도 한다.

군자다도의 태두인 이색은, "차를 끓이며 정좌하여 세 가지 반성을 돌이켜보고(烹茶靜坐追三省)"라 하여, 찻자리가 반성의 자리임을 기록으로 남겼다. 그는 매일 차를 마신다고 썼으므로 거의 매일 반성을 했을지도 모른다. 다산 정약용은 말하기를, "배움(學)이란 잘못을 깨닫고 고치는 것"이라 하고 "뉘우침(반성)이 마음을 수양하게 하는 일은 분(糞)이 움(苗, 싹)을 키워주는 것과 같다." [5]고 했다. 즉,

정신의 비료는 잘못을 뉘우침이고, 깨달아 아는 것은 새싹이 나오는 것과 같다는 것이다. 불가에서 삿된 마음을 돌려서 바르고 착한 길로 들어서는 회심(回心)의 '돌이마음'도 이와 같다.

반성이란 자신의 과거 언행을 돌이켜 잘못이나 부족함을 생각하는 일이므로 용기가 있어야 할 뿐 아니라 가혹한 일이므로 쉽지가 않다. 이는 정신과 마음의 밭을 일구는 일이다. 딱딱하고 메마른 밭을 가래질하고 호미로 파서 돌을 버리고 부드럽고 살진 흙을 고르듯이, 편견이나 열등의식, 집착의 허실과 고정관념 등을 확인하여 자연의 진리와 상황이라는 잣대로서 이들을 부수고 내버리는 고된 작업인 것이다. 돌이켜 생각하고 살핀다는 뜻의 '반성(反省)'은 조용한 자기개혁이고 적극적 수양방법이다. 우리는 행위의 근본인 마음을 단단히 다스려 두지 않으면, 언뜻 속마음이 나타날 때가 있어 실수를 하기도 한다. 찻자리에서는 자신을 위로하고 존중할 부분도 깨닫게 되어 삶의 새로운 힘을 얻을 수 있다.

자기반성을 하는 사람은 남의 결점에 관용이 생길 수밖에 없고, 남의 존재도 자연 그 자체로서 자기처럼 경이롭고 소중하게 느낄 수 있다. 반성도 연습이나 반복이 필요하며 시간이 걸려야 실행으로 이어진다. 밥을 짓는 것도 쌀을 씻고 충분히 끓여서 뜸이 들어야 할진데, 자신의 오랜 내면의식이 변화되어 새 모습을 지니려면 인내와 노력이 따를 수밖에 없다.

명상과 자아 성찰을 충분히 하게 되면 이상을 실현하기 위한 자아숙성(self cultivation)의 시간이 오게 된다. 즉, 내면적 소양이 개발되고 기운이 생겨나서 참된 화해와 행위 의지가 생겨난다.

다산이 『심경밀험』에서, "앎이 분명하지 못하면 행함에 힘이 없는 법이다.(知不明則行不力)"라고 했듯이, 자아 성찰은 가혹해야 숙성되고 실천의 행동으로 옮겨진다.

선각자들은 모두 남을 사랑하라고 했으나 범인(凡人)이 애타(愛他)를 실행하기는 쉬운 일이 아니다. 다도는 장소와 시간에 구애받지 않으면서 애기애타(愛己愛他)하는 수련의 방법이 된다. 혼자서 진지하게 성찰하며 차를 마시는 일은, 쇠토막인 자석에 자력이 생기듯, 우리에게 사랑이라는 자력(磁力)을 지닐 수 있게 하는 구체적이고 실천적인 방법이 된다. 며칠에 한 번씩이라도 몇 년이 계속되면 의식에 변화가 오고, 시나브로 행동이 달라질 수 있으며, 가정과 사회도 변할 수 있는 것이다.

그런데 요즘 우리는 반성하는 일을, 죄를 지었을 때 행하는 일로 생각한다든지, 자존심이 깎이는 일로만 여기어 기피하는 문화적 편향이 있다. 무심코 한 말이나 행동이 상대방에게 큰 상처를 주어 아파하는 경우도 많다. 자신의 그릇됨이나 자연스럽지 못했음을 깨달았을 때에 이를 용기 있게 표현하는 것은 애기애타의 실천이다.

찻자리는 생각공부로서 '맑은 술이 고이듯이' '땡감이 익듯이' 숙성되어 철이 들게 하는 자리이다.

(2) 창의력의 개발

음다생활은 인지능력뿐 아니라 창의력을 키운다.

우리의 선조다인들 중에는 유불 학자들이 유난히 많을 뿐 아니라, 불후의 독창적 업적을 남긴 사람들도 적지 않다. 2,000편이 넘는 차시문(茶詩文)들도 모두 창의적 예술품일 뿐 아니라, 240권의 저서를 남겼고 교학불교인 해동종(海東宗)을 창시한 원효, 이두를 집대성하였으며 한국 최초의 가전체(假傳體) 작품인 '화왕계(花王戒)'를 남긴 설총과, 향가 작가 충담 등도 애다가(愛茶家)였다. 우리나라 최초의 가사(歌辭)문학인 『상춘곡(賞春曲)』을 지은 정극인(丁克仁)은 차를 너무나 사랑하여, 호가 다각(茶角)·다헌(茶軒)이었으며, 최초의 한 문소설 『금오신화』를 쓴 김시습, 한국 시가(詩歌)의 대가인 정철과 윤선도, 최초의 백과사전식 류서(類書)를 쓴 실학의 선구자 이수광, 최초의 국문소설 『홍길동전』을 쓴 허균 등도 독실하리만치 차를 좋아한 사람들이었다. 그리고 이름난 서화예술가 다인으로는, 명필로 유명한 이산해, 석봉 한호, 김창업, 원교 이광사, 다화(茶畵)를 많이 남긴 단원 김홍도와 이인문, 평생을 차와 함께 살다시피 한 자하 신위와 추사 김정희, 그리고 조수삼, 조광진, 조희룡, 오경석 등이 있다.

조선 건국 초기의 왕들은 다도를 국가 경영과 예교(禮敎)에 창의적으로 접목하였다. 태조 이성계는 고려 말에 지다방사(知茶房事)를 지내었고 노년에도 차를 몹시 즐겼으며, 한글을 만들고 세계 최초로 측우기를 친히 고안한 세종황제는 지방에 거둥할 때도 매일 차를 마실 정도의 참다인이었다. 정종과 태종, 문종 모두 다도를 생활화한 다가였다. 청년기부터 다가였던 대학자 정약용은 「기중가도설(起重架圖說)」을 짓고 활차(滑車) 등을 만들어 수원성을 쉽게 쌓았다.

중국의 기록에 남은 다인들을 보면, 당송시대에는 이름난 시인들이 많았으나 학자나 예술가는 드물어, 송의 주희와 명 말의 황종희를 들 수 있으며, 다화가 여러 점 남아 전한다. 일본은 아시까가시대부터 무사(武士)와 신흥귀족들과 이들을 위해 봉직하는 거사(居士) 중심의 다도문화가 주류를 이루어 학자나 예술가 혹은 문사다인들이 드물다.

차가 지력이나 창의력을 높이는 것은 사실이나, 중요한 일 앞이나 시험 때 갑자기 진한 차를 마시면 오히려 들떠서 악영향을 주는 경우가 있으므로, 차에 너무 의지함은 경계해야 한다.

(3) 윤리 실행의 공부

우리의 음다생활은 윤리의식을 향상시켜 실천하는 데 적지 않게 도움이 된다. 윤리(倫理)란 인간과 인간사이의 마땅하고 합리적인 도덕(道德) 규범이다.

윤리의식은 유가(儒家)사상의 전유물이 아니라, 유학을 받아들이기 전에도 이 땅에 있었으며, [6) 보은사상이나 불교 보살행의 근원도 윤리의식에 기초한 것이다. 윤리는 시대와 문화의 지배를 받으므로 보편적인 윤리와 함께 상황적 윤리도 있다. 세상이 고도로 과학화·정보화 될수록 윤리의식이 더욱 중요해짐을 미래학자들은 지적하고 있다. 방사능 유출 위험이나 상수원의 오염, 염색체 조작, 국가나 기업의 정보 누출, 컴퓨터 범죄 등은 개인의 도덕성에 의존할 수밖에 없기 때문이다.

현대의 한국 다도가 윤리지수(MQ)를 높이는 이유는, 다도가 천년이 넘는 역사를 지닌 전통문화유산이라는 점과, 일상적 성찰공부가 된다는 점과 차와 예(禮)의 연관성 때문이다.

개인이 올바른 윤리관을 지니게 하려면, 도덕적 어른을 자주 접하거나 그 사회의 전통문화를 누리게 함으로써 가능하다는 것은 세계적으로 인정되는 견해이다. 오랜 전통을 지니고 후대에 이어지게 되는 생활문화는 그 속에 낯설지 않은 도덕적 가르침이 있고, 훌륭한 삶이 기록된 많은 다인들이 있다. 차생활 속에서 자연스레 장유유서(長幼有序) 등의 예를 익힌다거나, 사자(死者)에 대한 공경스런 차(茶) 접대 체험을 통하여, 효나 의리 등 전통의 윤리적 가치관을 익히기에 부담이 없다. 또한 역사적으로 훌륭한 삶을 영위한 사람들이 남긴 차시문들을 보면서 그들을 존경하며 몇 백 년을 뛰어넘어 공감하게 된다. 조선시대 선비다인들이 신라나 고려의 다서를 읽었듯이, 이 시대의 우리도 옛 다서를 읽고, 당시의 엘리트였던 고인들의 가치기준이나 정서를 이해하고 느끼면서 가르침이나 윤리적 덕목에 쉽게 접하게 된다. 즉, 선조다인들은 우리에게 '큰 바위 얼굴'과 같은 역할을 하여, 그들을 닮고자 하는 마음이 생긴다.

찻자리에서는 실제로 훌륭한 어른을 자주 접하므로 청소년의 도덕관을 바로잡게 하고 예(禮)문화에 부담 없이 접하게 된다. 어릴 적부터 생활 속에서 윤리의식을 지니기가 습관화된다면 '도덕지수(MQ)'가 높아져 그것도 하나의 재능이 된다.

자유로운 자기 성찰의 찻자리는 사심(邪心, 비뚤어진 생각이나 간사한 마음)을 쫓아내어 착하고 정의로운 마음이 생겨나게 한다. 고려와 조선의 사헌부 관리들이 중요한 정사(政事)나 죄를 다스리고 법을 적용하는 일에 앞서 음다(飮茶) 의식을 행한 것도 그러한 근거 때문이었다.

우리 다도는 진리를 탐구하는 학자나 구도적 종교인들의 생활문화였다. 종교는 도덕적인 삶을 지향하여 생활 속에 나타나므로, 다도를 즐기면 차별 없이 여러 교리에 접할 수도 있고, 신성(神性)을 높이 받들어 최고의 인간상인 군자·부처·선인(仙人)이 되고자 노력하게 된다. 현재 우리가 누리고 있는 전통생활문화 중에서, 다도와 같이 선조들이 추구하던 이념을 뚜렷이 볼 수 있는 유산은 드물다.

위와 같은 근거로, 다명(茶茗)은 윤리의식을 지니게 하는 '도덕음료'라고 할 수 있다.

4. 가정문화를 일군다

매슬로우(Abraham H. Maslow, 1908~1970)가 말한 인간의 욕구 발전과정에서 다섯 가지 위계를 보면, 생존욕구로 ① 신체적 욕구 ② 안전에 대한 욕구 ③ 소속감과 사랑에 대한 욕구가 있으며, 성장욕구로는 ④ 자존감의 욕구 ⑤ 자아실현의 욕구가 있다고 했다. 세 가지 생존욕구는 모두 가정에서 성취되며, 성장욕구도 가정을 기초로 사회 속에서 이루어진다. 뿐만 아니라 일류국가가 되려면 생활문화에 대한 인식이 높아져야 하는데, 이러한 문화마인드는 가정에서 키워지며, 가정이 각기 붕괴되면 사회와 국가가 붕괴되리만치 그 중요성은 크다. 미래사회는 재택근무가 더 늘어나 가정의 중요성이 더욱 커지게 되고, 혈연 중심이 아닌 가정도 많아질 것이다. 가정(家庭)의 의미는 부부를 중심으로 자녀 등의 근친자들이 일정한 공간에서 의식주의 일상생활을 공동으로 하는 집단이다.

다도는 가정문화를 일구어 진화(進化)시킨다.

가정에서 찻자리를 마련하는 일은 그 구성원에 대한 사랑의 표현이자 소통의 장을 여는 일이다. 가정의 일정한 장소에 항상 다판이 준비되어 있으면, 울적하거나 대화하고 싶은 마음이 생길 때, "차 한 잔 주세요."라고 하며 자리에 앉는 것으로 문제 해결의 실마리가 되기도 하여 간단한 다구와 찻물이 의외의 문제점을 발견하게 한다. 어머니나 아버지가 가끔 소례(小禮)를 갖춰 일상성을 벗어난 다회를 마련한다면, 그로 인한 가정의 부가이익은 상당히 클 것이다. 가정다도는 가족 구성원의 예의행동과 교양을 높이는 역할을 하며 가정의 문화적 분위기를 바꾼다.

다도가 가정문화를 일군다는 점은, 사회생활의 기본 교양을 미리 습득한다는 점, 가정의례의 연습과 교육적 효과, 문화적 중류층 형성의 세 가지로 요약된다.

⑴ 사회적 교양의 체득

교양(敎養, practical culture)이란 사회생활에서 행해지는 정신적 능력과 품행이 가르침에 의해 길러진 바를 뜻한다. 즉, 사람이 문화적 이상을 실현하기 위해 배워서 얻어지는 것으로, 박식(博識)을 뜻하는 것은 아니다. 여기에는 언행과 감성의 조절 능력과 문화 인식이 따른다. 교양이나 예는 구속력이 없으므로 개인의 자유라고 할 수 있으나, 주변사람들을 불편하게 하거나 혐오감을 일으킬 때는 공해가 된다. 사회적 교양을 높이려면 평소의 가정생활이 중요하다. 품위 있는 말과 행위는 교육과 연습에 의해 습관화되어야 무의식중에도 실천되기 때문이다.

가정의 다도는 교양 수준을 높인다.

우선 행다법(行茶法)은 질서를 익히는 일이다. 질서는 순서를 생각하고 이를 따라야 하므로 차분한 마음과 인내심을 지녀야 한다. 다판 위의 질서 있는 다구 배치와 동선(動線), 뜨거운 물을 끓이고 우리는 기다림과 향미의 감상 등은 인내와 질서를 자연스럽게 체득하게 한다. 또한 찻물을 보며 따르면서 물처럼 침착한 마음을 지니고 호흡도 차분하게 된다. 감정 표출이 앞서고 조급한 사람은 교양과 예의를 갖추기가 몹시 힘들고 문화적 성숙이 늦다.

행다례(行茶禮)나 다과상과 찻자리 꾸미기와 정리, 대화나 배려, 다회 참석 등의 생활문화도 실질적 교양이 된다. 여기에는 남녀의 구별이 없다. 옛날의 '밥상머리 교육'처럼 다례는 부담이 없으므로 새로운 습관과 예절을 익히는 것이 자연스럽다. 가정에서 어릴 적부터 찻자리에 접한 청년들은, 교양의 기반이 튼튼하여 인사나 대화 예절이 어느 정도 몸에 배어 있음을 보게 된다. 남의 말을 경청하면서 자기 의사를 표현하는 열린 대화법도 자연스레 체득하게 된다.

교양과 예의가 몸에 익으면 부가적 이익이 크다.

상대방을 배려하고 존중하기 위해 우선 자신이 즐거운 마음을 지니는 노력을 하게 되어 신체의 이로운 호르몬이 분비되어서 면역력이 높아지고 뇌파도 낮아지며 단전이 든든해진다. 백세 이상 장수하는 사람들은 이웃을 공대하며 어린 사람에게도 존댓말을 쓰는 등 대체로 예의가 바르다고 한다. 허리 굽혀 절하기와 두 손으로 물건 주기, 호보 일자(虎步 一字) 걷기 등은 단전을 든든히 하는 운동이다.

다사나 찻자리의 대화는 감성을 조절하여 정서의 성숙을 도우므로 사회 속에서도 잘 적응하게 된다. 감성의 조절 능력은 갑자기 생겨나지 않고 가정교육이나 생활문화 속에서 점차 키워지는 재능이다. 일본은 다도가 16세기경부터 성하기 시작하여 'Teaism'으로 발전하며, 일본문화에 일찍이 없었던 영향을 끼쳤고, 일본 국민의 예의와 관습을 형성하는 데 가장 강력한 힘을 발휘했음을 서구의 다서에서도 확인할 수 있다. [7] 1719년의 일본 풍습을 기록한 『해유록(海游錄)』을 보면, "거의 대부분의 사람들이 차를 마셨으며 그들 풍속에 매일 행하는 상례(常禮)로 차와 같은 것이 없다."고 [8] 하여, 일본도 당시에 다도로써 예절을 생활화하고 있었음을 알 수 있다.

차를 끓이고 마시면서 담소하는 시간은 노소를 불문하고 EQ(Emotional Quotient)를 높이는 데도 크게 도움이 된다. 기다리는 시간, 차분한 행동, 긴 호흡 등은 자기감정을 확인하고 추스를 여유가 있고, 인내심이 조금씩 생겨나 감성을 적응하고 단련하는 좋은 계기가 된다. 가족이 둘러앉아 커피나 다른 음료를 마실 경우와 차를 마실 경우의 이야기 내용이나 분위기는 조금 다를 것이다.

(2) 습례(習禮)의 가정 다도

모르는 사람과 만났을 때 그 사람의 교양과 문화수준을 알 수 있는 척도는 말과 행동의 예절(禮節)이다. 무례(無禮)한 언동은 모습이 흉할 뿐 아니라 남을 우울하게 하고 스트레스를 주므로, 때리고 상처를 내는 것과 다를 바 없다.

예의범절은 인간 사이의 도리(道理)가 표현되는 문화이므로, 이는 교육에 의해 체득되고 성장기의 가정에서 형성된다. 가정의 찻자리는 말과 행동의 예의를 쉽게 배우는 자리이다.

가족끼리 혹은 손님을 맞아 간단히 차 대접을 하는 일은, 자연스럽게 예법을 연습하게 된다. 예법(禮法)은 예의로서 지켜야 할 규범이나 법식을 뜻한다. 다과회나 차제사는 간단한 먹거리를 앞에 놓고 즐겁게 이끌어질 수 있으므로 부담 없이 보고 배운다. 이러한 일은 일상의 도전일 수 있으므로 부담을 느끼기도 하지만, 이는 대나무가 마디로 인해 휘지 않고 높이 자라나는 것과 같다.

비일상적인 긴장감, 가정 내 역할의 재배분과 협동으로 가족이 더욱 화목해지며, 기물의 품격과 엄정한 행례로 문화적 계발과 함께 정서가 함양된다. 그런데 예의범절만을 교육받고자 하면 재미가 없으며, 반복교육은 더욱 지루하다.

다과 접대에서 구체적 예절조목을 들어보면, 손님 맞기, 절하기, 대화하기, 차 끓여 내기, 차 마시기 외에, 자기 마음과 표정 간수하기, 손님 마음 살피기, 간단한 식사나 다과 차려 먹기, 정돈하기, 앉고 서고 들고 나르기, 손님 보내기 등이다.

예절이라는 문화적 행위는, 심신수양도 기초가 되어야 하고 무의식중에도 행해져야 하므로 단시일 내에 습득되기가 어려우므로 평소의 가정문화로서 식탁이나 찻자리, 제의 등에서 습례됨이 가장 쉽다. 예로부터 '접빈객(接賓客) 봉제사(奉祭祀)'는 사대부집안에서 가장 중시하는 일이었다. 이는 생자(生者)와 사자(死者)를 접대하는 일로서, 천년이 넘은 우리의 전통 생활문화이다.

손님을 맞아 대접하는 일은 그 가정의 문화수준을 그대로 드러낸다. 식구가 돌아가며 명주(茗主, 차 끓이는 사람) 또는 다동(茶童)이 되어 행다법을 익힌 가정의 자녀는, 문화를 사랑하는 심성(mind)이 형성되고, 주체적 생각과 행동을 하며, 스스로 즐거울 수 있는 방법도 터득할 수 있다. 그러한 가정의 자녀가 성장하여 다도를 생활화한다면 그것은 부모가 남기는 무형의 유산이 될 것이다. 또한 전통문화에 접함으로써 그 속에 담겨 있는 효(孝), 의(義), 검덕(儉德), 수분(守分) 등의 선비정신에 접하게 되어 발전적 가정이 된다.

가정의 규칙이나 질서가 어지러워졌을 때도, 부모는 주제를 미리 정하고 차반이나 다과를 성실히 준비하여 일상을 벗어난 격식을 갖추어서 가족회의를 겸한 가정다회를 함으로써 위계가 회복된다.

다도는 살아 있는 사람들끼리의 대화 자리일 뿐 아니라 신명(神明)에게 의사 전달을 하고 정을 나누는 통로이기도 하다. 차는 술과 함께 올려도 무관하며, 간단한 과품을 전한 후에, 술을 못 마시는 사람이나 어린이가 음복차를 나누어 마시는 일은 다도미속(茶道美俗)이 된다. 명절에 일가가 모두 모여 고인의 덕을 추모하는 차례는, 가족 구성원으로서 자긍심을 지닐 수 있다. 이 시대의 어른들은 급격한 현대문화 유입으로 가정예절을 가르치기가 쉽지 않다. 그러나 전통문화가 상당히 남아 있는 이제야말로 노력하여 가풍이 형성될 수 있도록 해야 할 것 같다.

찻자리에서 설치미술적 구상을 하기도 하며, 다회 진행을 극적으로 이끌기도 하여 예술 감각을 키울 수도 있다. 현대와 미래에는 개인의 예술적 재능이나 안목이 남을 즐겁게 하고 큰 부가가치도 창출하며 폭 넓은 지적 교양에 속하므로, 예술적 안목을 키우는 다도문화는 가정의 교육적 가치가 크다. 예를 존중하고 글이나 예술을 가까이 하는 가정에는 다구와 진명차가 있다.

(3) 문화적 중류층 형성

가정의 다과시간은 가정문화를 일구어 문화적 중류층을 두텁게 한다. 중류층은 최소한의 의식주가 안정된 후 성숙된 문화를 향수하는 계층으로, 경제적 관점의 중산층과 비슷하게 쓰이기도 한다.

잘 사는 나라가 되려면 경제뿐만 아니라 문화에서도 중류층이 두터워야 한다. 중류층(中流層)은 상류층과 하류층을 포용하면서 문화를 교류할 뿐만 아니라, 그 나라 국민을 특징짓는 이미지를 형성하고, 시대정신을 만들며 여러 부문에서 그 사회를 이끌고 가는 사실상의 주축 계층이다. 미래에는 우리 국민 대다수가 중류층이 되겠으나, 이 시대의 중류층은 어떠한 특성을 지녀야 하는지 구체적으로 생각해보고자 한다.

중류층의 기준은 사회적 양상에 따라 조금씩 다르다. 오래 전 영국에서 중류층이 되는 조건을 열거하였는데, [9] 경제적인 것은 관심을 두지 않고, 정신적·문화적인 것을 중시하였다. 참고로 그 내용을 보면, 자기 집의 독특한 생활의례를 지녀야 하고, 자랑할 만한 몇 가지 요리솜씨가 있어야 한다는 것과, 대화할 때 남의 주장을 끝까지 들어준다든가, 빨래를 널 때 등의 경우에 예의가 있어야 한다는 것, 그리고 가족 개개인이 유행이나 선전에 둔감하며, 남에게 우는소리를 하지 않고, 아이의 응석을 받아주지 않으며, 남의 아이도 때로는 꾸짖을 수 있어야 한다는 것이다. 또한 가족 모두가 외국어를 할 수 있어야 한다는 지적(知的) 척도도 중시했다. 즉, 개인과 가정(家庭) 전체의 주체의식과 자립심과 지성과 예절을 중요시한 것이다. 미국의 중류사회도 의외로 보수적이고 종교적이며 성실·근면할 뿐 아니라, 가정문화와 주체적 의식을 중시함을 보게 된다.

우리도 옛날의 문화적 중류층이었던 사대부 계층을 돌아보면, 물질보다는 정신적·문화적인 것을 중시하고 주체사상과 이웃 사랑의 마음을 지녔다. 의례와 예절을 중시함은 지극히 당연했고, 길손에게도 식사와 잠자리를 내어주었다. 끼니를 굶어도 지적 연마에 힘썼고, 골동과 서화를 소중히 간직하였으며, 즉흥적 즐거움보다는 자연과 인간의 조화와 사색에서 오는 담담한 즐거움을 추구하였다.

한국 중류가정의 기준도 앞의 자세한 예(例)에서 크게 벗어나지 않는다. 부족하더라도 손님을 위한 차반(茶飯, 간소한 식사와 차) 접대를 할 수 있어야 하고, 행복의 기준을 의타적이거나 즉흥적인 데서 구하려 하지 않아야 하며, 일가나 손님 초대를 하는 가정의례가 행해져야 문화적 중류층이 될 수 있다. 출생일이나 성년례, 회혼례, 수연(壽宴), 부모의 기일(忌日), 고사(告祀) 등의 가례(家禮)를 진중하고 온화하게 행하면 현대의 양반가라 할 수 있을 것이다. 가정의례는 그 가정의 문화지수(CQ)를 높일 수 있다. 여기에 덧붙이자면 가족이나 손님을 위한 다실이나 찻자리가 마련되어 있어야 한다는 것이다. 현대의 상류층도 중류층의 문화가 기본적으로 향유되지 않는다면 존중받을 수가 없다.

옛날에도 다도는 가통(家統)으로 전해 내려온 경우가 많았다. 기록을 남긴 이름난 다인들을 중심으로 살펴보면, 원효와 설총, 이곡과 그의 아들 이색, 이제현과 후손 이항복, 유숙과 증손 유방선, 태조 이성계와 정종과 태종과 세종, 세종과 손자 이식(李湜), 권근과 외손 서거정, 이행과 고손자 이식(李植), 유희춘과 외손 최박, 송강 정철과 아들 정홍명, 김상용과 4대손 김창흡과 그의 형제들, 임상원과 아들 임수간, 채평윤과 아들 채제공, 이덕무와 손자 이규경, 정약용과 두 아들 정학연·정학유, 홍현주 집안과 어머니 영수합 서씨, 추사 김정희와 형제들, 효명세자와 아들 헌종 등이 있다.

오늘날 티백(tea bag) 음다가 대중적으로 자리 잡아, 가정의 다도 풍속은 많이 확산되지 못하고 있는 것이 현실인데, 이는 18세 이전에 차의 맛에 길들여지지 못하여 미감(味感)이 형성되지 못하였기 때문이다. 가정에서 음다습관이 생기려면 처음에는 차를 얻어 마시다가, 일주일에 한두 차례 찻자리를 마련하면서 3년~5년 정도 지나야 되는 것이 일반적이다. 그런데 일단 차의 자미(滋味)를 알게 되면 다른 기호음료에는 매력을 느끼지 못하는 것이 대부분이다. 그것은 마치 두꺼운 솥의 밥이 더디 되나 맛이 좋은 것에 비유될 수 있다.

삶의 질이 향상되는 문화생활은 먼 데서 어렵게 구하여 얻어지는 것은 아니다. 거실이나 서재 혹은 안방의 한쪽 구석에라도 다기상과 열기구만 준비되어 있으면 중류층 가정의 훌륭한 문화공간이 되며, 가족이 담소하며 명차(茗茶)를 끓여 마시는 일은 바로 문화 활동인 것이다. 그러한 가정에는 '도(道)'가 있고 '덕(德)'이 있으며 '생기(生氣)'가 있을 것으로 여겨진다. 개인과 가정의 참된 변화는 바로 눈앞의 한 잔 차 속에서 일어날 수 있다.

5. 고상한 취미를 갖게 한다

무릇 모든 생물은 모듬살이를 하게 마련이므로, 가치관과 취향이 비슷한 사람들이 어울리면 즐겁고 때로는 신(神)바람이 난다. 혼자 놀기를 즐길 줄 아는 사람은 다른 사람과 더욱 잘 놀 수 있다. 장수 인구가 많아질수록 젊어서 부터의 취미나 틈새공부가 중요해진다.

차에 관한 글을 남긴 옛 다인들은 대부분 다도에 취미를 두어 담담한 흥과 즐거움을 나타내었다. 술을 삼가거나 못하는 사람에게 다도는 더할 나위 없는 취미거리가 된다. 따라서 다실은 어른들의 놀이방이 되고 찻자리는 PC에서 잠시 벗어나 억지로나마 휴식할 수 있다.

다도에는 부수적 취미도 적지 않아, 개인과 가정의 다도풍속 살피기, 외국의 음다속 유람, 찻집(喫茶店, 茶房) 탐방, 다점(茶店, 차와 다구 파는 가게) 나들이, 다도 유적지 여행, 박물관 순회, 한시 낭송하기, 그리고 도자기나 목기의 제조 견학, 제다 행사, 차와 관련된 골동품이나 고서화 감상, 꽃꽂이 등이 있다. 또한 동호인들과 더불어 즐겁게 지내면서 전통문화와 관련된 봉사도 할 수 있으므로 성취감을 느낄 수 있다.

(1) 행다(行茶)와 다회(茶會)의 재미

차의 맛내기는 끓이는 일 자체에 열중하게 되므로, 몰입(flow)의 즐거움을 느낄 수 있다.

물과 찻감과 차탕의 품평이나 시합도 즐겁다. 차의 맛을 '풍미(風味)', '고상한 맛매', '자미(滋味)' 등으로 표현하였고, 여러 가지 차탕의 향기를 감상하는 '문향(聞香)'도 즐긴다. 옛날에도 '명전(茗戰)' 혹은 '투다(鬪茶)'가 있었으며, '차약 먹는 유두놀음' 등도 있었다.

다회 중에는 고아한 다담(茶談), 음악 듣기, 노래 부르기, 무용, 시낭송, 영화 감상과 독서의 감상 발표, 예술품이나 골동품 설명과 감상, 축하와 위로의 대화 등으로 즐겁게 보낸다.

전통성이 있는 다옥(茶屋)이나, 계절을 참작하여 서화·화초 등으로 멋을 낸 다실, 그리고 주인의 취향을 나타낸 정원이나 정자는 예술적 흥취를 느끼게 한다.

차를 즐긴 정조대왕은 음력 3월에 꽃이 만개한 비원의 옥류천 옆 단청 초각(草閣)인 청의정(淸漪亭)에서 용차(龍茶, 왕의 차)를 끓여 마신 기록이 있고, 다산 정약용은 고향집에 돌아와 춘천 유람의 뱃길에서도 다공을 즐기었다. 그리고 유두다회·중양다회(重陽茶會), 매화가 핀 것을 자랑하는 관매(觀梅)다회와 관화(觀花)다회가 있으며, 책을 끝까지 공부한 후 스승과 학우들과 친지들이 기쁨을 나누는 책례(冊禮, 책씻이)다연, 송년(送年)다회 등이 있다.

현대의 아름다운 다회 풍속은 고상한 아집문화(雅集文化)로서 즐거운 회합(party)이나 사교의 터가 되어 사랑 받고 사랑하고 싶은 사회적 욕구도 충족시켜준다. 다우(茶友)나 다려(茶侶)들과 만나 크게 깨우치기도 하고, 서로 끌어주고 북돋아 밀어주는 도반(道伴)이 되기도 한다. 옛날의 이러한 모임으로 다신계(茶信契), 죽림회(竹林會), 기로회(耆老會), 시사(詩社) 등이 있었으며, 현대에도 규약을 정하여 만나는 다사(茶社)나 다계(茶契), 그리고 수련 공부모임인 다맹(茶盟)이 있다.

아름다운 명석(茗席)에서는 마음의 상처를 치유 받고 새로운 힘을 얻으며, 재 속의 화롯불과 같이 은근한 즐거움이 있다. 안정된 뇌파나 부드러운 감성의 기운은 가까운 사람에게 전달됨이 과학으로 밝혀졌다. 그래서 병의 자연치유 권위자인 미국의 앤드류 와일(Andrew Weil)박사는 "건강해지려면, 만나면 기운이 나고 행복하며 낙천적이 되게 하는 친구를 골라서 만나라."고 했다. 취미와 관심거리가 비슷한 사람들끼리 어울리는 것은, 민물에서 같은 종류의 물고기들이 노는 장소가 있으며 무리를 지어 다니는 것과 흡사하다.

초대받은 명석(茗席)은 동시대인으로서 한자리에 있음을 축하하는 자리이기도 하다. 그러므로 훌륭한 사람들과 함께 한 명석(茗席)은 오래도록 기억에 남는다.

이상적인 다회 운영은 흥을 일으키고 달래며 자연과 하나된 멋을 체득하게 함이다.

(2) 예술작품의 심미(審美)

다도는 예술과 관련이 적지 않다. 찻자리에는 음악과 시작(詩作)이 있고 다실에서는 서화나 도자기나 목기, 그리고 골동 서화나 공예품 등이 있으며, 다옥(茶屋)이나 정원, 아름다운 앉을 자리나 설치물, 그리고 주객의 복장 등에서도 멋을 느낄 수 있고 감흥이 일어나게 된다. 그러나 다공문화에서 예술작품이라고 할 수 있는 것은 다구와 다옥과 찻자리 설치와 다회 진행에서 찾을 수 있다.

음다생활은 차원 높은 미(美)에 관심을 갖게 하고 다도에 취미를 가진 사람 중에는 심미주의자(aesthete)가 많다.

우리나라는 예술가 다인이 무척 많았다. 아름다운 글을 쓰고 운율에 따라 노래 부른 많은 문예인과 문인서화가, 그리고 거문고 등의 악기 연주가도 많았다. 그리고 멋진 다옥(茶屋)과 다실, 정원을 구상하여 손수 지어서 즐기었다.

　찻자리에서 다완이나 다구의 미가 중시되는 이유는, 예로부터 정성들여 만들어지는 다명은 귀인과 신명에게 예를 갖춰 접대하는 고급 먹거리이고, 찻자리는 예술 창작도 하는 탐미가들의 자리일 뿐 아니라, 시간적 여유를 가지고 눈앞의 설치물이나 다완에 시선이 오래 머무르기 때문이다. 송(宋)나라의 서긍이 쓴『선화봉사고려도경』을 보면, 당시의 다기가 고려 도자기 발달의 주역임을 말하고 있다.

　찻잔은 오래 쥐고 보며 입술과 손의 촉감을 느끼므로 가장 애착이 가는 다구이다. 우리는 기어 다닐 때부터 온돌문화에 익숙해 있으므로 손에 닿는 따뜻한 찻잔의 감촉은 안온함을 느낀다.

　아름다운 다완은 찻물과 사람을 위한 기능성과 예술성을 모두 갖춘 것이어야 한다. 기능성은 제작자의 의도한바 본래적 기능과, 쓰는 사람의 임의적 기능이 있다. 정호다완은 본래 정화수그릇이나 입사발로 만든 것이었는데 일본에서 임의적으로 써여 다완의 명품이 되었다. 이 다기는 대교약졸(大巧若拙, 큰 기교는 보잘 것 없어 보임)의 아름다움이 있다.

　일제강점기에 우리 민속을 연구한 아유까이(鮎貝房之進)는, 우리의 음다풍속이 고려자기의 아름다움과 다실의 꽃과 서화뿐 아니라, 골동의 완상 등의 예술에 큰 영향을 미쳤다고 하였듯이, [10] 고금의 다회에서는 공예품 다구와 서화 등의 골동품(骨董品)을 진열하거나 실제로 쓰는 경우도 많다. 이러한 예로, 이제현이 발굴한 신라의 석지다조, 이상적과 김정희의 고려의 용단승설차 기록, 헌종의 아버지인 효명세자의 차 끓이는 골동 쇠냄비(金錯), [11] 조수삼의 골동품 감상이 기록으로 남아 있다.

　찻자리의 예술로서 음악이 있어 유예(遊藝)하는 경우가 많았다.

학인들의 다회풍속에서는 시를 지을 때 운율을 맞추어서 노래로 불렀으며, 거문고나 생황이나 피리 등의 악기를 연주하기도 했다. 18세기의 글에서는 다방(茶坊)에서 예인이나 기생을 불러 춤추고 노래한 풍속도 있었다.

다악(茶樂)은 사람이나 신(神)이 차를 마시면서 즐거운 마음을 지니라는 의미의 음악이다. 이는 찻자리의 전체 분위기를 위한 배경 음악이 있고, 헌다와 행다(行茶) 의식을 위한 악(樂)이 있으며, 주악, 노래, 시가(詩歌)가 있고, 축문이나 다게가 있다.

조선조 세종 즉위년에 정해진 헌수다주의(獻壽茶酒儀)의 내용을 보면, 사옹원 관리가 '다상(茶床)'을 상왕의 자리 앞에 올리면 풍악이 시작되고 올리기를 마치면 풍악이 그쳐, 주악은 다의(茶儀)의 흥을 일으키는 역할을 하였다. 그리고 국가적 연회에서 다악이 연주된 아래의 예가 있다.

> 왕과 사신이 좌정(坐定)하면 차(茶)를 올린다. 음악으로 하성조령(賀聖朝令)을 연주한다.
> ― 王與使臣坐定 進茶. 唐樂奏賀聖朝令. [12]―

왕과 사신이 앉아서 차를 마시는 시간에 음악으로 즐거움을 더 하고자 한 것이다. 여기에서 하성조령 음악은 참된 의미의 '다악(茶樂)'이라 할 수 있다. 다악은 그 주된 개념(concept)이 다회 목적에 어울려야 한다. 그런데 음악에 맞추어서 행다를 표현하면 가무악과 무용이 되므로, 헌다와 음다 후에 별도로 감상함이 합리적이다. 다무(茶舞)로는 불가의 다게작법인 나비춤이 있다.

다회의 진행은 연극과 같이 종합예술적 성격을 띠는 경우가 있다. 이러한 때에는 각본이 준비된 경우와 우연한 때가 있다.

다회에서 대화나 유예 가운데에 깨우침을 얻게 되는 '탁마(琢磨) 다회'는 창의성과 극적인 요소가 더해져 감동을 주게 된다.

우리나라는 일찍이 왕이 참석하여 대화가 기록된 다회 역사가 있다. 충담과 경덕왕의 찻자리 기록은 유예와 탁마와 풍류가 함께 어우러진 예술성을 지닌 세계 최초의 다회기(茶會記)이다. 그리고 조선시대의 다인인 태종은 즉위년(1401년) 2월에 사신의 숙소인 태평관에서 중국 사신들과 찻자리를 함께 한 후, 즉석에서 사신이 그린 창작품을 감상하는 극적인 부분이 있었다. [13] 그리고 우리의 차문화사에서는 학인들이 '道'의 추구를 지향하는 예술성을 지닌 다회 기록이 무척 많다. [14]

일본은 손님맞이 다회를 '4시간 2막의 드라마'라고 하며, 주인과 손님을 배우와 관객으로 비유하기도 하나, [15] 여기에는 대화가 없고 진행 형식이 거의 같으므로, 극으로서의 창의성과 감동을 찾기 어렵다.

우리의 다례행위는 도심(道心)이 드러나는 아름다운 동작이다. 그러나 무용은 아니므로, 객이 편안하고 즐거운 마음을 지니도록 행례(行禮)한다. 찻자리 꾸밈새는 전체적으로 어울려서 예술적 아취(雅趣)를 느낄 수 있어야 하고, 다화(茶話)는 진리와 함께 하는 흐뭇함이 있도록 진행됨이 이상적이며, 과품(菓品)이나 식사는 소박하면서 정성들여 준비한다. 그리고 좌흥거리는 다회의 목적과 분위기에 벗어나지 않는 것이 좋다.

근래에 중국에서 '다예(茶藝)'나 '음다예술(飮茶藝術)'이라는 단어를 많이 쓰는데, 차문화의 양식을 노래와 춤의 주제로 삼고 오락적 예술로서 무대에 올리기도 한다. 일본에서는 다도를 '예능(藝能, 연예)' 또는 '예도(藝道)'라 하여 다례동작을 예술로 여긴다.

다도 취미는 노년기의 생활을 매우 보람되게 한다. 노인들도 간단

히 손님 맞기, 찻일 하기, 다실 꾸미기, 차 관련 전시회 참가 등으로
보람된 시간을 보낼 수 있다. 그뿐만 아니라 차를 끓여 나누어주고
봉사할 수 있는 기회도 있게 되어 적적하지가 않다. 실제로 찻자리
에서 백발의 노인이 차를 끓여 나누어주는 모습은 매우 아름답다.
그런데 노인이 되어 다도를 시작하게 되면 차의 맛을 잘 느끼지 못
하거나 다사에 익숙해지기가 쉽지 않으므로, 젊었을 때 기회 있는
대로 다석에 참석해 익혀두는 것이 크게 도움이 된다.

다도문화의 취미는 각 분야별로 전문가가 되기도 하며, 부가가치
도 창출될 수 있다.

6. 자연을 사랑하게 한다

다도를 통하여 자연을 사랑하게 됨은, 찻물과 찻감 자체에 대한
인식과 다사(茶事), 올바른 사유를 통한 천도(天道)에 대한 경외, 그
리고 찻자리 분위기에서 얻어진다. 자연을 사랑한다 함은, 자연의 현
상과 질서도 사랑함을 뜻한다.

한 잔의 찻물은 차나무와 물과 불에 의해 만들어진 것이다. 찻물
을 사랑함은 자연을 사랑하는 일이다. 우리 민족은 천지자연을 숭상
하였고, 인간은 자연의 일부분으로서 동화되어 존재한다는 의식이
생활과 문화에 깊이 스며들어 있다. 진실로 인간이 자연과 동화된다
면, 나와 초목과 남(他人)이 하나이고 삶도 죽음도 없을 것이다. 우
리의 특성인 성선적(性善的) 사유도 사람과 자연의 공통적 신명(神
明)이 통한다는 인식에서 나왔다. 사람은 본래 아름다운 자연 속에서
삶의 기운을 얻게 되고 동화되므로, 찻자리의 풍류에는 산수와 계절

을 중시하게 된다. 선조들은 '수덕(樹德)'이라 하여, 주어진 환경에서
말없이 서 있는 나무를 특히 사랑하며 고목을 숭배하기도 하였고 차
나무를 상서로운 나무로 기록하였다.

　찻감에 대한 관심은 차나무와 흙과 태양과 자연환경과도 친근하게
되고 또한 온전하기를 바란다. 차인들은 다원(茶園)이나 다림(茶林)
을 가꾸고 봄이 오기를 기다려 여린 잎을 따서 손수 제다도 하여 잘
보관해두었다가 손수 차를 끓여서 마신다. 찻물(茶湯)은 향기와 맛이
강하지 않고 은은하고 엷음으로 인해 사람의 의식을 더욱 잡아당기
고, 때로는 '味無味(맛없음을 맛봄)'가 찻물 자체에 더욱 집중하게 하
는 일이 되므로, 자연물로서의 진면목을 인식시킨다.

　다사에서는 찻물 끓는 소리로써 자연의 신선함을 느끼고자 하였
다. 차탕(茶湯)을 '송풍탕(松風湯)'이라고 칭할 정도로 흔히 바람소리
로 표현했으며, 강이나 호수나 바다의 물결소리, 빗소리, 작은 동물의
소리 등으로 들었다. 고요한 가운데 자신이 숲속이나 물가 등에 잠
시 머무는 것으로 느꼈다. 즉, 자연히 마인드 컨트롤(Mind Control)이
되어, 자신의 심(心)을 대자연의 본원에 갖다 놓고 자연인으로서 즐
거워할 줄 안다. 따라서 현대생활에서 다도는 성시산림(城市山林)의
놀이가 되어, 비록 도회지에서 살지만 산 속이나 시골을 느끼며 살
기를 좋아하고 다구나 배치물에도 자연과의 친근감이 나타난다.

　현대의 미디어산업 발달은 사람이 기계와 함께 지내는 시간이 많
은데, 찻물을 보고 끓이고 더불어 마시는 일은 인간의 자연적 본성
을 되찾는 데 도움을 준다.

　고요히 성찰하는 다시(茶時)는 인간이 자연 속에서 태어난 미물임
을 깨닫게 하고, 결국은 자연 속으로 사라질 형체임도 생각하게 한
다. 따라서 자연은 인간이 그 속에서 적응하며 고마워하고 예(禮)로

도49 우선(藕船) 이상적(李尙迪)이 쓴 차시. 다회에서 지은 연작시의 일부로 추정된다.

써 받들어야 하는 대상임을 알게 된다.

　찻자리는 자연을 느낄 수 있는 꾸밈새가 좋다. 선조들은 물 좋고 경치 좋은 곳에 다옥이나 다헌을 지어 사군자나 각종 꽃나무를 심어 한적함에 즐거움을 더하였다. 실내의 찻자리에는 식물이 있으며, 때로는 문을 열면 정원이나 연못 등의 아름다운 경관을 쉽게 볼 수 있게 되어 있다. 물가나 널찍한 바위에서 다회를 열었고 따사한 햇볕을 즐겼으며, 전등이 없었으므로 달밤을 즐기어, 자리를 펴고 음악을 들으며 자연과 하나 된 경지를 즐기기도 하였다.

　이상적이 쓴 도50의 차시를 감상해보면, 시골스러운 곳에서 도반(道伴)들과의 아름다운 다회(茶會)는 한 폭의 풍경화를 연상케 한다.

　　문사들이 단란하게 동쪽에 앉아 있고,
　　마주보니 털옷이 헤어져 텁수룩하네.
　　대나무는 겨울 눈(雪)에 근심이 없었을 것이고,
　　버들은 이월 바람에 마음을 나타내고자 하네.
　　매번 자연을 탐하여 좋아하는 것이 고질병이어서,

누항에 사는 가난한 생애가 참으로 우습다네.
술이 깨고 차는 다 마시어 밤이 깊어 가니,
천천히 떠오르는 달이 활을 당긴 듯하네.

> 騷客團欒坐席東,[*] 相看布褐盡蒙戎.[*]
> 竹能無恙三冬雪, 柳欲生心二月風.
> 痼疾每耽泉石好, 生涯自笑巷瓢空.[*]
> 酒醒茶歇宵將半, 宛轉氷輪影挽弓.

* 騷客(소객) : 騷人墨客, 또는 시인・문사・서화가.
* 蒙戎(몽융) : 풀이 더부룩하게 난 모양.
* 巷瓢空(항표공) : '陋巷 簞瓢(단표)'의 생활을 뜻함.

이 글은 음력 2월에 봄을 기다리며 쓴 저녁 다회 풍경이다. 버드나무가 마음을 나타낸다 함은 움이 틀 것 같다는 표현이며, 달(氷輪)이 '당긴 활' 같다 함은 반달임을 뜻한다. 중인(中人)으로서 국제적 다가인 우선 이상적은 손님을 모셔놓고 대나무와 버드나무와 하늘이 보이는 곳에서 2월 바람을 맞으며 소박하게 술과 차를 같이 즐기는 모습을 그렸다. 이러한 찻자리는 자연의 변화인 계절을 느낌을 중시한 것이다.

자연을 사랑함은 소박함과 통하고 검소한 생활을 의미하기도 한다. 고래로부터 차는 검덕을 지녔다고도 인식되어왔다. 검소는 자연과 이웃과 후손을 사랑하는 '선(善)'에서 나오며, 경제적 가치뿐만 아니라 시간과 공간과 기운도 절약되어 정신적 풍요를 가져다준다. 술이 없거나 소박하게 대접할 때에도 차만 있으면 결례가 되지 않았고, 영혼이나 신을 맞아 제사지낼 때도 제물로서 차(茶)만 놓으면 박례(薄禮)는 아닌 것으로 인식되었다. 선조들이 언급한 '안분지족(安分

知足)'이나, 『산림경제』에서 '청공(淸供)'의 가짓수를 정해놓은 것은, 물질적·정신적 허영을 벗어난 단순한 삶이 인생을 늘여 사는 방편이 되고 참된 만족을 준다고 여긴 것이다. 부자(富者)란 가지고 싶은 것이 별로 없거나 적은 사람일 수 있으므로, 소박함을 좋아하는 사람도 부자에 속한다.

검소하려면 'do without'의 정신을 지니게 되므로, 재활용을 하거나 조금 불편하고 느린 것을 감내하는 생활 습관이 생긴다. 일차적 자연물로 만든 다구도 즐겨 쓰며, 공해(公害)를 만들거나 남기지 않고자 노력한다. 따라서 다도는 슬로라이프(slow life) 양식이며 'well being문화'의 첩경일 뿐 아니라, '녹색성장'과도 멀지 않다.

위에서 살펴본 바와 같이 다도문화는 향유하는 사람에게 많은 공덕을 베풀지만, 이는 점진적 노력 없이 얻어질 수 없다. 콩나물 같은 싹에 물을 주다보면 나무가 되어 과일이 열리듯이, 마음을 오롯이 하여 손수 찻일을 하며 찻자리에서 감사하다는 생각이 따르면, 5년 정도 지나 다도의 이치가 터득되고 마음속에도 찻자리가 잡힐 수 있다. '먹는 음식 자체는 바로 그 사람'이므로 좋은 친구를 대하듯 여러 가지 차를 마시다보면 어느새 찻물을 닮아갈 수 있다.

어떤 사람은 다도를 가까이 하는 데도 별로 공덕을 입지 못했다고 여기는 경우도 있는데 그 원인을 보면, 혼자보다 남이 보는 데서만 차를 마시는 경우, 그리고 차의 약리적 효능에만 기대한다거나, 찻자리 구경꾼의 입장에서 벗어나지 못했든가, 시간을 아껴 손수 차를 끓이지 않는 경우, 또는 빠른 성과를 기대하기 때문일 것이다. 난(蘭)도 죽는 데 3년, 사는 데 3년 걸린다고 하였듯이, 인간은 천부의 성품이 있고 각기 처한 환경이 있으므로 변화되기가 쉽지 않다. 그러나 조금씩 꾸준히 노력하면 대수롭지 않은 것 같은 다연(茶緣, 차와의 인연)으로 인해, 자신을 바로 알고 신선한 삶의 힘을 얻게 되고, 차는 평생의 친구가 된다.

조용한 분위기에서 향미(香味) 있는 따끈한 찻물을 마시기만 하면 공부가 되고 덕을 입게 되니, 다도(茶道)는 인생의 덤이 아닐 수 없다. 그러나 "신선놀음에 도끼자루 썩는 줄 모른다."는 속담과 같이, 차인들이 자기도취에 빠져 현실을 소홀히 함은 경계해야 한다. 부지런한 한 스님이 말하기를, "일하지 않으면 밥도 못 먹는데 차는 어떻게 마셔요?"라는 말은 차인들이 새겨야 할 부분이다.

II. 세계 속의 한국 차문화(茶文化)

　오늘날 '다도(茶道, Dado)'는, '차예(茶藝, 중국)', '차노유(茶の湯, 일본)', 'Tea Art, Tea Ceremony, The way of tea', 'Chado' 등으로 불리며, 동아시아국가들뿐 아니라 세계적으로도 주목받는 고급 생활문화가 되었다.

　현대와 미래는 카페인 음료시대라 할 만큼 각성효과와 사고력을 높이는 일이 무엇보다 중요해졌다. 세계적 기업 중에는 직원들에게 카페인이 든 커피와 명차(茗茶)류를 24시간 무료로 제공하고 있는 곳도 있다. 술을 멀리하는 사람이나 청소년의 대접, 혹은 운전해야 할 때에 명차는 술의 대체 음료가 되며, 기호엽차나 약차·혼합차·꽃차 등의 대용차도 세계적으로 흔히 쓰이게 되었다. 홍차류는 영국·프랑스·소련·인도 등 세계인이 즐기고 있고, 구미에서도 동양 찻집이 늘어나며 동양의 'Tea' 유통산업에 참여하고 있다. 미국의 대학교에는 'Chado, The way of tea'가 일본 전통문화 그대로 학과목으로 가르쳐지고 있으며, 인터넷에는 동양의 'Tea'에 관한 정보가 엄청나게 많다.

　인정(人情)에 소홀하기 쉬운 현대의 생활에서 찻자리는 정답게 대화하며 잠시 쉴 수 있고, 지구촌의 낯선 사람들도 한자리에서 즐길 수 있으므로, 다도는 글로벌문화가 되었다. 차를 끓이고 접대하는 양식과 기술도 다양하여, 외국여행을 할 때에도 그 재미를 한껏 더해 준다.

일본의 차노유(茶の湯,   혹은 Sado)는 국민의 문화의식을 크게 높였고, 영국에서 자리 잡은 하오 다시(下午茶時, Afternoon tea time)도 프랑스·미국 등에 영향을 주면서 고급문화로 정착되었으며, 이로 인해 일본과 영국은 고급 도자기산업의 발달도 가져왔다.

다도는 세계적 고급문화이다. 오늘날 문화적 작품(text)이 고급문화인가 저급문화인가를 구분 짓는 것은, 문화를 누리는 사람의 경제능력이나 문화가치를 이해하는 지적·예술적 수준, 그리고 자아실현 등의 정신적 욕구를 충족시킬 수 있는가에 의해 좌우된다. 저급문화는 일시적 유행이나 단순한 쾌락에 휩쓸리어 자기 성찰이나 창의성 발현이 어려우나, 고급문화는 주관적 삶의 질을 높이고 사고력을 키운다. 역사적으로 볼 때 문화가 극도로 발달했을 때 나라가 망하기도 하였는데, 그것은 저급문화가 고급문화를 몰아내어 사치와 감각에 치중하고, 주체성을 잃어 정신이 황폐됨으로써 문화적 질이 떨어졌기 때문이다.

세계 속에서 한국다도가 본래의 모습을 지니기 위해 우리는 다음 문제를 생각해보지 않을 수 없다.

1. 한국 전통문화의 중요성

근래에 유네스코(UNESCO, 유엔교육과학문화기구)는 전세계가 미국의 대중문화를 모방하는 현상을 우려하면서 각 민족은 다양한 전통문화를 발전시켜야 한다고 하였고, 세계적 문화유산을 등재하고 있다. 한국은 나라 면적에 비해 많은 유네스코 등재 문화유산을 지니고 있다.

올림픽에서 국기와 국가(國歌)가 서로 다르고, 다른 나라의 생활문화가 즐거운 구경거리가 되듯이, 전통문화는 세계적 문화와 공존하여야 한다. 어느 민족이나 자기 문화를 계승・발전시키는 일은, 세계적으로 지향하는 보편적 가치이고 선(善)에 속한다. 즉, 세계화에 동참하려면 오히려 민족적 개성과 고유의 전통이 살아 있는 문화를 지니고 발전시킴이 중요하다. 현대에 개인의 자의식(自意識)이 중시되듯이 미래에도 민족적 자의식은 존중될 수밖에 없다. 문화의 전이가 쉬운 현대에는 그 나라 고유의 문화를 보존하는 일에 힘을 기울여야 어느 정도 개성이 남아 있을 수 있다.

오랜 역사를 지니고 현대까지 이어진 지적(知的)・물질적 전통문화는 그 가치를 계산할 수 없는 중요한 유산이다. 문화는 학습에 의해 전달되는 특성을 지니어 시간과 공간, 또는 풍토기후와 사람에 의해 그 양식이 점차 변형된다. 예나 지금이나 한철 유행하는 문화도 있고 몇 년 유행하는 문화도 있다. 그런데 수백 년 혹은 천년이 넘도록 풍습이 이어져 전통이 되는 까닭은, 특정된 풍토 조건에서 민족적 체질과 성격 및 정서에 맞고, 삶에 유익하며 싫증이 나지 않을 뿐 아니라, 시대를 초월한 철학적 진리를 내포하고 있기 때문이다. 따라서 미래에도 이어질 가능성이 매우 크다.

민족문화의 창달에 관한 담론은, 국수주의나 폐쇄적 민족주의, 또는 순혈주의를 뜻하는 것으로 오인하는 경우가 많다. 그런데 이는 부모와 선조의 문화에 대한 사랑과 이해이므로, 자신의 가정문화를 사랑하고 가꾸는 일이며, 결국은 자기 자신과 이웃에 대한 이해와 사랑이다. 그리고 다른 문화를 이해하는 중요한 기초가 되므로, 이를 상고주의(尙古主義)나 아집으로 보는 것은 잘못된 인식이다. 우리나라 헌법 제 2장 9조에는, "국가는 전통문화의 계승 발전과 민족문화의 창달에 노력하여야 한다."고 쓰여 있다. 전통문화가 현대에도 이어진 배경에는 수 천 년에 걸친 조상들의 노력과 정신적·물질적 업적이 녹아 자리 잡고 있음을 간과할 수 없다.

한반도를 중심으로 한 한국문화의 원류는, 구석기시대를 거쳐 기원전 약 2천 년 전부터의 고조선 청동기문화를 토대로 한 신석기 문화와, 발해만을 끼고 도는 동이족의 문화가 합쳐진 것으로 본다.[16] 한족(韓族, 동이계 은족)은 북몽골 인종이 70~80%를 차지하고, 나머지는 남방계로 혼융되어 살고 있다. 그리고 알타이어를 쓰면서도 독특한 언어체계를 가지고 있으며, 세계에서 인정받을 만큼 발달된 문화를 지녀왔다. 중국인(漢族)은 중앙몽골인종이며, 지나 티베트어를 쓰고, 일본인은 아이누, 인도네시아인, 남·북몽골인 등 여러 종족이 심하게 혼합되었다.

우리는 주변국가의 엄청난 규모의 외침에도 불구하고 기원 이후 2천 년간 단 한 번도 이민족의 왕조가 생겨난 적이 없었다. 세계사를 볼 때 강국에 지배당하지 않고 수천 년 간 의연하게 국가를 형성하고 있는 민족은 많지 않다. 중국과 일본은 왕조와 시대의 변화에 따라 문화적 급변이 생겨나는데 비해, 우리나라는 유사 이래 종교·민속·문화·철학 등에서 갑작스러운 변화가 없고, 계층을 오가며 서서히 습합되고 혼융되면서 주체사상을 굳건히 지녀왔다. 때로는 앞서 발달된 중국 문화를 유입하고 다른 나라의 침탈을 받았을 때에 왕실과 귀족층의 외래문화 수용이 있었으나, 중·하류층에서는 독자적 문화를 면면히 지녀왔다. 따라서 확고한 철학사상과 훌륭한 문화 양식이 오랜 세월동안 생활 속에 자리 잡아 현재에 이르렀다. 어느 시대나 천지자연의 진리를 중히 여기며 인간을 사랑한 우리 민족은, 항상 의지와 지적·창의적 능력이 우수함이 세계사에서 드러난다. 우리 민족은 문화적 자존심이 무척 강하였고 양극단에 가까운 문화도 끝내는 통섭하여 마침내 조화시키는 뛰어난 능력을 지녔다. 농경문화와 유목문화, 법고주의(法古主義)와 창신주의(創新主義), 온돌과 마루, 제사 음식과 비빔밥, 수목 사랑과 종이꽃, 왕실의 의전차(儀典茶)와 숭늉차, 합리성과 속신(俗信), 본질 중시와 대체 풍습 등이 그 예이다.

한국문화는 유구한 역사를 지녔을 뿐만 아니라, 토질과 기후가 다른 나라와 달라, 인삼, 쑥과 마늘, 천일염, 송이버섯 등 풍토적 산물이 어느 나라도 따라올 수 없는 장점을 지녔다. 그리고 언어, 한글, 온돌, 수저, 죽과 탕, 김치, 나물, 발효장류 등의 생활문화도 지극히 발달하여 오늘날 세계인의 관심사가 되고 있다. '진정(眞正)한 한국인이 세계인'이라는 말의 뜻은, 한국 문화의 우수성이 세계적이라는 것과, 자기 문화를 알아야 다른 나라의 문화도 이해하고 존중할 줄 안다는 것이다.

각 나라 고유의 정신이 배어 있는 문화적 기반은 경제 발전의 핵심적 요소이다. [17] 오늘날 우리 차문화의 중요성을 인식하고 민족문화로서 주체성을 살리고 가꾸는 일은 선진국으로 가는 초석이 된다.

2. 한국 다도의 민족문화적 주체성

우리의 다공문화는 가락국 2대 거등왕부터 1,800년의 역사를 지녔고 귀족문화로서 성한 것은 7세기부터이며, 신라·고려·조선의 많은 문헌 기록과 함께 현재에 이르렀다. 따라서 물질적·정신적 가치가 높은 문화유산으로 민족문화의 정체성(正體性)을 지니고 있다. 이는 곧 다도를 통해 민족적 자아를 찾을 수 있음을 뜻한다.

전술한 바와 같이, 우리의 다도문화에는 오랜 세월동안의 한국 사상과 종교가 배어 있고, 의(衣)·식(食)·주(住) 뿐만 아니라, 부분적 요소에서 조형, 공예, 시가(詩歌), 주악 등도 있으므로 정신문화적 차원이 높으며 철학이 탄탄하여 자생력(自生力)을 지닌다. 따라서 한국문화 전반의 철학적 기초를 다도에서 찾을 수 있고, 다른 전통문화의 재창조나 새로운 전통문화를 만드는 데도 토대가 될 수 있다.

우리 다공문화는 기록이나 유물이 잘 보존되었으므로 누대를 이어왔다. 역사책뿐 아니라, 풍속과 예법(禮法)에 관한 여러 서적과, 산림(山林)·인사(人事)·만물(萬物)·지리 서적들이 망라되며, 문집류 등에서 2천 편 이상의 차시문 기록이 전해 남아 있다. 또한 적지 않은 골동 다기류가 국내뿐 아니라 세계적 박물관에도 있으며, 조선 후기의 차 관련 서화(書畵)도 상당수 전해진다. 생활문화로서 이와 같이 오랜 역사를 거치면서 기록이 끊이지 않고 많이 남아 있기는 세계에서도 매우 드문 일이다. 그러므로 다음(茶飮)을 즐기는 사람은 우리 다공문화의 전통성을 소중하게 여기며 민족문화 전반에 대해서도 자긍심을 지니게 된다.

동아시아 한자문화권인 한국과 중국과 일본은 모두 오랫동안 다도문화가 발달되어왔다. 그러나 각국은 의(衣)·식(食)·주(住)의 생활이 다르듯이, 자연 환경적 조건과 역사와 생활문화의 차이로 인해 다공(茶供) 풍속도 확연히 다른 양상을 띠어왔다. 차가 엄청나게 많이 생산되는 중국은, 물이 좋지 못하고 육고기나 기름진 음식을 즐기므로, 차는 식사의 보조음료로서 중요한 역할을 하게 되고 다양한 차와 의자생활에 알맞은 행다법이 발달하였다. 일본은 귀족·무사(武士)들의 예능으로 수련하는 무사(武士)다도가 품격 있게 이어져 검도를 수련하는 것과 같은 예리함과 절도가 있다. 그러나 발이 닿는 방바닥에 차시(茶匙)나 다완을 놓고, 귀한 손님에게 솔질한 그릇을 그대로 드리는 풍속이 우리에게는 비례적(非禮的)인 일면이 있다.

우리의 선조 다인들은 다공문화를 창의적으로 이끌어왔으며 우리 다공문화에서 민족적 자긍심을 지님을 글로 써왔다. 다생활은 지혜롭고 합리적이며 풍류의 도(道)가 있는 문화생활이었다. 다구는 사람과 자연을 배려한 척도와 모양새이고 행다 양식과 다의(茶儀)는 행동의 군더더기가 없으며 선비적 기품이 있고 홍익인간적 여유가 있다. 다옥(茶屋)의 온돌과 흙벽은 열과 습기와 공간 활용 면에서 세계적으로 극찬을 받을 만하며, 문이나 마루는 인간이 자연과 하나가 되게 느끼는 매개공간으로서 정원과 독특한 조화를 이루고 있다.

도50 성주 헌다례. 석가·공자·삼재신과 여러 제자 및 민간신앙의 신들이 그려져 있는 신상. 왼쪽 아래에 예수의 사진도 붙여놓고 차탕을 다헌(茶獻)으로 올렸다.

그리고 오랜 세월에 걸쳐서 우리의 다공문화는 사상·종교에 차별이 없었고 왕과 귀족과 사대부와 종교인과 중인(中人)과 군사와 서민에 이르기까지 접대·여가·의례의 중요한 생활문화였다.

오늘날도 다회에서는 아름답고 격조 있는 전통복식을 하는 경우가 많으며, 찻자리의 과품(다식, 떡, 건과, 조과)이나 술이나 간단한 식사를 한국식으로 마련하여 접대하고, 다옥이나 다실 꾸미기도 한국적 주거문화 양식을 선호하게 된다.

동아시아의 다도문화는 국가 간에 교류가 활발한데, 유독 한국 다도는 무시당하는 경우가 더러 있다. 중국과 일본의 차 관련 전문서적에는, 세계에서 茶(tea)를 마시는 국가에 한국이 빠져 있거나 차문화사가 왜곡되어 있기도 하다. [18] 다도는 개성 있는 고급 생활문화이기 때문에 각국은 다른 나라의 다도문화도 존중해야 함이 기본적 예의이다. 그리고 일각에서는 국제무대에서 외국 행다례를 모방하여 우리 문화 전반에 걸쳐 무시를 당하고 열등감을 느끼기도 한다. 또한 현재 한국 시장에 있는 많은 찻감과 다구도 국적이 모호하다.

한국 사람이 중국이나 일본 다도를 배워서 추종하고 가정에서 그대로 행하는 사람들이 더러 있다. 이는 일상생활에서 남의 집 식탁을 기웃거려 상차림을 똑같이 하고 먹는 행동도 흉내 내는 것을 자랑스레 여기는 얼이 빠진 사람에 비유할 수 있다. '재(齋, 제사)에 호(胡) 춤'이라 하여 빈정대는 속담도 있듯이, 만약 무대 위에서 한국인이 한복을 입고 일본 고전 춤을 추면서 노래를 부른다면 청중은 어떻게 느낄 것인지 생각해보아야 한다. 우려하지 않을 수 없는 일은, 우리 주변에서 행해지는 바닥 말차다법이나 찻물을 흘리는 행다법이 외국다도의 단순한 흉내라는 것조차 모른다는 사실과, 중국 다구를 쓰고 한국차를 무시하며 중국차에 박식한 것을 큰 자랑으로 여기는 지식인이나 종교인이 많다는 사실이다.

먹고 마시는 일에서 자존심을 내버리고, 행동과 생각에 방향감각이 없이 현실에 안주하고자 한다면 지도자가 될 자격이 없다. 중국 다구나 다법은 중국차에 적합하고 중국 음식에 어울리며, 오랫동안 그 나라의 사람과 흙과 물과 바람에 맞추어진 것이다. 한국 황차(黃茶)나 자홍차(紫紅茶)도 중국차처럼 맛내기가 쉽고 다도 연륜과는 무관하게 즐길 수 있다.

우리 다도의 모방문화는 과도기적일 수도 있으나 한국문화 전반의 현상이며, 잠시나마 정신적 기초가 사실상 허약해 있음을 단적으로 나타내는 것이다. 다도는 감각과 정신이 전달되는 문화매체라는 점과 외국의 시선을 의식해서라도, 조금 불편하고 서투르며 덜 갖추어져도 한국 다기와 다례법을 사랑해야 가정이 바로 서고 민족적 자긍심이 생긴다. 우리는 머지않아 선진국이 될 것이므로 훌륭한 후손들에게 자부심을 갖게 하기 위해서라도 차문화에서 주체성을 회복해야 한다.

혹자는 중국이 아시아문명의 원류이니 차문화도 우월하다고 하며, 중국을 차문화의 종주국으로 여기고 그대로 흉내를 내기도 한다.

세계문명의 4대 발상지는 이집트 나일 강의 테베도시, 유프라테스·티그리스 강의 메소포타미아·바빌론문명, 인더스 강의 하라파·모헨조다로문명, 중국 황하 위수(渭水)의 은허문명이다. 인류 문명의 종족 근원을 추적하면 아프리카로 거슬러 올라가 영장류의 원조까지 생각해야 하므로 이로써 문화적 우월성을 주장할 수 없다. 중국은 토양과 기후와 다양한 민족으로 인해, 찻감도 다양하고 생산량이 엄청나게 많을 뿐이다.

삼십여 년 간의 문화적 억압에서 벗어나 급속한 경제 성장을 이루어낸 우리는 문화 성숙의 시간이 부족하였다. 일시적으로 앞선 문화나 넓은 강역의 문화를 그대로 가져와 흉내 낼 수도 있으나, 자주성이 없이 약자가 강자에게 붙좇아 섬겨 의지하는 것은 조선 후기의 책략적 사대주의(事大主義)를 재현하는 것과 같다.

자기나라의 생활문화에 자긍심을 지니고 누리는 사람을 보면, 그 사람은 물론 그 나라와 국민 전체가 훌륭해 보이는 반면에, 자국의 문화를 무시하면서 외국 것을 지나치게 좋아하는 사람은 주체성이 없어 측은해 보인다.

다도는 그 나라나 민족의 의식주(衣食住)와 연관된 생활문화이면서 의례문화이고 철학적 인식이 자리 잡고 있는 고급문화라는 점에서 그 중요성이 크다. 현대의 우리는 지구의 각지에 흩어져 살지라도 자기 나라의 생활문화를 누리고 찻자리를 함께 하면 고향과 같은 친근감과 인정을 느낄 수 있고, 이웃나라도 진정으로 사랑하는 마음이 생기게 된다.

도51 외국인에게 재탕차를 드리는 모습.

3. 한국 다공의 문화 양식적 특징

한국 다도는 수양(修養)다도이자 문예(文藝)다도이며 헌공(獻供)
다도의 특성을 지닌다. 그리고 유불도와 문무(文武)를 막론하고 관용
적 학인(學人)다도가 발달하였다. 우리 선조다인들은 민족 자질의 우
월 의식과 문화적 자긍심이 컸으므로 중국문화 유입의 거센 물결 속
에서도 다도문화에서는 민족적 고집과 창의성을 두드러지게 나타낸
부분이 많았다.

다공을 국가의 제도로서 정하여, 다방 직책과 다방군사(茶房軍士),
다원(茶院), 다소(茶所), 차모(茶母)가 있었고, 예다(禮茶)문화로서
사헌부 다시(茶時), 헌다의(獻茶儀)와 의식다례, 주다례와 별다례의
다례 등의 사회제도도 독특하였다. 그리고 중국이나 일본에서 볼 수
없는 석지다조, 앵통, 고리다술, 다선(茶筅), 학부리 철탕관, 필상(筆
床), 다판 등 독특한 다구를 창안하여 썼다. 차 용어와 행다례법과
다회풍속 등도 상당히 달랐다.

접빈과 제사의 다례의식은 중국을 본뜨지 않은 우리의 독창적 문
화이다. 중국에서 제사에 차를 쓴 기록은 당대(唐代) 육우(陸羽, 73
3~804)가 쓴 『다경』에서 2회 나타나고, 『칙수백장청규』에도 상례와
제례 시에 헌다가 있으나 '茶禮'란 단어는 없다. 『송사(宋史)』예(禮)
편과 악(樂)편에는 60회 정도의 차(茶) 관련용어가 나타나지만 [19] 역
시 '茶禮'라는 단어는 보이지 않는다. 중국에서는 14세기에 '茶禮'가
접빈의 뜻으로는 쓰였으나, 오늘날은 '신랑 집에서 신부 집으로 보내
준 결혼준비금'으로 쓰인다. 이를 '차금(茶金, tea gift)'이라고도 하는
데, 옛날에 약혼할 때 남자가 여자 편에 차(찻감)를 선사하는 풍속에
서 나왔다고 한다.

　　다례(茶禮) 역사는 여성과 관련이 많은 점도 매우 독창적이다. 맨
처음 '주다례'를 행한 대상이 세종비인 소헌왕후로서, 여성이 술을 마
시지 못하는 관습과도 연관이 있어 무주(無酒)다례를 올린 것이다.
예종(睿宗) 1년(1469년)에 명의 사신이 세조 혼전의 주다례 폐지를
요청하여 왕이 따를 수밖에 없게 되자, 몇 달 후인 7월에 세조비인
정희(貞熹)왕후 윤번(1418~1483)이 영창전(세조의 혼전)에서 주
다례를 행한다. 우리역사에 왕실여성이 제사를 행한 최초의 공식적
기록은 이 내용이다. 이어 9월에는 왕이 주다례를 다시 행하였고,
어머니인 정희왕후는 제사인 '茶禮'를 2회 행하게 된다. 이는 일반적
소사(小祀)를 뜻하는 '茶禮'가 사서(史書)에 맨 먼저 기록된 것이다.
그리고 11월에도 정희왕후는 같은 다례제사를 지낸다. 세조의 비인
정희왕후는 그의 아들 예종이 재위 13개월 만에 죽자 13살인 손자
성종(재위 1469~94)을 즉위시키어 7년 동안 수렴청정하게 된다.
성종 2년(1471년) 3월 4일에는 대왕대비(정희왕후), 왕대비(예종의
계비 한씨, 인혜왕비), 인수왕비가 세조의 묘인 광릉(光陵)에서 '별
제(別祭)'를 거행하였고, 이어 숭은전(崇恩殿, 예종의 혼전)에서 다
례를 행하였다. 다시 2년 후인 성종 4년(1473년) 3월 16일에는 대
왕대비, 왕대비, 인수왕비가 또 광릉에 가서 친히 제사를 지내고 이
어 봉선전(奉先殿)에 가서 '茶禮'를 지냈으며, 성종 11년(1480년)
2월 18일에는 대왕대비, 인수왕대비, 인혜(仁惠)왕대비가 광릉에
가서 친히 제사지내고 봉선전에서 '茶禮'를 행하게 된다. 이러한 풍
속은 중국에서 비슷한 예를 찾을 수 없다.
　　다회는 예(禮)를 중시하는 가운데 화락하는 분위기를 이상으로 여
기며, 노는 듯 공부하고 공부하는 듯 노는 특성을 지녔다. 765년 삼
짇날에 열린 경덕왕의 귀정문 다회기는 다공풍속이나 다구가 중국과

확연히 다르다는 점과, 육하(六何)원칙이 성실히 들어 있는 세계 최초의 다회기(茶會記)라는 점, 그리고 육우(733~804)와 동시대에 행해졌다는 사실에서 매우 중요하며, 당시 우리 다도의 독창성과 선진성을 볼 수 있다.

선조다인들은 육우의 『다경(茶經)』을 보기는 하였으되, 육우의 차나 다법을 비판하거나 자신의 전다 솜씨가 더 나을 것이라 하며 자부심을 지녔다. 노동의 '칠완(七碗)' 대신에 당시의 일반적 음다풍속인 '삼완(三椀)'을 흔히 썼고, 중국과 일본에서 썼던 '碗(찻잔)'을 우리는 대부분 '椀'으로 표기하여 우리 다도의 민족문화적 고집을 나타내었다. '碗'은 고려와 조선 초엽까지 거의 볼 수 없고, 16세기부터 가끔 보이기 시작하는데, 그것도 전체 100군데 중 대여섯 군데에 불과하다. 우리 차의 맛이 중국의 이름난 차보다 낫다는 글은 고려와 조선에 간간이 나타난다. 이 땅에서 나는 작설차는 오늘날도 가히 세계 최고의 작물임에 틀림없다.

우리의 다도문화를 가꾸는 일에서, 차(茶)와 다구와 제다 등의 용어도 매우 중요하다. 우리나라 지명(地名) 중에 중국 지명을 그대로 쓰고 있는 것을 보면 조금 부끄럽다는 생각을 하게 되고, 일본의 국보나 문화재인 우리의 그릇들도 일본 발음대로 이름을 부르게 되면, 마치 그릇이 스스로 일본에 귀화한 것처럼 여겨져 낯설다. 용어는 고정된 의미와 함께 역사적으로 존속되므로 중요하다. '라디오'나 '컴퓨터'는 세계적 보통명사일 뿐, 거기에 민족정신이 있다거나 이 땅의 흙과 연관된 기물이 아니며, 이미 발음에서 한국화 되었다. 현대에는 건축 용어뿐 아니라, 야구와 축구 등에서도 '투수', '뜬공', '좌우날개' 등의 용어를 만들어 쓰고 있다. 'Green Tea(녹차)'는 서구에서 일본의 차로 공인되어 있다. [20) 우리는 조상들이 마시던 '자홍차(紫紅茶, 강

발효차)'[21]나 '황차(黃茶, 반발효차)'를 가칭 'Red tea(혹은 Purple tea)'
나 'Yellow tea'로 이름 붙이고, 약발효의 녹황차(綠黃茶)나 후발효
떡차 제품도 개발하며 국제특허도 얻음으로써, 우리나라도 세계 차
문화 권역의 중요국가임을 인식시켜야 한다. 이 시대의 차인들은 한
국문화를 일구는 역군임에 자부심을 가지고 온고창신(溫故創新)하
는 노력을 좀 더 기울여야 할 것이다.

　일본은 일찍부터 자국의 상품을 소개하기에 앞서 '차노유(茶の湯)'
의 데마에(点前, 행다)를 세계인들에게 보여줌으로써 국가의 신인도
를 높여왔다. 그리고 위정자들이 앞서서 자기 집의 다실에 귀빈을
초대하여 차(茶)로써 간단한 접대를 하고, 정부는 국수인 '차도
(chado, 또는 사도우)'를 선양하는 정책을 써서 민족적 자긍심을 높이
고 국민의 문화의식을 변화시켜왔다. 그 나라가 자랑할 만한 전통문
화를 가꾸어 널리 보임은, 국가의 브랜드가치를 높여주고 국민에 대
한 신뢰도 커지게 된다. 우리도 한 단계 높은 수준의 '다도(Dado)'나
'의식다례(Ritual Darye)'를 향유하고 태권도나 국악 등의 문화상품
과 더불어 세계에 알리는 일에도 힘써, 한국 문화의 위상을 높여야
할 것이다. 동서고금에 다명(茶茗)을 가장 공경하여 받든 민족은 우
리나라임은 동아시아 다도사 기록에서 확인된다.

　연전(年前)에 독일의 세계적 사회철학자인 위르겐 하버마스
(Jürgen Habermas, 1929~현재)가 내한하여 팔만대장경 등을 보고 크
게 놀랐던 바, 한국을 떠나면서 말하기를, "유교·불교 등 풍부한 문
화적·이론적 전통을 가진 한국이 왜 외국이론에서 그 해결책을 찾
으려 하는가? 더 이상 한국의 미래를 외국에서 찾지 말라."고 충고
하였다. 우리의 다도문화도 지극히 한국적일 때 가장 아름답고 세계
적 진가가 드러날 수 있다.

III. 한국 예다문화(禮茶文化)

'예다문화(禮茶文化)'의 뜻은, '차(茶) 접대의 예의(禮儀)문화' 또는
'예문화(禮文化)와 다공문화(茶供文化)'를 의미한다. 차를 대접하는
대상은 생자(生者)와 사자(死者)이며, 예다문화 양식의 범주는 의식
이 있는 다례(茶禮)뿐만 아니라 일상생활에서 예를 갖춘 다공(茶供)
이나 다회(茶會)도 포함된다. 즉, 공경 다의(茶儀)와 제사의 의식다
례 외에, 접대(接對) 다공(茶供)의 각종 의례와 생활예접(禮接)문화
전반을 뜻한다.

예다문화의 정신적 바탕은, 생자와 사자와 차(茶)가 공통적으로 신
명성(神明性)을 지닌다는 인식과, 차탕의 다심일체(茶心一體), 그리
고 차 접대가 간소한 예(禮)라는 점이다.

다도와 예의는 각개이면서 서로 긴밀하게 혼용되어 있다는 인식
아래, 오늘날 대학원의 교과목에 '예절과 다도' 전공이 많아지고 있
고, 평생교육이나 신부수업으로서도 예다문화 교육이 절실해졌다.

1. 예(禮)의 개괄적 개념

'禮'라는 글자는 '示'와 '豊'이 합쳐진 글자로서, 본래 신(神)을 섬겨

복이 오게 하는 제사의식을 뜻한 데에서 생겨났다. 따라서 예(禮)는 제의(祭儀)와 긴밀한 연관을 갖는다.

고대의 '禮'에 관한 본원적 정의를 살펴보면, 『춘추좌씨전』「소공(昭公)」조에서, 예를 '天의 經, 地의 義, 民의 行'이라 하였고, 춘추 말엽에 공자의 스승이었던 정(鄭)나라 자산(子産)은, "예란 하늘의 상도(常道)요, 땅의 알맞음이며, 인간 삶의 길이다." [22]라 하였다. 『예기(禮記)』에도 "예는 하늘에 근본을 둔다.(禮必本於天)"고 했듯이, 예법의 근원은 자연의 운행 질서인 것이다. 이러한 개괄적 인식은 현대에도 그대로 적용된다. 즉, 예란 '사람이 사는 데에 알맞게 조화되어 잘 살도록 하는 자연적 질서나 법식(法式)'인 것이다. 따라서 예는 '道'와 통하고 도인에게 예(禮)는 자유로운 것이다.

공자는 사람의 예심(禮心)이 곧 '仁(착한 사랑)'임을 설파했고, 또한 "군자가 '文'으로 널리 배우고 '禮'로써 요약한다면 어긋나지 않을 것이다.(君子博學於文 約之以禮 亦可以弗畔矣夫)"고 하여, 유가의 이상인 군자의 학문을 글공부와 예학으로 압축시켰음을 알 수 있다. 예는 시대와 정치사상에 따라 그 개념과 운용이 조금씩 달랐다.

예(禮)는 예의나 예절로 표현되기도 한다. '예의(禮儀)'는 예를 나타내는 행동과 법식의 총체를 말하며, '예절(禮節)'은 예의의 여러 절목을 뜻한다. 예는 일상의 언어와 행동, 표정, 인사 등 교양에서부터 가정의례, 국가적 의례에 이르기까지 그 범주가 넓다. 이러한 예는 사람에 의해 전달되고 향유되므로 '문화'이고, 인간과 인간을 매개하는 첫단추이다.

도1의 조선시대 '예(禮) 자(字)' 서화를 보면, 예는 천지(天地) 간의 자연이치를 인간사에 적용하며, 명칭에 맞는 분수를 행해야 한다는 것을 강조하였다. 그 글의 내용은 다음과 같다.

　　문공(文公, 朱熹)은 예(禮)를 정하였다. 하늘과 땅, 임금과 부모와 스승, 어른과 어린이, 천한 사람과 존귀한 사람, 시집가고 장가가는 일에 관한 것이다. 임금은 삼가며 신하는 충성되어야 하고, 아비는 자애롭고 아들은 효성스러우며, 형은 우애 있고 동생은 공경하며, 부부는 순종하고, 벗끼리 믿음이 있어야 한다. 남자와 여자와 노인과 젊은이는 각각 명칭(名)과 분(分)을 올바르게 해야 한다.

　이 그림에서 굳이 차 끓이는 동자가 등장한 것은 차와 예가 긴밀한 관계로 인식했기 때문인 것 같다.

　인간의 조화로운 삶을 위해 드러나는 예의 행동은 마음에서 나온다. 따라서 우리는 예의절목을 익히기에 앞서, 자신의 내면(心)을 살피고 수양하는 일이 중요해진다. 즉, 예는 숨어 있는 본질적 '체(體)'와 드러나는 양식의 '용(用)'이 있고, '질(質)'과 '문(文)'이 있다. 다도의 예(禮)도, 심지(心地)의 '正'인 '體'를 다스려 이를 통해 '中'의 '用'이 현실에서 발현되게 하는 것이다. 우리나라는 예의 '체(體)'나 '질(質)'을 중시하고, 일본은 '용(用)'과 '문(文)'을 더 중시하는 문화적 특성을 지니고 있다. 한국의 전통 예의는 변례(變禮)에서 '인정(人情)'의 적용을 중시해왔는데 이는 예의 본질을 중시함이며, 성선(性善)의 홍익사상을 지녔기 때문이다. 일본의 예는 순자(荀子)의 성악설(性惡說)에 기초를 두고 있으므로 남의 마음을 믿기보다는 후천적 교양과 예모를 무척 중시하는 반면에, 우리나라는 천인합일(天人合一)을 중시하는 예문화를 지니어 심성을 중시하였다. 그런데 근현대에 와서는 형식의 간소화가 중시됨에 따라 나중에는 본질도 소홀해진 경향이 있었다.

　예절은 자연스러움이 중요하므로 어렵지 않은 것 같으나, 예의로서 행하고자 하면 쉽게 여겨지지 않는다. 선대의 예교(禮敎)를 알아야 하며, 상황에 따라 창신(創新)하고 변례를 세우고자 하면, 의식 전체의 연계성을 익혀야 하고 본질도 터득해야 하기 때문이다.

예는 유학에서 중시하는 덕목이지만 삶의 질서이자 양식이므로 유자(儒者)에만 한정된 것은 아니다. 또한 예는 사람의 행동에만 있는 것이 아니라, 의복·기구·음식·유희에도 예의 품수(品數)가 따르며, 또한 상황이나 어떠한 손님인가에 따라, 예절의 품급을 상례(上禮)·중례(中禮)·평례(平禮)·하례(下禮) 중 어떤 급수로 할 것인가 결정하여, 서로 어울리게 준비해야 한다.

귀한 손님을 대접하려면 정성을 들이게 되고, 몸가짐을 단정히 하며 겸손한 마음을 지니게 되는데, 여기서 근본의 마음이 다스려져 있다면 말단의 행동이나 모양새는 크게 어렵지는 않을 것이다.

2. 다공(茶供)과 예(禮)와 제의(祭儀)

접대례에는 다공이 빠질 수 없고 다공에는 예(禮)가 없을 수 없다. 손님 접대례에 차는 매우 중요하며 혼자의 다공에도 예가 따른다. 생시에 다음(茶飮)을 즐긴 영혼이나 천지신명을 위한 제사에도 다공이 빠질 수 없고, 신이 음용한 차탕은 다시 참사자끼리 음복 다공을 하게 된다.

차(茶)는 예(禮)의 덕을 지녔다고 인식되었다. 당(唐)의 유정량은 「차의 열 가지 덕(十德)」에서, "예와 인을 기른다(以茶樹禮仁)", "공경을 나타낸다(以茶表敬意)"고 하여, 차가 지닌 예의 덕을 무척 중시하였다. 15세기의 다가 이목(李穆, 1471~1498)은 차의 다섯 가지 공(五功)으로, 빈주(賓主) 간에 읍하고 사양하는 예(揖讓之禮)를 들었고, 또 차의 육덕(六德)에서도 "사람에게 예의를 갖추게 한다.(使

人禮)"라고 하였다. 유희(柳僖, 1773~1837)는『물명고(物名攷)』에서
'배다(拜茶)'라는 단어를 써서 설명하기를, '손님이 오면 절하고 앉아
서 차를 마시게 함'[23]이라 설명하여, 찻자리에서 절을 하는 예의가
있었음을 알 수 있다. 초의 의순도 "예를 갖춰 차를 끓여 시를 즐기
는 손님께 대접한다.(淪茗且禮耽詩客)"[24]고 하여, 예가 일상화되었
던 당시에도 특별히 예를 강조한 것을 볼 수 있다. 윤형규(尹馨圭,
1763~1840)는『다설(茶說)』에서,

> 비록 가난한 선비나 야인(野人)일지라도, 관례와 혼례의 길일이나
> 세시가절을 만나면 손님과 주인이 예양(禮讓)하고 붕우와 지인이
> 모여 마시니 (차가) 없을 수 없다.
> ― 雖寒儒野士 遇冠婚吉日 歲時佳節則 賓主禮讓 朋知聚飮 有
> 不可已也.[25] ―

라고 하여, 가례와 이름난 절기에 다공이 있고 빈주의 예가 있음을
강조하였다.

예(禮)와 다공(茶供)이 긴밀함을 나타내는 단어로 '다례(茶禮)'가
있다. 그 뜻은, '신(神)이나 사람에게 차와 간단한 음식을 대접하는
의식(儀式), 또는 그러한 예(禮)'이다. 따라서 예를 갖춘 다공은 제의
문화와 긴밀한 관련을 갖는다. 뿐만 아니라 '禮'라는 글자도 본래 제
사를 지내는 데서 나왔다.

생활 속의 예다문화는 채제공(蔡濟恭, 1720~1799)이 쓴 다음 글에
서 볼 수 있다.

「 서진사집을 방문함 (訪徐進士家) 」

중당에서 손을 맞으며 침착하고 조용하니,
녕주에서 제일가는 예문가(禮文家)임을 쉽게 알겠네.

동서 의자에서 잠시 예를 나누고 나니,
어린 동자는 우전차를 받들어 올리네.

中堂迎客靜無譁, 易識寧州第一家.[*]
椅子東西纔設禮, 小童擎進雨前茶.[26]

[*] 녕주(또는 영주)는 오늘날의 천안을 뜻한다.

이 글에는 방문한 손님을 중당(안사랑)에 모시고 마주보고 인사하는 예를 한 후 의자(또는 교의)에서 우전차를 마셨음을 알 수 있다. 공대하는 마음을 '정(靜)'과 '무화(無譁, 시끄럽지 않음)'로써 나타내었고, 예와 차 접대가 긴밀한 하나의 생활문화임을 알 수 있다. 영의정까지 지낸 다인 채제공은 다산 정약용과 친밀하게 지내었다. 현대에도 예절 교육을 하려면 찻자리에 참석하는 것이 기초 공부이다. 우리나라 차인들은 음료를 마실 때도 한 손으로 아무렇게나 마시지 않는다. 그 이유는, 두 손으로 차를 바치는 예문화가 생활 속에 자리잡아, 물을 마실 때나 혼자의 자리에서도 이어진다.

조선 왕실과 예다가(禮茶家)에서는 진명차(眞茗茶, 작설차)를 올려 '다례(茶禮)'라고 일컬으며 소사나 소소사(小小祀)를 지내었다. 사찰의 제의에서도 차를 올릴 때 '삼가 향다의 예를 갖추어서(謹備香茶之禮)' 봉헌한다거나, '후손이 예를 갖춰 두어 잔 차를 올리나니(數杯茶了兒孫禮)'라고 하여,[27] 예를 강조하여 차제사를 올렸고, 부처나 영가(靈駕, 영혼)를 위한 제의를 '茶禮'라 하여 흔히 행해왔다.

우리나라는 역사적으로 생자와 사자를 위한 의식다례가 유난히 발달한 나라이다.

조선조부터 쓰이기 시작한 '다례'는 예다문화의 중요한 부분을 차지한다. 전체 의식이 중시되어 '다례의(茶禮儀)'라고도 하였고, 보다 작은 개념으로 '다의(茶儀)'라고 하였다. 다례는 시작과 끝의 예의를 갖추어 차를 대접하는 '다공의례(茶供儀禮)'이다.

다례는 공경다례와 제전다례로 나뉘지며, 공경다례는 공식적인 귀한 손님을 대접하는 '사신(使臣) 접빈(接賓)다례'와 진공다의(進供茶儀)가 있고, 제전다례(祭奠茶禮, 茶祭祀)는 사자(死者)인 신(神)을 위한 중소사(中小祀)의 제사다례와 부분적 의식인 헌다의(獻茶儀)가 있다. 진공다의는 상왕(上王)이나 스승, 또는 존귀한 사람에게 예를 갖추어 다과상(茶果床)을 바치는 다의(茶儀)로서 앞으로 전통문화로서 복원될 여지는 적지 않다. 정제(正祭)의 헌다의는 신명이 식사 후에 차려 놓은 다과를 드실 중요한 의식의 절차로서 의식의 품격을 높이는 양식이다. 차제사(제전다례)에서는 신(神)이 드신 차탕을 참사자가 음복(飮福)하는 예도 중요하여, 작은 음복 다석(茶席)이 따로 마련되기도 한다.

현대 명절의 '차례'는 일 년에 두 번만 행해지는 설과 추석의 절사로서 일가(一家)가 모이므로 대개 중례(中禮)로 행해지고 있지만, 소례(小禮)로서 밥과 술이 없이 간단한 과품과 정성들인 차만 올려도 신에게 결례가 되지 않는 예속(禮俗)이다. 이러한 소사(小祀)는 '무주차사(無酒茶祀)'와 '유주차사(有酒茶祀)'가 있다.

오늘날에는 제사다례인 차제사(茶祭祀)가 더욱 중요해졌다. 소가족제도이고 여성도 직장을 가지며, 시인(侍人, 돕는 사람)이 없거나 적고, 주거 공간도 좁으며, 목적에 따른 행례 시(時)도 임의적이다. 그리고 종손뿐 아니라 차손(次孫)이나 형제 또는 여성이 지내기도 하며, 일가나 아랫사람의 제사도 지내며, 추모·명일(名日)·생일·고사(告事)의 제사나, 능소가 아닌 곳의 묘제도 흔히 있기 때문이다. 현대 가정의 명절소사는 고려시대와 같이 자녀들이 돌아가며 지내기도 하고, 2대 혹은 3대 봉사(奉祀)가 보통이며, 일가가 많이 모이면 기제(忌祭)와 같이 중사(中祀)로 지내기도 한다.

　현대의 차인들은 차를 좋아한다는 자체만으로 안주하기 쉬우나 여기서 나아가 이제는 예절이나 의례, 그리고 제의(祭儀)문화도 관심을 가져야 할 때인 것 같다. 예와 다공과 제의(祭儀)는 하나의 권역에 속하여 독특한 문화를 지니고 있다.

3. 한국 예다문화사(禮茶文化史)의 개괄

　우리나라의 문화사(文化史)를 보면, 예의를 갖춘 다공(茶供) 내용이 적지 않게 나타난다. 이는 주로 제사와 공경의 다의로서, 고선도·유교·불교 등이 혼용되어 부분 또는 전체의식으로 나타난다.

　제사의 예다문화는 생시에 다음(茶飮)을 즐겼던 사람이 돌아가셨을 때 제수로 올리며 또한 참사자들은 차탕을 음복하므로, 생활 속 음다풍속과 거의 동시에 나타난다.[28] 이는 영혼뿐만 아니라 천지자연의 신명을 위한 소사다례도 행해졌다. 우리 제의(祭儀)의 헌다 역사는 중국보다 늦지 않았던 것으로 나타난다.[29]

　예(禮)와 다공(茶供)이 긴밀한 이유는 다음과 같이 생각된다.

　① 차는 손님이나 신명을 접대하는 기호적 음료이다.

　② 찻감은 예로부터 귀인이나 수도자가 애호하며 예물(禮物)로 쓰였다.

　③ 다사에서 세밀한 분량과 온도로 정성을 들이고 뜨거운 물을 다루며 전다의 순서를 익히므로, 차분한 마음과 행동을 하게 되며 인내심이 생긴다.

④ 물을 보고 다루는 일로 인해 마음이 순해져서 자발적으로 남을 공경하는 마음이 생긴다.

⑤ 찻자리의 자유성과 즐거움은 예법의 구속성을 무디게 하므로 예 공부에 부담이 적다.

⑥ 행다는 자주 반복되므로 자연스레 습례(習禮)가 된다.

따라서 가정의 다도는 예 공부의 첩경이 된다.

(1) 가야와 삼국의 예다문화

우리 역사에 생자(生者)를 위한 공경다의(恭敬茶儀)가 분명하게 나타난 때는 7세기 중반으로, "차는 선덕왕(재위 632~647) 때부터 있었다.(茶自善德王時有之)"는 『삼국사기』의 기록이 중시된다. 그러나 신라 이전에 가야(가락국)에 차문화가 있었으며, 신라의 다공문화는 6세기 이전의 가락국 왕실과 귀족의 음다풍속 영향을 받았다. 그 근거를 다음과 같이 면밀히 살피고자 한다.

『삼국유사』 제2권 「가락국기(駕洛國記)」에는 도52에서 보듯이 '차(茶)'를 가야 종묘제사에 오랫동안 올린 기록이 적혀 있다.

가락국 시조인 김수로왕이 서기 199년에 돌아가시니, 장자인 2대 거등왕(居登王, 재위 199~259)부터 마지막 9대 구형왕(仇衡王, 재위 521~532)까지 삼백여 년 간 능묘제와 함께 세시제사를 지내었는데, "끊이지 않고 계속되었다.(相繼不絶)"고 하였다. 이어지는 내용으로, 신라 문무왕(法敏, 재위 661~681)은 즉위한 해인 661년 음력 3월에 제도로서 명령을 내려, "종조(宗祧, 종묘의 合祀 사당)에 합하여 계속하여 제사(祀事)를 지내어라."고 하니, 이에 "세시(歲時) 때마다 막걸리(醪醴, 요례)를 빚고 떡·밥·차(茶)·과품(菓品) 등을 바쳤도52 가야종묘의 제사.『삼국유사』의 「가락국기(駕洛國記)」

다.”고 쓰여 있다. 여기서 명시된 중요 제수 다섯 가지에 '茶'가 있었다는 사실에 주목하지 않을 수 없다. 차는 '차탕'을 뜻하고 식후에 따뜻하게 마시므로 [30] 나중에 바쳐졌을 개연성이 크다. 그리고 절사(節祀)의 날짜를 1월 3일과 7일, 5월 5일(단오), 8월 5일과 15일(추석)의 닷새로 명시하면서, “해마다 빠지지 않았고 그 제일(祭日)을 잊지 않았으니 거등왕이 정한 일 년에 닷새이다. 향기로운 '효사(孝祀)'가 이로써 있게 되었다.”고 쓰여 있다. 또한 제주(祭主)를 가야의 17대 왕손에 해당하는 갱세급간(賡世級干)으로 정하여 가야의 제의풍속을 따르게 하였다. 따라서 가야 종묘의 명절제사의 헌다는 수로왕이 돌아가신 199년부터 시작되어 신라가 가야를 합병한 532년까지 계속되었다고 보는 것이 거의 확실하다.

만약 김수로왕이 생전에 다음(茶飮)을 모르거나 싫어했다면, 거등왕이 차를 제수로 쓰지는 않았을 것이므로 가락국에는 국초인 2세기 말에 왕실의 음다풍속이 있었음이 추정된다. [31] 가야가 항복한 532년부터 661년까지 130년간 행하지 않던 가야왕의 제사를 신라 문무왕이 지내라고 한 이유는, 문무왕 자신이 김수로왕의 15대 왕손이기 때문이라고 밝혔다. 이는 통일신라의 종묘를 가야까지 포함시킨 것으로 볼 수 있다.

위에서 술을 제외한 떡·밥·차·과품은 고려 말까지 불가의 가장 중요한 제물이었으며 오늘날도 대동소이하다. 기본 제수는 정해두어야 후손이 제사지내기 편하며 제의 양식도 수백 년 동안 크게 바뀌지 않는 것이 우리의 풍속이다. 농경사회에서 일 년에 다섯 번씩이나 지내는 절사의 제수에 수입차를 쓸 리가 없고, 제수는 반드시 참사자들이 음복하므로 가야 귀족들도 다음풍속이 있었음은 당연하다. 문무왕 때에 가야 귀족의 음다풍속이 없었다면 제의에 차를 올릴 수 없다. 차나무도 당연히 자생했을 것이므로 [32] 서인들도 약용 등으로 음다하였음에 틀림없다.

『삼국유사』는 고려의 승려 일연이 쓴 책이지만, 《가락국기》의 내용은 불교적 색채가 없고 수로왕의 유교문화를 나타낸다는 점에서 위 내용의 역사적 사실성이 명료하다고 보아야 한다. 수로왕도 박혁거세와 같이 난생설화를 지녔고 천신(天神, 皇天, 上帝)을 받들었으며 유교적 교화의 정치를 하였으므로 위의 세시 절사(節祀)는 유교문화를 따른 것이다. 따라서 황천(皇天)상제(上帝)의 계시를 따라왔다는 허황후는 종교로 볼 때 인도인이 아니라 지금의 중국에서 온 것으로 생각된다. [33]

신라가 본가야의 영토와 국민을 전쟁 없이 합병한 532년부터는 가야 출신의 신귀족(新貴族)을 포함한 신라 상류층에서 음다풍속이 확산되었음이 확실하다. 왜냐하면 당시 가야의 귀족과 백성은 신라 백성이 되었기 때문이다. 김유신(金庾信, 595~673)도 가야국 구형왕의 증손이며 609년(15세)에 화랑이 되었으므로 다음(茶飮) 습속이 있었을 것으로 추측된다. 그는 27대 선덕여왕 때에 상장군(上將軍)에 올랐고 29대 태종무열왕(金春秋, 재위 654~661)을 추대했으며, 30대 문무왕 때까지 전쟁으로 공을 세운 명장이었다. 따라서 『삼국사기』에 '차가 선덕왕(재위 632~647) 때 있었다' 함은, 가야의 다공풍습이 신라 왕실에 수용되었음을 뜻한다. 신라 왕족의 다공 기록은, 31대 신문왕(재위 681~692)과 32대 효소왕(재위 692~702)의 태자 시절까지 이어지고, 765년 삼짇날에 충담사가 경덕왕에게 행한 공경다의가 있다. 그 외에 신라의 차제사 기록은, 6세기 중엽 인물들인 사선(四仙)의 한송정 천신제사 [34]와 7세기 말엽 보천과 효명태자(효소왕)의 오대산 문수보살 헌공다의가 있다. 여기에 원효와 설총의 대를 이은 생활 음다풍속도 참작하면, 7세기는 신라 차문화가 이미 전성기에 들어섰다고 봄이 타당하다.

8세기에 충담이 미륵부처에게 올린 삼짇날다례와 중양절다례는 춘추제사로서 언제부터 행해졌는지 알 수 없으나, 가야의 종묘절사와는 날짜가 다르다는 점에서 풍속이 일부 변한 것 같다. 충담의 시대에는 민가에서도 봄가을 명절에 차제사(茶祀)가 있었음이 추정된다.

고구려와 백제도 예다문화가 발달하였음은, 고구려 벽화의 진다도와 고구려 상례의 무덤 속 단차, 백제 왕실의 다공 [35]에서 짐작된다.

중국은 8세기 이전에 차제사를 지낸 설화와 역사 기록이 육우의 『다경』에서 네 군데 나온다. 남조(南朝)시대인 493년에 무왕(武王)의 유언으로, "나의 제상에는 희생물을 올리지 말고 오직 떡과 과품, 반(飯), 술과 육포면 된다." [36]라 하여, 차를 올리라는 기록이 있고, [37]

설화로서 동진(東晉, 317~420)의『수신기(搜神記)』와『이원(異苑)』
에 귀신이 차를 달라고 한다거나, 무덤에 차를 부어주니 돈을 얻었
다는 내용이 있고, 서진(西晉, 265~316)의 왕부(王浮)가 쓴 한나라
때의 설화책『신이기(神異記)』에는 도사(道士)인 단구자(丹丘子)의
제사를 지냈다는 내용이 있다.

(2) 고려와 조선의 제도적 예다문화

고려조의 예다문화를 알 수 있는 기록은,『고려사』와 송나라 사신
이 쓴『고려도경』의 다연(茶宴)에 잘 나타나 있다.

선비들의 음다풍속에서도 평상시와는 조금 다른 예의와 범절이 있
었음을 볼 수 있다. 명석(茗席, 찻자리)에서는 자리의 서열이 있었고,
특정의 사람에게 초대장을 보내어 예의를 갖추었으며, 진행에서는
절도(節度)와 화락(和樂)이 함께 있었다. 연회의 다속(茶俗)으로는
찻잔의 뚜껑을 덮어서 천천히 걸어서 들고 왔으며, 진행자가 "차를
다 드렸으니 드십시오." 라고 말한 뒤에야 손님이 비로소 마시는 예
법이 있었다.

고려시대에는 승려나 불자, 혹은 왕의 제사와 공덕재에 흔히 제사
다례가 행해졌다. [38] 대각국사는 원효 등의 승려와 발해왕의 차제사
를 올린 기록이 있고 정승이 차로써 불공을 드리는 일도 예사였다.

고려와 조선조에는 왕의 의전(儀典) 행사로서, 공식적 축하 다의
(茶儀)와 사다의(賜茶儀)가 있었다.

팔관회와 연등회, 설날의 궁궐 조회, 공식적 귀빈 접대, 진연과 진
찬 등 국가적 의례에서 왕과 백관, 혹은 사신들이 공례(公禮)로서 차
를 마시는 의식을 행하였다. 고려는 왕태자가 명절날 하루 전에 궁

관(宮官)으로부터 공식적으로 차와 술을 받는 진다주의(進茶酒儀)가 있었다. 그리고 왕이 국자감(成均館)에 시학(視學)할 때 왕태자와 신하와 학관과 학생들에게 차를 하사하는 의식이 있었다. [39] 따라서 고려조와 조선조에는 이를 관장하는 다방(茶房)이라는 직책에 관리들이 있었고 다방군사나 차모(茶母) 제도가 있었다. 고려의 다방군사가 대동된 때는, 왕의 음악 감상 행차, 서경이나 남경의 순행, 봉은사의 진전 배알, 사면 선포의식, 왕태자의 야외 주행 등이었다. 조선 초 다방관리 채용시험과목 중에 '가례(家禮)'가 포함된 데에서도 알 수 있듯이, 다방 직책은 왕과 왕가와 귀빈의 차 접대와 왕가의 제사와 축하연회의 일을 맡았다. 다방이 없어진 후 내시부의 '상다(尙茶)'와 각 궁전의 '다색장(茶色掌)'이 다례와 다사를 맡았다.

조선조 태종 때에는 왕이 무술을 연마할 때 어가를 수행하여 차를 올렸다. 왕에게 '다상(茶床)'을 올리는 예식을 행한 것은, 세종 때부터 왕의 군대 사열이 끝난 후로 정하였고 그 후에도 행해졌으며 '다과반(茶果盤)'이라고도 일컬어졌다. 세종 때에는 상왕(당시의 태종)을 위해 설날과 동지와 탄신일에 '다상(茶床)'을 올리고 연이어 술을 올려, 규모가 큰 연회를 대신하는 간소한 다의(茶儀)를 정하여 이행하였다. 왕의 생일에 헌다의를 행한 것은 고려조로부터의 풍습이며, 이러한 헌수다의(獻壽茶儀)는 오늘날 창신하여 풍속화될 여지가 많다. 조선 후기에는 왕실 소례(小禮)인 진찬과 진연 등이 행해져 진다의(進茶儀)가 많이 행해졌고 진명(眞茗) 외에 대용차도 쓰였음을 의궤류에서 볼 수 있다.

조선 왕실에는 밥과 술을 쓰지 않고 진명(眞茗)을 올린 제사다례였는데, 사가에 영향을 미치면서 술로 대신하기도 하고 '차례' 또는 '차사(茶祀)'라는 제사로 고착된 것이다. 왕실의 '망다례(望茶禮)'가사가에서는 '보름차례'로 정착된다. 왕실과 사가(私家)의 소사(小祀)인 차제사(茶祭祀)가 행해진 때는, 절일(節日)·생신·고사(告事)·고유(告由)·천신(薦新)·시사(時祀)·묘사(墓祀), 그리고 상례의 중소사(中小祀)와 삭망(朔望), 조상이 아닌 영령제사 참배 등이며 묘당과 능묘에서 행해졌고 [40] 중사(中祀)·소사(小祀)·소소사(小小祀)의 풍속으로 자리 잡았다. 그리고 다가(茶家)의 정제(正祭)에서는 철갱후 헌다의에서 다공을 하였다.

'茶禮(다례 또는 차례)'는 '주례(酒禮)', '식례(食禮)' 등과 비슷한 용례로 쓰이는 '다공의례(茶供儀禮)' 또는 '다의(茶儀)'이다.

'茶禮'라는 단어가 처음 기록된 것은 생자의 접대례에서 비롯된다. 『고려사』에는 중국에서 온 칙사에게 차와 술을 대접하는 예를 '다주례(茶酒禮)'라 하였는데, [41] 조선 태종 원년(1401년)부터 중국 사신을 맞이할 때 연향(宴享)보다 작은 다과 접대를 격식 있게 행하면서 이를 '다례(茶禮)'라 하였다. 이때 찬품을 특별히 많이 낼 경우에는 '별다례(別茶禮)'라고도 일컬었다. [42]

접빈다례는 조선 태종 때부터 왕가에서 사신을 맞을 때 행해져왔다. 나라의 귀빈 접대로 근정전(勤政殿)과 사정전 등에서 왕이 행하는 접빈다례는 대개 '공식례(公式禮)'이다. 그러나 비공식례로도 행해져 왕의 종친이 사는 대부가, 사찰 혹은 성균관의 명륜당 등에서 행한 접대다례도 있었다. 이와 같은 접빈의식다례 기록은 철종 때까지 570회 이상 나타난다. 왕실의 큰 손님은 사신일 수밖에 없고 자주 행해지므로, 세종 때에는 「연조정사의(宴朝廷使義)」 등을 기록하여 국빈 접대를 위한 의전다례의 형식을 만들었다. 세종 때는 매월 세 번씩 세자의 사부와 빈객이 모여 공부한 것을 복습하고 주과를 베풀던 회강(會講) 시에도 '다례'를 행하는 법을 세워 이행하였고, 남향

한 왕에게 사신이 다례를 행한 기록도 있다. [43]

제사로서의 '茶禮'라는 용어가 맨 먼저 기록된 것은, 접빈의 '茶禮'가 쓰인 지 45년이 지난 뒤인 세종 29년(1447년)에 세자가 영릉(英陵, 소헌왕후의 능)에 가서 행한 '주다례(晝茶禮)', 즉 낮의 다례였다. [44] 주다례란 거상(居喪) 중의 점심제사로서, 아침저녁과 같이 밥과 탕을 올리지 않고 다과류로 간단히 지내는 제사이다. '주다례'는 그냥 '茶禮'라고 기록되기도 했다. [45] 예종 1년(1469년) 9월 17일에는 왕이 아버지인 세조의 혼을 모신 영창전(永昌殿)에 나아가 '주다례'를 행하였는데, 세조의 비(妃)이자 왕의 어머니인 정희왕후(貞熹王后)도 역시 추모의 '茶禮'를 행했다. 여기서 태비(太妃)가 지낸 '茶禮'는 당일의 점심시간 이후에 따로 지낸 특별 소사(小祀)이다. 이후 흉례가 아닌 길례의 '소제사(小祭祀)'를 뜻하는 '茶禮'라는 용어도 쓰이기 시작한다. [46] 탄신일·삭망, 한식·칠석 등의 속절과 같이 특별한 날에 지내는 간단한 제사인 '별다례(別茶禮)'가 있었으며 이를 '다례'라고도 하였고, 점심때 지내는 특별제사인 '별주다례(別晝茶禮)'도 조선 말엽까지 흔히 행해져 『조선왕조실록』에는 1300회 이상 쓰여 있다. 예종 1년(1469년)부터는 왕실의 여성인 태비(太妃)·대비(大妃)·왕비·왕대비가 봉선전 등에서 선조의 추모 다례를 지내었고, 이후 왕실 여성의 의례 형식을 규정하여 기록으로 남기게 된다. 16세기부터는 왕가의 별다례와 다례가 사서인의 '차례'로 정착되었다. [47]

중국의 '茶禮'는 1338年에 완성된 『칙수백장청규(勅修百丈淸規)』에서 3회 행해지는데, 이는 모두 제사가 아닌 사찰의 접빈다례의 의미로 쓰였다. 주희(朱熹, 1130~1200)는 사대부의례인 『문공가례(文公家禮)』를 써서, 통례(通禮)의 작은 제사와 시제(時祭)나 기제(忌祭)

410

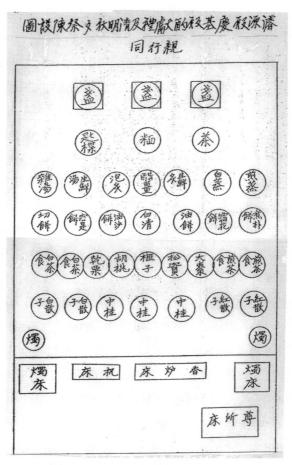

도53 선원전·경기전 작헌례와 청명·추석 차례제사 진설도.
장서각 소장. 술잔 세 개와 찻잔 하나가 있다.

등에 식후에 헌다(獻茶)함을 정례로 삼았으나 풍속화 되지 못하였고,
'茶禮'라는 단어는 없다. 그리고 중국에서는 제사를 뜻하는 '茶禮'나,
'주다례(晝茶禮)'와 '별다례(別茶禮)'라는 단어가 예전에도 없었으며,
일본도 현대 이전에 '茶禮'라는 단어를 쓰지 않았다. [48] 이와 같은 사
례에서 다례(茶禮)는 우리의 독자적 문화로서 발달했음을 보여준다.

접빈과 제사의 '茶禮' 기록은 『조선왕조실록』 뿐만 아니라, 『승정
원일기(承政院日記)』[49]와 『일성록(日省錄)』[50]에서 그 수효를 셀
수 없을 정도로 많이 기록되어 있다.

도52의 왕실 작헌례와 명절제사에서 삼헌주(三獻酒)와 함께 단헌
차를 올렸으며, 『영조 빈전(殯殿) 도감의궤』에도 주다례에서 '雀舌茶
一器, 수라간에서 거행함'이라 씌어 있다. 따라서 조선조 왕실의 소
사나 전(奠)을 지낼 때 작설차(眞茗)를 제물의 주된 품목으로 올리
는 일은 예사였다.

조선 초 왕실의 상례(喪禮)에는 찻물로 강신(降神)을 빌었다.

세종 1년부터 세조 8년까지 기록에 나타난 『조선왕조실록』을 보면,
시호를 영전에 바칠 때와 발인을 전후한 절차, 그리고 노제(路祭) 등
의 각 의식 때마다 상주(喪主) 등이 '찻잔(茶盞)'에 뇌다(酹茶, 강신
차를 부음)하였다.[51] 이는 고구려 무덤에 차를 넣어둔 것이나, 고려
전기에 신하가 세상을 떠났을 때 많은 차가 하사된 것도 상례에 진
명차가 중요했음을 뜻한다.

(3) 사가 제사 헌다의 예학적(禮學的) 견해

조선 왕실의 제사는 주자가례를 참작은 하되 고려 왕가 예식을 기
초로 행한 반면에, 조선 사대부의 시제(時祭)와 기제사는 주희의 『가
례(家禮)』를 많이 본받았다. 그러나 소사(小祀)는 주자가례의 틀에서
벗어나 향속을 따르면서 새로운 제의풍속이 생겨나게 된다.

이경석(李景奭, 1595~1671)의 『백헌집(白軒集)』에는 '고사(告事)'
뿐 아니라 능묘제사나 생일제사나 상례의 소사도 '茶禮'라고 기록하
였으므로, '차례'는 '사당제사'에 한정되지 않고 '작은 제사'의 개념으

로 쓰였다.

사대부가의 제전다례는 밥이 없는 소사(小祀)인 '차례'가 있고, 기
제사 등의 정제(正祭)에서 유식 후 국을 내리고 차를 올리는 '헌다의
(獻茶儀)'의 두 가지가 풍속화 되었다. 그런데 16세기에 와서 주자가
례가 사대부와 민가에 정착하게 되자, 퇴계와 율곡을 비롯한 예학자
들은 제사에서 차(茶) 대신에 '숭늉이나 물로 대신해도 된다'고 했다.
그 이유는 당시에 차가 귀했기 때문인데, 차 산지가 점차 줄어들고
증산정책은 없었으며, 다공(茶貢)으로 인해 찻값이 엄청나게 비쌌다.
또한 주자가례에서 차를 올리는 주부는 당시에 제사의식에 참례하지
않는 풍속도 원인이 된 것 같다. 즉, 주자가례를 우리나라의 형편에
맞게 정착시키려면 대다수 백성들을 위한 최선의 방편을 생각해야
했기 때문이 아니었나 생각된다. 이 문제는 예학자들의 관심사가 되
었다. 율곡 이이는 "지금 우리나라 풍속에는 茶를 올리는 예가 없
다."라고 하며, "(차를 쓰거나) 혹은 더운 물(熟水)로 대신한다." [52]
고 하였고 퇴계도 같은 견해를 가지고 있었다. 이는 당시인 명종(明
宗, 재위 1545~1567)때에는 중국 사신의 접대다례나 왕실의 제사다
례가 흔히 행해졌던 때였다.

퇴계 이황(李滉, 1501~1570)과 율곡 이이(李珥, 1536~1584) 두 학
자는 모두 일상에서 차를 즐긴 다인이었다.

퇴계의 『언행록』에서 「봉선(奉先)」조를 보면, "어느 날 손님이 왔
는데 술을 내놓으려고 하다가, 그 사람이 그 날 제사가 있는 것을 알
고서 그만 두게 하고 오직 차만 내놓았다(惟設茶)."라고 했으므로,
퇴계는 평소에 차를 준비해두었고, 제사의 재계 시에는 술 대신 차
를 마시는 것이 옳다고 여겼음을 알 수 있다. 그는 '茶'에 관한 시 여
섯 수를 남겼으며, [53] 『다경』과 『다록』을 읽고 그 내용을 인용하였으

며, 『주자가례』의 '다선(茶筅)'에 관해, "선(筅)은 대나무로 만든 조다(調茶)하는 물건이다."[54]고 하여, 다공(茶供)에 관한 견해를 피력하였다. 그의 차시를 보면, '필상(筆牀)'과 '다조(茶竈)'를 사용하였고, '대나무로 지은 원(竹院)에서 계수나무를 주워 차를 끓였다. 농암 이현보를 만났던 일을 쓴 시에는, "산동자는 찻물 끓는 모양을 잘 분별하고,(山童解辨茶湯眼) 거문고 타는 하녀는 물소리와 어울려 노래하네.(琴婢能歌水調頭)"라고 하며, '선경(仙境)'에서 노닐었다고 하였다. 그는 후학들에게도 다도의 중요성을 인식시킨 다가(茶家)였다.

율곡도 퇴계와 마찬가지로 다인이었다. 그의 시 「또 풍악에서 놀다(重遊楓嶽)」를 보면, "구름에 비 내리니 숲이 어두운데, 산 속 집은 맑기가 그지없네. 차를 마시고 나니 일이 없어, 시와 선(禪) 이야기가 함께 섞인다네."라 썼다. 그리고 1573년에 쓴 「물에 잠긴 어촌의 원정에 제목을 붙임(題沈漁村園亭)」이라는 시에서는, "한리부가 무슨 필요 있으리. 찻잔을 예쁜 손에 받쳐 올리네.(何須韓吏部 茗椀捧纖纖)"라 하여 그는 진차(眞茶)를 '명(茗)'이라 함도 알았고, 그외에도 두 편의 차시가 더 있다.

이황과 이이는 "차를 안 써도 된다."고 하여, 제사에 명차를 쓰는데 대해 전적으로 부정하지는 않았다.

조선 사가(私家)의 제사에서 진명차(眞茗茶)를 올린 근거는, 금주령이 내렸을 때와 다가(茶家)들의 글에서 나타난다. 변계량과 정구의 제문, 남효온의 부모 기제사, 장현광의 편지글에서 차탕으로 헌다를 행하였으며,[55] 유계의 『가례원류』에서는, 삭망 시에 '술 석 잔, 차 석 잔, 과일을 올림'이라는 내용이 있고, 안정복의 사당 설찬도와 이상적의 친구 생일제사, 이종홍의 사당 제의에서 술 대신 쓰인 차의 내용들을 볼 수 있다.[56]

사계(沙溪) 김장생(金長生, 1548~1631)은 성리학적 예교를 정
착시키는 데 공이 컸고, 의례학을 학문으로 승격시켜 예학파의 태두
가 되었다. 그도 가례의 '헌다' 항목에 대해서는 율곡과 퇴계의 견해
를 따랐다. 조선 전기에 사가에서 제사지낼 때 점다(點茶)하기 위해
다선(茶筅, 찻솔)을 썼다. 오늘날 일본에서 쓰는 찻솔은 이와 비슷

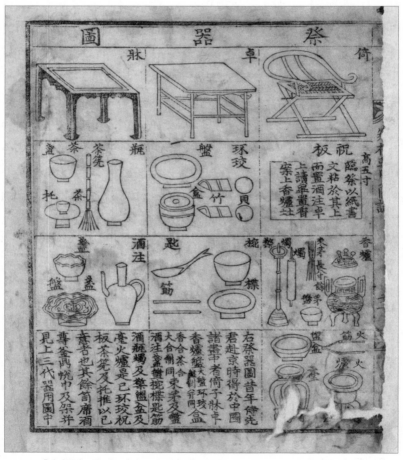

도54 『가례집람도설』의 「제기도」에 있는 다선(찻솔). 17세기 초 아래의 설명에서 김장생은
다선·찻잔·잔탁·축판·배교는 중국 그림이 없으므로 자신이 그렸다고 했다.

한 모양으로서 본래 우리 조상들의 창작품이었다. 사계의 예학 스승
인 송익필이 다선을 '조다 기구(造茶之物)'라 설명한 글이 있고, 김
장생과 동시대인으로 퇴계 이황의 문하에서 공부한 김융(金隆,
1525~1594)도 "다선은 조다(造茶)하는 것으로 대나무로 만든다."
고 한 것을 보면, 당시에 제기구인 다선에 관심이 컸으며, 늦어도
16세기에는 제례에 실제로 쓰였음을 알 수 있다. 여기서 다선에 관
해 좀 더 살펴보고자 한다.

명(明)의 구준(丘濬, 1420~1495))이 1474년에 주희의 『가례』에 첨
삭을 한 『문공가례의절(文公家禮儀節)』을 보면, "점다하는 다선(茶
筅, 말차 휘젓는 솔)은 그 만들어진 모양을 책에서 볼 수 없다."고
하고, 송의 다선 모양을 생각해내는 데 실패했음을 인정하고 있다.[57]
그런데 사계가 엮은 『가례집람도설(家禮輯覽圖說)』에는 도53과 같
이 대나무 마디로 된 다선의 모양이 상세히 그려져 있다. 이 그림을
그린 사계는 제기도의 아랫부분에서 설명하기를, "제사상이나 관분
(손 씻는 대야), 술주자 등은 중국 그림을 모방하였으나, 배교(산통
그릇), 축판(祝板), 다선(茶筅)과 찻잔받침은 내가 생각해서 그린
것이다."라고 썼다. 구준이 『문공가례의절』에서 언급한 바로는, 11
세기에 쓴 채양의 『다록』에 있는 말차 점다용 차시(茶匙)는 은이나
철로 만들되 대나무는 가벼워서 쓰지 않는다고 했으므로,[58] 사계의
다선은 중국다도를 흉내 내지 않은 우리의 창의적 작품임이 틀림없
다. 중국은 1269년 송나라의 심안노인(審安老人)이 그린 것으로 길
고 좁은 빗처럼 생긴 것이 있으며, 명나라의 주권(朱權, 1378~
1448)이 쓴 『다보(茶譜)』에는, 대나무로 만든 사발 점다용 다선의
길이가 5치(약 15cm)라 하였으나,[59] 그 모양을 자세히 알 수가 없
다. 일본은 현재 쓰고 있는 다선 모양의 연원을 알 수 있는 역사적

기록이나 그림이 없다.

우리나라는 신라 때부터 석지다조를 독창적으로 만들어 써왔고, 고려시대에는 말차를 휘젓던 고리다술이 있었으며, 단차를 부스러뜨리던 대나무 토막인 '공대(筇)'도 있었다. 다선은 공대의 한쪽 끝을 가늘게 잘라 솔 모양으로 만든 것이 아닐까 하는 생각이 든다. 사계가 그린 다선의 자루가 긴 이유는, 얕은 찻사발에 점다하지 않고 다선 옆에 그려진 다병(茶瓶)에 넣어 휘저은 후에 술을 따르듯이 병에 든 차탕을 잔에 부어 올린 것이다. 이는 오늘날 말차를 유발(乳鉢)이나 귓대사발에 점다한 후 다완에 따라 부어서 올리는 것과 같다.

사계는 율곡과 함께 서인(西人) 중심의 기호학파(畿湖學派, 서울 중심 유학파)를 이루고 남명 조식(曺植, 1501~1572)과 퇴계의 제자인 한강 정구(鄭逑, 1543~1620) 중심의 영남학파와 쌍벽을 이루어 예학을 발전시켰고 후세에 큰 영향을 주었다. 그러나 예학은 정치에 이용되어 당파 싸움의 무기로 쓰이기도 했으나, 예(禮)의 본체는 다르지 않았다.

고종 4년(1867년)에 간행된 『사례찬설(四禮纂說)』을 보면, 신부가 시집와서 처음으로 사당에 묘견(廟見)할 때 신부가 차(茶)를 점다하여 올린다고 하여, 조상에게 새 식구가 생겼음을 알릴 때는 차를 올리는 것을 원칙으로 함을 알 수 있다. 항간에, "봉채(封采)는 봉차(封茶)이다." 라고 하는 말은 근거가 없지만, 시댁 조상에게 고할 차나 차씨를 가져가는 것은 양속(良俗)이 될 수 있다. 그리고 가정의 제사 다의는 정제가 거의 끝나 신을 보내기 전에, 연이어 다과상을 바치는 별사다의(別祀茶儀)도 행해질 수 있다.

현대의 차례제사는 조선 말기에 와서 왕실에서 소사(小祀)가 아닌 밥과 탕과 술이 있는 중사(中祀)로서 지내는 풍습이 있었고, 근대화를 거치면서 소사의 횟수가 줄고 일가가 모이게 되므로 점차 설과 추석을 중심으로 지내게 되고 많은 음식을 차리게 되었다.

현대의 기제사나 명절제사에 차를 올릴 것인가에 대해 논란이 있다. 주자가례의 행례를 그대로 따르기 위해 차를 올리는 것은 우리 제의문화의 본래 모습이 아니며, 생전에 차를 즐긴 조상에게 술이나 물만 올리지 않는 것도 정리(情理)에 맞지 않다. 우리의 차제사는 가야시대부터 행해져왔고 고려시대에도 이어져 유가의 전유물은 아니므로 종교와는 무관하게 행해져야 하며, 술을 올려도 되겠으나 끽다가의 제사에는 헌다함이 옳을 것 같다.

(4) 다공(茶供)을 통한 전통적 예교(禮敎)

'예교(禮敎)'라는 단어는 주희(朱熹)와 허균(許筠, 1569~1618) 등이 쓴 말로서, '예로써 교화함' 또는 '예의 가르침'을 뜻한다. 예절은 다도를 통하여 배우기가 쉬우므로 역사적으로도 다공을 통한 예 교육이 행해져왔다.

태종 7년(1407년)에 11살 소년인 세자(훗날 세종)는 서연청을 방문한 사신에게 다례를 행한 기록이 있다. [60] 그리고 세종 29년에 세자(훗날의 문종)는 어머니의 주다례 제사를 손수 행하였다. 이와 같이 나랏일을 할 세자의 예 교육을 위해, 다공은 '습의(習儀)'로서 매우 중요했다. 조선 왕실에서는 세자가 공부한 것을 복습하고 주과를 베풀던 회강(會講) 시에 사부와 빈객이 모여 한 달에 세 번씩 '다례'를 행하는 법을 세워 이행하였는데, 역시 이를 예교로 삼은 것이다. 왕실의 흔한 제전다례도 참사자들이 미리 전날에 습례(習禮)함이 기본이었다.

조선의 제도권에서 다공을 통한 예교를 공부하고자 한 다른 예로는, 사헌부에서 '다시청(茶時廳)'과 '제좌청(齊座廳)'을 둔 것이다. 여기서 자세한 예교 내용을 살피고자 한다.

평소에는 풍교(風敎)를 규찰하는 대관(臺官)들이 다시청에서 상하 간에 엄격한 예를 갖추어 작설차를 마시고 심신을 다스렸으며, 특정한 날에는 제좌청에서 예절교육을 겸하여 대용차인 '탕약'을 마시는 시간을 정하여 행하였다. 정극인(丁克仁, 1401~1481)의 기록에 의하면, 사헌부의 다시(茶時)는 '방주(房主, 지위가 높은 고참)'와 '선생 (先生, 먼저 도착한 사람)'이라는 역할 명칭이 있었고, 엄격하게 정돈된 가운데 편안히 좌선을 하는 것 같다고 하였다. 그의 글 말미에는 "자손대대로 이 아름다운 풍속을 잊지 말게 하자."고 썼다.

사헌부 예의에 관해 쓴 성현(成俔, 1439~1504)의 글에서는, 제좌일에는 만약 하관이 오지 않았으면 비록 상관이 먼저 왔더라도 '임시대기소(依幕)'에서 하관이 오기를 기다려 들어간다고 했는데, 이는 후세에 행해진 일본다도 예법과 비슷하다. 대사헌이 대청에 앉으면 도리(都吏)는 대관들에게 각각 '제좌(齊座)'라고 소리를 친다거나, 탕차를 먹는 예에서는 "봉약(奉藥, 약을 받드십시오)", "정음(正飮)", "방약(放藥, 약을 놓으십시오)"라는 구령에 따라 대사헌 이하 대신들이 행다례(行茶禮)를 했다. 그리고 "정좌(正坐, 바로 앉으십시오)" "정공사(正公事, 바르게 공무를 하십시오)"라고 외친 후에 비로소 업무가 행해졌으며, 업무가 끝나면, "공청봉궤(公廳封匱, 공무가 끝 났습니다) 대장가출(臺長可出, 대사헌은 나가셔도 됩니다)"라고 외친 뒤에 차례로 나갔으며, 길을 갈 때도 차례대로 갔다고 쓰여 있다.

사가의 소사(小祀) 차례는 아동들의 부담 없는 예절 교육이었다. 홍우원(洪宇源, 1605~1687)의 「면학하는 아이들에게 주는 글」에는, "사당에 같이 온 뜻을 고하고 차례를 행함이 옳다.………사당에 함께 와서 미리 차례 제물을 갖추어 접대해야 한다." [61]고 하여, 아이들이 차례지내는 예절을 경험하게 하였다. 『음식디미방(閨壺是議方)』을 쓴 안동 장씨의 3남인 갈암 이현일(李玄逸, 1627~1704)은,

> 설과 동지와 삭망 때마다 집안의 유소년을 인솔하여 가묘(祠堂)에서 차례를 행한다.
> ― 每正至朔望 率家中幼少 謁家廟行茶禮訖. [62] ―

고 하여, 조상에게 다과 접대를 하는 명절의 차사(茶祀)를 집안의 청소년 예교(禮敎) 공부로 삼았다. 그리고 차례에 쓸 제수는 소중하게 다루어지며 먼저 맛보지 말아야 했다. [63] 특히 계절 따라 새로운 음식이 나거나 귀한 먹거리가 있으면 올리는 천신(薦新)의 다례제사는, 부모가 살아 계실 때 먼저 드리듯이 사당에 올린 후라야 먹을 수 있었다. 이는 정성을 모은다는 의미 외에도, 생시에 부모나 다른 어른에게 이와 같이 해야 함을 가르치는 것이다. 시절(時節)다례는 일월(日月)과 자연의 변화와 농사 등 해야 할 일과 연관되므로, 자연에 대한 감사뿐만 아니라 천지운행과 예제(禮制)의 관련성도 공부하게 된다.

우리의 예다문화 중에는 오늘날 복원되거나 창신된 다례가 이어지고 있다.

유명인의 추모다례와 사찰의 헌공다례제가 흔히 행해지고 있고, 명절제사를 간단히 지내는 풍습도 있으며 상량식이나 회사의 설립과 이전 시에 흔히 고사다례가 행해진다. 최근의 별다례에 관한 연구와 사료의 발굴 [64]에 힘입어, 왕실의 별다례(別茶禮)가 일부 복원되었다. 2003년부터 수원 화성의 행궁 개관 행사를 하면서 화령전(華寧殿)에서 실제로 차사를 올려 '고유별다례'를 지내었다. [65] 또한 차가 많이

나는 지방의 큰 잔치로서 다향축제(茶鄕祝祭)와 다신제(茶神祭)가
있으며 차인들의 축제행사에는 다례제(茶禮祭)가 행해지고 있고, 종
교를 초월하여 참여하고 있다.

4. 예다학(禮茶學)

'예다학(禮茶學)'은 예다문화를 연구하는 학문으로, '예의를 갖춘
다공(茶供), 또는 예학과 다도 전반을 공부하는 학문'을 뜻한다.

다도와 예절은 문화이고, 문화는 교육에 의해 전달되며 아는 만큼
깨닫고 누릴 수 있다. 문화적 질의 향상과 성숙을 위해서는 문화적
실천행위 전달과 더불어 올바른 학문적 지식을 습득하지 않으면 안
된다. 이론적 지식체계가 없으면 맹목적이어서 후세에 이어지지 못
하며, 실행이 없는 이론은 죽은 학문이다.

예다학(禮茶學)은 이론적 지식체계를 지닌 실용 학문이다. 조선조
세종 때 접빈과 제사의 주된 임무를 맡는 다방(茶房) 직책의 관리를
뽑는 시험과목은, 글씨·계산·시(詩)·가례(家禮)·법전(法典)으로,
[66] 이는 다공에 의례공부가 긴밀함을 나타낸 예다학의 전형이다.

전술한 바와 같이 우리나라는 다도와 예가 둘이면서 하나이다. 따
라서 "차는 아는데 예는 모르겠다." 함은, 차도 잘 안다고 할 수 없으
며, 또한 "예절은 아는데 다도를 모른다."고 한다면, 손님이나 신명
(神明) 접대의 간단한 예법도 모른다는 말이 된다. 이 시대의 다도
지도자들은 일상의 행다예절에서 한 걸음 나아가 가정과 사회의 의
례도 공부해야 함이 사명이다.

다도학(茶道學)은 20세기 말엽에 학문으로 연구되기 시작하여 짧

은 기간에 대학원 전공과목으로 자리 잡게 되었고, 전공대학도 생겨 났다. 의례학은 예학(禮學)을 중심으로 오랜 역사와 문화 양식을 연구하는 학문이므로 그 내용이 무척 방대하다. 근현대에는 왕조례가 대부분 없어졌고, 시대에 따른 의례 횟수와 절차의 간소화 경향으로 예학자가 많지 않았다. 조선시대 예의문답서를 보면 상황에 따른 많은 변례(變禮)를 연구해왔으나 난해하므로 예문가(禮文家)에서도 예법 세우기에 어려움이 많았다.

현대학문으로서 예다학의 내용은 무척 광범위하다. 차(茶, 茗)의 식물학, 제다, 행다법, 차문화사, 전통차와 약차, 다도철학, 예학, 가례, 의례학, 제의론(祭儀論)·고전 예서와 다서 해독, 문화산업, 다구 제작의 공예학(工藝學) 등으로, 인문과학(Cultual sciences)과 사회과학(Social sciences) 그리고 기초학문과 응용학문의 범주를 함께 지니는 종합학문이다. 여기에 예다학 전문가가 되기 위해서는 행다 수련과 습례 교육론 등 실천적 체험이나 정신수양도 병행해야 하므로, 공부가 쉽지 않고 오랜 시간이 소요된다. 그러나 다도를 습득한 사람은 예다학을 익혀 가르치기가 어렵지 않을 것으로 여겨진다. 의례는 실제 경험과 더불어 의식주 주변 과목의 연구거리도 많아 학문적 성과가 크다.

현대에도 예 공부는 교육자와 수혜자 모두 나이와 더불어 성숙해질 수밖에 없다. 유소년기와 청소년기에는 주로 가정에서 예를 배우며, 학교와 사회에서도 예를 습득한다. 성년이 되고 결혼을 하게 되면 의례(儀禮)의 주체가 되어 적극 관심을 두게 되면서 때로는 번거롭다고도 인식하고, 40대 불혹(不惑)의 나이에는 예를 생활 자체로 여기게 되다가, 50대에 천명(天命)을 생각할 때는 전통문화로서 예를 경외(敬畏)하며, 60대 이순(耳順)의 나이에는 선대의 예의식이 이해되면서 주견(主見)이 서며, 70대 이후 노년기에는 예와 더불어 사는 때로 볼 수 있다.

따라서 예는 평생을 두고 공부해야 하며, 더욱이 혼례와 상례는 나이가 들어서 직접 경험한 후에 성숙된 예가 습득되므로 공부하는 데 시간이 많이 걸린다. 예다학 선생은 학문적 성과뿐 아니라 수양을 통한 생활 자체가 드러나므로 입지를 세우기가 어려운 편이다. 그리고 우리는 세계화 속에서 정치·경제·사회적 급변을 거쳤으므로 현대에 들어와서 예의 간소화에 적극 관심을 두게 되었는데, 이는 그냥 간단히 줄인 예가 아니다. 의례의 목적을 새기고 절목에 있는 전통 예사상과 다양한 의식을 충분히 연구한 후에, 현대의 의(衣)·식(食)·주(住)에도 어울려야 하므로 결코 쉬운 일이 아니다.

그러나 '과공비례(過恭非禮)'라 하여 지나친 공손은 예가 아니라는 말도 있을 뿐 아니라, '예번즉난(禮煩則亂)'이라 하여 예의가 너무 까다로우면 오히려 문란해진다는 말도 있다. 그리고 나이가 들수록 예와 차의 철학사상이 쉽게 이해되므로, 불완전한대로 가르치는 데 부담이 적다. 더욱이 이미 다도를 공부한 사람은 예다학의 절반은 수학한 셈이다.

미래사회는 객관적 부나 과거의 명예보다 일거리 있는 노년이 부러움의 대상이 된다고 한다. 따라서 이 시대에도 집안이나 동네에 '어른' 또는 '예가(禮家)'나 '예생(禮生)'이 많이 나와, 젊은이들을 자애롭게 가르치고 사랑으로 꾸짖을 수 있는 문화가 형성되어야 한다.

5. 한국 의례문화(儀禮文化)에 대한 국가와 사회의 소임

'의례(儀禮)'는 시작과 끝이 있는 예의범절이나 행사를 뜻한다.

의례에는 가정의례와 사회의례, 국가의례가 있고, 각 의례의 예식 절차와 기물과 음식은 품격에 따른 예수(禮數, 예의 급수)에 따라 차별이 있으며, 규모에 따라 대례(大禮)·중례(中禮)·소례(小禮)로 구분한다.

옛 말에도 "생활이 넉넉해지면 예의가 생겨난다.(禮儀生於富足)"고 했듯이, 우리나라도 경제적 중산층이 두터워지면 품격 있는 의례 생활이 일반화될 것이므로 이제는 의례학(儀禮學)을 중시하고 연구해야 할 때이다.

현대와 미래의 국가 발전은 경제성장과 문화생활이라는 두 개의 톱니바퀴가 음양 조화와 같이 화합하여 맞물려야 한다.

근현대에 부(富)의 축적과 함께 차와 예로써 국민성을 교화시킨 대표적 국가가 일본이다. 그들은 다실에서 얻은 높고 순화된 규범으로 일상생활을 조절하는 데 성공하였고, [67] 사회생활이나 국제 무역 시장에서도 감정을 조절하고 예의바르며 아름답게 행동하여 개인과 국가에 실질적 이익을 가져왔다. 일본은 근대에 다서를 보급하였고, 국가기관인 민족문화연구소 등에서는 다도문화 전반에 관해 연구하는 것을 지원하였다. 중국도 각 성(省)별로 제다나 좋다 연구를 하고 많은 전적류를 출간하였으며, 차문화유적지나 박물관이나 차관(찻집) 등에 엄청난 투자를 하여, 그로 인해 벌어들이는 외화수입도 적지 않지만 그로써 중화사상을 심고자 하는 의도도 있다.

예문화 창달을 위해서는 사회와 국가의 노력도 필요하므로 다음과 같이 다섯 가지 제안을 하고자 한다.

첫째, 우리나라의 공식의례에서 전통문화를 참작한 의례가 행해 지고, 지도자는 국풍(國風)에 참여하여 모범을 보여야 한다.

국빈 영접의 의전행사를 서양식이 아닌 한국식으로 창신해야 한 다. 민족문화적 특성이 나타나는 예식과 의상으로 국빈을 맞는 모습 은 무척 아름답다. 그리고 일 년에 한번이라도 종교를 초월한 '天(하 늘, 하느님, 한울님)'에 감사하는 국가적 전통 제향의식을 일부 복 원·창신하여, 대통령과 행정·입법·사법 지도자가 재계하고 참여함 으로써, 국민의 모범이 되고 백성을 사랑하며 공감한다는 의의를 지 닌다. 이는 우리나라가 생겨난 이래로 몇 천 년을 행해왔다. 영빈을 위한 의식다례도 전통을 이은 예로써 행해진다면 아름다울 것이며, 다옥도 요철온돌로 지어서 한국식 다연을 개최함이 좋을 것이다.

둘째, 청소년 교육을 위해 '접빈객(接賓客) 봉제사(奉祭祀)'의 생 활문화사를 중등학교 교과에 넣어야 한다.

예다공부는 청소년 학생들에게 이론적 윤리뿐만 아니라 '禮'와 '孝' 와 '義'의 실행을 돕는다. 다도와 제의(祭儀) 교육이 절실함은, 앞에 서 여러 각도로 살펴보았을 때 지극히 중요하다. 청소년들의 문화 인식은 국가의 미래를 결정한다. 문화 수준은 단기간에 높아지지 않 으나 투자가치가 크며, 특히 생활문화로서 접대와 제사는 아직까지 우리 국민 전체의 공감대가 넓다. 18세 이전의 기호품은 평생을 두고 좋아하며, 차생활은 짜고 단 음식과 술 담배도 멀리하는 데 도움이 된다. 차는 집중력과 감성 발달에 도움을 줄 뿐 아니라 자발적 가치 관이 형성되는 데 기여하며, 고뇌를 다스리고 대화의 자리가 마련된 다는 점은 간과할 수 없는 부분이다. 예다 교육은 지식을 향상시키 는 지육(智育)과, 철학적 사유와 덕성을 키우는 덕육(德育)과, 행다 (行茶)와 예절 수련을 통한 체육(體育)이 길러질 뿐만 아니라, 현대에 중시되는 예육(藝育)에도 도움이 된다.

종교가 각기 다른 구성원이 모여 일가(一家)의 제사를 지낼 때에
는, 좋은 점들을 본떠서 조화롭게 가례를 세워 행할 수 있다. 제사를
지내는 것은 신명을 위함일 뿐 아니라 자기 자신을 위함이다. 또한
후대에서 자신의 제사를 지낸다는 것은, 생사를 초월하여 후손의 신
명을 일깨우는 일이므로 간헐적이나마 삶이 이어진다고 볼 수 있다.

종교를 초월한 사의(祀儀, 제의)는 장례의 연장이다. 돌아가실 때
의 슬픔과 한이 제의로써 조금이라도 달래질 수 있다면 무척 다행한
일이 아니겠는가. 또한 형제자매와 친척들이 제의를 위해 모여, 부모
의 가르침을 되새기고 진정한 화목을 이룬다면 행복하지 않겠는가.
식구가 늘었음도 알리고 고단한 삶을 위해 기도한다면 용기가 나지
않겠는가.

현대의 제의도 간략히 하고자 하면 인사와 묵념으로 끝낼 수도 있
다. 기독교(그리스도교) 중에서 천주교의 신도는 주일마다 지내는 제
사에 참여하여 간단한 음복례를 행하며, 성경에는 제사 지내는 예
(例)도 있다. 근래에 종교에 따라 절(拜)이나 제의를 거부하기도 한
다. 그러나 물건도 귀한 것은 공손한 모습으로 다루며, 때로는 동물
에게도 우리는 인사말을 한다. 절은 사람의 겸손한 모습이며 말(言)
이 아닌 행동의 인사이다. 그런데 은인이거나 공경했던 사람의 사진
이나 표상을 향하여 허리 굽히면 안 된다는 인식이야말로 재고할 필
요가 있다고 생각된다. [68]

셋째, 각급 학교 급식과 구내식당, 그리고 공공기관과 군부대 식
사의 명차(茗茶)를 국가에서 지원·보급해야 한다.

유치원과 각급 학교의 급식시간에 티백이 아닌 현미차나 황차를
끓여서 차탕을 보온통에 담아 준비해두었다가 식후에 임의로 마실

수 있게 무상 지원해야 한다. 차의 맛에도 익숙해지고 예(禮)를 생각하게 하며 차(茶)산업도 살리게 된다. 군대에도 상담을 맡는 다도교관이 있으면 매우 유익할 것이다. 역사적으로도 군인의 사기(士氣)를 높이는 데 다명(茶茗)이 쓰였다. 일본도 기업체의 차 마시기를 적극 후원하였고 지금도 학교 급식에 녹차를 준비해둔다. 지방자치단체와 국가는 차밭 관리와 제다를 연구·지원하며, 녹차뿐 아니라 조상들이 즐겨 온 반발효의 황차(黃茶)나 강발효의 자홍차(紫紅茶)의 생산과 국제화를 독려해야 할 것이다.

넷째, 국가는 역사 기록이 있는 다도 유적지의 복원에 적극 힘써야 한다.

사선화랑의 전다 유적지인 강릉의 한송정은, 현재 군(軍)부대가 관리하는 곳이므로 일반인의 출입도 통제되어 있고, 삼십년 전의 다정(茶井) 모습마저 변모되어 그 자취를 찾기 어렵다. 정자도 새로 지어 기록에 있는 고려의 관광지 모습을 되찾아야 한다. 양산 통도사 주변의 동을산(東乙山)의 다소촌(茶所村)도 복원하여야 하며, 부안의 원효방도 종교의 영역을 벗어나 국가적으로 관심을 두어야 할 것이다. 충담의 경주 유적지는 귀정문(歸正門) 위치 논란을 매듭지어, 그 자리에는 푯말이나 안민가 시비(詩碑)를 세우고 다른 알맞은 곳에 귀정문 누각을 지어 경덕왕과 충담의 다회의 내용을 적어서 온 국민이 알게 하고 그때의 삼짇날을 기리는 다례제가 있어야 할 것 같다. 또한 역(驛)의 다원(茶院)으로서 연못이 있는 신라의 다연원(茶淵院)이나 다정원(茶亭院) 등도 일부 복원하여 쉼터로 만들면 좋을 것이다.

다섯째, 한국 의례를 체계적으로 연구·보존하는 전문연구기관이 있어야 한다.

유네스코 세계문화 유산에 '종묘'와 '종묘 제례'에 이어 '조선 왕릉' 전체가 등재된 사실은, 한국이 오랜 전통의 세계적 유교국가임을 인정하는 것이다. 따라서 국가는 왕릉을 중심으로 이루어졌던 능소다례(陵所茶禮)인 '별다례(別茶禮)'와 '고유다례(告由茶禮)' 등의 의례도 복원시키어, 국민이 사랑하고 자부심을 가질 수 있는 '세계의 축제문화'로 이끌어야 될 것이다.

민속(民俗)과 문화재 연구도 중요하나, 고려와 조선의 왕실과 대부의 풍속과 무속을 포함한 향속도 연구하여, 가례와 사회적 의례의 모범을 예수(禮數)에 따라 제시하고 향음주례(鄕飮酒禮)나 예다문화도 면밀히 연구하여 현대화하여야 한다. 그런데 천년 넘은 우리의 전통의례를 연구하고 보존하거나 창신하는 데는 장소와 기물 등의 문화재를 일시 사용해야 하며, 당대 의식주의 전통문화와 연계되어야 하므로 개인이 감당할 수 없는 연구비와 인력이 들므로 국가 주도의 기관이 만들어지는 것이 효율적이다. 가정의 간단한 접대와 제사도, 체계적 전달과 습례(習禮)의 장소와 기물과 시간이 필요하다.

한국 의례 연구기관은 교육 과정을 통하여 지도자를 양성하여 유치원을 비롯한 각급 학교나 교육기관에서 상담과 예다를 동시에 가르치는 전문교사가 많이 배출해야 할 것이다. 뿐만 아니라 옛날의 집례사와 같은 가정의례 지도사도 배출하여, 핵가족시대의 의례를 자문하고 도와야 우리의 자녀들이 한국문화에 대한 자부심과 힘을 얻게 되며, 세계 인류의 사랑도 실현할 수 있을 것이다. 각 자치단체나 큰 회사는 이를 돕고 연구기관에 자문도 구하여 한국적 예제(禮制, 예의제도)를 정하여 행하며, 아름다운 예의풍속을 진작시키는 데 힘써야 한다. 오늘날 각 지방에서 자치적으로 행해지는 다양한 목적의 '축제(祝祭)'는 그 근본이 길사(吉祀)인 '祭(제사)'이다. 축제가 행해질 때 첫날 아침 일찍 종교를 초월한 간단한 차제사를 올려 신명에게 감사와 기원을 한 후에 행사가 진행된다면, 주민이 단합된 가운데 외지인도 한 마음이 되므로 부가이익도 클 것이다. 제의의 대상인 천신·산신·단군·석가·공자·예수 등의 상(像)을 나열하거나 모두가 있는 한 두 장의 사진이나 그림을 놓아두면, 참사자가 종교에 따라 각기 단헌이나 삼헌을 올려도 될 것이다.

의례연구기관은 우리가 세계에서 자랑하는 청자와 백자 도자기도 당대의 생활상 연구와 함께 그 용도를 구체적으로 밝힐 수 있어야 한다. 우리의 다도 역사나 옛날 다구나 제기(祭器) 등이 국제적 인정을 받지 못하고 머뭇거리는 사이에 어느새 외국화해 버려, 우리가 오히려 흉내를 내는 것처럼 오해를 받기도 한다.

전통문화는 학문적 연구에 의해 뿌리와 줄기가 밝혀져서 현대에 새로이 물과 거름을 주고 가꾸어야 열매라는 수혜가 가능하다. 오늘날 조선 예서가 많이 번역되고 있으므로 의례학 전공자가 많이 나오고 혁고정신(革古鼎新)의 어려움을 감내하리라 생각된다. 현대에 우리 국학(國學)을 연구함에 있어서는, 조선시대 후반기의 사대주의의 껍질을 벗겨내고 본래의 내용물에 맞는 주제나 명칭을 새로 만드는 일도 매우 중요하다. '전통'이라는 미명 하에 '온고(溫故)'만 연구하다 보면, 우리의 후세들에게는 '지역적 대국'에 아부해야 함도 당연한 일인지 혼돈이 올 수 있다.

위와 같은 제안이 참작되고, 국가가 국민의 의식 변화를 위해 노력과 시간을 할애한다면 동방의 문화 대국으로서의 명예를 되찾을 날이 멀지 않을 것이다.

6. 아름다운 예다문화(禮茶文化)

절하고 안부를 묻는 생활 속의 예문화는 우선 아름다운 차생활로 부터 시작되는데, 가정에서 우리 차를 끓여 마시고 손님을 접대하는 집은 전체 인구로 볼 때 지극히 적다. 가끔 외국인이 방문하면 '한국 의 차'에 당황하기도 한다.

특정 문화의 성쇠는 어디에나 있기 마련이다. 일본도 15세기 이전 의 다도는 사찰의 양생음료 정도의 미미한 수준이었으며, 중국도 정 복한 왕조의 민족에 따라 차문화가 일시에 바뀌면서 청나라 말기부 터 20세기 중엽까지 음다 풍조가 쇠퇴하였다. 우리는 조선시대에 와 서 공납차와 왕실 수요에 비해 생산량이 적어지고 굶는 것이 예사여 서 차를 마시지 못하였고, 민가와 가까운 차나무는 땔감으로 쓰였으 므로 차 숲이 대부분 없어졌다. 일제강점기에는 여학교에서 일본다 도를 배워야 했고, 해방 직후에도 차를 마시면 친일파로 인식되었 다. 그 후에도 서구문화 인식과 경제적 선진화를 위한 시간과 효율 만 중시되어, 전통문화가 소홀해질 수밖에 없었다.

동아시아 삼국의 차문화사(茶文化史)를 비교해보면, 우리나라는 차를 가장 공경하여 받든 나라이며, 공경과 제사의 의식다례(tea ritual)나 아집다회(雅集茶會, tea party), 수양의 독철차(獨啜茶) 등으로 격조 높고 성숙된 문화를 향유하였다.

한국 문화의 정통성을 지닌 우리 다도는 세계의 어떤 곳에서 누구 와도 자긍심을 지니고 아름다운 만남의 터를 마련할 수 있는 고급문 화이다. 그러나 이 땅에서 나는 차를 외면하고 외국산 음료만 마시 면서 국악을 작곡하고 신토불이와 나라사랑을 외치는 것은 생각해볼 일이다. 자기가 나서 자란 나라의 산하(山河)와 식물과 문화를 사랑하지 않음은 자기를 사랑하지 않음이며, 그러한 사람은 이웃이나 남의 문화도 진정으로 사랑하기 어렵다.

커피도 독특한 향기와 맛이 있으며, 식품이므로 건강에 좋은 성분도 지니고 있다. 현대인은 카페인을 피할 수 없는데, 값싸고 흔하며 급히 마실 수 있고 짧은 즐거움도 있어 대중적이다. 서양인에게 커피는 식사 시의 음식과 관습과 체질에 맞추어진 생활문화이다. 우리도 손님이나 상황에 따라서는 커피를 대접하는 것이 예(禮)일 수도 있으므로 다도에 익숙한 사람도 맑은 청(淸)커피를 마시기도 한다. 그러나 카페인과 무관하게 어떤 종류의 커피든 그 속에 있는 호모시스틴성분은 심장병이나 뇌졸중(中風)을 일으킬 확률이 큼은 의학계의 상식이며, 세계적 의학전문지 '랜싯(Lancet)'에는, "하루 단 한 잔의 커피도 출산력을 낮추며 임신율도 절반으로 떨어뜨린다." 고 했다. [69]

다도를 즐기려면 시간적·경제적 부담이 크다고 하나, 티백이 아니라도 발효차를 용수그릇에 담아 끓인 물을 부어 잠시 후 마시면 된다. 값이 싼 차도 그 나름의 장점이 있고, 값싼 다기도 진중히 구입하여 삶아서 잘 쓰면 그 가치가 커진다.

차의 맛내기나 행다(行茶)가 능숙하지 못함을 걱정하여, 손님을 집에 모시어 다과상 내기도 꺼리는 경우가 있다. 이는 "눈이 게으르다." 는 속담에 비유된다. 차탕은 부엌에서 끓여 탕병(注子)에 담아 찻자리에 와서 잔에 따라 주는 '설다(設茶)'가 차 접대의 기본이다. 손님과 함께 즐기는 다사(茶事)도 어깨너머로 배운 것을 집에서 자주 따라하거나 책을 보고 행하다보면 금방 익숙해질 수 있다. 경우에 따라서는 명주(茗主)가 지나치도록 능숙하게 팽다(烹茶)하는 것이 손님에게 불편함을 주고, 서투른 것 같은 모습이 손님과 화합하는 분위기로 이끌기도 한다. '대교약졸(大巧若拙, 큰 기교는 겉보기

에 보잘것없이 보임)'이라는 말도 있거니와, 숙련된 명주(茗主)는 다
례의 능숙함을 삼간다.

어떤 사람은 찻자리의 예(禮)가 부담스럽다고 한다. 그런데 예
(禮)의 기본은 배려와 사랑이므로 어렵다면 예가 아닐 수 있다. 한
국 다회의 특징은 자연스러운 예의 속에서 서로 공경하고 질서가 있
으며, 때때로 주객일체가 되어 담담한 즐거움이 생겨나게 하는 것이
다. 일본 다회는 권력다도의 전통이 이어져 자연스러운 대화나 유예
(遊藝)가 없이 엄격한 질서를 지님이 특색이다.

우리 차보다 다른 나라 차가 더 좋다고도 하나, 이는 차의 맛을
모르거나 선입견이다. 사계절이 분명하고 풍토가 특이한 이 땅에서
자란 우리의 녹차·황차·자홍차는, 세계의 어떤 차보다 우수한 향
기와 맛과 약효를 지니고 있다. 다미(茶味)가 쓴맛을 지니면 마시고
난 후 목에서 느끼는 독특한 여미
(餘味)도 즐길 수 있으므로 고진감
래(苦盡甘來)의 인생에 비유된다.
손님 대접 시에 취향을 알지 못하거
나 딴 생각을 하다가 차가 너무 진
하면, "미안하다." 고 하고 숙수를
더 붓거나 조금씩 천천히 마시기를
권하고, 너무 엷으면 따르기를 멈추
고 잠시 더 기다리거나, 다시 부어
우리면 된다. 다사는 '번거로움'이
아니라, '잠시 얻은 우연한 휴식'이
매력이다. 명차의 맛에 호감이 없으
면 대용차를 내거나 건강에 좋은 단

도55 단군산신 헌다의. 수원 용화사 산신각

맛의 과품(果品)을 곁들이면서 조금씩 접근할 수 있다.

일상의 행동예절과 의례를 공부하는 데는 다공(茶供)을 따를 것이 없다. 우리 선조의 예다문화야말로 세계 최고라고 할 정도로 발달된 예식(禮式)이 있었다. 의식다례에서 집례자는 의절 단계마다 홀기를 보고 창(唱)으로 소리 내어 '배(拜)', '헌작(獻酌)' 등의 행동을 지시하므로 참례자들이 부담 없이 행할 수 있고, 의식 단계에는 '엄(嚴, 엄숙)'의 급수가 있어 재계의 긴장감이 있는가 하면, 예식을 진행하는 말(言語)은 가락이 있는 악(樂)으로 하여 음양정동(陰陽靜動)의 조화를 꾀하였다. 그리고 예식이 끝나면 '예필(禮畢)'이라고 외쳐서 의례의 시작과 끝을 분명히 했다.

이제 우리는 한국사상이 살아 있는 다음예속(茶飮禮俗)을 가꾸기 위해 더욱 노력하고 힘을 합쳐야 할 때이다. 다수의 삶의 질과 행복도를 높이려면, 어려웠던 선조들의 정신을 잇고 문화와 전통을 사랑하는 기풍이 사회에 만연함이 첩경이다. 이 시대의 예가(禮家)나 의례학자들도 많이 나와 아름다운 우리의 생활의례문화가 자리 잡아, 아름다운 예다문화가 이 땅에 꽃을 피우리라 생각된다. 다 같이 노력하여 명실공히 고려시대나 조선 전기와 같은 예다 미풍이 확산되면, 가정과 사회와 국가가 안정되는 데 적지 않게 기여하며 우리 민족의 문화적 위상을 되찾고 참된 배려로 인한 삶의 만족도도 훨씬 커질 것이다.

목판 인쇄술과 금속활자를 세계 최초로 발명하였고 위대한 한글을 지닌 우리 민족은 짧은 기간 동안에 서양의 물질문명 격차도 넘어섰으므로, 이제 예다문화(禮茶文化)라는 훌륭한 유산을 닦고 빛낼 때가 온 것 같다. 한국의 미래는 바로 한국문화에서 찾아진다.

주(註)·색인

〈 처음 기재되는 참고서적은 *로 표시함 〉

제 1 장 다도문화에 나타난 유가사상(儒家思想)

* 1)『孟子』「離婁章句下」에, '舜은 동이인(東夷人)'이라고 쓰여 있다.
* 2) 한영우『우리 역사』p.65 (경세원, 1997)
* 3)『論語』「子罕」,「公冶長」
* 4) 鄭英善『한국 茶文化』p.72-81 (너럭바위, 1990)
* 5)『高麗史』62권 志 16권 禮4「文宣王廟」;『續東文選』64권「幸學記」
* 6) 鄭英善《고려시대의 飮茶俗》『전통생활공간에 대한 조사연구』p.14-15 (문화부, 1992)
* 7) 金明培『日本의 茶道』p.98-101 (保林社, 1987)
* 8) 鄭英善《韓國茶文化에 나타난 儒家思想》p.10, p.16-22 (건국대학교 대 학원 철학과 석사학위논문, 1993)
* 9) 張意恂『草衣選集』上권 p.144「草衣詩集序」(김봉호 역, 경서원, 1977)
* 10) 李穡『牧隱藁』6권「茶後小詠」
   11)『論語』「爲政」子曰 "詩三百 思無邪,其用歸於使人得其情性之正, 而已情 性是貼思, 正是貼無邪"
   12)『한국문집총간』4권 p.372.
* 13)『韓國文集叢刊』4권 p.436「曆訪安大夫李開城李雞林各說酌酒餟歸」(민족문 화추진회)
* 14) 狩野直喜『中國哲學史』p.394 (을유문화사, 1986)
   15)『論語』「學而」 "曾子曰 一日三省吾身 爲人謀而不忠戶 與朋友交而不信 戶 傳不習戶"
   16)『韓國文集叢刊』4권 p.257.
   17)『論語』「憲問」45.
* 18)『大漢和辭典』'中道'(諸橋轍次著, 東京)
   19)『東茶頌』은 네 귀가 한 절로 된 칠언시로서 모두 17절로 구성되어 있고, 모두 492자이다. 초의는 다산이 별세한 다음 해인 52세에『동다송』을 지었다.
* 20)『동다송』제15절 (정영선 편역, 너럭바위, 1998)
   21)『茶神傳』은 초의가 서두에 밝혔듯이 청나라 毛煥文이 쓴『萬寶全書』의「茶經 採要」를 베낀 것이며,『敬堂增訂萬寶全書』卷之十四,「採茶論」과 동일한 내용 이다. 이 책의 원전은 1595년경에 張源이 쓴『張伯淵茶錄』이다.
* 22) 『中國茶書全集』上卷《張伯淵茶錄》「茶道」(布目潮渢編 汲古書院, 東京, 1987)
   23) 이 글의 原註에는 "眞水가 아니면 神이 나타나지 않고, 精茶가 아니면 그 體를

엿볼 수 없다.(非眞水 莫顯其神 非精茶 莫窺其體)"고 하였다.

* 24) 張意恂『艸衣禪師全集』4권, p.207「奉和山泉道人謝茶之作」(龍雲編, 아세아 문화사, 1985)

25) 국립중앙도서관 소장, 행서대련. 이 글은 宋의 후기 시인인 山谷 황정견(黃庭堅)의 글에서 따온 것이라는 설이 있으나, 그의 시에 '水流花開'가 있는 것 외에 확인된 바 없다.

26) 앞의 책『중국철학사』p.394.

* 27)『中庸』第一章.

* 28) 李光虎《李退溪 學問論의 體用的 構造에 관한 硏究》p.45 (서울대학교 대학원 철학박사 학위논문, 1993)

* 29) 丁若鏞『與猶堂全書』제2집 대학강의 2권「심성총의」37葉 左(경인문화사)

* 30) 成泰鏞《茶山의 明善論에 대한 … 考察》p.201 (『태동고전연구』태동고전연구소, 제1집 1986)

* 31) 申緯『警修堂集』p.1146「晝寢一足成一詩」(태학사, 1983)

32) 홍현주는 '香'을 태우는 화향(火香)을 뜻한 경우도 있었다.

* 33) 李尙迪『恩誦堂續集』1권「秋懷雜詩」

34)『中庸』1장 "喜怒哀樂之未發 謂之中 發而皆中節 謂之和 中也者天下之大本 和也者天下之達道 致中和 天地位焉 萬物育焉"

* 35) 宋恒龍『한국 道教철학사』p.129～130 (대동문화연구원, 1987)

* 36) 李穡『寒齋文集』一卷《茶賦》(한재 종중관리위원회, 1981)

* 37) 金敬琢 譯著『周易』「주역 해설」(明文堂, 1984)

* 38) 鄭夢周『圃隱集』2권, 27葉右.

* 39) 1914년 개성의 崧陽서원에서 발행된『新編圃隱集』에는 '石鼎茶初沸'로 되어 있으며, 호암 문일평도 석정을 차 끓이는 솥으로 보았다. (『茶故事』p.367 朝光社 1939, 京城). 이색의「聞煎水聲」이라는 시의 제목을 보면, 끓는 물은 '湯'이라 하지 않고 그냥 '水'라고 하였다.

* 40) 徐兢『宣和奉使高麗圖經』32권, 器皿3「茶俎」이하『高麗圖經』이라 함.

41)『한국문집총간』4권 p.180.

* 42)『茶山學論叢』上卷 p.31 (다산학연구원, 1987)

* 43) 陸羽『茶經』《四之器》「風爐」

44) 이색『목은고』18권「代書答開天行齋禪師寄茶走筆」

45) 이색『목은고』26권「點茶」

* 46) 徐居正『四佳詩集』50권 제 23「煎茶」

47) 앞의 책『경수당집』p.758「汲南山石間泉一」

48) 徐居正『四佳詩集』「茶竈」

49) 앞의 논문《한국 茶文化에 나타난 유가사상》p.35.

* 50) 鞏志《朱熹與武夷茶》『農業考古』p.174, 「1992年 第四期」;『차문화연구지』

436

4권 p.57~61. (한국 차문화연구소, 1994)

* 51) 『中國古代茶詩選』 (浙江古籍出版社, 1989) ; 『茶歌拾萃』 (浙江撮影出版社, 1990)

* 52) 김충렬, 『중국철학사』 p.181 (예문서원, 1999)

* 53) 洪仁謨 『足睡堂集』 六卷 附『令壽閤稿』 「靜夜烹茶」

  54) 李穆 『寒齋文集』 一卷 ≪茶賦≫ p.369-370(한재 종중관리위원회, 1981)

* 55) 姚國坤外 2人 『中國 茶文化』 p.57 (上海文化出版社, 1991)

* 56) 『角川茶道大事典』 p.900 (角川書店, 1990) 묘우에(明惠,1173~1232)의 『茶の十德』은 유정량의 10덕을 요약해 차솥에 새겼다고 전한다.

* 57) 安鼎福 『雜同散異』 1 p.613 (아세아문화사, 1981)

* 58) 魏元凱(沖止) 『圓鑑錄』 p.111 (아세아문화사, 1973)

  59) 앞의 책 『경수당집』 p.77 「早春煮雪點茶 … 」

* 60) 허균 『閑情錄』 14권 「淸供」

  61) 전남광양군 시물내 연습림에서 김씨 할머니(78세)로부터 김기원 채집.

  62) 『孟子』 「萬章 章句下」

  63) 『論語』 「泰伯」

  64) 『論語』 「學而」

  65) 『論語』 「雍也」

  66) 陸羽는 절에서 자랐으나 儒經 공부를 열심히 했으며, 결국 절을 떠났다.

  67) 陸羽 『茶經』 「五之煮」

  68) 陸羽 『茶經』 「七之事」

  69) 서거정 『四佳集』 52권 제25 「用前韻」

* 70) 하연 『敬齋集』 1권 5엽 「謝友人送水鐵湯罐」

* 71) 洪暹 『忍齋集』 1권 「夢香林寺」

* 72) 李晬光 『採薪雜錄』

* 73) 『朝鮮王朝實錄』 태조5년 7월 을유. 이하 『實錄』이라고도 함.

* 74) 『大東野乘』 56권 (민족문화추진회 14권 p.190)

* 75) 張混 『而已广集』 「玉磬山房茶會用劉隨州韻」

* 76) 趙熙龍 『壺山外史』 p.166~168, 南晚星譯(삼성미술문화재단, 1980)

* 77) 李衡祥 『甁窩歌曲集』

* 78) 金時習 『梅月堂集』 3권 「贈峻上人 其四」

* 79) 沈東龜 『晴峯集』 2권 「雪水煎茶」

* 80) 許筠 『惺所覆瓿藁』 14권 文部 11 「陋室銘」 ; 『누실명』은 당나라 劉禹錫이 지은 이름이기도 하다. 원문에는 10홀(笏)이라 하였는데, 1笏의 길이는 약 30cm이므로 10홀 방은 1간으로 지은 큰 방을 뜻하는 것 같다.

  81) 河演 『敬齋集』 1권, 19엽, 좌 「寄忠淸監司」

  82) 『牧隱稿』 卷18 ≪墓碑銘≫ 「有元高麗國 忠勤節義贊化功臣 重大匡瑞寧君 諡文僖 柳公 墓誌銘 并序」

* 83) 『속동문선』 15권(序) 金守溫 「樂閑軒詩序」

* 84) 宋翼弼 『龜峯詩集』 1권 「在雲陽山中次友人見寄韻」

* 85) 崔輔烈 『箕亭集』 1권 「集坡帖字」

  86) 허균 『성소부부고』 Ⅳ p.91 (민족문화추진회, 1967)

* 87) 『朱子語錄』 138卷 「雜說」. 張宏庸 ≪朱喜的 茶思想≫ p.460 (〈茶藝〉 月刊
      58, 1986년 5월호)

* 88) 陳宗懋 『中國茶經』 p.125 (上海文化出版社, 1992). 건계는 茶의 名所인
      福建省 建甌縣에 있으며, 建安에 속해 있으므로 건안차를 뜻하기도 한다.

  89) 朱喜 편역 『中庸』 「章句」 "不偏之謂中 不易之謂庸. 中者天下之正道 庸者天下之
      定理."

  90) 『여유당전서』, 제2집 제3권 「중용자잠」 12葉 右.

  91) 『한재문집』 1권 《茶賦》

  92) 『高麗史』 64권 志 18卷 禮6.

* 93) 李肯翊, 『燃藜室記述』 별집 6권, 관직전고 「사헌부」

  94) 『사가집』 1권 (『한국문집총간』 11권 p.196) 「사헌부 제좌청 중신기」

  95) 『實錄』 태종 5년 7월 16일.

* 96) 정극인 『不憂軒集』 1권 「聰馬契軸」 ; 『차문화연구지』 2권 p.29 (한국 차문화
      연구소, 1991)

  97) 『實錄』 태종 11년 12월 1일.

* 98) 李晬光 『芝峰類說』 「雜事部」 ; 『성호사설』 12권 人事門 「茶時」 ; 『송와잡설』
      (『대동야승』 56권)

  99) 『實錄』 효종 4년 1월 6일.

*100) 柳希春 『眉岩日記草』 7책 癸西二月十五日.

*101) 李瀷 『성호사설』 類選 「茶時」

  102) 『實錄』 숙종 45년 6월 9일.

  103) 『고려사』 72권 志 26권 與服1 《儀衛》

  104) 金世源 「문화와 경제·사회발전」 《한국일보》 1996년 10월 8일자 5면.

제 2 장 고선도(古仙道)의 다공문화

* 1) 金富軾 『三國史記』 제17권 고구려本記 제五, 東川王 21년 봄 2월. '王儉'과 '壬
     儉(임금)'은 통용되었다고 보는 것이 현대 학자들의 견해이다. 당시 평양은 오
     늘날의 서울을 뜻하는 보통명사로 쓰였다.

* 2) 洪萬宗 『海東異蹟』 고려대학교 소장본 ; 『洪萬宗全集』 上 《해동이적》 태학사,
     1980. 이 책에 『三韓古記』는 "신라가 지었다고 하며, 혹은 안홍(安弘)이 지었

다." 고 쓰여 있다.

3) 『三國遺事』 권제 1, 《紀異》 제 1 「古朝鮮」

* 4) 趙汝籍 『靑鶴集』 선조 때의 인물. (아세아문화사, 영인본)

* 5) 李種徽(1731~) 『修山集』 (1803 활자본, 규장각 No.4574)

6) 앞의 책 『한국 도교철학사』 p.31.

* 7) 劉明鍾 『韓國哲學史』 p.21 (日新社, 1990)

8) 『三國史記』 卷第四 〈新羅本紀〉 第四, 二四, 「眞興王」

* 9) 車柱環 『韓國의 道敎思想』 p.4 (동화출판공사, 1984)

* 10) 『海東高僧傳』 1권 「釋法雲」 ; 한영우 『우리 역사』 p.112 (경세원, 1997)

11) 앞의 책 『한국 차문화』 pp.36~37, pp.68~100.

* 12) 『新增東國輿地勝覽』 44권 「金克己 詩(江陵樓亭寒松亭條)」 ; 앞의 책 『海東 異蹟』

* 13) 『茶香禪味』 1권 p.122 (효동원 편역, 비봉출판사, 1986)

* 14) 李齊賢 『益齊集』 6권 「묘련사 석지조기」, 『동문선』 69권 「묘련사 석지조기」

15) 앞의 책 『한국 차문화』 p.77. 이 다조는 경상도 지방에서 나는 우백질 화강암 이므로 신라 사람들이 만들어 썼던 것으로 추측된다.

* 16) 『東文選』 71권(記) 「東遊記 (李穀)」

* 17) 李崇寧 「韓國茶의 文獻學的 硏究」 p.228, 『松汀 李庭林 선생 고희 기념논총』 서울대학교 출판사(1982)

18) 『牧隱藁』 卷七 十葉(한국문집총간) 「題益齋先生妙蓮寺趙順菴石池竈記後」

19) 『동문선』 9권 安軸 「題寒松亭」

* 20) 金明培 『韓國의 茶詩鑑賞』 p.106 (대광문화사, 1988)

21) 『新增東國輿地勝覽』 44권 「한송정」. 조선 후기의 지도에는, "한송사(寒松寺) 동쪽 15리 뜰의 둘레에 다천·석조·석구가 있다. 술랑 선인 무리들이 노닐던 곳이다."라고 쓰여 있고 한송정의 위치가 그려져 있다.

* 22) 諸岡存·家入一雄 『朝鮮의 茶와 禪』 p.9 (日本의 茶道社, 東京, 1940)

* 23) 채팽윤 『希菴集』 「自寒松亭至白沙亭」 (류건집 『한국茶文化史』 下 p.212. 이 른아침, 2007)

24) 『연려실기술』 別集 16권 「地理典故·山川形勝」

* 25) 『臨瀛誌』 37엽 (1933년 강릉고적 보존회 발행)

26) 앞의 책 『한국의 도교사상』 p.161.

* 27) 일연 『三國遺事』 《미륵선화 미시랑 진자사》

28) 『三國史記』 제1권 《신라본기 제1》 「시조혁거세 西干」

29) 『三國史記』 제1권 《신라본기 제4》 「진평왕」

30) 앞의 책 『우리 역사』 p.95-96.

31) 『三國遺事』 제2권 《48대 경문왕》

32) 앞의 책 『한국 차문화』 p.68-69.

33) 앞의 책 『한국 차문화』 p.100-103.

34) 환인·환웅·단군은 셋이면서 하나요, 하나이면서 셋인 一卽三, 三卽一의 관계이다.

35) 앞의 책『한국의 도교사상』p.158-159. 영랑은 99세가 되어서도 영아 같은 모습에 철죽 지팡이를 짚고 호수와 산을 소요하였다고 한다.

36) 앞의 책『한국의 도교사상』p.105.

37) 앞의 책『우리 역사』p.71.

38) 영인본『洪萬宗全集』上 p.136-137, 太學社, 1980.『해동이적(海東異蹟)』의 「四仙」조에 다음과 같이 상세히 설명되어 있다. "사선은 함께 고성(高城)에서 주유하면서 3일간 돌아오지 않아 그 지명을 삼일포(三日浦)라 한다. 포(浦)의 남쪽에는 작은 봉우리가 있고 그 봉우리 위에는 돌로 된 감실(龕)이 있으며, 봉우리 북쪽 낭떠러지 바위 면에는 붉은 글씨로 '영랑도남석행(永郎徒南石行)'이라는 여섯 자가 있다."

39) 이 책 제2장 Ⅲ. 5.《웅천다완》참조.

* 40)『국사대사전』p.665 (삼영출판사, 1984)

* 41) 三品彰英『朝鮮の茶』「祭儀實修」(『茶道全集』一卷, pp.289-290, 創元社, 1935)

* 42)『증보해동시선』p.62 (世昌書館, 1957)

43) 一然『三國遺事』2권《경덕왕 충담사 표훈대덕》

44)『高麗史』世家 제14 예종 11년 4월.

45) 앞의 책『한국의 도교사상』p.335.

* 46)『高麗史節要』卷之八 睿宗 丁酉十二年 九月.

47)『고려사』世家 제18 의종 22년 3월 戊子條.

48) 앞의 책『한국의 도교사상』p.222.

* 49) 高裕燮『松都古蹟』p.150 (博文출판사, 1946)

50) 앞의 책『한국 차문화』p.82

51)『고려사』75권 志 29권「選擧」

52)『고려사』72권 제26「왕태자 로부」

* 53) 三品彰英『朝鮮の茶道』「祭儀實修」(『茶道全集』冊一, 日本, 創元社, 1935)

54) 앞의 책『한국 철학사』p.62.

55)『고려사』69권 志 제23권 예11「仲冬八關會儀」

56) 한영우『우리 역사』p.68 (경세원, 1997). 九月山에는 三聖祠가 있는데 환인·환웅·단군을 모신다. (국사대사전 p.369, 삼영출판사, 1984))

* 57) 안호상『배달동이는 동이 겨레와 동이문화의 발상지』p.67, 300 (사림원, 1979)

58) 앞의 책『한국의 도교사상』p.99. 이 내용은 단군왕조를 뜻하며, 여기서 '천(1000)'은 '天'을 상징할 수도 있다고 생각된다.

59) 앞의 책『우리 역사』p.286.

* 60) 吳晴『朝鮮の年中行事』p.94-95 (朝鮮總督府 京城, 1931)
* 61) 智還『梵音集』下「當山天王壇作法」『梵音集』은 1721년 경기 양주에 있는 삼각산 重興寺에서 開板되었다.
  62) 『새 우리말 큰사전』 '산왕단' (삼성출판사)
  63) 『梵音集』 上卷「晨焚修作法節次」
  64) 『梵音集』 상권「雲水壇作法」「至中壇」「中壇迎請之儀」. 하권「天仙壇作法」
  65) 『梵音集』 卷下「城隍壇作法」
* 66) 『고구려 고분벽화』p.182 (한국방송공사, 1994)
  67) 앞의 책 『한국 차문화』p.222.
  68) 『고려사』 72권 지 제 26「鹵簿」「駕雲吹笛仙人大旗」
* 69) 『朝鮮の年中行事』p.126 (조선총독부, 1931)
* 70) 『高麗茶碗』p.34 (茶道資料館, 京都, 1989)
  71) 민족의 시조를 받들지 않는 것은 자기 자신을 받들지 않는 것과 같다. 오늘날 단군을 모시는 대종교 등은 소수인을 위한 종교적 색채를 버리고 명칭을 바꾸어 민족 전체를 위한 단체로 거듭나야 하지 않을까 생각된다.

제 3 장 불가(佛家)의 다도

  1) 앞의 책 『中國 茶文化』p.57 '抑制性欲 和平心靜氣'. 항간에 차를 많이 마시면 성욕이 저하된다는 설이 생겨난 근원이 이 대목인 것 같으나, 이 글의 해석은 성욕을 억제시킬 수 있는 마음과 기운의 상태가 된다는 것으로 보아야 한다. 일본과 중국 국민의 대다수가 차를 마시는 것을 보더라도 차의 효능과 성욕 저하는 무관한 것 같다. 반대로 오히려 성욕을 일으킨다는 견해도 있는데, 이는 건강증진 효과이거나 일시적인 각성효과로 보아야 한다.
* 2) 安錫淵『釋門儀範』上 p.260. '第五條佛戒不飲酒', 下 p.126~129 (京城府, 1935)
  3) 앞의 책 『중국 다경』p.677.
  4) 앞의 책 『한국 차문화』p.96.
  5) 정영선 《우리나라의 다인들》『설록』1994. 12월호「이상적」
  6) 『범음집』상권 《靈山作法節次》 ; 『석문의범』上 p.128. 우리나라의 '五供'은 香花燈茶菓이나, 여기에 米를 더하여 여섯 가지를 '五供'이라 한 경우도 있으며 (『한국 茶文化』p.198) 때로는 湯을 더하여서 '六供'이라 했다.(耘虛 龍夏,『불교사전』, 東國 譯經院, 1961). 六法공양은 六供의 와전으로 생각된다.
  7) 『범음집』상권「신분수작법절차」「사자단」 ; 『석문의범』上 p.163.
  8) 『석문의범』上, p.135, 160, 164, 264.

* 9)『梵海禪師文集』제12엽「花供養記」(해남군 대흥사, 1935)

10)『석문의범』下 p.31, p.83.

11)『望月佛教大辭典』(世界聖典刊行協會) ;『대한화사전』.『칙수백장청규』에는 석가탄신일에 향·화·등·다·과를 갖춘다는 기록도 있다.

* 12)『韓國佛教全書』제4책 p.170, 455, 555, 635, 762 (동국대학교 출판부)「祭芬皇寺曉聖文」"維年月日 求法沙門某 謹以茶菓時食之奠 致供于海東教主元曉菩薩 伏以理由教現 道藉人弘………．"

* 13)『圓鑑國師集』「文篇」「泊良崔禪師祭文」"平生交分 實如弟昆, 今其聞訃 哀痛可論. 一盂合飯 三椀饟茶, 物雖甚薄 誠則有加. 魂應不昧 冀許一歆. 夫復何言. 嗚呼予心."

14) 앞의 책『한국 차문화』圖 80 右;『석문의범』p.120.

* 15) 김혜영《한국 불교의식의 茶偈 연구》p.134-141 (성신여자대학교 문화산업대학원 석사논문, 2009)

16) 야나기 무네요시(柳宗悅, 1889~1961)가 자신의 좌우명을「茶偈」라는 제목으로 쓴 시가 있다.

* 17)『勅修百丈淸規』「住持章」,「兩序章」

* 18)『茶文化論』p.115 (文化藝術出版社, 北京, 1991)

19)『칙수백장청규』에는 석가탄신일, 달마와 역대조사 제삿날, 스님의 상례 등에 차를 올린다고 하였다.

20) 중국에서는 '茶角'이 '다연(茶宴)의 초대장' 혹은 '茶수첩'이라는 뜻이다.

* 21) MICHAEL SMITH『THE AFTERNOON TEA BOOK』p.77 MACMILAN · USA (1986)

* 22) 朴銓烈《일본 茶道의 정신》(『茶文化硏究誌』3권 p.3-4)

* 23) 朴銓烈《南方錄硏究(日本藝道論의 관점에서)》p.164.(중앙대학교, 인문과학논문집 제35집, 1992)

* 24) 千柄植『韓國茶詩作家論』p.180. 국학자료원(1990)

25)『梵海禪師文集』제1 19엽 左 (해남군 대흥사, 1921)

* 26) A.L.SADLER,M.A.『CHA-NO-YU』p.7 CHARLES E.TUTTLE COMPANY (1933)

* 27)『佛教學槪論』p.180. 동국대학교 출판부(1986)

* 28)『月沙集』15권「古落鴈浮寒水」

* 29) 文一平《茶故事》『湖岩全集』p.351 (朝光社, 1939)

* 30) 李能和『朝鮮佛教通史』下卷 p.459-460.

* 31) 이규보『동국이상국집』13권《고율시》「房狀元衍寶見和次韻答之」

32) 앞의 책『한국의 다시 감상』p.310.

* 33) 潘林榮《茶禪一味考辨》『農業考古』1994年 2期 p.78 (중국),「茶禪一味」의 묵적은 현재 일본 奈良 大德寺에 소장되어 있다.

34) 앞의 책『茶文化論』p.112.

35) 앞의 책『경수당집』p.18.

442

* 36) 홍현주 『海居齋詩集』 「瑪莊丙舍逢艸衣師拈韻共賦」
* 37) 『한국의 茶詩모음』 p.32 성주여자고등학교, 1984
  38) 『茶香禪味』 2권 p.284 (효동원 편역, 비봉출판사, 1986)
* 39) 『澗松文華』 한국민족미술연구소 15권 p.13.
* 40) 《廣群芳譜·茶譜》 '幽僧到趙州從諗禪師處', '僧曰 '新近僧到此間麼' 曰 '曾到' 師 曰 '喫茶去' 後阮主問曰 '爲甚麼曾到也云 喫茶去 不曾到也云喫茶去?' 師召阮主 主應諾 師曰 '喫茶去', 喫茶去의 去는 '가게'로 해석해도 되고 뜻이 없는 어조사 로 보아도 무관하다.
  41) 앞의 책 『茶文化論』 p.112.
* 42) 張宏庸 『茶的禮俗』 p.37 (茶學文學出版社, 中華民國, 1987)
  43) 『韓國佛敎全書』 제6책 p.55.
* 44) 『中觀大師集』 (『한글대장경』164, p.372)
  45) 『韓國佛敎全書』 제8책 p.193.
* 46) 김정희 『阮堂全集』 10권 (   )
  47) 앞의 책 『한국의 차시감상』 p.230 「爲玉峰覺靈獻香獻茶飯垂語」
  48) 앞의 책 『茶香禪味』 1권 p.153.
  49) 이규보 『동국이상국집』 3권, 「得南人所餉鐵甁試」
  50) 이규보 『동국이상국집』 12권 「天和寺飮茶用東坡誌韻」
* 51) 정영선 《茶文化에 나타난 禪思想》 『茶文化연구지』 4권 p.40 (1995)
* 52) 김윤식 『운양집』 4권 3엽.
* 53) 井口海仙 『茶道入門』 p.25. 河原書店 (京都, 1934)
* 54) 田中仙樵 『茶道改良論』 p.175. 講談社學術文庫 (東京, 1992)
* 55) 申載鏞 『녹차와 약차』 p.177 (동화문화사, 1990).
  56) 의순 『초의집』 下권, 「奉和山泉道人謝茶之作」
  57) 앞의 책 『초의선집』 p.603.
  58) 항하는 인도 갠지스강을 말하며, 『金剛般若波羅密經』 第十一 「無爲福勝分」에 서 인용됨.
* 59) 『金剛般若波羅密經』 第六 「正信希有分」 "너희들 비구는 내가 말한 바 법이 뗏 목과 같은 줄을 알라(知我說法如筏者)." 에서 뗏목은 강을 건너듯이 법을 알아 깨우치게 하는 도구로 쓰였다.
* 60) 이상적 『恩誦堂集』 2권. 「把茶」
  61) 노동이 쓴 시의 제목은 「走筆謝孟諫議奇新茶」이다.
  62) 하동군 화개면 범왕리 칠불사 근처에서 金基元 채집.
* 63) 월폴라 라훌라 『붓다의 가르침』 p.111, 대원정사 (1988)
* 64) 山村宗謙 『茶道の實際』 p.254 鈴木書店 (東京, 1937)
  65) 一然 『三國遺事』 卷第三 《塔像第四》 「臺山五萬眞身」
  66) 一然 『三國遺事』 卷第三 「溟州五臺山寶叱徒太子傳記」

67) 앞의 책 『한국 차문화』 p.73. 자장율사와 차와의 관계는 통도사 주변 민요에, "자장율사 따라왔던 자장암의 금개구리 차씨 한 알 토해주소."라는 데서도 볼 수 있다.

68) 한영우 『우리 역사』 p.605.

69) 단군 '왕검(王儉)'이 '임검(壬儉)'의 필사 와전으로 밝혀진 것과, 조선시대 필사본에서 '월(月)'과 '소(召)', '자(子)'와 '여(予)', '석(石)'과 '소(召)' 등이 잘못 기록된 예가 가끔 있다.

* 70) 『미륵성전』 2엽 (삼영출판사, 1969)

71) 김시습 『매월당집』 4권 「右北臺」

* 72) 李基白 《고려의 文化》 『大高麗國寶展』 (호암갤러리, 1995)

73) 앞의 책 『한국 차문화』 p.126-127.

74) 『韓國佛教全書』 第4冊 p.555 (동국대학교 출판부, 1986)

75) 『동국이상국집』 37권 「祭鍾義禪老文」

76) 충지 『원감록』 「慧炤國師祭文」

77) 『석문의범』 下 p.85.

78) 『석문의범』 下 p.139.

79) 『석문의범』 下 p.140.

* 80) 『불교의식집』 p.161, 전북 사암승가회편 (호암출판사, 1986)

81) 『석문의범』 下 120.

82) 『초의선집』 p.292.

83) 『석문의범』 下 120.

* 84) 『兒庵集』 「大芚寺碑閣茶禮祝文」

85) 『범해선사유고』 「西山大師影閣茶禮募緣疏」

86) 『동문선』 109권 「代權一齋祭母文」

87) 「父母喪祖奠祭文」 "維年月日 男僧某 謹以齋羞茶果之奠 敢昭告于先考(母則云妃)之靈……"

88) 「對靈拽護偈」 첩 11×25(cm) 24면, 필사, 20세기초 한국 차문화연구소 소장 「先戱趙州茶 後進香積饌」

89) 앞의 책 『초의선집』 p.603.

* 90) 신헌 『歌壺小集』 「滯雨扶旺寺輪筆」 (규장각 古 3428-339-11)

91) 『석문의범』 上 p.174 「讚歎灌浴」 제10.

92) 『석문의범』 上 p.117.

93) 『석문의범』 上 p.126.

94) 『범음집』 상권 「영산작법절차」 「願此水爲甘露醍醐」

95) 『석문의범』 上 p.54.

* 96) 김길원 『불자 예절과 의식』 p.188 (불광출판부, 1992)

제 4 장 도가사상 및 도교와 다도문화

1) 앞의 책『한국의 도교사상』p.13.
2) 앞의 책『한국의 도교사상』p.143.
3) 앞의 책『한국의 도교사상』p.140.
4)『동국이상국집』7권「복화(復和)」
5)『한국의 도교사상』p.212.
* 6)『老子』21장「虛心」, 25장「象元」
7)『동국이상국집』11권「열자가 바람을 타다」
* 8)『莊子』「漁父」;『동국이상국집』17권「暫遊感佛寺贈堂頭老比丘」
* 9) 鄭英善《道家와 道敎 및 古仙道 思想과 韓國茶文化》『차문화연구지』3권(한
국 茶文化연구소, 1993) p.33.
* 10) 李康洙『道家思想의 연구』p.111-123 (고려대 민족문화연구소, 1984)
11)『莊子』「達生」「大宗師」
* 12) 李康洙《道家에서의 정신과 물질》p.41(한국철학회,『哲學』제35집, 봄)
13)『老子』16장「致虛極 守靜篤」
14)『閑情錄』13권「玄賞」;『허균전서』p.320 (아세아 문화사, 1980)
15)『매월당집』4권「憩絶澗中盤石」
* 16) 道安『月渚集』2권「幽居雜詠五」; 金馹孫『濯纓先生文集』卷一, 二十六葉
17)『한국문집총간』4권 p.18,「煎茶卽事」
* 18) 李康洙『道家思想의 研究』p.114 (고려대 민족문화연구소, 1984)
19)『莊子』「知北遊」
20)『莊子』「大宗師」. 앞의 책『도가사상의 연구』p.119-123.
21)『莊子』「讓王」"養志者忘形 養形者忘利 致道者忘心."
22)『동문선』10권 五言律詩,「喬居」
23)『한국문집총간』6권 p.38.
24)『매월당집』1권「古風」.
* 25) 李德懋『靑莊館全書』9권 雅亭遺稿 1.
26) 앞의 책『한국의 도교사상』p.69.
27) 앞의 책『한국의 도교사상』p.143.
28)『속동문선』5권「夜坐煎茶」
* 29) 류건집『韓國茶文化史』下권 p.95 (2007. 이른 아침)
* 30)『高等尺牘』「饋茶」p.38.
* 31) 憑虛閣李氏『閨閤叢書』p.219-221. 鄭良婉역주(寶晋齋, 1975)
32) 육우『다경』七之事.

33) 『老子』 10장 「能爲」.

34) 『장자』 「天下」 "獨與天地精神往來"; 『장자』 「山木」

35) 『莊子』 「人間世」 「逍遙遊」

* 36) 鄭澈 『松江集』 속집 1권.

* 37) 성현 『용재총화』 2권, 24.

* 38) 洪淳觀 《韓國 茶具에 대한 고찰》 p.41 홍익대학교 산업미술대학원 (1978);
『한국 차문화』 도88.

39) 앞의 책 『한국의 도교사상』 p.136.

40) 앞의 책 『中國 茶文化』 p.62.

* 41) 金玟基 『韓國의 符作』 p.203 (보림사, 1987)

제 5 장 민속(民俗)의 다도문화

* 1) 『白眉故事』 10권 31엽.

2) 앞의 책 『한국 차문화』 p.80. 軍民은 낭도인 것으로 짐작되며, 軍士와 비슷하나 일반백성 계층인 것만은 틀림없다.

* 3) 『한국 차학회지』 1권 p.88.

4) 1957년 경남 함양군 사천면 상운암터에서 화전민 박금술(76세)로부터 김기원 채록.

5) 1995년 6월 표충사 계곡에서 삼베 길쌈하는 이씨 할머니(70세)로부터 김기원 채록.

6) 『한국 차학회지』 1권 p.88.

* 7) 李錫浩 역 홍석모 『東國歲時記』 p.103 (을유문화사, 1969)

8) 앞의 책 『동국세시기』 p.97.

9) 『한국 차학회지』 제1권 p.86.

10) 앞의 책 『한국의 도교사상』 p.62.

11) 앞의 책 『한국 차문화』 p.294.

12) 경남 하동군 화개면 탑리 화개장터에서 김기원 채록.

13) 앞의 책 『한국 차문화』 p.90.

14) 앞의 책 『한국 차문화』 p.83.

* 15) 『朝鮮の 鄕土神祀』 조사자료 제 45 집 『釋尊・析雨・安宅』 p.296. (조선총독부, 1938)

16) 『삼국사기』 문무왕 21년. 『삼국유사』 「萬波息笛」

17) 앞의 책 『朝鮮の 鄕土神祀』 p.232.

18) 앞의 책 『한국 차문화』 p.130.

19) 전남 화순군 쌍봉사 입구의 농가집에서 김기원 채집.

20) 김기원, 「茶民謠의 調査 Ⅳ」(『한국 다학회지』제4권 2호 p.50)

21) 1975년 봄 하동군 화개면 신흥골 강순이(76세)로부터 金基元 채집.

22) 앞의 책『한국 차문화』p.200.

23) 경남 하동군 화개면 탑리 화개장터에서 김무당(78세)으로부터 김기원 채집.

24) 전남 광양군 백운산 계곡에서 고로쇠나무 수액을 채집하는 농부로부터 채집.

25) 앞의 책『朝鮮の 鄉土神祀』p.345.

* 26) 『朝鮮巫俗の 研究』p.196 赤松智城・秋葉隆 共編「三. 告祀祈願」(1937年
　　京城帝國大學 法文學部 宗教學・社會學研究室編) 京城巫女裵敬戢 전승.

27) 김해시 茶田里 東山국민학교 옆에 있던 도요지부근 참새미샘골에서 김기원 채록.

28) 洪萬選『山林經濟』10권「辟蚡」「辟蛇法」

* 29) 洪錫謨『東國歲時記』p.37, 李錫浩역 (을유문화사, 1969)

* 30) 『古今事類』;『簡禮彙纂』;『新訂尺牘全書』p.284(大正 2년 8월 南宮濬著, 唯
　　一書館 발행)

31) 『韓國佛教全書』제10책 p.224.『林下錄』卷一「次尹翰林除夜韻」

32) 『청장관전서』10권 (민족문화추진회 2권 p.231)

33) 『佛子必覽』135葉(1932) ;『석문의범』p.298.

34) 『한국 차학회지』1권 p.85.

제 6 장 다도철학 개관

* 1) 『全唐詩』第23冊 卷821 項 9260「飲茶歌消崔石使君」;『中國茶文化經典』
　　p.37, 光明日報出版社. 1999.

* 2) 封演『封氏聞見記』「於是茶道大行, 王公朝士無不飲者」(張宏庸『陸羽研究資料彙
　　編』p.26, 茶學文學出版社, 中華民國, 1985)

3) 이능화『조선불교통사』p.460, 『湖岩全集』제2권「茶故事」(朝光社, 京城,
　　1939)

* 4) 千宗室監修『茶道の基礎』p.13 (淡交社, 東京, 1963)

5) 송재소, 유홍준 외, 『한국의 차문화 천년』2권, 189~190 (돌베개, 2009)

6) 『속동문선』8권「夜坐有吟」

* 7) 翼宗『敬軒集』권2「茶罐」(『翼宗文集』Ⅰ, 정신문화연구원, 1998)

8) 『목은집』27권「遣家童素茶於懶殘子 去後 吟成一首」

9) 『東文選』41권「請巡幸江淮表」

10) 『목은고』3권「靈泉」

11) 『한국문집총간』11권 p.100.

12) 『四佳集』 51권 제24, 「池院」

13) 『한국문집총간』 10권 p.462.

* 14) 김시습 『금오신화』 「龍宮赴宴錄」

* 15) 李夏坤 『頭陀草』 책4.

* 16) 任相元 『恬軒集』 「新羅僧入唐得子歸種」

17) 『與猶堂全書』 2권 p.144 (여강출판사)

* 18) 金允植 『雲養集』 4권 23엽에는 "강진의 다산에는 名茶가 나는데 정약용이 만들기 시작한 것으로 다품이 썩 좋다."고 하였다.

* 19) 李裕元, 『嘉梧藁略』 四冊 「竹露茶」

20) 『한국불교전서』 제12책 p.540.

21) 『다산시문집』 제22권 「산행일기」

22) 『경수당집』 p.963.

* 23) 김현정 『국제적 茶家로서의 이상적 연구』 pp.37~38, 2005. 성신여자대학교 문화산업대학원 석사논문.

24) 『雲養集』 2권 16엽 p.241 (『김윤식전집』 아세아문화사, 1980)

25) 『三國史記』 卷第四 《新羅本紀》 第四, 二四, 「眞興王」

26) 諸橋轍次 『大漢和辭典』 卷十二 p.342 (大修館書店, 東京, 1986)

27) 『三國史記』 卷第四 《新羅本紀》 第四 「眞興王」

28) 『大東詩選』 卷八 「湖屋煎茶」 ; 『다향선미』 Ⅱ p.448.

29) 박윤수 「홍현주의 음다생활 고찰」 『차문화연구지』 제12권 p.50. 2003.

30) 『목은시고』 卷31 「鄭籖書金正言兩會長見訪 旣去 朴正子虛與斯文李유(田+柔) 又來」

* 31) 普雨 『虛應堂集』 「須彌庵」

32) 『梵海禪師詩集』 第二 二十四葉 「茶歌」.

33) 『三國有事』 卷第一 《紀異》 第一, 「古朝鮮(王儉朝鮮)」 "古記云, 昔有相因(謂帝釋也) ……下視三危太伯 可以弘益人間."

34) 이 책 신명사상 참조.

* 35) OKAKURA-KAKUZO(岡倉覺三) 『The Book of Tea』 Fox Duffield & Company, New York(1906)

* 36) 久松眞一 『茶道の哲學』 p.15 (講談社 學術文庫, 1987)

37) 『三國有事』 卷第二 《紀異》 第二, 「경덕왕충담사표훈대덕」 이병도와 김종권 譯 참조.

38) 앞의 책 『한국의 道教思想』 p.47, p.64.

* 39) 『全唐文』 第11冊 第10852項 (『中國茶文化經典』, p.35, 光明日報出版社, 1999) ; 『동문선』 47권 「謝新茶狀」

40) 『東文選』 47권 「謝探請料錢狀」

41) 『한국茶學會誌』 1권 1호, p.88 (1995)

448

42) 『동국이상국집』 p.244 「八月二日」

43) 『동국이상국집』 10권 「是日宿普光寺 用故王書記 儀留題詩韻贈堂頭」

44) 『동국이상국집』 10권 p.117.

45) 『牧隱詩藁』 卷1 「雪梅軒小賦 爲日本釋允中菴作 號息牧叟」; 『茶香禪味』 1권 p.150, 『동문선』 제3권.

46) 『牧隱藁』 卷12 「日本釋弘慧求詩」 「送日本釋因有所感」

* 47) 여운필 이하 역 『목은시고』 4권 p.89 「奉答松廣和尚惠茶及扇」 (月印, 2002)

48) 『牧隱詩藁』 卷7 「題益齊先生妙蓮寺趙順菴石池竈記後」

49) 앞의 책 『우리 역사』 p.283.

* 50) 權好文 『松巖集』 「次李正字共甫山中吟」

51) 『阮堂全集』 5권 書 「禪茶烟又是一年」

52) 『茶香禪味』 2권 p.284 (효동원 편역, 비봉출판사, 1986)

53) 『한국문집총간』 12권 p.531 「圓覺寺一」

54) 『梅月堂集』 13권 「和鍾陵山居詩二十四首」

55) 앞의 책 『한국불교전서』 7권 《淸虛集》

* 56) 李裕元 『嘉梧藁略』 4책 「竹露茶」

57) 『茶文化연구지』 제7권 p.21 (1998, 한국 차문화연구소)

58) 『경수당집』 p.2044 「次韻答筍棠菊人兩訶伯三首」

59) 앞의 책 『한국차문화』 p.126.

* 60) 『韓山世稿』 12권 《翁齋稿序》 「西門內小會詩序」

61) '낙도(樂道)'는 『孟子』 「盡心上」과 『淮南子』 「詮言訓」 등에 나오므로 우리나라 유가와 선도 모두 선비들이 유난히 즐겨 쓰던 단어이다.

* 62) 중앙일보 『山水畵』 下 도73 계간미술 1977.

* 63) 千柄植 『韓國의 茶詩』 p.161 「邀同社遊山寺」 아주대학교 출판부, 1996.

64) 김경자 《조선시대 여성 茶文化》 p.22, 성균관대학교 생활과학대학원 석사논문, 2001..

65) 정영선 《초의》 『설록』 1994. 11월호.

66) 앞의 책 『한국의 도교사상』 p.162.

67) 앞의 책 『한국의 도교사상』 p.165.

68) 『海東異蹟』 第5則 附記.

* 69) 權兌遠 『韓國社會風俗史研究』 p.115-118 (경인문화사, 1980)

70) 『경수당집』 p.1860 「落梅」, p.887 「寄謝吳蘭雪」 (太學社, 1983)

* 71) 이 말은 본래 송나라의 위야(魏野, 草堂居士)가 은거하며 지은 시의 내용에 있는 말임을 허균이 『한정록』에서 밝혔다. 기명도의 일종인 다구도(茶具圖)에 '팽다학피연'이라고 쓰인 것도 볼 수 있다.

72) 『韓國佛教全書』 제7책 p.232 (동국대학교 출판부, 1986)

73) 『韓國佛教全書』 제7책 p.599.

74) 『韓國文集叢刊』 42卷, 148面, 「贈友生」 "蟄雷前夜破山巾. 野色川容淑且眞. 消
　　渴長卿何事○. 一床香火祭茶神. 時余病渴飮茶故及之."

75) 「院堂貽艸衣促茶書」 "茶神每先至于果川亭……茶神附冀尾 以抵此耶 …."

76) 童啓慶 ≪論茶禮 茶道 茶藝的名稱及其內涵≫(앞의 책 『茶文化論』 p.97.)

* 77) 『동다송』 p.94. (정영선 편역, 너럭바위, 1998)

78) 앞의 책 『茶文化論』 p.99.

* 79) 張宏庸 『茶藝』 p.140-143. 幼獅文化事業公司(대만, 1987)

* 80) 林治 편저 『中國茶藝』 p.11. (中華工商聯合出版社, 2001)

81) 앞의 책 『THE AFTERNOON TEA BOOK』 p.47.

82) 金明培 譯著, 『日本의 茶道』(保林社, 1987) p.135.

* 83) 야나기 무네요시 『다도와 일본의 美』 p.27 (소화, 1996)

84) 앞의 책 『茶道の哲學』 p.15.

* 85) 松原晃 『日本美の精神』 p.262. (牧書房; 東京, 1943).

86) 박전열 ≪일본다도의 정신≫ 『차문화연구지』 3권 p.6.

87) 앞의 책 『한국 차문화』 도21.

* 88) 南方宗啓・紀貫之 『南方錄・古今集假名序』 p.36 (시사일본어사. 1993)

89) 『차문화연구지』 2권 p.40-41.

90) 앞의 책 『CHA-NO-YU』 p.7.

* 91) 『歷史誕生(3)』 1990년 4월호 p.115~120 NHK取材班, 角川書店

* 92) 『大東野乘』 7권 난중잡록(민족문화추진회 국역총서 55권 p.289)

* 93) 撫石庵綠堂 『茶道』 p.60 (健文社, 東京, 1934)

94) 久松眞一(1889-1980); 경성제국대학 철학과 졸업, 京都大學 교수, 문학박사

제 7 장 현대의 다공문화(茶供文化)

* 1) 하루야마 시게오 『腦內革命』 p.61 (사람과 책, 1996)

2) 『The Book of Tea and Herbs』 p.64.

* 3) 『The Book of Tea and Herbs』 p.66. Ministry of Information
　　(COLE, Canada, 1993)

* 4) 한국식품과학회, 『국제녹차 심포지움』 제3회 p.42(1995)

5) 『다산산문선』 p.286. 「每心齋記」 (창작과 비평사, 1985)

6) 고조선에는 8조법금이 있었는데 그 중 3조목은 전해진다.

* 7) WILLIAM H.UKERS,M.A. 『ALL ABOUT TEA』 Vol.Ⅴ p.361, The Tea and Coffee
　　Trade Journal Company(1935)

* 8) 『海行摠載』 海遊錄下 「聞見雜錄」

450

9) 《조선일보》 1979년. 이규태 「中産層」.

10) 『朝鮮』 1933. 2月호 「茶의 전래」.

* 11) 송재소 외 옮김 『한국의 차문화 천년』 1, p.263 돌베개, 2009.

12) 『實錄』, 太宗 2年 6月 15. 「國王宴使臣樂」.

13) 『조선왕조실록』에 기록된 내용은 다음과 같다.

   "왕은, '자주 만나고 싶지만 불편할 것 같아 그렇게 하지 못한다.' 하니, 사신이 말하기를, '저희들도 왕궁에서 뵙고 싶었으나 눈병이 낫지 않으셨다 하여 감히 가지 못했습니다.' 하였다. 왕은, '내일은 왕림해주기 바란다.' 하니, 사신은 '그렇게 하겠습니다.' 하였다. 이어 사신인 육용이 서화를 그렸는데 가을의 강가에서 노인이 낚시질하는 모습이었다."

14) 박순주 《한국 전통다회의 연구》 성균관대학교생활과학대학원 석사논문 2003.

* 15) 木屋辰三郎 『日本藝能の世界』 p. 151-152 (日本放送出版協會, 1973)

16) 앞의 책 『우리 역사』 p.53-71.

17) 金世源 「문화와 경제·사회 발전」, 《한국일보》 1996년 10월 8일자 5면.

18) 20세기 중엽부터 미국 영국 캐나다 등지에서 발간된 세계의 Tea전문서적에서 한국에 관한 내용은 거의 발견할 수 없다. 1981년 간행된 일본의 『茶の文化』 제2부(淡交社, p.252-253)에는, 세계지도에 표시되어 있는 「茶の文明圈」에, 인도 소련 아프리카는 들어 있어도 한국은 포함되어 있지 않으며, 1992년 上海文化出版社에서 발간된 『中國茶經』에는 1934-1988년까지의 세계의 100톤 이상 茶생산국 29개국 중 한국은 제외되어 있다.(1988년 한국의 茶생산통계는 304만 톤이다.)

* 19) 『宋史』 (韓國學資料院, 1985) 98卷~148卷.

* 20) 1907년에 장지연(張志淵,1864~1921)이 쓴 『大韓新地志』 p.60~61에는, "今, 김해의 黃茶와 경상 전라남도 연해지방에서 雀舌의 茶를 채취하나 茶品에 供키 부족하고 近時에 혹, 綠茶 紅茶 珈琲(커피) 등의 외국의 차를 飮하는 자 多하니라."라고 한 내용에서, 당시 일본의 녹차가 유입되었음을 짐작할 수 있다. 다른 사료에서도 위와 비슷한 내용을 볼 수 있다. 오늘날 서구에서 녹차는 'Japanese Green Tea'로 상표화 되어 있다.

21) 선조들의 글에서 '紅茶'를 볼 수 있거니와 흔히 '茶褐色', '茶紅色'이라 했다. 근래에 쓰기 시작한 '자홍차'는 고유명사가 아닌 보통명사이다.

* 22) 『左傳』 昭公 25年條 ; 金忠烈 『중국철학사』(예문서원, 1999) p.1, p.355.

23) 『차문화연구지』 제5권 p.69. (한국 茶文化연구소, 1995)

24) 『초의선집』 上 「奉和酉山」 '瀹茗且禮耽詩客 劑藥相憐問字僧'

25) 『차문화연구지』 제14권 p.20. (한국 茶文化연구소, 2006)

* 26) 蔡濟恭 『樊巖集』 卷13 「訪徐進士家」.

27) 安震湖 『釋門儀範』 下 p.31(1935)

28) 『三國史記』 제10권 흥덕왕 조에 "茶는 선덕왕 때부터 있었다.(茶自善德時有之)"

고 했으므로, 7세기중엽 신라 왕실에 생활다례가 행해졌음을 알 수 있다.

29) 우리 차문화의 근원적 역사를 고찰함에 있어 현재까지도 왜곡된 역사관 내지 소국(小國) 의식이 있음을 부인할 수 없다.

30) 12세기의 고려청자 꽃병에도 "차는 차가우면 향기가 없다." 는 글이 있다. (『高麗靑瓷』東京 p.131)

31) 이능화(李能和, 1869~1945)의 『조선불교통사』에는, "김해에는 백월산 죽로차가 있다. 세상에 전하기로 수로왕비 허씨가 인도에서 가져온 다종(茶鍾)이라 한다."고 쓰여 있는데, 근대의 기록이기는 하나 가야국 초기에 차문화가 있었음을 방증할 수는 있다. 가야 지역은 현재에도 차가 가장 많이 나는 곳이며, 경남 의창 다호리(茶戶里) 유적에는 기원전 1세기의 제기와 칠기류 등 발달된 문화를 지니어 차의 남방도래설도 인정할 만하다.

32) 이 땅의 차문화에 관해서는, 동이(東夷)문화와 불교에 의한 북방전래설, 남방 수로(水路)전래설, 그리고 공룡이 살았던 이 땅에는 몇 천 년 전에 차나무가 있었으리라는 자생설이 있다.

33) 수로왕비 허씨는 시호가 '普州太后'이므로 출신이 중국 사천성(四川省) 가릉강(嘉陵江, '자링강') 유역의 '보주(普州)'라는 설이 유력하다. 《가락국기》 내용으로는 불교적 색채가 전혀 없고, '許黃玉'과 벼슬 명칭 등 한자문화권의 단어와, '上帝'와 높은 언덕에서 산령(山靈)에게 지낸 제의 등이 유교적이라는 점에서 중국 출신의 경천사상을 지닌 민족으로 봄이 옳은 것 같다.

34) 이 책 제2장 고선도의 다공문화 참조

35) 이 내용은 무녕왕릉에서 출토된 동탁은잔으로 추정된다.

36) 『茶經』과 달리 『武帝本紀』에는 제찬으로, "糕餠, 水果, 茶, 飯, 酒和, 果, 脯"라 되어 있다.(吳覺農, 『茶經述評』農業出版社(北京), 1987, p.215)

37) 앞의 책『中國茶經』p.606 (上海文化出版社, 중국, 1992)

38) 앞의 책『한국 차문화』p.118, 131.

39) 『차문화연구지』제11권, 정영선「고려의 다례에 관한 연구」

*40) 정영선《茶禮祭祀의 연원과 전개 및 그 특성에 관한 연구》pp.48-69, pp.95-98(성균관대학교 박사논문, 2005)

*41) 『北譯 高麗史』第6冊, p.256 (신서원, 1991)

*42) 『日省錄』正祖 十年 丙午 閏七月

43) 『實錄』中宗 25年 3月 7日. 成宗 1年 6月 10日.

44) 『實錄』世宗 29年 1月 19日.

45) 『實錄』仁祖 4年 5月 12日. 『顯宗改修實錄』제1卷 卽位年 5月 5日(乙丑). 李肯翊, 『燃藜室記述』, 별집1卷「祀典典故原廟」. 李晬光, 『芝峰類說』"每日兩時上食 一時茶禮."

*46) 정영선《조선 왕실 祭祀茶禮의 禮制 성립과 그 배경에 관한 고찰》 p.71, (한국유교학회, 2006.4.)

47) 앞의 박사논문《茶禮祭祀의 연원과 전개 및 그 특성에 관한 연구》pp.48-69, pp.85, 104.

48) 『角川茶道大事典』 角川書店(東京), 1990, 末宗廣 著. 『茶道辭典』 晃文社(京都), 1944.

49) 1623년(인조 1년)부터 1894년(고종 31년)까지 왕명의 출납과 정사를 기록함.

50) 1760년(영조 36년)부터 1910년(순종 3년)까지 왕의 언동을 기록함.

*51) 정영선《녀다(酻茶)의 풍속과 현대적 조명》pp.120-122 (세계차학술대회, 2008. 원광대학교)

*52) 이이 『栗谷全書』 27권 「祭儀鈔」

*53) 이황 『退溪集』 文集攷證 卷八 「五月晦日 榮川試夏課諸生雙淸堂卽事」(『韓國文集叢刊』 卷31 p.28) 「次韻答季珍」(『韓國文集叢刊』 卷31 p.29) 「次韻金厚之爲金季珍作漆溪十詠仙倉泛舟」(『韓國文集叢刊』 卷31 p.39) 「奉酬靈芝精舍詩」(『韓國文集叢刊』 卷31 p.92) 「昨拜聾巖先生 退而有感作詩二首」(『韓國文集叢刊』 卷31 p.104) 「後數日云云」(『韓國文集叢刊』 卷31 p.429)

*54) 『한국역대문집총서』 579권 「茅山 省愆선생」 p.92 (경인문화사)

55) 『한국역대문집총서』 40권 p.60(경인문화사) ; 『한국문집총간』 60권 p.437 『寒岡先生文集』 12권.

56) 앞의 논문《茶禮祭祀의 연원과 전개 및 그 특성에 관한 연구》p.104-107.

*57) 丘濬輯 『文公家禮儀節』 卷之一 通禮 五面 右葉 ; 정영선《가례제사의 헌다 연구》p.13 (『茶文化硏究誌』 제15권, 한국차문화연구소, 2008)

*58) 金明培 『중국의 다도』 p.112 (明文堂, 1985)

*59) 『茶文化硏究誌』 제15권, p.120-123 (한국차문화연구소, 2008)

60) 『조선왕조실록』 太宗 7年 5月 2日조.

61) 「寄勉兒書」 "而前一日. 以祠宇陪來之意告辭, 仍行茶禮爲可. 祭物送之耳 … 吾當出往半程, 陪來祠堂. 預具茶禮祭物 以待之耳."(『洪宇遠, 『南坡集』, 민족문화추진회, 『韓國文集叢刊』 106卷, p.260)

62) 『한국문집총간』 128권 「葛庵集」 제24권 「秉節校尉墓碣銘」.

* 63) 鄭齊斗 『霞谷集』 3卷 「與兒書」 "佈肉將備用於明日茶禮之需. 何敢嘗也."

64) 「華寧殿應行節目」 서울대학교 奎章閣 소장, 도서번호 3240.

65) 2003년 10월 3일 화성행궁 개관행사, 수원시청.

66) 앞의 책 『한국 차문화』 p.176.

* 67) 金明培《茶와 藝術》 『차문화연구지』 1권 P.19. 1990.

68) 절은 오체를 땅에 대는 동작도 있고 목례도 있지만, 겸손과 공경의 행동이다.

69) 《동아일보》 2000년 5월 3일자. larosa@donga.com (英 델라그라프紙 4월 26일자. A 10면 보도)

색인(索引)

※ 일반적으로 알려진 책 이름과 지명은 대체로 생략하였고, 인명(人名)의 호는 본명을
따랐음.

■ 정영선(鄭英善)

1949년 경남 출생. 서울대학교 가정대학 졸업.
1980년 한국 차인회 회원. 논문 《茶床과 茶床褓》(1983), 《고려의
茶에 관한 연구》(1988) 발표.
1990년 저서 『한국 茶文化』 출간. 『茶文化硏究誌』 발행.
1993년 건국대학교 대학원 철학과 석사.
1996년 저서 『다도철학』 출간.
1998년 역서 『동다송』 출간.
2006년 성균관대학교 대학원 유학과 철학박사(유교철학·
예악학 전공)
1996년 이후 현재 성신여대·계명대·성균관대 겸임교수 및
초빙교수 역임. 한국차문화연구소 소장.

다도철학(茶道哲學) ― 개정증보판 ―

1996년 12월 19일   초판 발행
2000년 7월 10일   재판 발행
2010년 1월 6일   3판 2쇄 발행

저 자 鄭英善
발행인 張元碩
발행처 도서출판 너럭바위
        서울특별시 강남구 대치4동 900-18 ⑨135-840
        홈페이지 www.nurukbawi.com
        전화 02)563-4538 팩스 02)553-4515
        출판등록·1989. 12.14. 제16호-301호
        계좌번호·국민 062-24-0242-692 장원석
        인쇄처·(주)광문당 02)2265-3513

ISBN 978-89-86403-08-4   값 20,000원